王幸生 著

ZHONGHUA MINZU WEIDAFUXING
HEYI BUKE NIZHUAN

# 中华民族伟大复兴
# 何以不可逆转

学习出版社

图书在版编目（CIP）数据

中华民族伟大复兴何以不可逆转 / 王幸生著. -- 北京：学习出版社，2024.1（2024.3重印）
ISBN 978-7-5147-1243-8

Ⅰ．①中… Ⅱ．①王… Ⅲ．①中国特色社会主义－社会主义建设模式－文集 Ⅳ．①D616-53

中国国家版本馆CIP数据核字（2023）第230100号

## 中华民族伟大复兴何以不可逆转
ZHONGHUA MINZU WEIDA FUXING HEYI BUKE NIZHUAN

王幸生　著

责任编辑：沈潇萌　路小普
技术编辑：刘　硕
装帧设计：和物文化

出版发行：学习出版社
　　　　　北京市崇外大街11号新成文化大厦B座11层（100062）
　　　　　010-66063020　　010-66061634　　010-66061646
网　　址：http://www.xuexiph.cn
经　　销：新华书店
印　　刷：北京中科印刷有限公司

开　　本：710毫米×1000毫米　1/16
印　　张：34.25
字　　数：474千字
版次印次：2024年1月第1版　2024年3月第2次印刷
书　　号：ISBN 978-7-5147-1243-8
定　　价：118.00元

如有印装错误请与本社联系调换，电话：010-67081356

**王幸生**，山西省晋城市人，中国人民解放军原军事科学院军队建设研究部副部长，少将，研究员（专业技术3级），博士生导师。长期从事马克思主义理论、党的创新理论、军事文化和军队政治工作的研究，颇多著述。其撰写的理论文章、著作及主持完成的课题获中央宣传部"五个一工程"奖2项、国家图书奖1项，中国人民解放军军事科研成果特等奖3项、中国人民解放军优秀政治理论成果奖一等奖3项、中国人民解放军优秀战略咨询成果一等奖1项，先后4次荣立三等功。

# 写在前面

在庆祝中国共产党成立 100 周年大会上，习近平总书记庄严宣告，经过百年奋斗砥砺前行，"中华民族迎来了从站起来、富起来到强起来的伟大飞跃，实现中华民族伟大复兴进入了不可逆转的历史进程"。

实现中华民族的伟大复兴是近代以来中华民族孜孜以求的梦想，然而让梦想照进现实的路何其漫漫而修远！中华民族伟大复兴的历史进程何以能够开启？何以能够旦复旦兮，日新又新，不断蔚成盛业，直至不可逆转？检点自 20 世纪 90 年代以来我的政论性文章和部分学术性文章的写作，我认为 30 多年来我正是以一个中国人、一个中国共产党人、一个中国军人的历史自觉，以文字的形式追踪和追寻了这一历史进程。撷取其中部分文章按照一定的内在逻辑，而不单单按照发表时间的先后来编辑，读者或许可以从中感悟这一历史进程从筚路蓝缕到日月光华、从解缆启碇到不可逆转的内在根据和深层底蕴。于是萌生了依托这些文章编写这本书的想法。令我十分欣喜和感动的是，我的想法得到了学习出版社的大力支持，并列入了该社 2023 年度的选题计划。

基于这一主题和构思，我将全书分为七个单元。

第一个单元命之为其命维新，其道大光。

"周虽旧邦，其命维新。"一个民族的生机和活力存在于变革和创新之中。中华民族之所以能够从近代以来的沉沦中走出来，不可逆转地开启和进入走向伟大复兴的历史进程，最重要的就是因为诞生了伟大的中国共产党，就是因为中国共产党把马克思主义作为赖以观察国家命运、变革中国社会的武器，并不断将之中国化，"阐旧邦以辅新命"，卓有成效、驰而不息、一往无前地推进了革命、建设和改革的伟大实践。以毛泽东同志为主要代表的中国共产党人，开辟了农村包围城市、武装夺取政权的正确革命道路，并对中国社会主义建设规律进行了独创性的探索，形成并不断丰富发展了毛泽东思想，领导人民完成新民主主义革命和社会主义革命，实现了中华民族有史以来最为广泛而深刻的社会变革，实现了中国从几千年封建专制政治向人民民主的伟大飞跃，实现了一穷二白、人口众多的东方大国大步迈进社会主义社会的伟大飞跃，为在新的历史时期开创中国特色社会主义提供了宝贵经验、理论准备、物质基础。然而在社会主义探索中也出现了严重曲折。"文化大革命"结束以后，在党和国家面临何去何从的重大历史关头，党深刻认识到，只有实行改革开放才是唯一出路，否则我们的现代化事业和社会主义事业就会被葬送。以党的十一届三中全会为标志，我们党重新确立了马克思主义的思想路线、政治路线、组织路线，开启了改革开放和社会主义现代化建设的新时期。从邓小平同志、江泽民同志到胡锦涛同志，我们党坚持实践创新理论创新制度创新的统一，接续奋斗、一以贯之地开创和发展了中国特色社会主义，推进了中华民族从站起来到富起来的伟大飞跃。党的十八大以来，以习近平同志为核心的党中央统筹把握中华民族伟大复兴战略全局和世界百年未有之大变局，引领中国特色社会主义进入新时代，推动党和国家事业取得历史性成就、发生历史性变革，中华民族迎来了从站起来、富起来到强起来的伟大飞跃。

第二个单元命之为风展旗帜如画。

毛泽东在青年时期就讲过："主义譬如一面旗子，旗子立起了，大家才有所指望，才知所趋赴。"旗帜问题至关重要，旗帜就是方向，旗帜就是引领，旗帜就是召唤，旗帜就是形象。旗帜对内具有不可或缺的统一思想、凝聚人心、鼓舞士气、激励斗志的功能，对外具有鲜明昭示一个国家和民族的前进方向、发展走向、目标指向的功能。旗帜的确立是方向的确立，旗帜的觉醒是命运的觉醒。中华民族伟大复兴之所以能够进入不可逆转的历史进程，一个关键的决定因素就是因为我们党把马克思主义中国化、时代化的科学理论写在了自己的旗帜上。特别是继毛泽东思想的伟大旗帜之后，我们党形成了中国特色社会主义伟大旗帜、习近平新时代中国特色社会主义思想伟大旗帜。这一旗帜是在中国进入改革开放和社会主义现代化建设新时期之后特别是进入新时代之后形成并不断丰富发展、蔚成大观的，是毛泽东思想伟大旗帜在新的历史条件、新的时代条件下合乎逻辑的延伸和发展，它标志着马克思主义在中国发展的新境界，中国社会主义现代化事业发展的新境界。这面旗帜召唤和凝聚着亿万中华儿女勠力同心、砥砺前行，也令世人惊艳，给世界上一切追求发展进步、向往美好生活的人们以启示、以鼓舞。它的横空出世、迎风招展，宣示了世界上任何势力企图遏止和逆转中华民族伟大复兴的历史进程都是徒劳的，中国人民终将在这面旗帜指引下稳步达成自己的目的。

第三个单元命之为民族之魂，复兴之光。

一个民族自立于世界民族之林，不可不有昂扬奋发的民族精神，不可不有独具一格的文化底蕴。中华民族的伟大复兴，端赖于民族精神的发扬、民族文化的勃兴。"天行健，君子以自强不息；地势坤，君子以厚德载物。"中华民族是一个重视锤炼精神世界，自强不息、崇德向善的民族。中国共产党成立以后，汲取我们民族丰厚的精神营养和文化滋养，秉承中国工人阶级特有的，彻底的、无私的、英勇奋斗的革命品格，弘扬伟大的建党精神，在长期奋斗中构建起了中国共产党人的精神谱系，并用这种革命精神和道德境界影响和带动了全民族，形成了既源远流长，又焕然一新的民族精神。这样一种革命精神和民族精神，以及以这种精神为内核的中国特色社会主义先进文化，是我们民族赖以傲然自立于世界民族之林、不惧任何惊涛骇浪、不畏任何阻遏横逆的灵魂，是中华民族伟大复兴的历史进程之所以不可逆转的重要根据。

第四个单元命之为初心勤砥砺，百年正芳华。

解决中国的问题，关键在党。中华民族伟大复兴之所以能够开启并进入不可抗拒的历史进程，就是因为有了中国共产党的领导，并且这个党找到了保持自身先进性和纯洁性的法宝——党的建设。100多年来，我们党秉持为人民谋幸福、为民族谋复兴的初心使命，坚持进行伟大社会革命和进行伟大自我革命的统一，推进伟大事业和建设伟大工程的统一，团结带领人民绘就了人类发展史上的壮美画卷，开创了中华民族伟大复兴的光明前景。不忘初心，方得始终。站在新的历史起点，在推进中国式现代化、全面建成社会主义现代化强国、实现中华民族伟大复兴的新时代新征程上，我们党依然必须紧紧抓住中国共产党是什么、要干什么这个根本问题，进一步加强党的自身建设，进一步推进党的自我革命。要教育和引导广大党员坚定社会主义和共产主义的理想信念，恪守全心全意为人民服务的宗旨，继续保持谦虚谨慎、不骄不躁、艰苦奋斗的优良作风，始终保持党同人民群众的血肉联系，保持开拓奋进、担当奉献的精神状态，保持忠诚干净、清正廉洁的政治操守。唯其如此，经过百年奋斗、百年砥砺的，伟大光荣正确的中国共产党才能永葆青春之芳华，中国特色社会主义的航船才能乘长风破万里浪。

第五个单元命之为建设自己的人民军队。

习近平总书记在庆祝中国共产党成立 100 周年大会上深刻指出："坚持党指挥枪、建设自己的人民军队，是党在血与火的斗争中得出的颠扑不破的真理。"近代中国积贫积弱，贫与弱如同一对孪生兄弟，互为因果，相互叠加，恶性循环，抑且万劫不复矣！因此，实现中华民族伟大复兴的中国梦，从其萌发的那一天起就内在地包括了富国与强军两个紧密关联、不可分割的要义。只是在中国共产党领导的人民军队如星火终成燎原、似长剑倚天而出后，中国人民才有了赖以改天换地、翻天覆地的依托和力量。中国共产党之所以能够在百年奋斗中使中国旧貌变新颜，从衰败走向复兴，除开由党的阶级性质所决定并不断锤炼的先进性之外，除开党的理论的科学性、创造性及其路线方针政策的正确性之外，还有一点不容忽视并显而易见，那就是在暗夜如磐、风雨如晦的半殖民地半封建社会的旧中国，在新生的、逐步走向富强的社会主义中国，在"丛林法则"依然盛行的世界上，我们党确立了一种伟大的军事自觉——建设一支完全新型的人民军队，并牢牢掌握这支军队，把这支军队始终置于党的绝对领导之下。在世界百年未有之大变局的背景下，在乱云飞渡、沧海横流、国内外敌对势力阻遏中华民族伟大复兴历史进程无所不用其极的情势下，拥有并不断加强这支军队的建设，是我们的重要底气和本钱。

第六个单元命之为星汉灿烂，若出其里。

习近平总书记指出，"中国有坚定的道路自信、理论自信、制度自信，其本质是建立在5000多年文明传承基础上的文化自信"。文化自信是一个国家、一个民族发展中最基本、最深沉、最持久的力量。没有一个人的生活能够脱离特定文化的熏陶和陶冶，也没有一个国家和民族的发展能够不受到自身文化传承的浸润和滋养。中华民族伟大复兴之所以能够坚韧不拔地砥砺前行并成为不可逆转的历史进程，其深刻的动因还在于5000多年文明历史所创造、所积淀的灿烂文化。惟其厚积，方能薄发；为有宁静，乃可致远。5000多年来，中华民族的往圣先哲、风流才俊，经史子集、诗词歌赋，以及各个领域的数不清的发明创造，曾以夺目的光焰璀璨了人类文明的星空。在新时代中华民族伟大复兴的进程中，在马克思主义基本原理同中华优秀传统文化相结合的进程中，中华民族的文明之光将更加光彩夺目。因为作者是一个军事理论工作者，这一单元收入的几篇文章大都囿于军事传统文化方面，但窥一斑而见全豹，即使这一鳞半爪的涉猎也足以窥见中华优秀传统文化的博大精深。还需要说明的是，作为这一单元的压轴之作，我收入了自己学习和赏析毛泽东诗词的一篇文章。毛泽东是中华民族历史上罕见的雄迈千古、秀杰群伦的风流人物，他不仅是马克思主义中国化的第一人，也是中华优秀传统文化精髓要义、"文采""风骚"的集大成者。他的诗词创作就是把马克思主义基本原理与中华优秀传统文化相结合的光辉范例，是源远流长的中国古典诗词文化在近现代绽放出的最耀眼夺目的花朵。中华民族前所未有的文化自信是与毛泽东的伟大名字联系在一起的。

第七个单元命之为彩云长在有新天。

这一单元可以视之为全书的小结和尾声。这一单元全部萃选的是我在任《中国军队政治工作》总编辑时为该刊撰写的卷首语。这组短文从不同角度和侧面回应了全书的内容，融入了我对中华民族复兴历史进程的点滴感悟，表达了对中国特色社会主义事业的热烈礼赞和必胜信心。

　　需要指出的是，本书毕竟不是一本专著，书中萃集的文章分别发表于不同的时段，为了体现全书的内在逻辑，这些文章没有按照发表的先后顺序来排列，难免会给读者以时空跳跃的感觉。同时，时代在发展，党和军队的事业在发展，党的创新理论也在发展，书中所收入的一些文章由于写作和发表的时间较早，今天看来也难免给人以"明日黄花"之感，一些表述和阐发或失之陈旧。但既是旧作，作为雪泥鸿爪，除重要表述外一般未作改动。凡此种种，尚祈读者谅察。

　　衷心感谢学习出版社的刘向军副总编辑、第一编辑室彭绍骏主任、沈潇萌编辑及其他为本书编辑出版付出辛勤劳动的同志，感谢他们以专业的眼光支持了本书的创意和选题，感谢他们对本书所提出的宝贵建议，感谢他们对我在编写过程中不断的微调表示宽容并不厌其烦地做了精细的编辑审校工作。没有他们的支持和鼓励、努力和付出，本书是不可能与广大读者见面的。

王幸生

2023 年 11 月于北京西山倩风庐

# 目 录

001 / 我欲因之梦寥廓

## 其命维新　其道大光

005 / 中国出了个毛泽东
　　　——兼论毛泽东主席改天换地的文化品格

016 / 照亮中华民族伟大复兴航程的思想火炬
　　　——论邓小平对恢复和发展党的思想路线的贡献

028 / 伟大的觉醒　正确的选择
　　　——论中国特色社会主义道路的开辟

038 / 正确认识国际环境的新变化

053 / 中华民族伟大复兴的必由之路
　　　——建党90周年之际的历史沉思

061 / 直挂云帆　走向复兴
　　　——论中国特色社会主义道路

071 / 为什么必须坚持中国特色社会主义道路而不能走别的道路

079 / 为什么必须坚持改革开放不动摇而不能走回头路

087 / 实践创新理论创新制度创新的有机统一
　　　——论中国特色社会主义伟大道路的开辟及其鲜明特色

093 / 谈"不折腾"

1

**100** / 为了伟大的中国梦

　　——学习习近平总书记参观《复兴之路》展览时的重要讲话

## 风展旗帜如画

**109** / 新的理论从这里发源

　　——党的十一届三中全会与邓小平理论

**116** / 马克思主义中国化的新飞跃

　　——论中国特色社会主义理论体系

**128** / 新的伟大时代　新的科学理论

　　——学习党的十九大报告

**133** / 社会主义与爱国主义的完美统一

　　——从《邓小平文选》第三卷感悟中国特色社会主义的理论品格

**150** / 新时代中国共产党人的思想之旗精神之魂

　　——学习习近平新时代中国特色社会主义思想

**160** / 风展旗帜如画

**169** / 写在旗帜上的光荣与梦想

　　——论坚持和发展中国特色社会主义

**177** / 从三个维度看中国特色社会主义的世界历史性意义

**182** / 一个冉冉升起的人类文明新形态

　　——简论人类文明视域的中国式现代化

## 民族之魂　复兴之光

**193 /** 把我们的血肉筑成我们新的长城
　　——试论抗日战争中中国军民的爱国主义精神

**208 /** 不朽的丰碑　宝贵的财富
　　——纪念中国人民志愿军赴朝参战50周年

**216 /** 闪耀在中华民族心上的"东方之珠"
　　——写在香港回归祖国之际

**232 /** 让雷锋精神永驻神州大地
　　——写在毛泽东等为雷锋题词49周年之际

**241 /** 中国特色社会主义先进文化建设的一项战略性任务
　　——论弘扬和培育民族精神

**249 /** 实现伟大梦想不可或缺的精神力量
　　——论弘扬中国精神

**256 /** 用梦想、机会和奋斗创造美好


## 初心勤砥砺　百年正芳华

**265 /** 为人民开出幸福泉
　　——从李国安事迹论共产党人的人生哲学

**272 /** 做好我们正在做的事情

**275 /** 始终保持党同人民群众的血肉联系

**283 /** "酒绿灯红"现象及其对策

**294 /** 党员领导干部不忘初心牢记使命五题

**305 /** 但为苍生计　焉用问鬼神

309 / 前进道路上必须把握的一条重大原则
　　　——浅论坚持发扬斗争精神

313 / 一项重大而紧迫的任务
　　　——论努力建设马克思主义学习型政党

322 / 实践是一所伟大的干部学校

329 / 人才是第一资源

## 建设自己的人民军队

343 / 坚持党指挥枪　建设自己的人民军队

350 / 毛泽东军事思想过去、现在和将来都是我们建军胜战的强大思想武器

352 / 人民军队"样子"的基础性设计
　　　——论古田会议在我军建设发展史上的重大意义

359 / 党对军队绝对领导是我军永远不变的军魂

364 / 人民战争永远是我们克敌制胜的法宝

370 / 在深化国防和军队改革中筑牢我军生命线

376 / 建设强军文化断想

384 / 赓续与超越　坚守与重塑
　　　——论打造新时代强军文化

392 / 高扬革命英雄主义的旗帜

398 / 流淌在音符里的铁血雄风
　　　——强军战歌演唱会观后

402 / 军事软实力及中国军队软实力建设刍论

## 星汉灿烂　若出其里

**417** / 当代中国马克思主义发展和中华民族文化复兴的必由之路
　　　——马克思主义基本原理同中华民族优秀传统文化
　　　相结合的双重意义

**423** / 中国古代军事思想纵览及其精华

**438** / 中华民族的战略文化传统及其特色

**456** / 中国古代文人关注军事问题的传统及特色

**465** / 历史的天空闪烁几颗星
　　　——三国时期的人才博弈及用人艺术

**473** / 自铸雄奇瑰丽词　一洗万古凡马空
　　　——毛泽东诗词创作综览及赏析


## 彩云长在有新天

**487** / 选择决定命运

**489** / 决定当代中国命运的关键一招

**491** / 喜看今日路

**493** / 一个走向复兴民族的世纪之约
　　　——献给2008北京奥运会

**495** / 美丽的约会　倾情的奉献
　　　——写在上海世博会开幕之际

**497** / 期待与担当

**499** / 走向复兴的一个重要里程碑
　　　——党的十八大献词

501 / 腊尽春生趁好风

503 / 风暖三月丽神州

505 / 因为"七一"所以"八一"

507 / 赓续一脉真传　更进百尺竿头

509 / 恪守老"样子"　实现新"蝶变"

511 / 弘扬长征精神　当好红军传人

513 / 壬辰新春感赋

515 / 事业美如画　责任重于山

517 / 脚踏着祖国的大地

520 / 面朝大海　春暖花开
　　　——祝贺中国人民解放军海军成立60周年

522 / 同风而起　剑啸九天
　　　——贺人民空军诞生60周年

524 / 倾听时代和祖国的召唤
　　　——纪念五四运动90周年

526 / 相约与真理同行

528 / 倡导清新活泼的文风

# 我欲因之梦寥廓\*

（代序言）

"庄生晓梦迷蝴蝶""胸中海岳梦中飞""梦里花落知多少""春风吹梦到江南"……翻开中国文化的典籍，可以看到许许多多描绘梦想的美丽诗句。人生因梦想而精彩，民族因梦想而勃兴，时代因梦想而亮丽。没有梦想的人生是暗淡的，没有梦想的民族是悲哀的，没有梦想的时代是沉闷的。

"国破山河在，城春草木深。"近代以来，中华民族到了亡国灭种的边缘。然而，在沉沉的暗夜里、在深深的冻土层下，一粒梦的种子也在顽强地萌发，这就是民族复兴之梦。为了这个梦，许许多多的仁人志士进行了不屈不挠的探索，万万千千的劳苦大众开展了可歌可泣的斗争。风刮过、雪压过、刀砍过、火烧过，恶魔肆虐过、豺狼横行过，然而，梦是烧不尽的野草，欲行欲远还生；梦是扑不灭的火焰，始终灿烂地照耀在中华儿女的心头。

梦是那样的美，然而追梦的路又是那样的长！

只是在中国共产党的领导下，在把马克思主义作为观察国家命运的武器并锲而不舍地将之中国化的历史进程中，中华民族的前途命运才发生了根本的变化，不可逆转地结束了三座大山在中国的统治，不可逆转地开始了安排国家建设、奔向富国强军的伟大实践，不可逆转地进入了实现伟大复兴的历史进程。从此梦不再缥缈，梦不再遥远。请看今日之域中，百年

---

\* 本文原为作者 2012 年 12 月为《中国军队政治工作》所撰卷首语。

魔怪安在哉？故国旧貌换新颜。那个伟大的梦想已经如初春的花朵含苞待放，如东方的朝日喷薄欲出。中华民族从来没有像今天英姿飒爽、意气风发，从来没有像今天这样具体而微地逼近"梦想成真"的时刻。

梦想镌刻了光荣，光荣托起了梦想。光荣与梦想印证了一条真理，熔铸成一条信念：中国特色社会主义道路，中国特色社会主义理论体系，中国特色社会主义制度，以及由此升华出的中国特色社会主义文化——这种文化既源自中华民族5000多年文明历史所孕育的中华优秀传统文化，又熔铸于党领导人民在革命、建设、改革中所创造的革命文化和社会主义先进文化，植根于中国特色社会主义伟大实践——是近代以来中华民族探索拼搏得来的最可宝贵的财富，是党和人民百年奋斗、创造、积累的根本成就，必须倍加珍惜、始终坚持、不断发展。承载着先辈的夙愿，背负着人民的向往，我们已经取得了历史性的伟大胜利，我们完全有理由骄傲，但是丝毫不可自满。正如习近平总书记在参观《复兴之路》展览时所指出的，"要把蓝图变成现实，还有很长的路要走，需要我们付出长期艰苦的努力"。

梦在心中而路在脚下。在踏上继往开来的新征程之际，习近平总书记"空谈误国，实干兴邦"的告诫意味深长。我们今天取得的成绩是几代中国人用鲜血和汗水拼出来的，是筚路蓝缕、胼手胝足干出来的。为了那个历久弥新的梦，为了那个日益真切的梦，为了那个含苞欲放的梦，我们还要埋头苦干，还要奋勇开拓。要求真求真再求真，务实务实再务实。徒有高谈之论，而无践履之行，就是对梦想的背叛，就是对民族的犯罪。要坚决摒弃高高在上的官僚主义，花拳绣腿的形式主义，大力弘扬我们民族自强不息的可贵品格，大力弘扬我们党艰苦奋斗的优良作风，大力弘扬我们军队一往无前的战斗精神。

让我们的梦想在埋头苦干中绚丽盛开，让我们的生命在追梦年华中光荣绽放！

其命维新　其道大光

# 中国出了个毛泽东*

## ——兼论毛泽东主席改天换地的文化品格

"东方红，太阳升，中国出了个毛泽东。"中华民族伟大复兴的历史进程是和毛泽东的伟大名字紧紧地联系在一起的。船从南湖启，日自韶山出。遵义会议是中国共产党领导的人民民主革命从挫折走向胜利的转折点，也是近代以来中华民族历史命运触底反弹的转折点。

习近平总书记指出："一切向前走，都不能忘记走过的路；走得再远、走到再光辉的未来，也不能忘记走过的过去，不能忘记为什么出发。"在中国共产党百年华诞即将来临之际，回顾中国革命跌宕起伏、波澜壮阔的历程，重温毛主席的光辉著作，感悟毛主席"雄关漫道真如铁""敢教日月换新天"的文化品格，令人神思飞越、激情满怀。

### 一、毛泽东是中国共产党人特有的马克思主义世界观和方法论的创立者

毛泽东曾自豪地宣称："全世界共产主义者比资产阶级高明，他们懂得事物的生存和发展的规律，他们懂得辩证法，他们看得远些。"毛泽东熟谙马克思主义唯物辩证法并用以观察中国社会、解决中国问题，形成了中国共产党人特有的立场、观点和方法，因而能够认清历史发展的必然趋势，洞察错综复杂、变乱纷纭的历史现象的本质，正确观察和分析形势，

---

* 本文写作于1998年，修改发表于2021年1月。

为马克思主义政党制定正确的战略策略，促进事物的转化，达成革命的目的。

**（一）在把握总的历史进程方面，毛泽东贯彻了唯物主义的历史观**

唯物史观认为，人类社会的发展是一个不以人们意志为转移的自然历史过程。"青山遮不住，毕竟东流去"，尽管人类历史会有暂时的停滞、曲折甚至局部的倒退，但是总是在生产力和生产关系、经济基础和上层建筑这一基本矛盾推动下，不断地从简单到复杂、由低级向高级发展。社会主义必然要代替资本主义并发展到共产主义，实现从"必然王国"到"自由王国"的飞跃，这是人类社会发展的总趋势。用这样的观点来观察中国社会，毛泽东认识到，近代中国虽然是一个半殖民地半封建的社会，"然而事情必然会变化，在双方斗争的局势中，中国人民在无产阶级领导之下所生长起来的力量必然会把中国由半殖民地变为独立国，而帝国主义则将被打倒，旧中国必然要变为新中国"。旧的封建地主阶级也终将被打倒，中国社会变为新的民主社会。这样毛泽东就站在马克思主义历史观的高度，从宏观上、本质上把握了历史发展进程。不管敌我力量的对比如何悬殊，不管反革命的气焰如何嚣张，不管历史长河中发生什么样的逆流和旋涡，他始终坚定相信，新生必然战胜腐朽，进步必然战胜反动。"世界是在进步的，前途是光明的，这个历史的总趋势任何人也改变不了。"正因为如此，当天空出现乌云的时候，他就能够及时预见到，这不过是暂时的现象，黑暗即将过去，曙光就在前头。他深刻指出："……反动派总有一天要失败，我们总有一天要胜利。这原因不是别的，就在于反动派代表反动，而我们代表进步。""反动势力面前和我们面前都有困难。但是反动势力的困难是不可能克服的，因为他们是接近于死亡的没有前途的势力。我们的困难是能够克服的，因为我们是新兴的有光明前途的势力。"

人民群众是历史的主体。人民群众的活动，体现历史的规律，决定历史的发展方向。在历史发展的进程中，凡是进步的势力，总是代表了人民群众的利益，能够得到人民群众的拥护并吸引和凝聚、动员和组织他们以极大的历史主动性投身其中。进步的事业是人民的事业，而人民的事业是长青的、必胜的。古往今来，得民心者得天下，失民心者失天下。因此，审时度势着眼于人民，以弱胜强寄希望于人民，这是毛泽东综览历史、预测未来所坚持的唯物史观的一个基本点。他把马克思主义关于人民群众是历史的创造者的原理系统地贯穿于党的全部活动之中，使党的事业和人民的事业同一起来，形成了党在一切工作中的群众路线。一切为了人民，一切依靠人民，从群众中来，到群众中去。这样，毛泽东和他的战友就像希腊神话中的英雄——安泰一样，永远不离开大地母亲的怀抱，从中汲取了无穷无尽的力量，使他有理由、有底气蔑视一切貌似强大的敌人。他坚信："中国是中国人民的，不是反动派的。"他说，只要我们能够掌握马克思列宁主义的科学，信任群众，紧紧地和群众一道，并领导他们前进，我们就完全能够超越任何障碍和战胜任何困难的，我们的力量是无敌的。在抗日战争即将取得胜利，美国政府的扶蒋反共政策甚嚣尘上的时候，他借用中国古代愚公移山的寓言，赋予其全新的政治内涵，向全党发出了"愚公移山"的伟大号召，他说："我们一定要坚持下去，一定要不断地工作，我们也会感动上帝的。这个上帝不是别人，就是全中国的人民大众。全国人民大众一齐起来和我们一道挖这两座山，有什么挖不平呢？"

**（二）在认识具体的革命道路方面，毛泽东坚持了辩证的发展观**

辩证法告诉我们，一切事物的发展无不走着一条前进性和曲折性相统一的道路。认识不到历史的前进性，就会看不到光明的前途，丧失胜利的信心，就不是一个坚定的革命者；看不出历史的曲折性，就会失去克服艰难险阻的思想准备，同样也不会成为一个坚定的革命者。毛泽东的革命品格既表现在他对光明的新中国、对社会主义、对共产主义理想的坚定的信念上，更表现在他遭磨历劫、百折不挠、愈挫愈奋、克服困难的勇气和毅力上，从哲学的角度讲，这正是由于他坚持了辩证的发展观。列宁曾经引用车尔尼雪夫斯基的比喻形象地说明革命道路的曲折性，他指出，革命不是"涅瓦大街上的人行道"。在中国，由于反革命的力量十分强大，而革命的力量一开始又很弱小，这就更决定了革命的道路不可能是一帆风顺、径情直遂的，必然要经受无数艰难曲折，有时甚至是失败的考验。许多机会主义者和意志衰弱者，正是由于看不出这种艰难性和曲折性，缺少在曲折中前进、在斗争中创造新局面的勇气，因而一遇到困难，一遇到曲折就意志消沉，恰如毛泽东所辛辣嘲讽的"蓬间雀"一样，惊呼"怎么得了，我要飞跃"！结果成了革命队伍中的落伍者，甚至成为可耻的叛徒。毛泽东却不是这样，他尖锐地批评了那种认为"革命的道路要笔直又笔直"的幼稚病，指出"革命的道路，同世界上一切事物活动的道路一样，总是曲折的，不是笔直的"。要求共产党人要"下斗争的决心，有耐战的勇气"。抗战胜利以后，他在指出革命的光明前途的同时，向全党强调："在革命的道路上还有许多障碍物，还有许多困难……我们宁肯把困难想得更多一些。""我们要承认困难，分析困难，向困难作斗争。世界上没有直路，要准备走曲折的路，不要贪便宜。"在全国解放前夕，他进一步指出："斗争，失败，再斗争，再失败，再斗争，直至胜利——这就是人民的逻辑，他们也是决不会违背这个逻辑的。"这是中国人民革命斗争取得胜利的经验总结，也是马克思主义伟大论断。

毛泽东辩证的发展观不仅在于他充分预见了革命道路的曲折性，而且在于他对于困难和挫折的辩证的认识。他深刻认识到，在革命进程中，前进与曲折、高潮与低潮、逆境与顺利、失败与成功，都是对立统一的、互相转化的。失败孕育着成功，低潮预示着高潮，挫折通往着胜利，暗夜连接着黎明。物极必反，事情坏透了就会向好的方面转化。"往往有这种情形，有利的情况和主动的恢复，产生于'再坚持一下'的努力之中。"这样一种辩证思维，对于他正确观察形势，坚定革命信心发挥了重要作用。他经常教导我们："我们的同志在困难的时候，要看到成绩，要看到光明，要提高我们的勇气。"长征以后，党和军队受到很大削弱，根据地损失了百分之九十。敌人扬言我们失败了，我们自己的一些同志也有一些模糊认识。但毛泽东深刻地指出，这只是暂时的和局部的失败。他用诗一般的语言热情洋溢地赞扬了长征的伟大的意义,指出:"目前是大变动的前夜。""长征一完结,新局面就开始。"历史充分证明了他的伟大预言。

**(三)在分析社会历史现象方面,毛泽东熟练运用了阶级分析的方法**

在阶级社会中,每一个人都在一定的阶级地位中生活,各种思想无不打上阶级的烙印。只有运用阶级分析的方法,才能透过迷离混沌、纷繁复杂的社会现象认识社会生活的本质,作出科学的阶级估量,对社会历史现象作出马克思主义的科学判断,从而为无产阶级政党制定正确的战略策略提供依据。毛泽东就是纯熟地运用马克思主义阶级分析方法的典范。他熟练地运用这个显微镜和解剖刀,使阶级敌人的种种花言巧语、阴谋诡计,统统现了原形。"好话"迷不住,恐吓吓不住。抗日战争时期,国民党反动派借口军队应该是国家的,要求共产党交出军队。毛泽东一针见血地指出:"'军队是国家的',非常之正确,世界上没有一个军队不是属于国家的。但是什么国家呢?大地主、大银行家、大买办的封建法西斯独裁的国家,还是人民大众的新民主主义的国家?中国只应该建立新民主主义的国家,并在这个基础之上建立新民主主义的联合政府;中国的一切军队都应该属于这个国家的这个政府,借以保障人民的自由,有效地反对外国侵略者。"依据马克思主义的阶级分析方法,毛泽东深刻认识了国内外敌人的本质。他说,敌人是不会自行消灭的,无论是中国的反动派,或是美国帝国主义在中国的侵略势力,都不会自行退出历史舞台。对反动派,刺激他也是那样,不刺激他也是那样。希望劝说帝国主义者和中国反动派发出善心,回头是岸,是不可能的。因此,在反动派面前,不能太幼稚天真了。例如,解放战争后期,国民党反动派眼看大势已去,散布和平烟幕,妄图苟延残喘。国际上和国内一些人也劝说我们党与国民党"划江而治"。毛泽东在《将革命进行到底》《评战犯求和》等一系列光辉著作中及时揭露了敌人的阴谋,发出了"打倒蒋介石,解放全中国"的伟大动员令。他的革命坚定性和彻底性,正是建立在对敌人本性的深刻了解之上。

**（四）在确立正确的战略策略方面，毛泽东坚持了一切从实际出发、实事求是的思想路线**

共产党人的革命信念不是盲目的热情、空洞的主观，不是不切实际的夸夸其谈，更不是鲁莽武夫式的勇敢，而是建立在正确而不急功近利的斗争策略上。学习毛主席著作，我们可以强烈地感受到，在每一个革命历史时期，在每一个重要关头，毛泽东总是从实际出发，从中国国情出发，提出了正确的战略策略，他的坚定性正是建立在对中国国情的透彻分析上面，建立在他对自己从实际出发所得出的结论的自信上面，他丰富和发展了马克思主义的认识论，倡导和确立了我们党的一切从实际出发、实事求是、理论联系实际的思想路线。早在1930年，他就提出："中国革命斗争的胜利要靠中国同志了解中国情况。"他批评了党内"那些具有一成不变的保守的形式的空洞乐观的头脑的同志们"，指出："共产党的正确而不动摇的斗争策略，绝不是少数人坐在房子里能够产生的，它是要在群众的斗争过程中才能产生的，这就是说要在实际经验中才能产生。因此，我们需要时时了解社会情况，时时进行实际调查。"他自己就是身体力行了解中国情况、掌握中国国情的典范。在毛泽东的光辉著作中，我们处处可以看到他对中国社会历史和现状、各种阶级力量的对比和态势所作的独到的、周密的、透彻的分析，他的火一般的革命激情和冷静的理性思考，革命胆略和求实精神像一块合金钢，紧紧地结合在一起。在井冈山的斗争中，针对一些同志"红旗到底能够打多久"的疑问，他撰写了《星星之火，可以燎原》等光辉著作，他没有一般地去批判那种悲观论调，而是深刻分析了中国是一个许多帝国主义国家间接统治还互相争夺的经济落后的半殖民地大国这一基本国情，阐述了中国红色政权和红军能够存在和发展的现实根据，而且据此进一步总结出红军的作战原则和斗争策略。抗日战争初期，他发表了《论持久战》，从各个方面全面而又深刻地分析了中日战争双方的基本特点和具体情况，包括中日战争的时代条件、战争性质、战争的军事、经济、政治力量，国土和人口条件，中国内部、日本内部、国际方面的各种因素等。这样,毛泽东就不仅雄辩地驳斥了"亡国论"和"速胜论",而且预见了持久战的 3 个阶段,为中国人民的抗日战争制定了正确的战略策略。

## 二、毛泽东是中国共产党人党性的光辉典范,是中国共产党人不忘初心、牢记使命的光辉典范

如果说马克思主义的世界观和方法论是毛泽东之所以能够独领风骚、引导中国革命到胜利的认识论基础,那么,共产党人的党性则是他理想和信念的根基。

党性是阶级性最高而集中的表现,是高度自觉的阶级性。无产阶级是人类历史上最先进、最革命、最有前途的阶级,它最有远见,最大公无私,最富有革命的坚定性和彻底性,最有组织纪律性,最富有牺牲精神。这种先进性,是共产党人党性的基础;共产党人的党性集中体现了无产阶级最根本的利益,同时也体现了最广大人民群众的利益,因而党性与人民性是完全一致的。中国共产党人的党性,集中体现在为中国人民谋幸福,为中华民族谋复兴的初心和使命意识上,体现在社会主义和共产主义的崇高理想上。毛泽东就是令人"高山仰止、景行行止"的光辉典范。

### (一)坚贞的革命理想

马克思在回答女儿关于人生价值的问卷中,在"您的特点"一项中写下这样的话——"目标始终如一"。这一点在毛泽东身上同样体现得非常突出。他在 1936 年同斯诺谈话时曾说:"我一旦接受了马克思主义是对历史的正确解释以后,我对马克思主义的信仰就没有动摇过。"他一生的实践完全证实了他的话。"国际悲歌歌一曲,狂飙为我从天落。"中国革命的历史是一部用血与火写成的历史,充满了奋斗和牺牲,毛泽东的家庭就有 6 位亲人为革命献出了生命,但是不管敌人怎样穷凶极恶,不管斗争环境怎样艰苦卓绝,毛泽东始终没有低过头。饱受苦难、丹心不改,遭磨历劫、斗志弥坚。1927 年大革命失败后,大批共产党人和革命群众遭到国

民党的血腥屠杀,白色恐怖笼罩全国,但毛泽东写道:"中国共产党和中国人民没有被吓倒,被征服,被杀绝。他们从地上爬起来,揩干净身上的血迹,掩埋好同伴的尸首,又继续战斗了。"这既是中国共产党人不屈身影的写照,也是他个人为真理而斗争的战斗风姿的写照。

### (二)鲜明的人民立场

立场问题是党性的核心问题。列宁说:"唯物主义本身包含有所谓党性,要求在对事变做任何评价时都必须直率而公开地站到一定社会集团的立场上。"毛泽东也指出:"我们是站在无产阶级的和人民大众的立场。对于共产党员来说,也就是要站在党的立场,站在党性和党的政策的立场。"毛泽东自身就是无论何时何地,坚定地站在党和人民立场上的典范。他的原则立场不仅表现在他毫不隐瞒自己的观点,公然申明共产党代表无产阶级和最广大人民群众的利益,而且表现在他引导无产阶级和人民群众认识自己的利益的远见卓识上,借助于马克思主义的世界观和方法论,他比一般无产阶级群众更"了解无产阶级运动的条件、进程和一般结果"(《共产党宣言》语)。在中国革命的各个发展阶段上,他始终代表整个运动的利益,代表无产阶级和人民大众的根本利益和最高利益。因此,他从不拿原则作交易。抗日战争时期,他及时地批判了"一切经过统一战线"的主张,提出了在统一战线中必须坚持独立自主,既统一又独立,丝毫不放弃党在领导民族解放战争中的自主权,丝毫不放弃党对八路军、新四军的绝对领导权。抗日战争胜利后,蒋介石"下山"来抢夺胜利果实,毛泽东鲜明地提出"人民得到的权利,绝不允许轻易丧失,必须用战斗来保卫"。针对美国人劝共产党到国民党政府里做官的利诱,他说:"捆住手脚的官不好做,我们不做。要做,就得放开手放开脚,自由自在地做,这就是在民主的基础上成立联合政府。"当蒋介石在美帝国主义支持下发动全面内战的时候,他驳斥了那种惧怕美帝国主义、不敢用革命战争反对美蒋反动派的错误观点,毅然领导了波澜壮阔的人民解放战争,使中国人民终于从三座大山的压迫下解放出来,成为了国家的主人。

### （三）无私的精神境界

无产阶级只有解放全人类，才能解放无产阶级自己。它的阶级地位决定了他没有任何私利。正如毛泽东所说的："共产党是为民族、为人民谋利益的政党，它本身决无私利可图。"他要求党和军队要"完全""彻底"地为人民服务，他高度评价白求恩"毫无自私自利之心"的精神，他自己就是一个具有共产主义精神境界的无私奉献的人。他参加革命一不是为了做官，二不是为了发财，而是为了国家的独立、人民的解放、世界的大同。无论是战争年代，还是新中国成立以后，他始终保持了艰苦奋斗的政治本色，始终保持了清贫、朴素的生活方式。海纳百川、有容乃大、壁立千仞、无欲则刚。正是因为他毫无自私自利之心，他才能在任何时候都保持自己的共产主义纯洁性，敌人的威胁不能将他屈服，利诱也不能使他动心。"千磨万击还坚劲，任尔东西南北风。"

### （四）英勇的战斗风格

马克思主义在本质上就是批判的、战斗的，向旧世界作顽强的、不妥协的斗争是无产阶级最可宝贵的品质，也是共产党人党性的重要方面。恩格斯曾经赞扬马克思说，斗争是他最得心应手的事情。用这样的赞誉来形容毛泽东同样十分恰切，乃至更有甚者。在毛泽东的光辉著作中，我们处处可以感到他马克思主义的批判精神，处处可以看出他同国内外敌人以及党内的机会主义者作斗争的战斗锋芒。他真可谓目光如电，大笔如椽，横扫千军，所向披靡。

## 三、毛泽东身上闪烁着源自中华优秀传统文化的伟大人格的光辉

列宁说："无产阶级文化应当是人类在资本主义社会、地主社会和官僚社会压迫下创造出来的全部知识合乎规律的发展。"从这一意义上说，毛泽东思想也是中华优秀传统文化的合乎规律的发展。毛泽东既是一个伟大的马克思主义者，是坚强的共产党人，同时也是一个大写的中国人。

以毛泽东同志为主要代表的中国共产党人，是中国工人阶级的先锋队，也是中国人民和中华民族的先锋队，是中华民族真正的脊梁和精英，是中华民族几千年历史上罕见的风流人物。因此，在毛泽东身上闪烁着中国人的伟大人格的光辉，从他身上人们看到了从沉沦到奋起、从衰败到复兴的中华民族的形象。

### （一）酷爱自由，勇于反抗

中华民族是一个酷爱自由、富于革命传统的民族，他们不能忍受地主和贵族的黑暗统治，也不能忍受外来民族的侵略压迫。从陈胜、吴广的揭竿起义，到近代中国人民的反帝斗争，中国人民反抗暴政、抵御外寇的斗争从来没有停止过。既有陈胜、吴广、黄巢、李自成这样的起义领袖，也有岳飞、郑成功、林则徐这样的民族英雄。这样一种源于民族文化底蕴深处的深厚的斗争传统，特别是湖湘文化勇于担当、敢立潮头的人文禀赋，无疑对铸成毛泽东的革命品格产生了重要影响，他对旧制度的叛逆者的性格，他的"粪土当年万户侯"的斗争精神是从青少年时期就形成的。

### （二）追求真理，矢志不渝

"路漫漫其修远兮，吾将上下而求索。"执着地追求真理是中国知识分子源远流长的历史传统；"亦余心之所善兮，虽九死其犹未悔。"为真理而献身是中国知识分子可贵的品质。在毛泽东身上正体现了这种历史传统和可贵品质。在没有接受马克思主义之前，毛泽东到处寻找救国救民的真理，而他一旦接受了马克思主义以后，就终生不渝、矢志不悔。

### （三）卓然特立，不随流俗

中国知识分子的一个显著特点，就是十分崇尚独立人格，崇尚风骨品节，他们把独立思考作为安身立世之要，不愿意随波逐流、俯仰随人、寄人篱下，尤其鄙视与恶势力同流合污的趋炎附势、蝇营狗苟之徒。毛泽东就是一个非常注重独立人格的人。他说，"我们中国人必须用我们自己的头脑进行思考，并决定什么东西能在我们自己的土壤里生长起来。"（《毛泽东印象记》）他要求共产党人对任何事情都要问个为什么，绝不要盲从。独立自主，作为毛泽东思想活的灵魂的一个基本方面，既体现了马克思主义的立场、观点和方法，也带有鲜明的中国特色。

### （四）热爱祖国，自尊自信

爱国主义是中华民族的一种深厚的民族感情，邓小平说，中国人民有自己的民族自尊心和自豪感。在《毛泽东选集》中，很多地方我们可以看出毛泽东对伟大祖国的热情礼赞，看出他对中华民族伟力的高度自信。他最鄙夷帝国主义的走狗和民族的叛徒，他赞扬"鲁迅的骨头是最硬的，他没有丝毫的奴颜和媚骨，这是殖民地半殖民地人民最可宝贵的性格"。这样的话移至他也一样地确切。他向世界宣称："我们中华民族有同自己的敌人血战到底的气概，有在自力更生的基础上光复旧物的决心，有自立于世界民族之林的能力。"面对美帝国主义"封锁"的恐吓，他说："没有美国就不能活命吗？""多少一点困难怕什么。封锁吧，封锁十年八年，中国的一切问题都解决了。中国人死都不怕，还怕困难吗？"他坚定地相信中国人民不靠向帝国主义乞讨，不但可以活下去，而且还将活得更好些。

### （五）讲究气节，固持操守

"君子以立不易方"。从屈原的《橘颂》到周敦颐的《爱莲说》，从陆游的咏梅到郑板桥的写竹，或借景抒情，或托物言志，中国古代的志士仁人无不重视高洁的品行和坚贞的节操，"贫贱不能移，富贵不能淫，威武不能屈"历来被人们传为口碑。毛泽东继承了这样可贵的品质，而且把它同无产阶级的革命精神结合起来，使之在新的意义上得到了升华与飞跃。面对帝国主义假惺惺的施舍和引诱，他说："太公钓鱼，愿者上钩。嗟来之食，吃下去肚子要痛的。"他高度赞扬闻一多的拍案而起，朱自清的不吃美国"救济粮"，要求人们作闻一多颂、朱自清颂，他在帝国主义和国内的反动派面前所表现出的嶙峋傲骨就是一首中国人民的气节颂，一支千古风流的正气歌。

# 照亮中华民族伟大复兴航程的思想火炬[*]
## ——论邓小平对恢复和发展党的思想路线的贡献

恩格斯曾经说道:"正像18世纪的法国一样,在19世纪的德国,哲学革命也作了政治变革的前导。"在21世纪的太阳照临东方地平线的时候,放眼今天神州大地上的浩荡春色,展望中华民族伟大复兴的灿烂前景,我们不能不更加深切地感受到邓小平对恢复和发展党的思想路线所作出的历史性贡献。

一

中华民族伟大复兴是与马克思主义传到中国并在与中国具体实际相结合的过程中,不断带来中华民族思想上、精神上的解放紧紧联系在一起的。

五四运动是一场伟大的思想解放运动。它使先进的中国人找到了马克思主义这一科学理论,并用以作为观察国家命运的工具;它孕育了中国共产党,从而历史地成为中华民族伟大复兴的起点。

延安整风及随后召开的党的七大是又一场伟大的思想解放运动。它使党和人民在经历许多挫折和曲折之后终于把握了马克思主义的精髓和真谛,使全党在马克思主义中国化第一次历史性飞跃的成果——毛泽东思想的旗帜下达到了空前的团结,从而使中国革命走上了胜利的坦途。

---

[*] 本文发表于2004年7月。

中华人民共和国的成立是中华民族复兴史上划时代的事件。从此，中国人民掌握了自己国家的命运，赢得了在社会主义的道路上发展起来的基本条件。然而，革命不易，建设和发展更难。本来，在社会主义改造基本完成以后，应该尽快把党的工作重心转到经济建设上来。然而，由于种种历史原因，我们党"以阶级斗争为纲"的理论和路线逐步占了上风，极左思潮愈演愈烈，最终导致"文化大革命"这样的全局性失误。"四人帮"粉碎以后，"两个凡是"又一度为某些人奉为圭臬。这就形成一种非常有意思的历史现象：毛泽东思想是反对本本主义、教条主义的产物，它以实事求是为活的灵魂、为本质特征，然而到后来，一些人却又对毛泽东思想本身采取了一种极端教条主义、本本主义的态度。很显然，不冲破"两个凡是"的坚冰，不纠正对毛泽东思想的新的教条主义的态度，不改变在长期"左"的思想禁锢下人们僵化的精神状态，中华民族伟大复兴的新的航程就无法起碇。因此，一场关于真理标准的大讨论就应运而生了。真理标准的大讨论实质上解决的是思想路线问题，是如何正确对待马克思列宁主义、毛泽东思想的问题。正是这场讨论奏响了春天的故事的第一组音符，开启了涌动在神州大地上不尽春潮的闸门。它为党的十一届三中全会的召开作了重要的思想准备，并以中华民族复兴史上的又一次思想解放运动而载入史册。

邓小平第二次复出伊始，就不顾个人处境，在各种不同场合，反复强调要学习、掌握和运用毛泽东思想的体系，要用准确的完整的毛泽东思想来指导各项工作，为恢复党的正确思想路线做了大量思想上、舆论上的准备。真理标准讨论的导火索点燃后，他以敏锐的马克思主义洞察力意识到这场讨论所具有的历史枢机的意义，以极大的热情倡导和支持了这场讨论，身体力行地推动了这次讨论，对呼唤马克思主义科学世界观和方法论的复归、重新确立党的实事求是的思想路线作出了历史性的贡献。他鲜明地指出无产阶级世界观的基础、马克思主义的思想基础、毛泽东思想的精髓就是实事求是。他说："同志们请想一想，实事求是，一切从实际出发，理论和实践相结合，这是不是毛泽东思想的根本观点呢？这种根本观点有没有过时，会不会过时呢？如果反对实事求是，反对从实际出发，反对理论和实践相结合，那还说得上什么马克思列宁主义、毛泽东思想呢？那会把我们引导到什么地方去呢？很明显，那只能引导到唯心主义和形而上学，只能引导到工作的损失和革命的失败。"

## 二

哲学是时代精神的精华。针对十年内乱、人们的思想长期受到禁锢的状况，邓小平在阐述党的思想路线时，从一开始就把"实事求是"和"解放思想"联系在一起，并在拨乱反正、推进改革开放的历史进程中，十分突出地强调了解放思想的问题。

邓小平把解放思想的要求纳入对实事求是的正确理解中，从而赋予了党的思想路线鲜明的时代内涵。从哲学上讲，思想路线也叫作认识路线。实事求是，主要是从主体与客体、思维与存在的关系角度规范了认识所必须坚持的路线，正如毛泽东对"实事求是"这一成语所赋予的全新的马克思主义诠释："'实事'就是客观存在着的一切事物，'是'就是客观事物的内部联系，即规律性，'求'就是去研究。"解放思想，则主要从主体如何正确处理新认识与旧认识的关系的角度揭示了认识所必须遵循的法则。这是因为，人类认识和思想的发展是一个历史进程，是一个"实践，认识，再实践，再认识"循环往复以至无穷的过程。现实的人都是在现实的历史条件下参与历史活动的，他们思想观念的形成是以前人的思想为资料的，他们的认识活动也总是建立在一定的已有的认识成果的基础上。这就有一个正确对待前人的思想资料的问题，有一个在实践中检验已有的认识成果，不断地修正和更新旧认识、不断地形成新认识的问题。因此，对于主体自身来说，坚持认识运动的辩证法、正确对待新认识与旧认识的关系也是思想路线的重要内容和范畴。人类已有的认识成果，如知识、概念、观点、理论等，是人类以往经验的总结、智慧的结晶、文明的薪火，借助于这些成果，我们可以站在前人的肩膀上直窥对象世界的渊海，可以在认识过程中少走很多弯路。但是，这些已有的认识成果也有两重性：一方面，它可以增强我们的认识能力；另一方面，它也为我们提供了一种既定的知识框架，提供了一种约定俗成的思维范式，潜移默化地助长了人们的思想惰性，束缚人们思维的翅膀，对新思想、新观念的形成具有阻抗性。这是人们的认识往往落后于实际生活变化节奏的重要原因。因此，人们在认识活动中，一方面，不能离开已有的概念、范畴、理论的指导；另一方面，又要随时准备突破旧概念、旧范畴、旧理论，在必要时甚至要扬弃旧理论、建立新理论，否则认识就不能发展，实践也不能成功。这既是解放思想，也是实事求是，是一个解放思想与实事求是相统一的过程，是一个主观与客观、理论与实践、坚持真理与发展真理的具体的历史的统一的过程。

邓小平把解放思想纳入党的思想路线的范畴，对于中华民族的伟大复兴具有重大而深远的意义。正如他所振聋发聩地指出的："一个党，一个国家，一个民族，如果一切从本本出发，思想僵化，迷信盛行，那它就不能前进，它的生机就停止了，就要亡党亡国。"可以说，没有那一场思想解放运动，就没有改革开放和社会主义现代化建设新时期的开辟，就没有我们党新的理论——邓小平理论和"三个代表"重要思想的发源，中华民族伟大复兴的航船就不可能驶入今天这样的黄金水道。

解放思想不仅在一定历史时期是拨乱反正、扭转乾坤的锁钥，而且也是永恒的主题。人类改造世界、认识世界的活动不会完结，解放思想也不会完结。"正入万山圈子里，一山放过一山拦。"改革开放以来我们走过的历程每一步都离不开思想解放、都伴随着思想解放。"认为解放思想已经到头了，甚至过头了，显然是不对的。"放眼当今世界，人类社会生活变化的节奏在进一步加快，知识更新的速率在进一步加快。创新已成为民族进步的灵魂，成为一个国家兴旺发达的根本动力。一个政党、一个民族要走在时代的前列，必须时刻保持解放思想的品格，以观念、理论、文化的日新又新、与时俱进来实现和保证事业的日新又新、与时俱进。

## 三

邓小平不仅重新确立和发展了党的思想路线，而且指明了在新的历史条件下坚持这条思想路线的政治主题。

思想路线于工人阶级政党之所以具有命运攸关的意义，是因为它是确立正确的政治路线的前提，是党实现自身的政治任务、肩负起自身历史使命的关键。革命战争年代，毛泽东大声疾呼确立了实事求是的思想路线，倡导了理论与实际相结合的马克思主义学风，主要解决了中国革命的性质是什么、怎样引导中国革命到胜利的问题，从而形成了以新民主主义论为主要内容的毛泽东思想。党的十一届三中全会以后，邓小平恢复和发展党的思想路线，围绕的一个鲜明的政治主题就是搞清楚什么是社会主义、怎样建设社会主义的问题。他以极大的马克思主义勇气，带领全党和全国人民围绕着这个事关民族复兴大计的根本性问题进行艰辛探索，大胆进行理论创新和制度创新，形成了以建设中国特色社会主义为主要内容的邓小平理论，开辟了改革开放和社会主义现代化建设新时期。

邓小平反思我国社会主义建设的经验教训，感到最重要的是对什么是社会主义、如何建设社会主义没有完全搞清楚。社会主义是一个很好的名词，但是如果搞不好，不能正确地理解，不能采取正确的政策，那就体现不出社会主义的本质。他认为过去在社会主义的认识上存在不少误区，存在许多教条式的错误理解。特别是习惯于从某种既定的模式上而不是从本质上认识社会主义。他在一系列论述中，指出了在社会主义问题上必须摈弃的错误观点：贫穷不是社会主义，发展太慢也不是社会主义；平均主义不是社会主义，两极分化也不是社会主义；僵化封闭不能发展社会主义，照搬外国也不能发展社会主义；没有民主就没有社会主义，没有法制也没有社会主义；不重视物质文明搞不好社会主义，不重视精神文明也搞不好社会主义；等等。这就用排除法从不同侧面抵近了社会主义的本质。在

1992年的南方谈话中他对社会主义的本质作了一个总结性、经典性的概括："社会主义的本质，是解放生产力，发展生产力，消灭剥削，消除两极分化，最终达到共同富裕。"

邓小平认为解放思想，实事求是，从实际出发建设社会主义，首先就必须搞清楚中国国情。他说："不要离开现实和超越阶段采取一些'左'的办法，这样是搞不成社会主义的。"他率领全党重新审视中国国情，形成了我国仍处于并将长期处于社会主义初级阶段的重要判断，并以此为根据，确立了党在整个社会主义初级阶段的基本路线。社会主义初级阶段理论的形成既是实事求是的产物，又是解放思想的结果，它为我们党在现阶段为什么只能采取这样的政策而不能采取别样的政策提供了依据，为解决中国的发展问题提供了现实支点。

建立什么样的经济体制，是社会主义建设的一个重大问题。长期以来，受马克思主义经典作家某些论述的影响，受苏联模式的影响，人们认为，计划经济是社会主义，市场经济是资本主义，这似乎是天经地义的，是一条不证自明的公理。邓小平以惊人的深刻性，用解放思想的闪电照亮了这一认识上的盲区、误区和禁区。他以惊人的睿智和深刻性意识到，市场经济作为人类在经济领域创造的重要文明成果，其本身并不具有姓"社"姓"资"的性质，在一定意义上甚至可以说在人类社会发展史上是不可逾越的。早在1979年他就指出："说市场经济只存在于资本主义社会，只有资本主义的市场经济，这肯定是不正确的。"这就把人们从计划与市场绝对不相容的思维方式中解放了出来。改革开放以来，我们党从提出计划经济为主，市场调节为辅，到提出公有制基础上的有计划的商品经济，再到明确提出建立社会主义市场经济体制。实践证明，这是我们在社会主义问题上的最大的思想解放，它决定了我国改革开放和社会主义现代化建设的基本走向，奠定了新的社会主义政治经济学的基础。没有这样一个思想解放，今天我国经济的飞速发展和社会的巨大进步是不可想象的。

搞清楚什么是社会主义、怎样建设社会主义，核心是解决中国的发展问题。基于对时代主题的洞察,基于对中国发展所处历史方位的判断,在改革初始阶段,邓小平十分突出地强调了发展速度。他指出,中国能不能顶住霸权主义、强权政治的压力,坚持社会主义制度,关键就看能不能争得较快的增长速度,实现我们的发展战略。他认为,对我们有利的条件存在着,机遇存在着,问题是要善于把握。在今后的现代化建设长期过程中,出现若干个发展速度比较快、效益比较好的阶段,是必要的,也是能够办得到的。为此,他提出了"发展才是硬道理"这一著名的论断。同时,随着实践的进程和社会主义现代化的全面展开,邓小平也非常注重发展的质量和效益、注重发展的协调和平衡。他说,强调快一点,"当然,不是鼓励不切实际的高速度,还是要扎扎实实,讲求效益,稳步协调地发展"。在强调让一部分人、一部分地区先富裕起来的时候,他一刻也没有忘记社会主义的本质是共同富裕。他要求先发展起来的地区要带动后发展起来的地区,"可以设想,在20世纪末达到小康水平的时候,就要突出地提出和解决这个问题"。邓小平同志的这些重要论述,对于我们确立正确的发展战略和科学的发展观都具有重要的指导意义。

党的十三届四中全会之后,以江泽民同志为核心的党的第三代领导集体形成了"三个代表"重要思想,明确提出了在发展社会主义市场经济条件下必须处理好的现代化建设中若干重大关系,提出并实施了科教兴国战略、可持续发展战略、西部大开发战略等重大战略。党的十六大作出了21世纪头20年,对我国来说,是一个必须紧紧抓住并且可以大有作为的重要战略机遇期的判断,强调要把发展作为党执政兴国的第一要务。党的十六届四中全会以来,以胡锦涛同志为总书记的党中央基于我国进入全面建设小康社会新阶段的实际,提出了科学发展观的战略思想,围绕实现什么样的发展、怎样发展等重大问题又形成了一系列新观点、新论断。这些都是我们党沿着邓小平提出的发展思路在理论与实践上不断与时俱进的产物,标志着我们党对社会主义本质认识的深化、对社会主义现代化建设规律认识的深化。

## 四

对于无产阶级政党来说,应该用什么样的标准,检验自己路线、方针和政策的正确性?这是思想路线的重要问题,也是解放思想与实事求是的契合点。邓小平把马克思主义的真理观和价值观统一起来,在重申和坚持实践标准的基础上,进一步提出了"生产力标准""三个有利于"的标准,为冲破姓"社"姓"资"之类的羁绊、建设中国特色社会主义开辟了通路,也为我们制定和坚持正确的路线方针政策指明了方向。

实践是检验真理的唯一标准是马克思主义认识论的核心观点。马克思在《关于费尔巴哈的提纲》中说过:"人的思维是否具有客观的真理性,这并不是一个理论的问题,而是一个实践的问题。人应该在实践中证明自己思维的真理性,即自己思维的现实性和力量,即自己思维的此岸性。"然而,在极左思潮的禁锢下,在个人崇拜之风盛行的情况下,这样一个马克思主义的常识竟然成了问题。有鉴于此,重新确立实践的权威就具有重大的历史意义。正如邓小平指出的:"关于真理标准问题的争论,的确是个思想路线问题,是个政治问题,是个关系到党和国家的前途和命运的问题。"邓小平把"实践是检验真理的唯一标准"列入了对党的思想路线的系统严谨的表述中,鼓励人们在实践中检验真理、坚持真理、发展真理,为在新的历史时期,引导党和人民破除迷信,大胆探索,走出一条新路奠定了基础。

全心全意为人民服务是我们党的唯一的宗旨,共产党的全部理论和实践活动的出发点和落脚点都是为了实现、发展和维护最广大人民群众的利益。因此,对于共产党人来说,实践活动的真理判断与价值判断是联系在一起的,是密不可分的。坚持实践是检验真理的唯一标准,不仅是一个哲学命题,还是一个政治伦理命题。沿着实践是检验真理的唯一标准的思路,伴随着我们党对社会主义问题认识的深化,邓小平进一步提出了"生产力"标准。他指出:"我们革命的目的就是解放生产力,发展生产力。离开了生产力的发展、国家的富强、人民生活的改善，革命就是空的。""在社会主义国家，一个真正的马克思主义政党在执政以后，一定要致力于发展生产力，并在这个基础上逐步提高人民的生活水平。"他并且指出，"我们搞的是有中国特色的社会主义，是不断发展生产力的社会主义"。这是他对社会主义本质的一个重要界定，也是对共产党人历史任务的一个重要界定。可以说，生产力标准的提出是真理标准在社会主义建设实践中的具体化，它对纠正那种习惯于离开生产力抽象地谈论社会主义的倾向，对纠正那种离开生产力抽象地评判改革是非功过的倾向，发挥了正本清源、拨乱反正的作用。

生产力的发展在整个社会的发展中无疑具有决定性的意义，但它又不是最终目的，不是唯一指标。从宏观方面来讲，必须注重增强社会主义国家的综合国力，这是社会主义取得与资本主义相比较的优势、最终战胜资本主义的必要条件，也是为人民创造更幸福生活、更美好未来的必要条件；从微观方面来讲，必须致力于改善人民的生活，这是社会主义生产的根本目的。概括起来，就是一要强国，二要富民，在实践中必须把二者统一起来，统筹兼顾。因此，邓小平又进一步提出了"三个有利于"的标准，即"判断的标准，应该主要看是否有利于发展社会主义社会的生产力，是否有利于增强社会主义国家的综合国力，是否有利于提高人民的生活水平"。这是对判断党的路线方针政策真理性标准的更为全面系统的表述。

继邓小平理论之后，我们党又敏锐把握时代脉搏，深刻洞察新形势下人民利益的时代内涵，形成了"三个代表"重要思想，把保持党的先进性与推进中国先进生产力发展、推进中国先进文化发展联系了起来；把以人为本作为最根本的执政理念，提出了全面协调可持续的发展观，强调把人民的利益作为一切工作的出发点和落脚点，不断满足人们的多方面的需求和促进人的全面发展。这样我们党就把实践第一的真理观、生产力第一的唯物史观和以人为本的发展观统一于执政兴国的历史实践之中，为中国在

21 世纪以中国式现代化实现中华民族伟大复兴奠定了思想方法论的基础。

## 五

马克思主义理解的社会实践是人民群众的历史活动。邓小平把党的思想路线与坚持党在一切工作中的群众路线、与以民主为核心的政治文明建设联系起来，指明了解放思想、实事求是的政治条件和机制保证。

人民群众是历史的主体。一切真知，一切新思想、新观念、新认识都是在人民群众的实践活动中孕育和产生出来的。马克思主义政党制定路线方针政策必须以人民群众的历史意愿为依据，以他们在实践中所产生的创造性经验为依据。否则，就不可能真正地解放思想，实事求是。邓小平十分尊重人民群众的首创精神，他把实践观点和群众观点统一起来，时刻关注最广大人民群众的利益和愿望，善于敏锐捕捉和科学总结人民群众的经验和创造，及时将之吸纳、上升到党的方针政策，融入党的理论创新，反过来指导和推进群众的实践。这就是党的十一届三中全会以来中国特色社会主义事业和党的创新理论辩证发展的生动过程。他在谈到为什么要改革时说："改革是大家的主意，人民的要求。""改革开放中许许多多的东西，都是群众在实践中提出来的。"对于乡镇企业的异军突起，他无比喜悦，看作是一个意外的收获，说道，"这是我个人没有预料到的，许多同志也没有预料到的"。

集中群众的智慧、发挥集体的智慧，关键是要实行民主。邓小平在《解放思想，实事求是，团结一致向前看》这篇著名的讲话中就提出："民主是解放思想的重要条件。"这是把思想路线和党内民主、政治文明联系起来的一个极为重要的马克思主义论断。个人的认识能力总是有限的，个人的思维状态、思维兴奋点和关注点也受到种种因素的制约。一个党、一个国家要真正做到解放思想，实事求是，始终保持旺盛的创新能力，必须依靠民主。为此，邓小平特别强调要建立健全党内的民主生活，真正实行民主集中制，改变个人崇拜、个人和少数人说了算，改变把国家命运建立在一两个人声望上的极不正常的状况；强调要积极推进政治体制改革，加强社会主义民主政治建设。他指出："我们各种政治制度和经济制度的改革，要坚定地、有步骤地继续进行。这些改革的总方向，都是为了发扬和保证党内民主，发扬和保证人民民主。"在谈到政治体制改革的目标机制时，他说："我个人考虑有三条：第一，党和行政机构以及整个国家体制要增强活力，就是说不要僵化，要用新脑筋来对待新事物；第二，要真正提高效率；第三，要充分调动人民和各行各业基层的积极性。"邓小平的这些重要论述，成为党的十六大提出"党内民主是党的生命"、提出建设社会主义政治文明任务的理论源头。

## 六

解放思想、实事求是对共产党人来说，既是一种思维方式，还是一种精神状态。正因如此，邓小平总是把解放思想、实事求是上升到党的作风、民族精神的高度加以强调。他认为，要恢复和发展党的思想路线，首先就必须改变在长期"左"的思想影响下人们的僵化精神状态，改变旧的社会文化心态。他深刻分析了党的十一届三中全会以前人们普遍的心态，例如思想禁锢，总是局限在一些条条框框里；被动地服从，一切照抄照转照搬；随风倒；不求有功，但求无过；因循守旧，安于现状；唯命是从，大搞特权；等等。邓小平指出："不打破思想僵化，不大大解放干部和群众的思想，四个现代化就没有希望。"在整个改革开放的进程中，他反复提醒人们要"大胆地试，大胆地闯"，"没有一点闯的精神，没有一点'冒'的精神，没有一股气呀、劲呀，就走不出一条好路，走不出一条新路，就干不出新的事业"。

培养一种以解放思想、实事求是为主要特征的社会文化心态，形成一种勇于开拓、勇于创新的文化氛围，也是社会主义文化建设的重要内容，是培育和弘扬民族精神的重要内容，是人的全面发展的重要内容。在邓小平的倡导和培育下，改革开放以来，我们党的精神状态发生了巨大变化，中国人民的精神风貌也发生了深刻的变化。然而，与我们党所肩负的伟大历史任务相比，与中华民族伟大复兴对社会文化条件的要求相比，转变党的作风、振奋民族精神的任务依然十分艰巨。改革开放和社会主义现代化事业任重道远，解放思想未有穷期。我们必须进一步加强党的思想作风建设，弘扬和培育民族精神，引导党和人民群众更加自觉地把思想认识从那些不合时宜的观念、作风和体制的束缚中解放出来，从对马克思主义教条式乃至错误的理解中解放出来，从主观主义和形而上学的桎梏中解放出来。正如党的十六大报告指出的："通过理论创新推动制度创新、科技创新、文化创新以及其他各方面的创新，不断在实践中探索前进，永不自满，永不懈怠，这是我们要长期坚持的治党治国之道。"

让我们更高地举起邓小平点燃的解放思想的火炬，让它的熊熊光焰永远照亮中华民族伟大复兴的胜利航程！

# 伟大的觉醒　正确的选择[*]

## ——论中国特色社会主义道路的开辟

20世纪90年代,邓小平站在上海南浦大桥的桥头,望着"东方风来满眼春"的生机勃勃的新上海,曾感慨万端地说:"喜看今日路,胜读十年书。"自那个时候起,又10多年过去了。今天,在党的十七大即将召开之际,回首近30年的改革开放历程,沉思中国特色社会主义道路的开辟,展望中华民族伟大复兴的灿烂前景,我们所感受到的正是这一种历尽艰辛成大道、砥砺奋进再出发的豪情和力量。

一

"路漫漫其修远兮,吾将上下而求索。"革命、建设和改革都离不开正确的道路。道路决定成败,歧路每多亡羊。

近代以来,为了挽救神州陆沉,中国人民进行了艰辛的探索。中国共产党诞生后,把马克思主义作为观察国家命运的工具,中华民族的历史掀开了新的一页。但是把马克思主义中国化,同样是一个筚路蓝缕的历程。新民主主义革命时期,我们党经过许多错误和曲折,才创立了毛泽东思想,找到了一条农村包围城市、武装夺取政权的道路,使中国革命走上了胜利发展的坦途。

新中国成立后,为了在社会主义的道路上使中国尽快富强和发展起

---

[*] 本文发表于2007年9月。

来，我们党又开始了新的探索。但是，社会主义如何搞，特别是如何与中国的具体实际结合起来，在一定程度上比革命更困难，这一探索同样走了不少弯路、付出了沉重的代价。十年内乱使中国经济停滞不前，与新技术革命的宝贵历史机遇擦肩而过。"四人帮"粉碎以后，中国向何处去，这一命攸关的问题又一次严峻地摆在了党和人民的面前。邓小平复出后，以巨大的马克思主义理论勇气和政治勇气，倡导和支持了真理标准的大讨论。在党的十一届三中全会召开前夕，他讲了两句话，一句是："一个党，一个国家，一个民族，如果一切从本本出发，思想僵化，迷信盛行，那它就不能前进，它的生机就停止了，就要亡党亡国。"另一句是："如果现在再不实行改革，我们的现代化事业和社会主义事业就会被葬送。"一席话语惊四座、振聋发聩，"女娲炼石补天处，石破天惊逗秋雨"！

邓小平的讲话和党的十一届三中全会的召开，标志着我们党和中华民族的一个伟大觉醒！正是这样的觉醒拉开了中国新时期的序幕。于是改革从农村到城市、从经济到政治以及文化等各个领域，像汹涌澎湃的春潮在神州大地上次第铺开了，中国的大门从沿海到沿江、沿边以及内地全方位地打开了。有一首歌唱道："我们打开了大门迎春风！"确实唱出了中国人民第二次解放的感受。正是因为有了这样的觉醒，才使中国大踏步地赶上了世界进步的潮流，才有了中国特色社会主义道路的开辟，才有了中国特色社会主义理论的发源。邓小平后来在与外国朋友的谈话中谈道："1957年以后……二十年的经验尤其是'文化大革命'的教训告诉我们，不改革不行，不制定新的政治的、经济的、社会的政策不行。党的十一届三中全会制定了这样的一系列方针政策，走上了新的道路。"

正是有了这样的道路选择和不断开辟，中华民族的历史命运才又一次从"山重水复"走向了"柳暗花明"。在国际社会主义运动"众芳摇落"的情况下，社会主义的中国依然"占尽风情"；在全球性的发展浪潮中，中国的经验和成绩是那样的引人注目。在高增长的同时避免了经济的大起大落，物价涨幅稳定在较低水平，这的确十分了不起！抚今追昔，我们可以无愧地告诉历史、告诉世人：这条路我们走对了！

中国的成功、中华民族的幸运，就在于我们有走在时代前列的中国共产党的正确领导，有邓小平这一改革开放的总设计师，有江泽民、胡锦涛的一以贯之，继往开来、与时俱进。中国义无反顾而且是积极稳步地实行了改革开放，走出了一条中国特色社会主义的发展道路。可以预期，如果我们坚定不移地沿着这条道路走下去，再稳定地发展几十年，那么到21世纪中叶，我们就可以顺利进入中等发达国家的行列。不仅开辟中华民族伟大复兴史上的新纪元，而且可以用自己的成功实践向世人证明：社会主义优于资本主义制度，社会主义代表了人类社会前进的方向！

## 二

中国特色社会主义道路的开辟，既是实践发展的过程，也是理论探索的过程，是一个理论与实践相统一的辩证的生动的发展过程，实践的探索孕育和催生了新的理论，理论的创新又指导和推动了新的实践。

改革开放以来，在带领全国人民开创中国特色社会主义道路的进程中，我们党进行了艰辛的理论探索和伟大的理论创造，形成了邓小平理论、"三个代表"重要思想和科学发展观等重大标志性理论成果，逐步形成并不断丰富发展了中国特色社会主义理论体系。

中国式的社会主义道路的理论探索，实际上以毛泽东同志为主要代表的党的第一代中央领导集体就开始了，但是鲜明提出"中国特色社会主义"这一科学命题的是邓小平。1982年9月，邓小平在党的十二大庄严宣告："把马克思主义的普遍真理同我国的具体实际结合起来，走自己的路，建设有中国特色的社会主义，这就是我们总结长期历史经验得出的基本结论。"其后，建设中国特色社会主义就成为新时期中国发展的主旋律，也成为党的理论创新的主题。邓小平坚持解放思想、实事求是的思想路线，提出并科学揭示社会主义的本质，作出我国正处于并将长期处于社会主义初级阶段的科学判断，明确解放和发展生产力是社会主义的根本任务，制定了"一个中心、两个基本点"的基本路线，提出了分两步走基本实现现代化的发展战略和"一国两制"战略构想，创立了邓小平理论，邓小平理论一开始就叫作有中国特色的社会主义理论，它是中国特色社会主义理论体系的奠基之作，第一次比较系统地回答了在中国这样的经济文化比较落后的国家，如何建设社会主义，如何巩固和发展社会主义的一系列基本问题。

历史的接力棒传到以江泽民同志为核心的党的第三代领导集体的手中。江泽民领导全党深刻洞察国际国内形势的重大变化，科学把握党的历史方位，形成了"三个代表"重要思想，在邓小平理论的基础上进一步回答了什么是社会主义、怎样建设社会主义的问题，创造性地回答了建设什么样的党、怎样建设党的问题。用一系列新思想、新观点、新论断，进一步深化了对中国特色社会主义发展规律的认识。

新世纪新阶段，以胡锦涛同志为总书记的党中央，科学审视国际形势变化趋势，认真分析我国发展的阶段性特征，深入总结我国和世界各国发展的经验，提出了以人为本、全面协调可持续的科学发展观，提出了构建社会主义和谐社会、建设社会主义新农村、建设创新型国家、建设社会主义核心价值体系、坚持和平发展道路、党的先进性建设等一系列重大战略思想，进一步回答了中国特色社会主义发展的一系列重大问题。

马克思指出："哲学是时代精神的精华。"理论在一个国家的实现程度，决定于理论满足这个国家需要的程度。实践证明，中国特色社会主义理论体系是与时俱进的、科学的、不断丰富发展的体系，它代表了中国社会的前进方向，反映了中国最广大人民群众的根本利益，是马克思主义中国化在新的时代、新的实践中开出的璀璨的理论之花、结出的丰硕的理论之果，是中国共产党和中国人民最可珍贵的财富，是中国人民创造更加幸福的生活、开辟更加美好的未来的科学指南。

## 三

中国特色社会主义道路的开辟、中国特色社会主义理论体系的形成，建立在两个支点上：一是对社会主义本质的再认识，形成了社会主义的本质论；二是对中国国情的再认识，形成了社会主义初级阶段的基本国情论。

建设和发展社会主义，首先就要把什么是社会主义搞清楚。马克思、恩格斯创立了科学社会主义的理论，提出了科学社会主义的基本原理，但是，关于未来社会主义究竟是什么样子，他们只是凭着天才的想象和预见做了描绘，并没有提供现成的、一成不变的模式和可供人们按图索骥的答案。长期以来，由于对马克思主义经典作家某些论断的教条式地、片面地理解，由于苏联模式的影响，在对社会主义的理解上存在种种错误的、偏颇的、不合时宜的认识。这是造成社会主义实践遭受重大挫折的重要原因。党的十一届三中全会后，邓小平反思国际共运特别是我国社会主义建设的经验教训，指出社会主义没有搞好，主要是什么是社会主义、怎样建设社会主义没有搞清楚。为此，他带领全党对社会主义的本质进行了不懈探索，他用自己特有的语言风格，作出了一系列重要论断："贫穷不是社会主义""两极分化不是社会主义""没有民主就没有社会主义""两个文明都搞好，才是有中国特色的社会主义""中国特色社会主义是主张和平的社会主义"，等等。经过长期思考，在南方谈话中，他对社会主义的本质作了系统的概括："社会主义的本质，是解放生产力，发展生产力，消灭剥削，消除两极分化，最终达到共同富裕。"应该说，这一概括是非常经典的，他打破了长期以来用具体模式界定社会主义的思维定势，从生产力与生产关系的统一上对社会主义本质作了朴实的、也是非常深刻的概括，标志着我们在社会主义本质认识上的巨大的思想解放。但邓小平的概括并没有穷尽我们对社会主义本质特征的认识。其后，我们党又提出了以人为本的理念，科学发展的理念，构建社会主义和谐社会的思想，等等，应该说这些都从不同侧面，深化和丰富了我们对社会主义本质的认识。正是有了对社会主义本质的再认识及其不断深化，中国特色社会主义理论才找到了现实的生长点。列宁说过，生机勃勃的社会主义是由人民群众自己创立的。我们相信，随着中国特色社会主义实践的发展，我们对社会主义本质及其特征的认识将更加深化，而这种认识的深化，将进一步开辟中国特色社会主义事业更广阔的发展前景。

找到一条适合中国特点的发展道路，还必须搞清楚中国的国情。中国的基本国情是什么？毛泽东在新中国成立初期概括为"一穷二白"。但是应该说在一个相当长的时期我们对自己的基本国情的认识和把握并不是完全清醒的。一段时间里，甚至不切实际地提出所谓"大跃进"，"超英赶美""跑步进入共产主义"。超越阶段的"左"的指导，也是我国在社会主义建设中遭受挫折的原因。党的十一届三中全会以后，以邓小平同志为主要代表的中国共产党人逐步形成了我国正处于并将长期处于社会主义初级阶段的科学认识。用邓小平的话说，我们搞的社会主义是"不够格的社会主义"。实践证明，重新认识社会主义的本质是解放思想，实事求是；重新认识中国国情也是解放思想，实事求是。社会主义初级阶段论的确立，为我们在现阶段为什么只能采取今天这样的政策而不能采取别样的政策提供了依据。改革开放以来，我国有了很大的发展，但是我国正处于并将长期处于社会主义初级阶段的基本国情没有改变，我国社会的主要矛盾——人民日益增长的物质文化需要同落后的社会生产之间的矛盾没有改变。我们必须牢记社会主义初级阶段基本国情，认清全面建设小康社会、实现我国基本现代化、巩固和发展社会主义制度的重要性、长期性、艰巨性，增强聚精会神搞建设、一心一意谋发展的坚定性，提高想问题、办事情决不可脱离实际的自觉性，清醒而又顽强地为实现党的历史使命而扎实奋斗、不懈奋斗。

## 四

中国特色社会主义道路的开辟,是以解放思想的狂飙迅雷为先声的。回顾改革开放以来我们走过的历程,每一步都离不开思想解放、得益于思想解放。

遥想"四人帮"刚刚粉碎之初,"无端风雨,未肯收尽余寒"。"左"的思想藩篱密布。如果没有真理标准大讨论,没有对实事求是这一马克思主义基本原理的重新启蒙,没有在对待马克思主义、对待毛泽东思想等问题上的起码的思想解放,新的历史时期就无法开启,中国起飞的沉重翅膀就无法鹏运。由于长期以来计划经济被看作社会主义的本质特征,市场被看作资本主义的"专利",中国改革开放的市场取向一度受到广泛质疑,姓"社"姓"资"之类诘难不绝于耳。正是由于有了"计划与市场不是社会主义的本质属性"这一思想解放,社会主义市场经济这一伟大创举才在中国的大地上着床发育、生根开花,变为了辉煌的现实。同样,正确认识我国出现的新的经济形态、新的分配方式、新的社会阶层,这些问题都离不开思想解放。我们党提出以人为本、实现又好又快发展、建设社会主义和谐社会,这些新理念、新思路的确立也离不开思想解放。胡锦涛指出,解放思想是党的思想路线的本质要求,是我们应对前进道路上各种新情况新问题、不断开创事业新局面的一大法宝。这是对改革开放历史经验的科学总结。

应该看到,随着时间的推移,随着改革开放的发展和社会主义市场经济体制的初步确立,许多同志解放思想的触觉逐步钝化了,甚至不自觉地认为解放思想的任务已经完成了,这种认识是很要不得的。对于共产党人来说,解放思想是永恒的主题、毕生的追求。对于中国特色社会主义伟大事业,解放思想未有穷期。中国的新发展呼唤着思想的新解放,思想的新解放也必将推动中国的新发展。

## 五

新时期最鲜明的特点是什么？是改革开放。中国特色社会主义道路最富时代性的特征是什么？是改革开放。

社会主义是一个好制度，是以公有制为主体的、人民当家作主的、逐步实现共同富裕的制度，是代表先进生产力的发展要求、有利于解放和发展生产力的制度，是着眼于实现人的解放和人的全面发展的制度。但是，社会主义制度的优越性还必须通过适宜的、富有生机和活力的体制机制才能发挥出来。由于长期"左"的思想和苏联模式的影响，改革开放以前，我国形成了高度集中的僵化的计划经济的体制，以及与之相应的政治、文化、社会体制，整个社会处于一种封闭半封闭的状态，束缚了社会生产力的发展，禁锢了人民群众积极性、创造性的发挥。因此，新道路的开辟是以改革为发轫的。改革就是调整和改造一切不适应生产力发展的生产关系，调整和改造一切不适应社会主义经济基础的上层建筑，是社会主义制度的自我完善和发展。改革就是观念创新、理论创新和制度创新。从世界范围看，改革创新也是当今时代的一个显著特征，是世界性的潮流。今天的世界是开放的世界，中国的发展离不开世界。开放是改革的题中应有之义，是改革的延伸和拓展。改革开放后中国走过的历史就是不断深化改革、扩大开放的历史，就是通过改革开放、不断开拓中国特色社会主义道路的历史。事实雄辩地证明，改革开放是解放和发展社会生产力、不断创新充满活力的体制机制的必然要求，是发展中国特色社会主义的强大动力，是实现中华民族伟大复兴的必由之路。可以说，没有改革开放，就没有中国的今天，就没有中国特色社会主义道路的开辟。邓小平说"坚持改革开放是决定中国命运的一招"，的确是"决定命运"啊！

由于改革是全新的事业，需要我们在实践中去试去闯，因此，在实践中难免会发生这样那样的问题或不足，产生一些难以完全避免的消极因素或负面影响。对此，我们要引起重视，但决不能惊慌失措，更不能因噎废食，企图走回头路。相反，只能用改革的思路、改革的办法解决前进中的问题。

## 六

"筚路蓝缕，以启山林。"中国特色社会主义道路的开辟是一个恢复和发扬党的优良作风的过程，是一个振奋和弘扬民族精神的过程。

在党的七大上，为了迎接中国革命胜利的曙光，毛泽东作了著名的闭幕词《愚公移山》，强调"首先要使先锋队觉悟"。改革开放，用邓小平的话说是"杀出一条血路"。为此，从这条道路开辟的一开始，邓小平就突出地强调了恢复和发扬党的优良作风的问题。他提出要保持战争年代那么一股劲，那么一种革命热情，那么一种拼命精神。他强调共产党员要发扬"五种革命精神"。江泽民从"三个代表"的高度深刻论述了改进党的作风的重大意义，强调："改革开放和社会主义现代化建设是一个艰苦创业的过程。在整个现代化建设过程中，始终要发扬艰苦奋斗、自力更生的精神。"胡锦涛就任总书记后的第一个举措就是带领中央政治局常委到西柏坡重温"两个务必"。他提出了党的先进性建设和执政能力建设的重大战略命题，要求共产党员带头践行"八荣八耻"，端正思想作风、学风、工作作风、领导作风和干部生活作风，做到为民、务实、清廉。在党的历代领导人的大力倡导和广大党员的率先垂范下，多年来，中国形成了以改革创新为核心的时代精神和以爱国主义为核心的民族精神，社会主义核心价值体系深入人心。中国人民从来没有像今天这样精神振奋、斗志昂扬，中华民族的自信心、自尊心和民族自豪感，从来没有像今天这样充实坚定，中华民族的凝聚力、创造力从来没有像今天这样旺盛勃发。可以说，没有党的优良传统和民族精神的大发扬，就开辟不出一条新路，就成就不了我们的事业。

改革开放之初，邓小平形象地提出我们的探路是"摸着石头过河"。令人欣慰的是，经过近30年的探索，我们已经形成了马克思主义中国化的最新成果——中国特色社会主义理论体系,形成了建设中国特色社会主义的总体布局,形成了涵盖经济、政治、文化、社会、军事、外交、科技、祖国统一等各个领域的一套初步成熟的政策和制度。"两岸猿声啼不住,轻舟已过万重山。"只要我们坚定地沿着中国特色社会主义道路走下去,中华民族伟大复兴就一定能够胜利实现!

# 正确认识国际环境的新变化[*]

当 21 世纪的太阳冉冉升起的时候，我们这个星球已经并正在发生一系列重大而深刻的变化：世界格局向多极化发展，经济全球化的进程明显加快，科学技术进步日新月异。在这样一种大背景下，各种思想文化相互交杂、相互激荡。面对国际环境的潮涨潮落，云起云飞，人们往往会产生这样那样的困惑和疑问。引导人们运用马克思主义世界观和方法论正确观察和认识当今国际环境的变化，把握世界历史进程的本质、主流和发展趋势，在国际大局中找准中国改革开放和社会主义现代化建设的历史坐标和方位，客观地分析各种有利的和不利的因素，从而抓住机遇，迎接挑战，是思想政治工作必须着重解决的课题。

## 一

有的同志对国际环境变化中不利的一面、挑战的一面往往看得过重，闻风雨而心惊，观波澜而色变，常萦杞人之忧，每兴望洋之叹，对中国的发展缺少信心，甚至留恋闭关锁国时代所谓的"清平世界"，主张还是把门关起来一点为好。这种认识是很片面的，也不是马克思主义者应有的思想路线。

诚然，当今国际环境的变化对我国的社会主义现代化事业确有其严峻的一面，其挑战不容忽视。苏联解体、东欧剧变以后，国际社会主义运动转入了一个低潮期，而借助于新技术革命和经济全球化的东风，资本主义

---

[*] 本文发表于 2001 年 11 月。

确乎出现了某种回黄转绿的貌似繁荣的景象。这使得资本主义的战略家们又一次春风得意、踌躇满志了起来，整袖弹冠，迫不及待地建立资本主义的"一统天下"。然而，令他们失望和懊丧的是，苏联解体、东欧剧变后他们所期待的多米诺骨牌效应并没有出现。"已是悬崖百丈冰，犹有花枝俏"。在世界的东方，社会主义的中国冲寒凌霄，屹立成一道亮丽的风景。于是他们在恼羞成怒之余，便以百倍的努力、十倍的猖狂，把"和平演变"的重点矛头指向了中国。早在20世纪80年代末，邓小平就以其敏锐的洞察力指出："可能是一个冷战结束了，另外两个冷战又已经开始。一个是针对整个南方、第三世界的，另一个是针对社会主义的。西方国家正在打一场没有硝烟的第三次世界大战。所谓没有硝烟，就是要社会主义国家和平演变。"历史的发展证明了邓小平的预见。目前，以美国为首的西方国家正挟经济全球化之势，加紧对我国实施"分化""西化"的战略。他们利用所谓人权、民主、自由、民族、宗教问题和台湾、西藏等问题，不断向我国发难，处心积虑、千方百计地遏制中国的发展。他们还凭借科技和经济优势以及对全球网络和媒体的垄断性经营，乘我国对外开放之机，加紧对我国的渗透，倾销其思想文化和价值观念，寄希望于"播下思想的种子，这些种子有朝一日会结成和平演变的花蕾"。这些都对我国的经济安全、政治安全、军事安全和文化安全构成了现实威胁。对于这样一种态势我们一定要有清醒的认识，要有强烈的忧患意识。

然而，这只是问题的一个方面。问题的另一方面，我们仍然要充分地看到，这就是和平与发展的时代主题，世界要和平，人民要合作，国家要发展，社会要进步，是不可抗拒的历史潮流。在这样一种大背景下，中国的发展依然有着良好的机遇。就国际环境的总体而言，机遇大于挑战。这里，我们不妨稍微具体地分析一下当今国际环境变化的几个新态势对于中国的影响。

其一是多极化的趋势。冷战结束后，美国成为世界上唯一的超级大国，凭借其"新经济"的成功和在经济、科技、军事等方面的巨大优势，大力推行新干涉主义和新炮舰政策，急于构筑由它来领导的"单极世界"，霸权主义和强权政治"甚嚣且尘上也"。但我们绝不要为它的其势汹汹所吓倒，要看到天下者世界人民之天下，不是美国一家之天下；寰球者全人类之寰球，不是美国垄断资产阶级之寰球。"高天滚滚寒流急，大地微微暖气吹。"包括中国在内的广大发展中国家联合自强，力主国际关系民主化，正在成为反霸和推进多极化的主力军。中国作为世界上最大的发展中国家、最大的社会主义国家，一贯奉行独立自主的和平外交政策，在多极化进程中正发挥着越来越重要的作用。即使是西方一些发达国家也不甘心时时事事俯首听命于美国，不赞成美国一家垄断国际事务。在世界力量对比中，虽然美国继续保持着"一超"的地位，其他大国的综合国力也在明显增长，各种区域性的力量也在发展。各大国面对重大国际问题，越来越注重利用多边合作，建立各种形式的战略伙伴关系，形成某种国际力量的制衡机制。凡此种种，都决定了美国的霸权战略实施起来必然困难重重，"单极世界"的迷梦难以实现。多极化的趋势有利于抑制霸权主义和强权政治，有利于推动建立公正合理的国际政治经济新秩序，为我国在国际战略上提供了较大的回旋余地。只要我们紧紧地和广大第三世界国家站在一起，同各国人民和世界上一切进步力量站在一起，善于审时度势，纵横捭阖，处理好各种战略关系，就可以使世界朝着有利于和平的方向发展，就能够继续为我国的社会主义现代化建设创造一个有利的国际环境。

其二是经济全球化的浪潮。经济全球化的进程是伴随着资本主义的诞生就开始了的。马克思早就指出，资本主义的出现使世界上的事情连为一体，人类进入了世界历史时代。但20世纪末叶开始呈"春潮带雨晚来急"之势的新一轮全球化浪潮却有着某些新特点，即它在贸易全球化的基础上，正向市场全球化、金融全球化、生产全球化、信息和知识全球化的方向发展，从而引发了世界经济结构、产业结构、资源组织方式和经济增长方式的急剧变革。目前，跨国公司已成为世界范围内最主要的经济活动主体，他们控制着全球生产的40%，国际贸易的60%，国际直接投资的90%。跨国银行也已成为国际金融市场的首要运作者，其分支机构遍布全球，将世界上所有重要的金融中心连为一体。以部门间国际分工为标志的世界经济旧格局正向突破国界地域空间的全球经济网络新格局转变。经济全球化固然是由资本主义所主导和推动的，它所带来的经济成果对于参与这一进程的各国具有不对等性，发达资本主义国家及其跨国垄断集团成为这一进程的最大受益者，而一些发展中国家则可能在这一进程中进一步边缘化，甚至落入"全球化陷阱"；经济全球化也为以美国为首的西方国家主导国际经济秩序，并进而推行其政治模式、意识形态和价值观念提供了前所未有的方便条件。但应该看到，经济全球化从本质上说是人类先进生产力发展的必然趋势，是新科技革命和新生产力革命引发出来的不可抗拒的世界历史潮流。经济全球化促进了资源、资金、技术、劳动力、服务、商品等要素在世界范围内的自由流动和优化配置，促进了生产力的增长，推进了全球产业结构的新一轮调整，孕育了世界经济的一个新的高速增长期，这对我国经济的发展同样也是一个机遇期。"春江水暖鸭先知。"一方面，可以说党的十一届三中全会以来我们所实行的改革开放政策正是对这一浪潮所作出的积极回应；另一方面，经济全球化的浪潮也为我国的改革开放提供了"长风万里送行舟"的外部环境。世界各国在经济上的交往和依存进一步加深，有利于我国实现产业结构的调整，加速实现产业升级；有利于我们吸引利用外资，弥补国内建设资金的不足；有利于我们发挥比较优势，开拓国际市场，扩大对外贸易；有利于我们引进外国的先进技术和经济管理的先进经验，实现技术超越和制度创新。20多年的改革开放已经使中国成为经济全球化的受益者。目前，中国已成为世界引进外资最多的发展中国家，也是对外贸易增长最快的国家之一。世界银行预测，2020年"中国对外贸易占世界贸易的份额将会增加到1992年的3倍（达10%）以上，并有望成为世界第二的贸易国（仅次于美国的12%）"。这说明，只要我们主动适应经济全球化的趋势，以更积极的姿态参与国际合作与竞争，就能够加快我国现代化建设的步伐，而消极排拒只能导致落后。

其三是科技革命。20世纪90年代以来，以信息技术为核心和先导的高新科技迅猛发展，一场新科技革命方兴未艾。这场科技革命是18世纪中叶工业革命以来人类在生产力领域最为深刻的变革，它标志着人类正迈入信息社会的门槛，知识经济初见端倪。当今世界科技创新的速度日益加快，科技成果转化的周期大大缩短，各学科、各技术领域相互渗透、交叉和融合，研究与开发的国际化趋势明显加快，科技特别是高科技已经成为经济和社会发展的主导力量。科技革命与经济全球化是互为因果的。科技革命为新经济的产生与发展提供了科技和新的生产力的条件，它客观上成了经济全球化的强大的推进器。反过来，经济全球化也刺激和促进了科技的创新、开发、利用及其在世界范围内的运用和扩展。不可否认，当今发达资本主义国家所主导的全球化实质上是垄断资本与垄断科技相结合的全球化。以美国为首的西方国家往往凭借他们在科技发展上的优势推行霸权主义和强权政治，并以科技为奇货可居，对发展中国家进行科技封锁和盘剥，要挟和控制发展中国家。但应该看到，科学技术本质上是人类共同的财富，共有的文明成果，是天下之公器，是不可能长久地为少数人所把持和垄断的。科技生产力具有渗透性和可传递性。当代科技的迅猛发展，为我国发挥后发优势，实现跨越式发展提供了历史性的机遇。改革开放以来，实行"863计划"，贯彻科教兴国的战略，我国在许多科技领域已经实现了历史性的跨越。目前，以信息技术为核心的高新技术产业在我国已经异军突起，逐步成为支柱性产业，带动了一大批相关产业部门的发展，成为新的经济增长点。实践证明，通过制定正确的科技发展战略，把技术引进、消化、吸收与自主创新紧密地结合起来，我国完全可以在许多重要的科技领域迎头赶上，甚至后来居上。同时还要看到，科技革命促进了人类优秀文化特别是与现代化相联系的先进文化在世界范围内的传播，为人们获取信息和知识、丰富文化生活、提高文化素质，创造了极为有利的条件，它对我国精神文明建设也将产生巨大的推动作用。

其四是各种思想文化的相互激荡。旧的世界格局解体了，新的格局还没有完全形成。加上经济全球化的浩荡季风,科技革命的滚滚潮汛,处在社会大变革、大转型、大重组时期,国际思想文化呈现"纷总总其离合兮,斑陆离其上下"的特点。各种各样的学说、思潮层出不穷,各种各样的文化现象纷纭联翩,新生的与腐朽的同在,传统的与现代的共存,激进的与保守的杂陈,落后的与先进的交织,其中既有社会主义和资本主义两种思想体系的对垒和交锋,也有各种不同质态、不同渊源、不同流派的文化之间的交汇与碰撞。而且,借助于经济全球化以及新的科技手段特别是互联网技术,这种思想文化的激荡也波及世界的每一个角落,几乎无远弗届,世界上已找不到任何一块"桃花源""伊甸园",国界对于文化的屏蔽作用已大大减弱并趋于消失。毋庸讳言,在资本主义处于强势并对我国加紧实施和平演变战略的情况下,这种态势对中国的文化安全的挑战是严峻的,是我们必须正确对待的。但要看到,思想文化的相互激荡也为马克思主义的大发展、大传播、大普及提供了历史契机,为传统文化的更新和再造注入了激活剂和催化剂。打开窗户,凭海临风,固然会有一些腐朽的、不好的东西乘虚而入,但更多的是来自大洋上的新鲜空气。它有利于开阔我国人民的眼界,启发我国人民的头脑,更新我国人民的观念;有利于我们借鉴和吸收人类所创造的,包括在现代资本主义条件下所形成的一切先进的、有益的文化成果。而这些都是我们党代表先进文化的发展方向所必需的。只要我们善于因势利导、激浊扬清、扶正祛邪,就可以大大促进我国的社会主义精神文明建设。纵览历史,凡是各种思想文化相互激荡、诸子百家争鸣的时期,都是人类思想大解放、认识大飞跃、社会大进步的时期。今天,我们也有充分的理由相信,在各种思想文化的相互激荡中,马克思主义将获得新的发展,科学社会主义的理想信念将更加能够掌握亿万人的心灵,中国特色社会主义文化将在世界范围内焕发出迷人的风采,闪射出夺目的光辉。

综上所述,当今国际环境的变化对我国可谓挑战与机遇并存,但总体上是有利的。国际大格局中可供利用的矛盾存在着,大发展的机遇存在着。"世界发生大转折，就是个机遇"，"大转折就是大机遇"。

更应该看到的是，机遇既是客观存在的，也是主体与客体互动的产物；机遇在于发现之中，在于积极主动的创造之中，在于自觉的能动的把握之中。在大变革时期，机遇偏爱有准备的大脑，机遇偏爱有准备的民族。在很多情况下，挑战与机遇是一个问题的两个方面，有了机遇不善于发现，不善于把握，就会与机遇擦肩而过，则机遇正与挑战同；而正视挑战，以积极的态度和正确的方针应对挑战，挑战就恰恰成为一种机遇。如果不是这样地认识问题，就没有办法解释改革开放 20 多年来我们取得的成果。

## 二

有的同志睁开眼睛，环顾宇内，感到社会主义国家寥若晨星，而资本主义则几乎滔滔者天下皆是，如同烈火烹油，兴旺发达得很，就认为在这种情况下，中国要坚持社会主义道路难矣哉。这就提出一个问题：什么是当今世界的潮流，应该怎样把握国际环境变化的主流和本质，把握历史的发展趋势。

首先，让我们来考察一下资本主义的情况。诚然，当代资本主义在其演进过程中的确发生了某些新变化，但是这一切并不能证明曾经声名狼藉，而且被各种与生俱来的顽症搞得焦头烂额、心劳日拙的资本主义经过些许自我调整和改良，经过经济全球化灵光的涂抹和科技革命圣水的点化，就一切光昌流丽、完美无缺了，就返老还童，永葆青春了。西方著名学者海尔布隆纳在《马克思主义：赞成与反对》一书中说，只要资本主义存在着，我就不相信我们能在任何时候宣布马克思关于资本主义内在本性的分析有任何错误。应该说，他的判断是冷静的。人们看到，在当代，在经济全球化和科技革命的背景下，资本主义固有的生产的社会化与生产资料的私人占有之间的矛盾不仅没有消失，反而是以新的形式更加尖锐地表现了出来，资本主义也远远不像一些人所描绘的那样美妙。

经济全球化是资本主义的救命之星吗？答案是否定的。西方一些人士声称："全球化经济实际上可以看作一种全球化资本主义体系。"的确，迄今为止的经济全球化同资本主义生产关系的全球扩张有着密切联系。经济全球化促进了资本主义的经济增长，推动了资本主义产业结构的调整和升级，同时也推动了资本主义发达国家经济组织适应生产社会化需要的跨国发展，强化了国际经济的管理、协调和干预的机制，这在一定程度上减弱了资本主义经济危机的国际传递性，缓解了其危害性，为生产力在资本主义的躯壳里发展拓展了新的空间。但是，全球化也使资本主义的扩张在地域上走到了极限。试问当资本为它"普天之下，莫非王土"的业绩顾盼自雄时，它还能把扩张的触角伸向哪里呢？求之于广袤的太空吗？"闻说道西方宝树唤婆娑，上结着长生果。"但在茫茫宇宙中是否可以找到人类的同伴——能为资本带来剩余价值的智能生命至今还是个未知数。伴随着资本主义在全球范围内的扩张，劳动与资本的矛盾及由此派生出来的资本主义各项固有矛盾进一步普遍化和彻底化了，并产生了环境、生态、人口等一系列社会问题。当今世界，因领土、资源、民族、宗教等各种矛盾引发的冲突不断，热点和局部战争此起彼伏。发达资本主义国家凭借在经济全球化中的主导地位，向发展中国家转嫁社会矛盾、经济危机和金融风险，导致南北差距进一步拉大。有关资料显示，目前，占世界总人口17%的24个发达国家拥有全球收入的79%。发达国家与发展中国家人均GDP的差距从1983年的43倍目前已扩大到60多倍，贫困国家的债务已超过本国国民生产总值的80%。世界银行在其2000年发展报告中指出：世界上最富的20个国家的平均收入，是世界上最穷的20个国家平均收入的37倍，在过去40年里这一差距扩大了一倍。世界贫困人口已达12亿人，占世界人口的21%。世界上最富有的3个家族所占有的财富，比最不发达国家6亿人口的年收入还要多。由于不公平竞争、不等价交换和不守信用的契约，已经使许多发展中国家陷入了全球化的"陷阱"，经济失衡，债台高筑，政治动荡。许多不发达地区环境恶化，生态失衡，资源流失。最近联合国的一份报告称："全球一体化造成60个国家经济比过去倒退。"

而让发达国家始料未及的是，这种以邻为壑、竭泽而渔的政策，最终又使他们自己自食其果，加剧了垄断资本的过剩和泡沫化趋势。90年代发生的3次金融危机，就是其具体体现。世界银行副行长桑兹卓姆直接将1997年的亚洲金融危机称为"第一次全球化危机"。美国当代著名经济学家瑟罗在《资本主义的未来》一书中更直言不讳地预言："全球金融市场迟早会经历一场类似90年代日本股市崩溃或者相当于30年代美国股市崩溃的大崩溃。"

在掠夺和盘剥第三世界国家、把"蛋糕"做大的基础上，当代资本主义发达国家在国内确实采取了某些限制贫富差距、缓解劳资矛盾的措施，但资本与雇佣劳动的阶级关系没有改变，马克思所描述的关于资本主义一极是财富的积累，一极是贫困的积累的状况没有改变。以美国为例，1980—1996年，最富有的5%的人群实际收入增长了58%，而最贫困的60%左右的人群实际收入仅增长不到4%。1998年，美国最底层的40%的家庭所拥有的财富仅占社会总财富的2%，发达国家生活在贫困线以下的人口一直保持在15%到20%。同时，由于垄断跨国资本大量向发展中国家转移投资以及大批外来移民进入西方社会，西方国家原有的"福利国家制度"也一天天难以为继，造成许多人失业和收入下降。据媒体报道，近来西方国家反对"经济全球化"的群众性示威呈日益高涨之势。主导全球化的是西方发达资本主义国家，而反全球化的群众示威也多发自这些国家，这是颇为耐人寻味的。

更应该看到，全球化的进程既表现为资本主义生产关系扩张的进程，同时也是科技进步所推动的先进生产力发展的进程，是生产的社会化程度扩大的进程。马克思指出："我把生产的历史趋势归结成这样：它'本身以主宰着自然界变化的必然性产生出它自身的否定'；它本身已经创造出一种新的经济制度的因素，它同时给社会劳动生产力和一切个体生产者的全面发展以极大的推动；实际上已经以一种集体生产为基础的资本主义所有制只能转变为社会的所有制。"马克思在《资本论》中还说，随着资本主义制度日益具有国际的性质，"资本的垄断成了与这种垄断一起并在这种垄断之下繁盛起来的生产方式的桎梏"，这样，"资本主义私有制的丧钟就要响了"。如此而已，难道还有什么疑问吗？

科技革命是资本主义的回春之丹吗？答案也是否定的。应该承认，科技革命促进了劳动生产率的提高，创造了扩大再生产的物质条件，开创了新兴产业，扩大了国际国内市场，这些确实为资本主义制度注入了某种强心剂和活力素，为资本主义生产力的发展提供了新的空间和手段。有关资料显示，目前在发达资本主义国家的经济增长中，科技贡献率已由21世纪初的5%左右增长为70%至80%。美国的所谓"新经济奇迹"也主要得益于科技进步与创新。美国《商业周刊》社论以自炫的口吻说："美国经济已从工业经济时代迈向新经济时代"，"新经济就是建立在信息技术革命和全球化大市场基础上的经济"。"新经济正是长达400年的一种现象——资本主义——的最新阶段。""美国以一种全新的形式将技术创新、公开市场、取消管制、财政和货币政策结合起来，创造了一种每年增长4%且几乎没有通货膨胀和低失业率的经济，从而为资本主义奠定了新的基础。"然而这一周刊的分析家没有看到的是，科学技术越发展，生产力水平越先进，资本主义所固有的基本矛盾就越趋于尖锐化，资本主义制度对于先进生产力发展的阻碍作用就越明显。当今世界，发达国家和多数发展中国家之间的"数码鸿沟"和"知识鸿沟"呈扩大的趋势，所谓新经济依然是一种"富国现象"。即使在美国，科技革命所带来的经济高增长也并非全是福音。连美联储主席格林斯潘都说，新经济"令人陶醉但令人不安"，"因为变革所隐含的是可能出现的财政失衡和工人失去生活保障的效果"。科学技术本来是人类的共同财富，是人类谋取自身解放的武装，但在垄断资本家的手里，科学技术却变成了谋取超额利润的工具，变成了推行霸权主义、制造杀人越货武器的工具，这种"异化"现象总有一天要改变。总有一天，资本主义将"再也不能控制它像用符咒一样呼唤出来的魔鬼"。

马克思主义最崇尚科学，并且寄希望于科学。在马克思看来，科学是历史的有力杠杆，是最高意义上的革命力量。马克思曾经高度评价中国古代的三大发明——火药、指南针、印刷术，指出正是这三大发明预告了资产阶级社会的到来。恩格斯在1845年的《英国工人阶级状况》中说："分工、水力，特别是蒸汽力的利用，机器的应用，这就是从18世纪中叶起工业用来摇撼旧世界基础的三个伟大的杠杆。""不畏浮云遮望眼，只缘身在最高层。"今天，站在世界历史的高度，我们也可以同样有把握地说，以微电子信息技术、生物技术为主导的新科技革命是摇撼资本主义制度的有力杠杆。高新科技所孕育和释放的巨大生产力必然呼唤新的生产关系，这种新的生产关系只能是社会主义。

我们再来看看社会主义的情况。不错，目前社会主义是处于一个低潮期，但"野火烧不尽，春风吹又生"。可以有根据地说，由苏联解体、东欧剧变引发的世界社会主义"震荡期"已经过去，社会主义运动已经开始复苏。中国、越南、古巴、朝鲜、老挝等国家在激流中稳住了阵脚，坚持了社会主义阵地，并在改革和革新中获得了不同程度的发展。苏联、东欧国家虽然旗帜落地了，但社会主义的政治思想因素并未消亡。广大人民群众从历史与现实的比较中和切身的感受中认识到，资本主义并非像一些人所许诺、所标榜的那样美妙，心头重新燃起了社会主义的信念之火。许多共产党人在饱尝亡党亡国之苦后又开始重建党的组织，以图重整河山、东山再起。在西欧，由于新自由主义造成的社会不公正现象加剧，左翼力量重新抬头，共产党的力量有所恢复。社会民主党从低谷中走出，纷纷上台执政。目前欧盟15个国家有13个国家是社会党人执政。尽管西欧社会民主党人对社会主义的理解与我们有着很大的不同，但这毕竟也从一个侧面反映了人们对社会主义的向往。亚非拉地区的发展中国家的共产党经过动荡和分化，大多数都坚持了下来，并获得了不同程度的发展，有的一度或几度成为执政党。所有这些都说明，马克思主义的"幽灵"仍在世界上空"徘徊"，社会主义的树林仍在地平线上顽强而茁壮地延伸。那种断言社会主义失败了、消亡了的论调，是地地道道的"只见树木，不见森林"！

"侵陵雪色还萱草，漏泄春光有柳条。"观察世界发展的大势，尤其不应忽视的是有中国特色社会主义的崛起。面对变幻的国际风云，中国共产党人处变不惊，既始终不渝地坚持社会主义、共产主义的理想信念，又坚定不移地实行改革开放，坚持党的基本路线不动摇，奋勇开拓，锐意创新，在经济、政治、文化等各个领域全方位地、生气勃勃地推进了社会主义事业，取得了举世瞩目的成就。中国特色社会主义事业在世纪之交的兴起和成功实践绝不是偶然的，它向世人昭示了社会主义本质上所具有的优越性、它的旺盛生命力及其光明前景，它的影响已远远超越了国界，已经并将继续给那些仍然在求索社会主义成功之路的人们以有益的启示和巨大的鼓舞。正如邓小平精辟指出的："只要中国社会主义不倒，社会主义在世界将始终站得住。"

总之，站在历史的制高点上观察国际形势，就会发现，当代资本主义尽管出现了某些变化，但它没有也不可能改变资本主义的本质；社会主义尽管遭受了某些挫折，但它经过调整和反思后正在更健康地发展。社会主义经过一个长过程终将战胜并取代资本主义。如果要说潮流，这才是真正的潮流；如果要说天下大势，这才是真正的天下大势。把历史长河中的某些假象看作本质，某些曲折、漩流看作总的流向，因而惊慌失措，不是足以贻笑大方吗？

## 三

朝菌不知晦朔，蟪蛄不知春秋。如何认识环境的变化及其影响，是一个主体与客体的关系命题。环境的变化及其影响，说到底与主体自身的素质及状况有直接的关系。近代中国由于积贫积弱，人方为刀俎，我方为鱼肉，只能一次次与机遇失之交臂。今天，在急剧变动的、复杂的国际环境面前，我们之所以对中国的未来充满了必胜的信心，就是因为今天的中国已不是昨日的中国了，中国人民已经从根本上掌握了自己的命运，并且具备了在复杂的国际环境中从容应对、乘势而上的一些必需的,甚至是有决定意义的条件。

第一,我们有先进的、优越的社会主义制度。社会主义是中国人民所作出的历史性选择。中国是一个人口众多的东方大国,是一个发展中国家,正是社会主义使中国人民摆脱了近代以来受奴役、受欺凌、受压迫的地位,做了国家的主人;使中国结束了那种四分五裂、一盘散沙的局面,人民有了共同的意志和理想;使中国的生产力得到了极大的解放和发展,人民群众的精神状态也发生了根本性的变化。实践证明,社会主义是一个好制度,它本质上具有资本主义无法比拟的优越性,能够把全体人民凝聚起来,把国家的力量集中起来。坚持社会主义的根本制度,这是中国在复杂的国际环境中能够立于不败之地的根本依据。

第二,我们有中国共产党的坚强领导。办好中国的事情,关键在党。中国共产党是一个有着 80 年斗争历史、久经考验的成熟的马克思主义政党,它是中国工人阶级的先锋队,也是中国人民和中华民族的先锋队。它以全心全意为人民服务为宗旨,以中国的独立、解放和富强为己任,它是全中国人民的中流砥柱,是领导中华民族走向伟大复兴的核心力量。它有着优良的传统和作风,因而具有强大的创造力、凝聚力和战斗力。在 21 世纪来临的时候,江泽民提出了"三个代表"的重要思想,这既是对党的历史经验的科学总结和高度概括,也是从党在新时期历史使命的高度,从国际国内大局的高度,对党的建设和领导工作提出的崭新的时代性课题。贯彻江泽民的重要思想,推进党建这一伟大工程,我们迎接各种挑战就有了主心骨,就有了更健壮的肌体和更可靠的保证。

第三,我们有科学的理论以及一条经过实践检验是正确的并且已经深入人心的党的基本路线。中国要在复杂的国际环境中站稳脚跟、抓住时机,解决自己的发展问题,离不开科学理论的指引和一条正确的路线。令人欣慰的是,改革开放以来,我们党已经形成了邓小平理论这一科学理论,以及作为这一理论集中体现的党在社会主义初级阶段的基本路线。

邓小平理论是中国共产党人生气勃勃的理论创新精神的集中体现,是对毛泽东思想的最好继承和创造性发展,是我们观察世界、发展自己的强大思想武器。以江泽民同志为核心的党中央在新的国际国内环境下进一步丰富和发展了这一理论,并按照这一理论和党的基本路线的要求,提出了建设有中国特色社会主义的经济、政治、文化的基本纲领。党的基本理论、基本路线和基本纲领,是我们在复杂的国际环境下的经纬仪,是我们劈波斩浪、胜利前进的航标灯。坚持党的基本理论、基本路线和基本纲领不动摇,我们就可以有把握地闯过种种急流险滩,把中国现代化的航船驶向彼岸。

第四,我们有新中国成立以来特别是改革开放以来形成的比较强大的经济实力和综合国力。新中国成立以来,经过50多年的艰苦创业,我们已经建立了独立的比较完整的国民经济体系,形成了门类齐全的现代工业体系。改革开放20多年来,中国的经济建设更是突飞猛进,经济实力、科技实力、国防实力明显增强,综合国力显著提高。世界银行公布的资料显示,我国的国民生产总值居发展中国家首位,在世界排名第7位。在东南亚金融危机像雪崩一样给许多国家造成巨大冲击的情况下,中国的人民币保持了不贬值,赢得了崇高的国际信誉。比具体的经济成就更有意义的是,我国的改革已经取得了突破性进展,充满生机与活力的社会主义市场经济体制已经初步形成。中国的科学技术也有了飞速发展,在高技术领域也占有一席之地,许多方面抵近或已经走在了世界前列,培养和造就了一支比较宏大的具有较高创新能力的科技队伍。所有这些,都为我们应对各种风险和挑战提供了重要的依托和基础。

第五,我们有深厚的文化底蕴和堪称先进的社会主义文化的巨大优势。文化是综合国力的重要因素,是发展的内在动力。中华民族在历史上曾经创造了灿烂的文化,形成了优良的文化传统。中华文明源远流长,既有海纳百川、兼容并蓄的气魄和胸襟,又有薪尽火传、一脉相承的旺盛的生命力。中国共产党诞生以来,高举中国先进文化前进的旗帜,坚持马克思主义的指导地位，努力建设和弘扬反映革命、建设和改革要求的新文化，荡涤旧社会遗留下来的和国外渗透进来的腐朽没落的文化，社会主义的文化建设取得了新的巨大成就。有中国特色的社会主义文化既是民族的、科学的、大众的，又面向现代化、面向世界、面向未来。它完全能够吐故纳新、激浊扬清，在吸收世界上的优秀文化成果的同时，把形形色色的文化垃圾抛弃掉，抵制资产阶级思想文化的渗透和侵蚀。

第六，我们有与帝国主义、霸权主义打交道的丰富的经验。中国革命的胜利是在长期的浴血奋战中取得的，新中国成立以后，我国也长期处于帝国主义势力的包围之中。"暮色苍茫看劲松，乱云飞渡仍从容。"面对种种横逆、重重风浪、形形色色的风险考验，中国共产党人积累了丰富的经验，形成了把原则性和灵活性结合起来的高超的斗争艺术。当一些国际敌对势力企图以制裁逼迫中国就范时，邓小平就轻蔑地说："西方一些国家对中国的制裁是不管用的。中华人民共和国是打了二十二年仗才建立起来的，是在被封锁、制裁、孤立中成长起来的。""我们别的本事没有，但抵抗制裁是够格的。所以我们并不着急，也不悲观，泰然处之。"中国虽然还不够富裕，不够强大，但中国人民有志气，有骨气，不怕鬼，不信邪。"穷且益坚，不坠青云之志。"以江泽民同志为核心的党的第三代领导集体继承了我们党的宝贵品格和优良传统，面对世纪之交的国际风云，高瞻远瞩，从容应对，显示了驾驭全局的卓越才干和在复杂的国际环境中纵横捭阖的高明韬略，完全有能力带领我们披荆斩棘，乘风破浪。

"大鹏一日同风起，扶摇直上九万里。"我们坚信，在党的正确领导下，社会主义的中国一定可以乘着浩荡的世纪风掀动起腾飞的垂天之翼，绝云气，负青天，飞向富强、民主、文明的未来。21世纪将把中华民族的伟大复兴写入史册，并且向世人昭示："社会主义是必由之路，社会主义优于资本主义。"

其命维新　其道大光

# 中华民族伟大复兴的必由之路*

## ——建党 90 周年之际的历史沉思

中国共产党已经走过了 90 年的光辉历程。90 年前的旧中国风雨如晦、鸡鸣不已。而今，神州大地春光明媚、生机盎然。历史雄辩地说明：没有共产党就没有新中国；没有中国共产党，就没有中国特色社会主义。在中国共产党的领导下，推翻三座大山在中国的统治，确立社会主义的制度，建设中国特色社会主义，这是中华民族走向伟大复兴的必由之路。

### 一、没有共产党就没有新中国

1840 年鸦片战争以后，中国逐步沦为半殖民地半封建的社会。曾经创造了灿烂文化、为人类文明作出过重要贡献的中华民族被甩在了世界发展大潮的后面。国家寇祸日亟，人民水深火热。近代中国的历史就是中国人民奋起抗争、挽救危亡、追赶潮流、奋发图强，谋求中华民族伟大复兴的历史。这是一个上下求索、艰辛探索的历程，也是一个慷慨悲歌、浴火重生的历程。

黑云压城城欲摧，山雨欲来风满楼。中华民族的伟大复兴呼唤着伟大的社会变革；而要实现伟大的社会变革，首先就必须找到代表中国社会前进方向、能够引领中国社会进步的阶级力量。帝国主义和中华民族的矛盾，封建主义和人民大众的矛盾，是近代中国社会的主要矛盾。这种社会

---

* 本文发表于 2011 年 7 月。

性质，决定了近代中国必须进行反帝反封建的彻底的民主主义革命，才能赢得民族独立和人民解放。而什么样的阶级力量才能肩负起进行反帝反封建的彻底的民主主义革命的领导责任呢？在鸦片战争之后的近百年时间里，中国不同的阶级阶层和政治力量，纷纷登上政治舞台，提出并实践过各式各样冀求走向民族复兴的救国方案。然而，无论是"太平天国"式的近代农民战争，还是不触动封建根基的洋务自强举措；无论是改良主义的"百日维新"和立宪运动，还是掀起旧民主主义革命高潮的辛亥革命，虽然都在一定历史条件下和一定的程度上推动了中国的进步，却都没能完成救亡图存的历史使命。许许多多的仁人志士赍志而没、抱恨终身，许许多多的救国方案或胎死腹中，或中道夭折。只有在中国工人阶级的先锋队——中国共产党诞生后，中国革命的历史才掀开了崭新的一页，古老的东方大地才透出了震旦复兴的曙光。中国工人阶级代表了中国社会新出现的最先进的生产力，受到帝国主义、封建主义的双重压迫，最富有远见、最大公无私、最富有斗争精神和牺牲精神，而且与中国最广大且同样也是处于社会底层的阶级——农民有着天然的联系。历史证明，中国共产党是中国工人阶级的先锋队，同时也是中华民族和中国人民的先锋队。救国于危亡、拯民于水火的领导责任历史地落在了工人阶级及其政党——中国共产党的身上。

自从有了中国共产党的领导，自从选择了马克思主义，中国革命的面貌就峰回路转、焕然一新。中国人民找到了马克思主义，是一次伟大的觉醒。然而，把马克思主义与中国实际结合起来，找到一条正确的、彻底的民主主义革命道路，同样经历了艰辛的探索过程。正如毛泽东所说，"错误和挫折教训了我们，使我们比较地聪明了起来"。在这一探索中，我们党又有两次重大的觉醒。

第一次是大革命失败以后。1927年4月12日，蒋介石发动反革命政变，紧接着汪精卫控制的武汉国民党当局也作出"分共"决定，血腥屠杀共产党人。国民党反动派的背叛和屠杀，使我们党认识到独立地领导武装斗争、创建党直接领导的人民军队的重要性。于是有了南昌起义、秋收起义、广州起义和其他大大小小的上百次起义，于是有了人民军队的诞生。这是一次了不起的觉醒！因为这个觉醒，中国人民"开天辟地第一回"有了自己的军队，我们党带领人民走上了武装夺取政权的道路。

第二次觉醒是长征途中。由于王明"左"倾机会主义的统治，使红军走到了危亡的边缘。错误和挫折教训了党和红军。在生死存亡的关头，我们党认识到，必须从中国的具体实际出发，独立自主地探索中国革命的道路，确立正确的政治路线和军事战略，实行灵活机动的军事指挥。这是又一个了不起的伟大觉醒！于是有了遵义会议。以此为转机，中国革命走上了胜利的坦途。

1945年，党的七大正式把马克思主义中国化第一次历史性飞跃的理论成果——毛泽东思想写在了自己的旗帜上。抗战胜利以后，在毛泽东思想的指引下，仅仅经过了3年，我们党就在"天翻地覆慨而慷"的伟大战略决战中推翻了国民党反动派的统治，建立了新中国。

中国人民从此站起来了！

## 二、只有社会主义才能够救中国

实现中华民族的伟大复兴还有一个社会制度和发展路径的选择问题。

"落后就要挨打"，这是近代中国人的切肤之痛。痛感于别人的先进和我们的不先进。一开始，为了寻求救亡和复兴的道路，许许多多的中国人把"取经"和学习的目光投向了西方。有的主张"师夷而制夷"，更有人主张"全盘西化"。然而，"学生"欲师从"老师"，"老师"却总是侵略"学生"，做"学生"，谈何容易！尤其具有讽刺意味的是，当一些人开出"药方"，主张向西方学习时，"看起来很美"的西方世界却经历了资本主义制度诞生以来最严重的经济危机，最终引发了第一次世界大战。曾对西方资本主义制度一度十分心仪的梁启超，一战后考察欧洲多国，在《欧游心影录》里描述，欧洲"全社会人心都陷入怀疑、沉闷、畏惧之中，好像失了罗针的海船遇着风遇着雾,不知前途怎生是好"。这一切使先进的中国人认识到,学习西方没有出路。

"十月革命一声炮响,给我们送来了马克思列宁主义。"正当中国人民在困苦之中继续求索的时候,世界上第一个社会主义国家——苏联诞生了。社会主义苏联的诞生实现了科学社会主义从理论到实践的历史性飞跃,它的耀世而出及其展示出的新社会的前景,对中国工人阶级和革命人民是莫大的鼓舞,对先进的中国人也是一个巨大的启蒙。对此,毛泽东有过非常贴切的描述:"就是这样,西方资产阶级的文明,资产阶级的民主主义,资产阶级共和国的方案,在中国人民的心目中,一齐破了产。资产阶级的民主主义让位给工人阶级领导的人民民主主义,资产阶级共和国让位给人民共和国。"

中国的新民主主义革命是中国共产党领导的,是以马克思主义为指导思想的,因而它本质上是国际社会主义运动的一个组成部分,是以社会主义为发展前途的。这种新民主主义革命用一种形象化的说法,它是通向社会主义的"直通车"。社会主义制度在中国的确立,乃是历史的必然。

新中国成立后的头3年,全面恢复了遭到严重破坏的国民经济,为社会主义改造准备了条件。1953年,我们党正式提出了党在过渡时期的总路线,到1956年,社会主义改造基本完成。新中国的成立和社会主义基本制度的建立,彻底改变了近代以来中华民族的历史命运。饱经苦难和沧桑的中国人民,成为国家、社会和自己命运的主人。在中国共产党的领导下,中国人民在社会主义的道路上阔步前进,焕发了前所未有的建设和创造的热情。我国经济社会快速发展,国家日益昌盛,人民的社会地位、物质生活水平和文化教育水平显著提高。只有社会主义才能救中国,这就是近现代中国史的一个根本结论。

有人教条式搬用本本上的理论,认为中国没有经过资本主义的充分发展就进入了社会主义,是"历史的误会"。这种认识如果不是出于对资本主义情有独钟的偏见,就是出于对历史的无知。如前文所述,近代中国不是不想走资本主义的路,而是走不通。说白了西方列强侵略中国的根本目的,是要开辟新的海外殖民地,而不是要帮助中国发展资本主义,它们不愿意看到,也不允许中国独立和富强。"只许州官放火,不许百姓点灯。"这就是帝国主义者的强盗逻辑。为了实现长期奴役中国的目的,帝国主义势力竭力维护中国腐朽落后的生产关系,竭力压制和摧残中国的民族经济。代表新生产力的中国民族资本主义工商业虽然从19世纪70年代初就开始萌发,但经过半个多世纪的发展,依然在强大的西方资本主义经济和顽固愚昧的封建主义势力的夹缝里艰难挣扎,难成气候,始终未能成为中国社会经济的主要形式。由此在政治层面上,也造就不出一个强大的、足以领导民族民主革命的资产阶级。中国民族资产阶级的妥协性和动摇性,决定了它不可能成为中国社会变革的领导力量。因此,那种希望中国先发展资本主义再进入社会主义的人们,只能是一厢情愿的臆想。

## 三、只有中国特色社会主义才能够发展中国

社会主义制度的确立开辟了中国历史发展的新纪元,展示了中国走向繁荣昌盛、中国人民实现富裕安康的广阔前景。然而,在中国这样一个落后的东方大国,如何建设社会主义是一项前无古人的伟大事业。以毛泽东同志为主要代表的中国共产党人,坚持中国共产党人一贯的独立自主的思维方式,为在中国的土地上建设和发展社会主义进行了艰辛的探索,形成了许多科学认识和宝贵思想成果,在实践中也取得了骄人的建设成就,为中国的社会主义现代化打下了重要的基础。但是,受传统社会主义理念和苏联模式的影响,中国在社会主义早期实践中无例外地也形成了僵化的计划经济体制。特别是由于国际国内种种原因,在社会主义建设的指导上,"左"的思想逐渐占了上风,使得我们党关于社会主义建设的许多难能可贵的正确认识没有能够贯彻和坚持下去,直至发生了"文化大革命"那样全局性的错误。

回顾党的十一届三中全会前夕,我们国家面临的是十分困难的局面:

十年内乱给党和国家带来了极其严重的创伤，国民经济濒临崩溃。与此同时，世界范围内新科技革命蓬勃兴起，发达国家纷纷进行后工业革命，许多发展中国家也加紧向现代化社会转型，中国又一次远远落在了世界大潮的后面。中国向何处去？这一严峻问题又一次提到了党和人民面前。

在党的十一届三中全会前召开的中央工作会议上，邓小平讲了两句振聋发聩的话，一句是："一个党，一个国家，一个民族，如果一切从本本出发，思想僵化，迷信盛行，那它就不能前进，它的生机就停止了，就要亡党亡国。"另一句是："如果现在再不实行改革，我们的现代化事业和社会主义事业就会被葬送。"

的确是振聋发聩呀！

邓小平的讲话标志着我们党和中华民族的又一个了不起的觉醒。

"雪消门外千山绿，花发江边二月晴。"以党的十一届三中全会为转机，我们党重新确立了解放思想、实事求是的思想路线，实现了党的指导思想的拨乱反正，实行了改革开放，同时也开始了对"什么是社会主义、怎样从中国实际出发建设社会主义"的再认识、再探索。邓小平指出，社会主义是个好制度。在一个长时期内社会主义没有搞好，主要是因为什么是社会主义、怎样建设社会主义这个问题没有搞清楚。为此，他带领全党进行了艰辛的探索。

1982年在党的十二大开幕词中，邓小平指出："把马克思主义的普遍真理同我国的具体实际结合起来，走自己的道路，建设有中国特色的社会主义，这就是我们总结长期历史经验得出的基本结论。"这是我们党第一次提出了"建设有中国特色的社会主义"的时代命题。其后，中国的发展进程，进而我们党全部理论创新和实践活动的主题就是围绕这样一个鲜明的主题而展开的。从理论上说，就是围绕什么是马克思主义、怎样正确对待马克思主义、怎样坚持和发展马克思主义这样一个根本问题，不断搞清楚什么是社会主义、怎样建设社会主义，建设什么样的党、怎样建设党，实现什么样的发展、怎样发展。在这一锲而不舍、孜孜以求的探索中，我们党相继形成了邓小平理论、"三个代表"重要思想以及科学发展观等重大战略思想，形成了以这些重大理论创新为主要内容的中国特色社会主义的理论体系，谱写了马克思主义中国化的新篇章。

从实践上说，就是不断解放思想，在改革开放中"摸着石头过河"，开辟中国特色社会主义的道路。经过30多年的筚路蓝缕、披荆斩棘，这条道路已经日益清晰地展现在我们面前，而且越走越宽广。这条道路，概括地说就是在中国共产党领导下，立足基本国情，以经济建设为中心，坚持四项基本原则，坚持改革开放，解放和发展社会生产力，巩固和完善社会主义制度，建设社会主义市场经济、社会主义民主政治、社会主义先进文化、社会主义和谐社会，建设富强民主文明和谐的社会主义现代化国家。

这是一个理论与实践相统一的无比生动的、辩证发展的进程，也正是这样一个历史进程深刻改变了中国人民的面貌、社会主义中国的面貌、中国共产党的面貌。社会主义和马克思主义在中国大地上焕发出勃勃生机，中国大踏步赶上时代前进潮流，13亿多中国人民稳步地走上了富裕安康的道路，中华民族伟大复兴的灿烂曙光已经出现在东方的地平线。

30多年来，中国的发展成就如同一幅逶迤而又气势磅礴、雄浑而又绚丽多彩的画卷，展现在世人面前。我国的综合国力大幅提升，目前经济总量已跃居世界第二。城乡居民生活实现了从温饱不足到总体小康的历史性跨越。

我们不仅在经济建设上创造了令世界瞩目的"中国奇迹"，而且在政治建设、文化建设、社会建设以及生态文明建设和党的建设上也取得了巨大的进步，综合国力显著增强，国际地位不断提升。

随着综合国力的不断增强，中国特色社会主义的慑人魅力得以生动展现，中国发展道路、发展模式日益引起人们的普遍关注，对维护世界和平、促进共同发展、推动人类文明进步已经并将继续产生重大而深远的影响。以前，一些人对美国以及其他一些西方国家的发展模式推崇备至，甚至唯美国马首是瞻；现在，很多有识之士开始看好中国。2004年，美国高盛公司高级顾问乔舒亚·库珀·雷默提出"北京共识"。近几年来，国外舆论界和学术界热议"中国模式"或"中国经验""中国发展道路"。汶川大地震发生后，美国《纽约时报》曾对美国救助"卡特里娜飓风"灾害和中国抗击汶川大地震的情况作了比较，结论是：中国显示出制度上的优越性。这一结论由美国的一个重要媒体作出来，无疑是耐人寻味的。

党的十七大报告指出："中国特色社会主义道路之所以完全正确、之所以能够引领中国发展进步，关键在于我们既坚持了科学社会主义的基本原则，又根据我国实际和时代特征赋予其鲜明的中国特色。"历史雄辩地证明，中国特色社会主义伟大旗帜是当代中国发展进步的旗帜，是全党全国各族人民团结奋斗的旗帜。在当代中国，只有中国特色社会主义这条道路而没有别的什么道路，能够解决中国发展进步的问题。

实现中华民族的伟大复兴是近代以来中华民族梦寐以求的理想，今天这一愿景已经如同站在高山之巅已见喷薄欲出的朝日，正以不可遏止之势升腾并放射出万丈光华。中国共产党90年的历史是一部辉煌的史诗，更是一部启示录——前进，沿着党指引的方向，中国的明天会更加美好！

# 直挂云帆　走向复兴*

## ——论中国特色社会主义道路

道路关乎党的命脉，关乎国家前途、民族命运、人民幸福。从一定意义上说，中国共产党领导人民谋求中华民族伟大复兴的历史，就是一部觅路史、探路史、开路史。

党的十八大报告指出："回首近代以来中国波澜壮阔的历史，展望中华民族充满希望的未来，我们得出一个坚定的结论：全面建成小康社会，加快推进社会主义现代化，实现中华民族伟大复兴，必须坚定不移走中国特色社会主义道路。"深刻领会这一结论，对于毫不动摇地坚持、与时俱进地发展中国特色社会主义具有重要意义。

## 一

把马克思主义普遍真理与中国革命和建设的具体实际结合起来，独立自主，走自己的路，是从毛泽东开始我们党形成的特有的思维方式。

近代以来，中国人民在经历了许多失败后，终于找到了马克思主义这一科学的理论。然而，实践证明，无论革命和建设，对马克思主义作教条式的理解，或者照搬别国的具体经验都是不能成功的。从第一次国内革命战争到土地革命战争，我们党在幼年时期，曾经为探索一条正确的中国革命道路付出了巨大代价，经历了重大曲折。

---

\* 本文发表于 2012 年 12 月。

以毛泽东同志为主要代表的一批有远见卓识和创造精神的共产党人从一开始就同教条主义进行了坚决的斗争，致力于探索一条适合中国国情的革命道路。1927年9月，毛泽东带领秋收起义的部队进军井冈山，与朱德等率领的南昌起义的余部会师，点燃了"工农武装割据"的星火。在夜色如磐、魔怪蹁跹的旧中国，面对反动势力的重重包围，农村革命根据地和红军能否存在和发展？毛泽东经过缜密思索和论证，在《中国的红色政权为什么能够存在？》《井冈山的斗争》《星星之火，可以燎原》等论著中进行了科学而肯定的回答，一条以农村包围城市为主要标志和基本方略的新的革命道路初见端倪并逐步明晰起来。错误和挫折教育了我们党，转折和新局启示了我们党，到党的七大，我们党终于把马克思列宁主义基本原理与中国革命的具体实际相结合的科学理论——毛泽东思想写在了自己的旗帜上。

毛泽东思想科学回答了在中国这样一个半殖民地半封建的东方大国进行新民主主义革命的一系列问题，确立了在农村建立巩固的根据地，用农村包围城市，最后夺取全国政权的道路。实践证明，没有毛泽东思想所指明的中国革命正确道路的确立，中国人民就不可能站立起来，从而为中华民族伟大复兴奠定必不可少的前提。

## 二

新中国成立后，经过社会主义改造，以毛泽东同志为主要代表的中国共产党人就开始了中国社会主义建设道路的探索，毛泽东思想继续得到了发展。早在20世纪50年代，毛泽东就提出，苏联"走过的弯路，你还想走"？1956年4月，毛泽东在《论十大关系》中指出："对于马克思列宁主义，斯大林讲得对的那些方面，我们一定要继续努力学习。我们要学的是属于普遍真理的东西，并且学习一定要与中国实际相结合。如果每句话，包括马克思的话，都要照搬，那就不得了。"他反对照搬苏联社会主义模式，敏锐提出"以苏为鉴"和"创造新的理论，写出新的著作"的观点。邓小平曾这样精辟地概括了毛泽东在探索中国社会主义建设道路上的贡献："在搞社会主义方面，毛泽东主席的最大功劳是将马克思列宁主义的普遍真理同中国革命的具体实践结合起来。"

然而，"历史通常是循着曲折的道路发展的"。由于复杂的历史原因，从20世纪50年代后期，"左"的思想开始抬头，"以阶级斗争为纲"愈演愈烈，党的八大确立的正确路线未能得到有效贯彻，直至发展到"文化大革命"这样的全局性错误，令人痛心疾首。但是，改革开放前的30年，毕竟是我们党探索中国式社会主义道路的最初尝试，是新道路开辟前的"阵痛"，为新时期中国特色社会主义道路的开辟提供了重要的启示。

党的十一届三中全会前夕，我们国家面临的是十分困难而严峻的局面：十年内乱给我们党和国家带来了极其严重的创伤，国民经济停滞不前，"文化大革命"遗留下来的政治、思想、组织等方面的混乱积重难返。而张开眼睛看世界，一场新科技革命和产业革命正在全球范围内蓬勃兴起，一些国家和地区已得先机之利。这尖锐的反差，给我们党形成了巨大的压力：中国向何处去？这样一个严峻的问题又一次历史地摆在了党的面前。

经过改革开放头几年的实践和深入思考，1982年9月1日，在党的十二大开幕词中，邓小平指出："把马克思主义的普遍真理同我国的具体实际结合起来，走自己的道路，建设有中国特色的社会主义，这就是我们总结长期历史经验得出的基本结论。"

后来删繁就简为"中国特色社会主义"的命题由此而生。正是这样一个命题的提出，确立了改革开放30多年来中国共产党人孜孜以求、锲而不舍进行道路探索和开拓的基本走向。到今天，一条洒满阳光的中国特色社会主义道路已经清晰而敞亮地展现在世人面前，而且越走越宽广。

## 三

中国特色社会主义新道路的开辟集中反映了中国共产党人的伟大创造

精神，反映了中国人民在党的领导下开创自己幸福生活和美好未来的聪明才智。

**——新道路的开辟以解放思想为先导、为法宝**

考察人类社会发展史，可以说，每一次时代的大变革、社会的大进步，都以思想解放为前奏、为先声。"九州生气恃风雷"。中国改革开放新时期的开启也是以解放思想的狂飙迅雷为先声的。没有真理标准的大讨论，没有如何正确对待马克思主义、正确对待毛泽东思想这一问题上的思想解放，中国改革开放的闸门就不可能打开。我们党高擎解放思想的火炬，带领人民从"两个凡是"的禁锢中解放了出来，从苏联那种僵化的社会主义模式的束缚中解放了出来，从超越阶段的"左"的思想束缚中解放了出来，从抽象谈论姓"社"姓"资"的思维定势束缚中解放了出来，从对马克思主义教条化的理解和种种不合时宜的认识中解放了出来，使社会主义在中国大地呈现出前所未有的生机和活力。可以说，我们所走过每一步都伴随着思想解放、得益于思想解放。站在新的起点上推进中国特色社会主义伟大事业，同样离不开解放思想。

**——新道路的开辟以改革开放为鲜明特征、为强大动力**

新道路的开辟是以改革开放为取向、为特征的。社会主义作为一个崭新的社会制度，必定要经历一个从不完善、不成熟到相对完善和逐步成熟的过程。这种变化和发展不可能自然而然地实现，需要通过改革加以推动，需要通过开放不断汲取人类文明发展前沿的有益成果而与时俱进、臻于完善。从解放和发展生产力、引起社会生活各方面的深刻变化、促进社会的全面进步的角度看，改革开放是一次新的伟大革命，其实质和目标就是通过改革加紧实现中国式社会主义现代化。通过开放充分利用世界上一切有利于我国发展的资源，借鉴和吸收人类所创造的一切有益的文明成果，促进中国式社会主义现代化。从党的十一届三中全会开始，改革开放就成为中国社会生活和历史发展的主旋律，无论是在城市还是在乡村，在沿海还是在内地，在经济领域还是在其他一切社会领域，都能够感受到这一大时代的潮涌，改革开放波及也惠及到每一个人、每一个家庭、每一个社会单元，成为这个时代使用频率最高、最光彩夺目的词汇，成为人们具体而微的体验，给人们带来了看得见、摸得着的实惠，深刻地改变了中国的面貌、中国人民的面貌、中国共产党的面貌。事实雄辩地证明，改革开放是决定当代中国命运的一招，是发展中国特色社会主义、实现中华民族伟大复兴的必由之路，只有改革开放才能发展中国、发展社会主义、发展马克思主义。

**——新道路的开辟以解决发展问题为中心**

发展在社会科学的语境里，主要指的是以生产力为基础、以经济建设为中心的整个社会的发展。发展是解决中国一切问题的关键。邓小平用通俗的话语，提出了"发展才是硬道理"的著名论断，道出了中国发展的现实必要性、必然性和紧迫性。中国特色社会主义道路从一开始就围绕解决发展问题而展开，经过30多年的努力，中国经济社会实现了从停滞到快速发展的巨变，今天已经跃升为世界第二大经济体。随着时间的推移，我们党对发展问题的认识也日益深化。从提出"发展是硬道理"到强调"发展是党执政兴国的第一要务"，再到把"坚持发展是硬道理的本质要求，就是坚持科学发展"作为对发展的基本认知；从强调加快发展到提出"又快又好"地发展，再到把表述进一步修正为"又好又快"地发展，清晰地记录了我们党对解决中国发展问题认识的不断深化，体现了我们党扭住发展问题不放松的坚定性和逐步实现科学发展的体认性。

**——新道路的开辟以"三步走"的发展战略为目标牵引**

要开辟新的道路就必须有一个目标牵引，有一个"跳一跳够得着"的战略目标，有一幅既鼓舞人心又切合实际的发展蓝图，这是改革开放总设计师邓小平从一开始就深入思考的问题。1979年10月邓小平熔铸旧词，翻出新意，第一次提出著名的"小康社会"概念，赋予中国古代原典中关于"小康"的理念以全新的诠释。后来他依托这一概念进一步提出了"三步走"的发展战略。这个发展战略对中国特色社会主义道路的开辟发挥了巨大的牵引作用。到2000年，我们已经实现了头两步战略目标，并为实现第三步战略目标奠定了坚实的基础。在此基础上，党的十六大提出要在21世纪头20年，集中力量建设惠及十几亿人口的更高水平的全面小康社会，再奋斗30年，到21世纪中叶基本实现社会主义现代化。党的十七大重申并进一步丰富了这一战略。党的十八大更清晰、更具体地描绘了全面建成小康社会的宏伟蓝图。从"建设"到"建成"，一字之差，内涵非常丰富，意义非同小可！反映了我们党对实现这一目标的更深刻的认识、更精准的谋划、更高的要求、更坚定的信心。

## 四

党的十八大报告指出："中国特色社会主义道路，就是在中国共产党领导下，立足基本国情，以经济建设为中心，坚持四项基本原则，坚持改革开放，解放和发展社会生产力，建设社会主义市场经济、社会主义民主政治、社会主义先进文化、社会主义和谐社会、社会主义生态文明，促进人的全面发展，逐步实现全体人民共同富裕，建设富强民主文明和谐的社会主义现代化国家。"这是对中国特色社会主义道路的科学界定。这个界定精辟阐明了中国特色社会主义道路的领导核心、总体依据、基本路线、根本任务、总体布局、价值取向、奋斗目标等问题，堪称全方位的路径图。

**领导核心——中国共产党**

"领导我们事业的核心力量是中国共产党。"这是毛泽东在共和国大厦奠基之初就确立的一条原则。中国共产党的领导是人民的选择、历史的选择。旧中国一向被称为一盘散沙，但自从我们党成为执政党，成为全国人民团结的核心力量后，四分五裂、各霸一方的局面就结束了。在建设和发展中国特色社会主义事业的进程中，我们党领导和团结广大人民群众，齐心协力，取得了伟大成就。30多年的改革开放不仅改造了中国，也像凤凰涅槃一样改造了我们党自身。事实胜于雄辩，中国共产党是中国特色社会主义事业的核心领导力量。没有共产党,就没有新中国;没有共产党,就没有中国特色社会主义。在新形势下党面临的执政考验、改革开放考验、市场经济考验、外部环境考验十分严峻,精神懈怠危险、能力不足危险、脱离群众危险、消极腐败危险严重存在。因而,不断提高党的领导水平和执政水平,提高拒腐防变和抵御风险的能力,是党巩固执政地位、实现执政使命必须解决的重大课题。

**总体依据——中国正处于并将长期处于社会主义初级阶段**

搞清历史方位和基本国情,是确立正确道路的首要问题。马克思预言,未来社会将经历一个由低级阶段到高级阶段的发展过程。党的十一届三中全会以后,我们党认真总结了国际国内历史经验,提出在我国这样经济文化比较落后的国家进入社会主义以后必须经历一个很长(至少上百年)的初级阶段。这一科学论断的提出丰富了马克思主义科学社会主义原理,为我们党制定正确的路线方针政策提供了总依据。今天我国综合国力已经有了长足的进步,但是正如党的十八大报告所指出的,我们必须清醒认识到,我国仍处于并将长期处于社会主义初级阶段的基本国情没有变,人民日益增长的物质文化需要同落后的社会生产之间的矛盾这一社会主要矛盾没有变,我国是世界最大发展中国家的国际地位没有变。在任何情况下都要牢牢把握社会主义初级阶段这个最大国情,推进任何方面的改革发展都要牢牢立足社会主义初级阶段这个最大实际。

**基本路线——以经济建设为中心,坚持四项基本原则,坚持改革开放**

党的基本路线,是党在一定历史时期为解决社会主要矛盾、完成党的主要任务而制定的总方针、总政策,是制定各项具体方针、政策的根本指南。1987年,党的十三大第一次提出了党在社会主义初级阶段的基本路线,其后又不断完善了对这一基本路线的表述,其核心就是"一个中心,两个基本点"。实践证明,这条路线是中国特色社会主义的灵魂,是党和国家的生命线。正如邓小平所嘱托的:"基本路线要管一百年,动摇不得。"以经济建设为中心是兴国之要。离开经济建设这个中心,就有丧失物质基础的危险，其他建设任务都无从谈起；四项基本原则是立国之本。丢掉了四项基本原则，就失去了国之根本，就可能滑向改旗易帜的邪路上去；改革开放是强国之路，丢掉了改革开放，就窒息了社会主义的生机与活力，就可能重蹈僵化封闭的老路。

**根本任务——解放和发展社会生产力**

邓小平指出，"社会主义的首要任务是发展生产力"。处于初级阶段的社会主义，是生产力不发达的社会主义，更要集中力量发展生产力。要通过变革生产关系和上层建筑，深化各个领域的改革来解放生产力。30多年来，我国以世界上少有的速度持续快速地发展起来，社会生产力有了极大的发展，开辟了人民富裕安康的广阔道路。但是，生产力不够发达仍是现阶段我国社会的显著特征，这就决定了仍要把大力推动解放社会生产力、集中力量发展社会生产力摆在首要地位。同时，要随着发展的进程，不断改进发展方式，努力提升发展的质量，实现科学发展。

**总体布局——建设社会主义市场经济、社会主义民主政治、社会主义先进文化、社会主义和谐社会、社会主义生态文明**

社会主义社会作为人类社会的理想境界，是人的自由而全面发展的社会，也必然是社会全面发展的社会。社会主义建设作为复杂的社会巨系统工程，经济、政治、文化、社会建设，乃至生态文明建设缺一不可。30多年来，从强调物质文明和精神文明"两手抓、两手都要硬"到提出建设中国特色社会主义经济、政治、文化，从提出"四位一体"总体布局到扩展为"五位一体"总体布局，记录了改革开放和社会主义现代化建设不断向纵深发展的历史轨迹，也体现了我们党对中国特色社会主义事业总体布局认识的不断深化、日臻完善。发展仍是解决我国所有问题的关键。必须坚持发展是硬道理的战略思想，以科学发展为主题，以加快转变经济发展方式为主线，着力推动经济持续健康发展。民主是社会主义的生命，人民民主是我们党始终高扬的光辉旗帜。必须坚持走中国特色社会主义政治发展道路，积极稳妥地推进政治体制改革，发展更加广泛、更加充分、更加健全的人民民主。文化是民族的血脉和魂魄，中华民族伟大复兴从根本上说是文化的复兴。必须扎实推进社会主义文化强国建设，兴起社会主义文化建设新高潮，提高国家文化软实力，发挥文化引领风尚、教育人民、服务社会、推动发展的作用。完善的社会管理和服务体系，是社会和谐稳定、国家长治久安的重要保证。必须加强社会建设，从维护最广大人民根本利益的高度，加快健全基本公共服务体系，加强和创新社会管理，努力构建社会主义和谐社会建设。社会主义建设不光要处理人与人的关系，还要处理好人与自然的关系。不光要有楼高路宽，还要有水碧天蓝。必须把生态文明建设放在突出地位，大力推进生态文明建设，并将之融入经济建设、政治建设、文化建设、社会建设各方面和全过程，努力建设美丽中国，实现中华民族永续发展。

**价值取向——促进人的全面发展，逐步实现全体人民共同富裕**

人的自由而全面的发展，是马克思主义关于共产主义理想的核心思想。《共产党宣言》指出："代替那存在着阶级和阶级对立的资产阶级旧社会的，将是这样一个联合体，在那里，每个人的自由发展是一切人的自由发展的条件。"这就告诉我们，人的解放和人的发展，是科学社会主义创始人考察人类社会进步的一个重要尺度。建设中国特色社会主义必须为促进和实现人的全面发展创造越来越良好、越来越充分的条件。共同富裕是社会主义的本质规定。贫穷不是社会主义，两极分化也不是社会主义。改革开放以来，我们党实行允许和鼓励部分人、部分地区先富起来，归根到底，是为了尽快地解放和发展生产力，做强做大社会主义的物质基础，为最终实现共同富裕创造条件。今天，在我国经济实力和综合国力已经有了显著增强的情况下，必须更加突出地来解决共同富裕的问题，让人民群众共享改革开放的成果，不断把人民对美好生活的向往变为现实。

**奋斗目标——建设富强民主文明和谐的社会主义现代化国家**

这是对走中国特色社会主义道路所要达到的目标的总概括。富强、民主、文明、和谐4个词分别对应了经济建设、政治建设、文化建设、社会建设和生态文明建设（人与人的和谐、人与自然的和谐），现代化是世界性的发展潮流，也是中华民族伟大复兴的本质内容。而我们所建设的现代化，不是什么别的现代化，是中国式现代化，是社会主义现代化。

"却顾所来径，苍苍横翠微。"中国共产党90多年、新中国60多年、改革开放30多年的历史使我们坚定了一条信念：中国特色社会主义道路是一条光明之路、幸福之路，坚定不移地沿着这条道路走下去，我们就一定可以迎来中华民族伟大复兴更加光明灿烂的未来！

# 为什么必须坚持中国特色社会主义道路而不能走别的道路[*]

2008年我们刚刚隆重纪念党的十一届三中全会召开30周年，2009年又迎来新中国成立60周年华诞，到明年，作为中国近代史开端的鸦片战争已170年了。

历史可以告诉未来。近170年的慷慨悲歌、凤凰涅槃，一个甲子的筚路蓝缕、艰辛探索，30多年的柳暗花明、沧桑巨变，验证了一个科学的论断，熔铸成一条坚定的信念：只有社会主义才能救中国，只有中国特色社会主义才能发展中国。中国将坚定不移地沿着中国特色社会主义道路走下去，决不走封闭僵化的老路，也决不走改旗易帜的邪路。

## 社会主义是近代以来中国人民所作出的历史性选择

1840年鸦片战争后，中国逐步沦为半殖民地半封建社会。曾经创造了灿烂文化、为人类文明作出过重要贡献的中华民族被甩在了世界发展大潮的后面。国家四分五裂，社会兵连祸结，人民水深火热。近代中国的历史就是中国人民奋起抗争、追赶潮流，救亡图存、奋发图强，谋求中华民族伟大复兴的历史。

中华民族的伟大复兴呼唤着伟大的社会变革；实现伟大的社会变革，必须具有代表中国社会前进方向、能够引领中国社会进步的先进的阶级力

---

[*] 本文发表于2009年5月。

量。帝国主义和中华民族的矛盾、封建主义和人民大众的矛盾，是近代中国社会的主要矛盾。这个主要矛盾决定了近代中国必须进行反帝反封建的彻底的民主主义革命，才能赢得民族独立和人民解放。什么样的阶级力量才能肩负起完成这一历史使命的领导责任呢？在鸦片战争之后的近百年时间里，中国不同的阶级阶层和政治力量，纷纷登上政治舞台，提出并实践过各式各样的救国方案。然而，从洋务运动、太平天国运动、戊戌变法、义和团运动到孙中山领导的旧民主主义革命，都未能把中国从积贫积弱、任人宰割的悲惨境况中解救出来。只是在中国工人阶级及其先锋队——中国共产党登上历史舞台后，中国革命才掀开了崭新的一页，古老的东方大地才透出复旦的曙光。历史证明，中国共产党是中国工人阶级的先锋队，同时是中国人民和中华民族的先锋队。救国于危亡、拯民于水火的领导责任历史地落在了工人阶级及其政党——中国共产党的身上。

　　实现中华民族的伟大复兴还必须找到正确的路径。对近代中国人民而言，寻求救亡和复兴的道路是那样山重水复，道阻且长。"落后就要挨打"，这是近代中国人的切肤之痛。痛感于别人的先进和我们的落后，一开始，许许多多的人把"取经"和学习的目光投向了西方。主张"师夷而制夷"者有之，主张"全盘西化"者有之。然而，"学生"欲师从"老师"，"老师"却总是侵略"学生"，学"西方"谈何容易！几经挫折和困惑，终于使先进的中国人认识到，步西方资本主义的后尘没有出路。"十月革命一声炮响，给我们送来了马克思列宁主义。"列宁缔造的第一个社会主义国家的横空出世，对中国人民是一个巨大的启蒙。对此，毛泽东有过非常贴切的描述："就是这样，西方资产阶级的文明，资产阶级的民主主义，资产阶级共和国的方案，在中国人民的心目中，一齐破了产。资产阶级的民主主义让位给工人阶级领导的人民民主主义，资产阶级共和国让位给人民共和国。"

　　自从有了中国共产党的领导，自从选择了马克思主义的理论指引和社会主义的发展方向，中国革命的面貌就峰回路转，焕然一新。中国共产党人把马克思主义中国化,在斗争中逐步形成了毛泽东思想,开辟了新民主主义革命道路。这种新民主主义革命本质上是国际社会主义运动的一个组成部分,是中国共产党领导的、以马克思主义为指导思想的、以社会主义为发展前途的。用一种形象化的说法,它是通向社会主义的"直通车"。社会主义制度在中国的确立,乃是历史的必然、人民的选择。

1949年10月1日,中华人民共和国的成立宣告了帝国主义、封建主义、官僚资本主义在中国统治的结束。中国人民从此站起来了！新中国的成立和社会主义制度的建立,彻底改变了近代以来中华民族的历史命运。饱经苦难的中国人民,从此成为国家、社会和自己命运的主人,中国的现代化从此有了社会制度的基本条件。只有社会主义才能救中国,这就是近现代中国史的一个根本结论。

有人提出中国没有经过资本主义的充分发展就进入了社会主义,是"历史的误会"。这种认识如果不是出于对资本主义的"情有独钟",就是出于对历史的无知。如前所述,近代中国不是不想走资本主义的路,是走不通。因为西方列强用坚船利炮打开中国的大门,是要推行殖民主义,而不是要帮助中国发展资本主义。它们不愿意看到,也不允许中国独立和富强。为了实现长期奴役中国的目的,帝国主义势力竭力维护中国腐朽落后的封建生产关系,竭力压抑和摧残中国的民族经济。中国民族资本主义在强大的西方资本主义和顽固愚昧的封建主义势力的夹缝里艰难挣扎,难成气候。中国民族资产阶级没有能力和勇气担当起领导中国民主革命走向胜利的重任。那种希望中国先发展资本主义再进入社会主义的想法,是脱离近代中国实际而一厢情愿的臆想。

## 中国特色社会主义开辟了中华民族伟大复兴的光明前景

新中国成立后,以毛泽东同志为主要代表的中国共产党人,为从中国实际出发建设社会主义进行了艰辛的探索,形成了许多宝贵的思想成果,在短短十几年内取得了旧中国几十年所不可能有的建设成就,为中国的现代化打下了重要的基础。但是，社会主义是一项前无古人的事业，由于国际国内种种原因，在相当长时间内，在社会主义建设的指导思想上，"左"的思想逐渐占了上风，使得我们党关于社会主义建设的许多难能可贵的正确认识没能贯彻和坚持下去，直至发生了"文化大革命"那样的全局性悲剧。

回顾党的十一届三中全会前夕，我们国家面临的是十分困难的局面：十年内乱给党和国家造成了极其严重的创伤，国民经济停滞不前、人民生活亟待改善。与此同时，全球范围内新科技革命蓬勃兴起，世界各国现代化发展千帆竞发，中国落在了时代大潮的后面。

以党的十一届三中全会为转折，我们党义无反顾地带领人民走上了改革开放的新征程，同时开始了对什么是社会主义、怎样建设社会主义的新探索、新思考。1982年在为党的十二大所作的开幕词中，邓小平强调："把马克思主义的普遍真理同我国的具体实际结合起来，走自己的道路，建设有中国特色的社会主义，这就是我们总结长期历史经验得出的基本结论。"这是我们党第一次明确提出了"建设有中国特色的社会主义"的时代命题。改革开放30多年来，中国的发展，我们党的全部理论创新和实践活动，就是围绕这样一个鲜明的主题展开的。这是一个理论与实践相统一的无比生动的、辩证发展的进程，是一个理论创新、实践创新的过程。正是这样一个历史进程深刻改变了中国人民的面貌、社会主义中国的面貌、中国共产党的面貌。社会主义和马克思主义在中国大地上焕发出勃勃生机，中国大踏步赶上时代前进潮流，13亿中国人民稳步走上了富裕安康的道路，中华民族伟大复兴的灿烂曙光已经照临东方的地平线。

30多年来，中国的发展成就如同一幅逶迤而又气势磅礴、雄浑而又绚丽多彩的画卷，展现在世人面前。我国的综合国力大幅提升。按照世界银行标准，我国已由低收入国家跃升至世界中等偏下收入国家行列。我们不仅在经济建设上创造了令世界瞩目的"中国奇迹"，而且在政治建设、文化建设、社会建设以及生态文明建设和党的建设上也取得了巨大进步，综合国力显著增强，国际地位不断提升，社会主义中国以前所未有的雄姿屹立在世界东方。

20世纪90年代后，社会主义运动在全球陷入低潮。一些社会主义国家纷纷易帜，蛮以为经过短暂"休克"之后就可复苏重生。然而实际情形并非如此，有的至今难出低谷。结果证明，资本主义的"新自由主义"并非济世良方。"新自由主义"不但害了亚洲、拉美、苏联、东欧等国家和地区，最终连兜售者自己也自食苦果。目前，由美国次贷危机引发的国际金融危机，暴露了资本主义制度固有的弊端。而中国特色社会主义却"风景这边独好"，展现出勃勃生机，吸引了越来越多人们的目光。近几年来，国外舆论界和学术界关于"北京共识""中国模式"或"中国经验""中国发展道路"的议论十分热烈。中国对维护世界和平、促进共同发展、推动人类文明进步已经并将继续产生重大而深远的影响。

历史和现实无可辩驳地证明，中国特色社会主义是中国人民在新的伟大实践中所作出的历史性选择，是一条光明之路、吉祥之路、希望之路，是实现民族振兴、国家富强、人民幸福、社会和谐的必由之路。这条路我们找准了，走对了！找到这条路是国之大幸、民之洪福。在当代中国，只有中国特色社会主义伟大旗帜而没有别的什么旗帜能够最大限度地团结和凝聚不同社会阶层、不同社会群体的智慧和力量，只有中国特色社会主义这条道路而没有别的什么道路能够引领中华民族实现伟大复兴，只有中国特色社会主义理论体系而没有别的什么主义能够引领中国的发展进步。

## 中国特色社会主义道路是发展中国的唯一正确的道路

胡锦涛在党的十七大报告中指出："中国特色社会主义道路之所以完全正确、之所以能够引领中国发展进步，关键在于我们既坚持了科学社会主义的基本原则，又根据我国实际和时代特征赋予其鲜明的中国特色。"

中国特色社会主义道路坚持了科学社会主义的基本原则，代表了中国先进生产力和整个社会的发展方向，体现了中国最广大人民群众的价值追求,因而能够把13亿人民开辟自己美好未来的积极性最大限度地调动起来、创造性前所未有地发挥出来,汇聚成改造中国、振兴中华的磅礴力量。千百年来,人类都在向往物质和文化生活的极大丰富,憧憬没有人与人之间尖锐的阶级对立的"大同世界",追求人的自由而全面的发展。科学社会主义的诞生为这一愿景照进现实开辟了通路。社会主义在其发展进程中尽管经历了种种曲折,但已经显示出了不可战胜的生命力和资本主义所无可比拟的优越性,极大地影响了人类社会的历史进程。毫无疑问,社会主义在其发展进程中要善于汲取迄今为止人类所创造的一切优秀的文明成果为己所用,包括借鉴和吸收资本主义赖以发展生产力和管理社会的有益经验。但是科学社会主义之所以科学,之所以区别于资本主义,有着其固有的质的规定性,有着必须坚持的基本原则。中国共产党在领导人民开创中国特色社会主义道路的过程中,清醒而又坚定地坚持了社会主义的基本原则。我们坚持马克思主义在意识形态领域的指导地位,坚持中国共产党对整个国家和事业发展的集中统一的领导,坚持巩固人民民主专政的国家政权,坚持以公有制为主体、多种所有制经济共同发展的社会主义基本经济制度,坚持实现和发展社会主义民主,坚持使发展的成果惠及全体人民,维护社会公平正义,逐步实现共同富裕,坚持以人为本、全面协调可持续发展的科学发展观。所有这些,都说明我们搞改革开放,"老祖宗"没有丢掉。中国特色社会主义姓"社"而不姓"资"。正因如此,党的路线方针政策才能得到亿万中国人民的拥护,才能从本质上代表中国人民的利益,不断给人民群众带来福祉;我们才能从容应对各种风险考验,显示出社会主义国家政权的伟大力量。实践证明,社会主义制度是中国发展的命根子,中国发展的社会主义方向不容改变,中国过去没有、今后也决不会走改弦更张、改旗易帜的邪路。

中国特色社会主义道路根据我国实际和时代特征赋予了科学社会主义以鲜明的中国特色,因而能够使社会主义在中国的大地上真正活跃起来,创造性地解决中国的发展问题。列宁早就指出:"一切民族都将走向社主义，这是不可避免的，但是一切民族的走法却不会完全一样。"在中国这样一个13亿人口的东方大国建设社会主义，必须从中国的具体国情出发，从社会主义初级阶段的实际出发。改革开放以来，中国共产党人坚持独立自主、走自己的路，坚持解放思想、实事求是、与时俱进的思想路线，着眼于解放和发展中国社会生产力，着眼于巩固和发展社会主义制度，形成了"一个中心、两个基本点"的基本路线，形成了建设社会主义市场经济、社会主义民主政治、社会主义先进文化、社会主义和谐社会的总体布局，形成了涵盖经济、政治、文化、社会、科技、外交、祖国统一、党的建设等各个方面的一整套与社会主义初级阶段基本国情相适应的方针原则和政策制度，形成了"十个结合"的宝贵经验。所有这些，都体现了鲜明的实践特色、时代特色、中国特色，是植根于中国大地现实土壤中的活生生的社会主义。改革开放是决定当代中国命运的关键抉择，是发展中国特色社会主义、实现中华民族伟大复兴的必由之路；只有社会主义才能救中国，只有改革开放才能发展中国、发展社会主义、发展马克思主义。实践证明，改革开放符合党心民心、顺应时代潮流，方向和道路是完全正确的，成效和功绩不容否定，停顿和倒退没有出路。

经过60年的曲折探索，30年的奋勇开拓，中国特色社会主义这条光明大道已经真切而清晰地展现在我们面前。但是，我们对中国特色社会主义事业发展规律的认识并没有完结，发展中国特色社会主义还任重而道远。我们的事业是面向未来的伟大事业，实现全面建设小康社会的目标还需要继续奋斗十几年，基本实现现代化还需要继续奋斗几十年，巩固和发展社会主义制度则需要几代人、十几代人甚至几十代人坚持不懈的努力奋斗。应该看到，我国人口多、底子薄，发展很不平衡。我们在推进改革开放和社会主义现代化建设过程中所肩负任务的艰巨性和繁重性世所罕见，我们在改革发展稳定中所面临的矛盾和问题的复杂性世所罕见，我们在前进中所面对的困难和风险世所罕见。因此，希望一蹴而就、一劳永逸地实现我们的目标的想法是不现实的。只要我们"咬定青山不放松"，不动摇、不懈怠、不折腾，永不僵化、永不停滞，不为任何风险所惧，不被任何干扰所惑，锲而不舍，奋力开拓，中国特色社会主义道路就一定能够越走越宽广，中华民族伟大复兴的宏伟目标就一定能够实现！

# 为什么必须坚持改革开放不动摇而不能走回头路[*]

以1978年党的十一届三中全会召开为标志,中国进入了一个历史新时期。新时期最鲜明的特点是改革开放。改革开放使社会主义在中国大地上真正活跃起来,使中国人民的历史主动精神和创造精神前所未有地迸发出来,使中国共产党大踏步走在了时代前列。30多年来,中国的发展世所公认,中国的变化沧海桑田,中国的前景光明灿烂。历史和现实的比较使我们确立了这样的信念:"改革开放符合党心民心、顺应时代潮流,方向和道路是完全正确的,成效和功绩不容否定,停顿和倒退没有出路。"

## 改革开放是决定当代中国命运的关键抉择

一项伟大的决策只有将之放在历史和时代的坐标系中才能更深刻地体悟到其深远的意义。

20世纪70年代末,党和国家面临着极为困难的局面。一方面,十年内乱虽然结束了,但广大干部群众要求彻底纠正"文化大革命"错误的意愿受到严重阻碍,高度集中的计划经济体制和一系列"左"的政策依然严重束缚着社会生产力的发展。正如邓小平所说的,"文化大革命"结束时,"就整个政治局面来说,是一个混乱状态;就整个经济情况来说,实际上是处于缓慢发展和停滞状态"。另一方面,20世纪70年代世界范围

---

[*] 本文发表于2009年6月。

新科技革命蓬勃兴起，发达国家纷纷乘势进行产业结构调整，一些发展中国家和地区也在抓住机遇、扶摇而上，在我国大陆的周边就有所谓"四小龙"的说法。是在危难中奋起，还是在僵滞中徘徊？是毅然鼎新图变，还是继续墨守成规？中华民族又一次站在了进退兴衰的十字路口。我们党及时感知时代的潮流，深刻体察人民的愿望，作出了改革开放的历史性决策。从此，改革的春潮在中国的大地上以不可遏制之势涌动起来，开放的大门从南到北、从沿海沿江沿边到内地次第打开，中国人民义无反顾地踏上了改革开放的新征程。

改革开放是党在新的时代条件下带领人民进行的新的伟大革命。30多年来，着眼于解放和发展生产力，着眼于促进我国经济社会又好又快地发展，着眼于巩固和发展社会主义，我们党带领人民以前所未有的改革创新精神，冲破了对马克思主义的教条式的理解和种种不合时宜的思想认识，大胆变革不适应社会生产力发展、不适应现阶段国情的生产关系的某些方面和上层建筑的某些环节，成功地开辟了中国特色社会主义道路，形成了马克思主义中国化的时代瑰宝——中国特色社会主义理论体系。我们锐意推进经济体制改革，使我国成功地实现了从高度集中的计划经济体制到充满活力的社会主义市场经济体制的伟大的历史性转折。与此同时，不断深化政治体制、文化体制、社会体制以及其他方面的体制改革，不断形成和发展符合当代中国国情、充满生机活力的新的体制机制。我们不断扩大对外开放，使我国成功实现了从封闭半封闭到全方位开放的伟大历史转折。13亿人口的中国以海纳百川的胸襟和气势面对世界、拥抱世界、走向世界，不仅加快了我国的发展，也极大地推进了世界和平与发展。

改革开放是中国社会主义制度的自我完善和发展。早在改革开放初期，邓小平就指出，社会主义是个好制度。我们的改革不是要丢掉社会主义制度，而是要使社会主义制度的优越性更好地发挥出来。我们党从改革开放初期就提出要坚持四项基本原则，以后又形成并不断充实完善了以"一个中心、两个基本点"为核心内容的社会主义初级阶段的基本路线。

30多年来，无论是面对国际风云变幻还是遭遇国内政治风波，无论面对某些国际势力的"制裁"遏制还是应对来自社会的、自然的方方面面的风险考验，党的历代中央领导集体都坚持党的基本路线不动摇。

在具体改革实践中，我们党始终坚持改革的社会主义性质。在经济体制改革中，我们坚持以公有制为主体、多种所有制经济共同发展的基本经济制度，既在社会主义发展史上破天荒地提出建立市场经济体制，重视发挥市场在资源配置中的基础性作用，又通过加强和完善国家对经济的宏观调控，克服市场自身存在的缺陷；在政治体制改革中，我们既借鉴人类政治文明有益成果，积极推进社会主义民主政治建设，又坚持中国特色社会主义政治发展道路，坚持党的领导、人民当家作主、依法治国的有机统一，绝不照搬西方政治制度模式；在文化体制改革中，我们既积极推进社会主义文化大发展大繁荣，为百花齐放、百家争鸣创造良好的环境和条件，又坚持马克思主义的指导地位，坚持用社会主义核心价值体系引领社会思潮；在对外开放中，我们既积极参与国际合作，又坚决维护国家主权、安全和发展利益。实践证明，中国的改革开放是社会主义的改革开放，是社会主义制度的自我完善和发展。

党的十七大将改革开放的目的概括为三句话：解放和发展社会生产力，实现国家现代化，让中国人民富裕起来，振兴伟大的中华民族；推动我国社会主义制度自我完善和发展，赋予社会主义新的生机活力，建设和发展中国特色社会主义；在引领当代中国发展进步中加强和改进党的建设，保持和发展党的先进性，确保党始终走在时代前列。这是对改革开放伟大历史进程本质的深刻揭示。喜看今日之神州大地，放眼当今之世界舞台，我们党领导的这场伟大革命实现了目的和效果的高度统一。

——改革开放创造了我国生产力持续、快速发展的奇迹。2008年，我国的经济总量已经上升为世界第三位。我们依靠自己的力量稳定解决了13亿人口的吃饭问题，农村贫困人口从2.5亿减少到1400多万，人民生活水平实现了由温饱不足到总体小康的历史性跨越，改革开放前长期困扰我们的短缺经济状况已经从根本上得到改变。30年前被人目之为"后发展国家"的中国如今被国际社会誉为"最具活力的新兴经济体"。

——改革开放使社会主义制度在中国焕发出前所未有的生机和活力。我们党在经济、政治、文化、社会、科技、教育、外交、祖国统一等各个方面都形成了一整套与社会主义初级阶段的中国国情相适应的方针和政策。在当代世界深刻变化、当代中国深刻变革的波澜壮阔的背景下，中国特色社会主义站住了、站稳了。在国际社会主义运动遭受挫折的情况下，中国特色社会主义的成功实践吸引了世人的目光。它以无可辩驳的事实告诉世人：马克思主义是真理；社会主义有强大的生命力。

——改革开放使中国共产党以崭新的风貌重新走在了时代的前列。正是适应改革开放的需要，凭借改革开放的舞台，在科学认识新时期党的历史使命的过程中，在深刻体察人民群众的新诉求、新期待的过程中，在不断总结改革开放经验、破解改革开放难题的过程中，我们党不断推进马克思主义中国化，不断加强自身建设和自我革命，保持了自身的先进性。也正是在这个过程中，党的领导水平和执政水平、拒腐防变和抵御风险能力明显提高，执政能力和先进性得到不断发展。

事实雄辩地证明，改革开放是决定当代中国命运的关键抉择，是发展中国特色社会主义、实现中华民族伟大复兴的必由之路。只有社会主义才能救中国，只有改革开放才能发展中国、发展社会主义、发展马克思主义。

## 正确看待改革开放过程中的各种矛盾和问题

实行改革开放，建设中国特色社会主义，使中国这样一个13亿人口的大国在社会主义的道路上发展起来，是一项前无古人的伟大事业，也是一项空前巨大、空前复杂的社会巨系统工程，新情况、新问题层出不穷，我们是在不断地面对和解决各种矛盾中开拓前进的。今天，中国改革开放的航船已经进入了"深水区"。水深岸阔，正好行舟，但也难免有惊涛骇浪、暗礁险滩。我们取得的成绩举世惊叹，但是伴随着改革开放向纵深发展，一些深层次的矛盾和问题也进一步凸显。例如，在人民生活水平不断提高的同时，收入差距、地区差距、城乡差距有拉大的趋势；在经济社会迅速发展的同时，教育、医疗、社会保障等公共事业发展相对滞后；在经济总量不断攀升的同时，资源环境压力加大；在社会主义民主法制建设不断加强的同时，一些领域腐败现象仍然易发多发；等等。对于诸如此类的矛盾和问题，我们要用辩证唯物主义和历史唯物主义的世界观方法论加以审视。不能因为看到了一些消极负面的现象，遇到了一些矛盾和问题，就对改革的方向和道路产生怀疑，甚至想走回头路。

要分清我们所面对的矛盾和问题是改革目标取向上的矛盾和问题还是发展中的矛盾和问题。邓小平早就指出，贫穷不是社会主义，两极分化也不是社会主义。30多年来的改革开放，人民群众的生活水平普遍有了显著提高，中国总体上朝着共同富裕的方向迈出了可喜的一步，这是中国社会发展的本质方面。当前收入分配领域某些差距的拉大，是在告别普遍贫穷、打破平均主义大锅饭的基础上产生的，是党带领人民实现共同富裕过程中一时难以避免的阶段性问题。差距的扩大既有人们劳动贡献大小、技能高低不同的因素，又有资本、管理等生产要素按贡献参与分配的因素，也有行业垄断、以权谋私的因素，合理与不合理的成分交织在一起，对此我们应该作具体的分析。更重要的是，我们党坚定地把坚持社会主义的基本制度同发展市场经济结合起来，既鼓励先进、促进发展，又注重社会公平、防止两极分化；在进一步激发全社会创造活力的同时，已经提出并正在逐步完善一系列"保护合法收入，调节过高收入，取缔非法收入"的行之有效的政策。可以预期，随着改革的进一步完善和深化，共同富裕的社会主义本质一定可以在中国得到更切实、更充分的体现。

要分清我们所面对的矛盾和问题是改革带来的，还是因为改革措施不到位、不完善所导致的矛盾和问题。中国的改革是从经济领域首先发轫的。随着经济的发展和综合国力的提高，我们党越来越重视民生问题，越来越重视教育、卫生和各项社会保障事业的发展,不失时机地推进了教育、卫生和社会保障体制机制的改革。今天,中国的教育、卫生以及其他社会公共事业已经有了长足的发展,13亿中国人民的教育、医疗条件已经有了很大的改善。但是由于国家用于支持教育、卫生等社会公共事业的财力还相对有限,一些相关的措施还不够完善、不够配套,也确实存在种种不尽如人意的地方。我们有理由坚信,随着国家投入的加大和改革的深化,全体人民学有所教、病有所医的目标将逐步实现。

要分清我们所面对的矛盾和问题是人类经济社会发展中共性的矛盾和问题,还是我国改革开放中所特有的矛盾和问题。实现发展和现代化,是全人类的共同课题。在发展进程中,世界各国所遇到的问题带有一定的普遍性。比如,经济快速发展所导致的环境污染和资源过度消耗问题,贪污腐败、以权谋私问题,就业压力问题,等等。我国的改革开放要在短短的几十年内走完一些资本主义国家几百年才走完的工业化进程,一些矛盾和问题就显得更为突出、更为集中。质言之,这些矛盾和问题不是改革开放本身带来的,而是在改革开放过程中这些矛盾和问题进一步凸显了。重要的是,我们党已经形成了科学发展观,提出了构建社会主义和谐社会的战略构想。在整个改革开放的进程中,我们党坚持"两手抓"的方针,坚定不移地反对腐败,致力于建立完善惩治和预防腐败体系,一定可以把发展中的种种不科学现象、种种消极腐败的现象减少到最低限度。

## 坚定不移地继续推进改革开放

正确认识改革开放中的矛盾和问题是为了更加坚定不移地继续推进改革开放。如果说过去实行改革开放是决定中国命运的关键的一招,今后能不能坚定不移继续推进改革开放,同样决定中国的命运。邓小平早就说过:"我们现在的路子走对了,人民高兴,我们也有信心……如果我们走回头路,会回到哪里?只能回到落后、贫困的状态。"走回头路,就会使中国重新回到贫穷落后、僵化封闭的状态,就会丧失来之不易的良好发展态势和宝贵发展机遇，就会窒息中国特色社会主义事业的勃勃生机，就会葬送中华民族伟大复兴的光明前景。很显然这样做人民不高兴，人民不赞成，人民不答应。

改革开放中遇到的矛盾只能用深化改革的办法去解决，发展中的问题只能求诸更好更快的发展。如果说改革开放初期我们主要是"摸着石头过河"的话，经过30多年的实践，我们对改革开放和建设中国特色社会主义规律的认识已经大大深化了。胡锦涛在党的十七大报告中概括总结的"十个结合"，凝结了我党在改革开放中所形成的科学认识。坚持用这些重大战略思想引领和推进改革开放，就能够保证改革开放方向的正确性，把握改革开放的规律性，提高改革开放决策的科学性，增强改革开放措施的协调性，推动重要领域和关键环节的改革步入科学发展的轨道。

要继续通过改革开放解放和发展社会生产力，为发展中国特色社会主义、实现中华民族伟大复兴提供雄厚的物质基础。生产力的解放和发展，是人类社会发展的最终决定力量，是中国特色社会主义发展和民族复兴的最终决定力量，也是解决我们在改革开放中遇到的各种矛盾和问题的"总钥匙"。必须通过继续深化改革，进一步破除影响生产力发展的体制机制障碍。在不断优化国内生产力发展环境的同时，面向世界拓展生产力发展空间。

要继续通过改革开放促进社会主义制度的自我完善和发展，为发展中国特色社会主义、实现中华民族伟大复兴提供良好的体制保障。社会主义制度的完善未有穷期。继续改革开放，就要坚持不懈地把改革创新精神贯彻到治国理政各个环节。通过改革开放，使我国各个方面的制度法规充分吸收世界一切优秀文明成果，充分吸收我们党探索社会主义建设规律的理论成果，充分吸收人民群众进行历史创造活动的新鲜经验，进一步建立健全充满生机与活力的体制机制。

要继续通过改革开放推进马克思主义中国化，为发展中国特色社会主义、实现中华民族伟大复兴提供科学的理论指导。中国的改革开放离不开当代中国马克思主义的指导。同时，只有在改革开放这一新的伟大革命中，当代中国马克思主义才能深深植根于实践的沃土，呈现出鲜明的实践特色；才能与中华民族发展进步要求历史地贯通起来，呈现出鲜明的民族特色；才能更好地彰显与时俱进的理论品质，呈现鲜明的时代特色。要坚持以我们正在做的事情为中心，深入研究和回答重大理论和现实问题，继续丰富和发展中国特色社会主义理论体系，让当代中国马克思主义放射出更加灿烂的真理光芒。

要继续通过改革开放激发我们整个民族的创造活力，为发展中国特色社会主义、实现中华民族伟大复兴提供不竭的力量源泉。改革开放作为一场新的伟大革命，其巨大社会效应之一，就在于激发了我们整个民族的创造活力。我们要通过深化改革，进一步打破旧的体制机制对人的束缚，使劳动者的积极性和创造性进一步解放出来，在全社会倡导和形成"尊重劳动、尊重知识、尊重人才、尊重创造"的浓厚风气，促进人的全面发展。

今日之中国，正站在一个新的起点上。我们要紧密团结在党中央周围，牢牢把握重要战略机遇期，继续坚定不移地推进改革开放，创造出中国特色社会主义更加光明而美好的前景。

# 实践创新理论创新制度创新的有机统一[*]

## ——论中国特色社会主义伟大道路的开辟及其鲜明特色

在 21 世纪初的世界东方，有一道亮丽的风景，有一面迎风招展的旗帜，有一个引人注目、耐人寻味的现象，有一种别具一格却令人惊艳的发展模式，这就是中国特色社会主义。

在国际社会主义运动处于低潮、"万花纷谢一时稀"的大背景下，社会主义的中国不仅冲寒怒放、占尽风情，充满了生机与活力，取得了骄人的发展成就，从根本上改变了中国人民和中华民族的前途命运，而且对人类和平与发展的崇高事业作出了越来越大的贡献，对世界上众多的发展中国家解决自身的发展问题，也提供了有益的启示和某种可资借鉴的经验。

那么，所谓"中国道路""中国奇迹"的成功奥秘是什么？它的最鲜明的特色是什么？学习党的十八大报告，使我们对这一问题有了更清晰、更深刻的认识。

我认为，在解放思想、实事求是的马克思主义思想路线的指引下，坚持我们党在长期的革命、建设和改革实践中形成的独立自主、走自己的路的思维方式，以改革开放为政策取向和强大动力，把实践创新、理论创新、制度创新完美地统一起来，使之相互交融、相互衔接、相互促进、相

---

[*] 本文发表于 2012 年 11 月。

互支撑，这就是中国特色社会主义的成功秘诀，也是它的特色所在。

**首先，中国特色社会主义形成和发展的进程，是一个坚持马克思主义实践第一的观点、尊重人民群众首创精神奋勇开拓的历史进程**

实践的观点是马克思主义第一的和基本的观点。列宁说过："生气勃勃的创造性的社会主义是由人民群众自己创立的。"社会主义不在书斋里、不在沙龙里，不在某些天才人物、先知先觉的大脑里，不是某种先验的、僵化的、一成不变的固有模式。社会主义在实践中，在亿万人民群众创造自己幸福生活和美好未来的实践中。它是鲜活的，生动的，不拘一格的。不妨回顾一下：中国特色社会主义是怎样发源的？建设中国特色社会主义这一时代命题是怎样提出来的？正是因为有了真理标准的大讨论，有了冲破"两个凡是"的坚冰，有了"实践是检验真理的唯一标准"这一马克思主义原理的复归和启蒙，建设中国特色社会主义才找到了哲学支点和逻辑起点。在改革开放初期，邓小平有一句非常著名的话——"摸着石头过河"。摸着石头就是探路，"望河兴叹"是不可能到达胜利的彼岸的。他反复强调，要大胆地试、大胆地闯，没有一股干呀、冒呀的劲头，改革开放就迈不开步。他还讲，中国的改革开放，是一场伟大的社会试验。不干，半点马克思主义也没有。正是因为非常注重实践，非常尊重人民群众的历史主动精神和历史首创精神，中国的改革开放才从农村到城市，从沿海到内地，从经济到政治、文化、社会领域，直至生态文明建设领域全方位地铺开，中国特色社会主义才萌芽破土、生根开花，长成一棵参天大树。所以邓小平在南方谈话中说，我们改革开放的成功，不靠本本，而是靠实践。他在讲到试办深圳特区时用了一句话——"杀出一条血路"。从某种意义上说，中国特色社会主义道路的开辟也是我们在实践中杀出的一条"血路"。可以说，实践是它的源头活水，是它赖以植根的丰厚土壤，是它发达的根系。中国的改革开放和社会主义现代化建设正处在关键时期，既有难得的机遇，又面临一系列极具挑战性的矛盾和困难，正如党的十八大报告所指出的，我们"必须准备进行具有许多新的历史特点的伟大斗争"。所以，站在新的起点上坚持和发展中国特色社会主义，必须进一步强化实践第一的观念，高擎解放思想的火炬，牢固确立实践的权威和人民群众的主体地位，充分尊重人民群众在改革开放中的伟大创造精神，不断用新的实践为发展中国特色社会主义提供更充足的养分、注入更蓬勃的生机、开辟更广阔的道路。

## 其次，中国特色社会主义形成和发展的进程，是一个坚持实践基础上的理论创新、不断推进马克思主义中国化时代化大众化并用以指导实践的历史进程

一个政党也好，民族也好，要走在时代的前列，站在科学的顶峰，就一刻也不能离开理论思维。重视理论思维、理论创新和理论武装，是我们党的优良传统，是我们党的特点之一、优点之一，是其他政党所无可比拟的优势。展望当今世界，在世纪性的发展潮流中，声言改革或变革者比比皆是，但取得成功的却寥寥无几。为什么我们中国能够实现破茧化蝶、"华丽转身"？个中原因固然很多，但很重要的一条就是我们有科学理论的指引，有理论上的自觉和自信，有理论上的创新和武装。在开辟中国特色社会主义伟大道路的历史进程中，我们党不仅具有巨大的实践勇气，而且具有高度的理论自觉。我们不仅注重实践、勇于实践，而且勇于推进实践基础上的理论创新，形成了崭新的、系统的、成熟的并且是与时俱进的科学理论，这就是包括邓小平理论、"三个代表"重要思想和科学发展观在内的中国特色社会主义理论体系，围绕着什么是社会主义、怎样建设社会主义，建设什么样的党、怎样建设党，实现什么样的发展、怎样发展这三个密切相关的根本问题，形成了一系列紧密相连、相互贯通的新思想、新观点、新论断，不断深化了在中国这样一个落后的东方大国建设社会主义规律的认识。从邓小平理论到"三个代表"重要思想，再到科学发展

观，就像一条理论长廊，不断延伸；就像一座科学殿堂，日益恢宏。既一以贯之又与时俱进，既锲而不舍又日新又新，不断开辟了当代中国马克思主义的新境界。列宁曾说，没有革命的理论就不会有革命的运动。套用这句话，我们同样可以说，没有科学的发展理论，就不会有中国 30 多年的飞速发展、持续发展、科学发展。党的十八大报告指出："实践发展永无止境，认识真理永无止境，理论创新永无止境。"所以，站在新的起点上坚持和发展中国特色社会主义，必须进一步强化理论牵引的观念。一方面，坚持不懈地用中国特色社会主义理论体系武装全党、教育人民；另一方面，结合新的形势和新的实践继续丰富和发展这一理论，不断推进马克思主义的中国化时代化大众化，把实践基础上的理论创新和理论指导下的科学实践更自觉、更有机地统一起来。

## 最后，中国特色社会主义形成和发展的进程，是一个不断地把实践中的成功经验和理论上的正确认识转化和定型为制度、不断进行制度创新和完善的历史进程

人类社会发展史表明，阶级统治、发展模式、发展道路，总是体现为一定的制度安排。社会变革，归根结底是制度的更新与重构。如果说，勇于实践是中国特色社会主义的源头活水，科学理论是中国特色社会主义的指路明灯，制度建设就是它的大厦梁柱。如果说，实践开拓了中华民族的复兴之路，理论点燃了中华民族的复兴之光，制度则熔铸了它的规矩方圆。邓小平曾经讲，制度更具有根本性基础性稳定性，还是制度更靠得住些。江泽民也说，在改革的实践中，有了新情况、新问题、新经验，经过研究和总结，就要适时地制定新的有关法律法规。人类社会的递嬗演进证明，任何实践中的成功经验、任何先进的科学理论，如果不固化为制度，如果不转化为制度安排，就是不稳定的、不确定的、不具备可持续性的，就如同空中楼阁、水面浮萍，就可能因为人事的更迭而变异或走样。正因如此，在开辟中国特色社会主义道路的伟大历史进程中，我们党在重视实

践开拓、理论创新的同时，也高度重视制度建设，适时通过制度创新固化了改革开放的成果，形成了初步定型、日臻完善的中国特色社会主义制度。改革开放30多年的历史也是一部制度建设史、制度创新史。我们党在坚持和发展以毛泽东同志为主要代表的党的第一代领导集体创立和奠基的人民代表大会制度这一根本政治制度的同时，进一步完善了中国共产党领导的多党合作和政治协商制度、民族区域自治制度以及基层群众自治制度等基本政治制度，逐步形成了较为完备的中国特色社会主义法律体系，创立了公有制为主体、多种所有制经济共同发展的基本经济制度，以及建立在这些制度基础上的经济体制、政治体制、文化体制、社会体制等各项具体制度。这些制度，从宏观到微观，从大样到细部，使中国特色社会主义大厦的轮廓日益清晰了起来，使中国特色社会主义的"快车道"日益拓宽并固化了起来。这些制度既具有鲜明的中国特色，体现了科学社会主义的基本原理、基本原则，又没有离开人类文明的大道，借鉴和吸收了人类在长期的发展进程中，包括在资本主义条件下所形成的优秀的、有益的制度文明成果，例如市场经济、民主政治、社会保障等。因而显示出巨大的优越性和旺盛的生命力。实践证明，这一制度凝结了我们党带领人民90多年的奋斗成果，有利于保持党和国家的活力，有利于解放和发展社会生产力，有利于维护和促进社会公平正义，有利于集中力量办大事，有利于民族团结、社会稳定、国家统一，我们必须倍加珍惜。但是也应看到，在人类历史长河中，社会主义是一个新生事物，中国特色社会主义更是"才露尖尖角"的小荷——新中国成立只有60多年，中国的改革开放只有30多年。与经过数百年发展，高度发达、完备的资本主义制度相比，中国特色社会主义制度还相对年轻甚至稚嫩，还只是略具雏形，制度建设和创新的任务依然任重道远。党的十八大报告指出，必须以更大的政治勇气和智慧，不失时机深化重要领域改革，坚决破除一切妨碍科学发展的思想观念和体制机制弊端，构建系统完备、科学规范、运行有效的制度体系，使各方面制度更加成熟、更加定型。

所以，在新的起点上坚持与发展中国特色社会主义，必须进一步强化制度保障的观念，把制度建设和制度创新放在更突出的位置，做到改革开放的实践每深化一步，党的创新理论的步伐每前行一步，制度建设就跟进一步，不断强基固本、兴利除弊，使中国特色社会主义真正成为世界上最好的制度，既造福于中国人民，也为世界上一切崇尚民主与科学、追求和平与发展的人们所向往、所仰慕。

总之，实践创新、理论创新和制度创新"三位一体"、相互交融、环环紧扣，贯穿中国特色社会主义伟大道路开辟的全过程。实践形态（即道路形态）、理论形态和制度形态，是中国特色社会主义的三种基本形态，也可以说是它的三原色，共同构成中国特色社会主义的绚丽风景；是它的三根支柱，共同支撑起中国特色社会主义的宏伟大厦。贯彻落实党的十八大精神，我们一定要进一步增强道路自信、理论自信和制度自信，进一步强化实践第一、理论牵引、制度保障的观念，更好地坚持实践创新、理论创新和制度创新的辩证统一，奋勇开拓中国特色社会主义更广阔的发展前景，开辟中华民族伟大复兴更美好的未来！

# 谈"不折腾"*

"只要我们不动摇、不懈怠、不折腾，坚定不移推进改革开放，坚定不移走中国特色社会主义道路，就一定能够胜利实现这一宏伟蓝图和奋斗目标。"在纪念党的十一届三中全会召开30周年大会上胡锦涛的这一句话引起热烈掌声。

"三不"堪称中国总结过去、面向未来的"九字真言"。尤其是"不折腾"一词把深刻的历史感悟和精辟的治国经验以老百姓的俚语出之，言简而意赅，词约而意丰，一时成为国际国内热议的流行词。

## 道路与方向不容改变

"不折腾"引起强烈共鸣，首先表达了人民群众对中国特色社会主义道路和以改革开放的为主要特征的中国发展方向的认同。

近代中国的历史就是中华民族在屈辱和困顿中奋起、谋求民族复兴的历史。中国革命的胜利和社会主义制度的确立，开辟了中国人民走向富裕安康的新纪元。但是由于复杂的历史原因，在探索中国社会主义的发展道路上，出现了重大曲折和失误。一段时间里，"左"的思想盛行，"以阶级斗争为纲"愈演愈烈，直至发生了"文化大革命"这样的全局性错误，搞得国无宁日，经济凋敝，民生维艰。革命胜利近30年了，一些地方群众甚至食不果腹、衣不蔽体，令许多老一辈革命家痛心疾首。以党的十一届三中全会为标志，中国进入了改革开放的新时期。改革开放30多年来，

---

*本文发表于2009年1月。

中国人民在党的领导下，以前所未有的历史主动性和创造精神，开辟了中国特色社会主义道路。正是中国特色社会主义，使中华民族昂首走向现代化、走向世界、走向未来，成功实现了从高度集中的计划经济体制到充满活力的社会主义市场经济体制、从封闭半封闭到全方位开放的伟大历史转折，神州大地面貌焕然一新。正是中国特色社会主义，使13亿中国人民大踏步赶上时代潮流，稳定地走上了富裕安康的广阔道路，日子越过越红火、越过越舒心。30多年的沧桑巨变使人民群众从历史和现实的比较中强烈地感受到：中国特色社会主义这条道路我们找准了、走对了！找到这条道路是人民之福、国家之幸。中国特色社会主义的道路是中国人民的光明之路、幸福之路、吉祥之路。只有中国特色社会主义才能发展中国。

找到和形成这条道路来之不易，认准和坚持这条道路同样不易。回首30多年波澜壮阔、跌宕起伏的历程，我们走过的路并非一帆风顺，但面对风风雨雨、沟沟坎坎，我们没有三心二意，改弦易辙，30多年并不是没有受到干扰，国际敌对势力一刻也没有放弃西化、分化中国的图谋，国内也不时有种种"不谐和音"。但我们党没有为这些企图"折腾"中国，或可能引起中国"折腾"的论调所惑，坚决地排除了"左"和右两种干扰，咬定青山不放松，任尔东西南北风。在每一个历史关口，旗帜和道路没有变，改革开放的航向没有变，现代化建设的航船始终沿着标定的方向破浪前行。正是因为有了这30多年初心不改、一以贯之，有了这30多年风雨兼程、砥砺前行，才有了30多年的辉煌、30多年的巨变。锲而不舍，金石可镂。今天面向未来，要开辟中华民族伟大复兴更广阔的前景，实现我们的宏伟目标，同样需要一种定力和韧劲。在方向道路上的首鼠两端，左右摇摆，五行不定，是最大的"折腾"，中国"折腾"不起，也"折腾"不得！

新时期、新道路最鲜明的特点是改革开放。改革是社会主义的自我完善，是社会主义发展的强大动力，是中国实现自己发展目标的必由之路。中国的改革正处于一个关键时期，这是一个矛盾凸显期。如何正确看待和解决发展进程中的一些矛盾和问题？有少数人总是以"九斤老太"的心态看改革，看到社会转型和变革时期一些难以完全避免的消极现象，就认为改革搞糟了，总想回到闭关自守、计划经济的旧时代。还有少数人对西方资本主义情有独钟，莫名其妙地把中国的改革归结为"资本主义化"，希望中国全盘照搬资本主义。对此，必须明确以下两点。第一，中国必须坚持改革开放，倒退没有出路。离开了改革开放，不仅不能解决前进中的问题，反而会使我们前功尽弃。第二，中国的改革开放是社会主义的改革开放，中国绝不能搞资本主义，也不能搞所谓"民主社会主义"。离开社会主义，不可能解决中国的发展问题，不可能使中国实现真正的现代化，即使发展起来了也会沦为资本主义的附庸。归结起来，中国不能走僵化封闭的老路，也不能走改旗易帜的邪路，只能认准一条路——中国特色社会主义道路。

## 势头和机遇不容丧失

"不折腾"引起强烈共鸣，还表达了人民群众对保持党的十一届三中全会以来中国发展的良好态势、抓住机遇而不丧失机遇的关切。

改革开放 30 多年，中国保持了持续稳定快速的发展，呈现出煌煌盛世的景象，不仅在中华人民共和国的国史上写下了辉煌的一页，而且放诸整个中华民族发展史，也堪称一个难得的国泰民安、国运兴隆的历史时期。30 多年来，我们排除干扰，摒弃"折腾"，聚精会神搞建设，一心一意谋发展。取得了举世瞩目的发展成就，为中华民族在 21 世纪的发展打下了良好的基础，为在当今世界激烈的国际竞争中赢得主动，创造了极为重要的有利条件。这种成绩和态势来之不易，值得我们倍加珍惜。纵观当今世界，中国正面临百年来难得的战略机遇期。邓小平说过，大发展的机遇对我们中国来说并不多，一定要抓紧，要善于把握时机来解决我们的发展问题。中国作为一个人口多、底子薄、发展很不平衡的大国，我们在推进改革开放和社会主义现代化建设中所肩负任务的艰巨性和繁重世所罕见，我们在改革发展稳定中所面临矛盾和问题的规模和复杂性世所罕见，我们在前进中所面对的困难和风险也世所罕见。因此，维护我国发展的良好态势，抓住机遇而不丧失机遇，至关重要。为此，关键是不能"折腾"，"折腾"就可能使来之不易的大好形势付之东流，"折腾"就可能使改革开放的成果毁于一旦，"折腾"就可能与大发展的机遇失之交臂。

历史的经验值得注意。新中国成立以来，由于国内外种种因素，我们没有少吃"折腾"的苦头，政治上，大搞阶级斗争、路线斗争，运动不断；经济上，头脑发热，大轰大嗡，结果走了不少冤枉路。当世界上许多国家抓住新技术革命的机遇乘势而上的时候，我国却陷入了"文化大革命"的动乱之中，耽误了宝贵的时机。我们再也不能重蹈覆辙了。

保持我国发展的良好势头，抓住机遇，必须坚持党的基本路线，牢牢把握经济建设这个中心。一方面，要密切关注思想政治动向，坚持马克思主义的指导地位，高举中国特色社会主义伟大旗帜，坚持走中国特色社会主义道路不动摇，在大是大非面前头脑清醒、旗帜鲜明。另一方面，要避免运用政治运动的方法解决思想认识问题。邓小平的一大"发明"，也是改革开放以来的一条重要经验就是"不争论"。一争论就很容易分散精力、形成内耗，就很容易引起"折腾"，好多时机就失去了。实践是检验真理的唯一标准。我们不必为一些具体的思想观点上的歧见而陷入无谓的"争论"，而要让经济社会发展的伟大实践来回答，待客观实践和时代发展作出结论。我们干的是前无古人的崭新事业，在一些具体问题上，人们存在一些不同意见，存在一些模糊的乃至偏颇的认识，是很正常的。最重要的是，我们要求大同存小异，在党的伟大事业中团结起来，在维护国家、民族根本利益的基础上团结起来，以基本理论、基本路线、基本纲领、基本经验来凝聚共识，把精力集中到干事创业上来。

当前一场金融危机正在席卷全球。这对我国经济的发展造成了严峻挑战。但是有改革开放30多年我们打下的良好基础，有我国经济发展的良好势头，有30多年我们积累的丰富经验，我们有充分的信心战胜困难、闯过险滩,实现我们的稳定持续发展。正如党中央所正确指出的,挑战确实严峻,机遇依然存在。关键在于我们的方寸不能乱,阵脚不能乱。要同心同德,共克时艰。从这一意义上,胡锦涛提出"不折腾"正是道出了我们化危为机的不二法门。

## 稳定与和谐不容破坏

"不折腾"引起强烈共鸣,还表达了中国人民对稳定的社会环境和安定团结的政治局面的向往和珍视。

中国有一句古话:"宁为太平犬,莫作乱离人。"中国漫长的封建社会,一次次改朝换代,一次次狼烟骤起,社会动荡不断,人民群众流离失所,苦不堪言,社会生产力停滞不前。近代中国人民也饱受列强宰割、军阀混战之苦。新中国成立后,本来我们党已经成为执政的党,应该把维护社会稳定、促进社会和谐作为执政兴国、执政为民的基本前提、基本理念。然而,遗憾的是直至改革开放以前,由于沿用战争年代疾风暴雨式的群众运动的方式和片面强调所谓的"斗争哲学",国家依然动乱不断,人民群众依然难得安宁,严重影响了经济社会的发展。所以,改革开放以后,邓小平反复强调,稳定压倒一切。中国必须有一个稳定的政治局面,以保证有领导有秩序地进行建设,中国不能再"折腾",不能再动荡。没有稳定的社会局面,什么事情也干不成。新世纪新阶段,我们党又提出了构建社会主义和谐社会的战略思想,进一步深化了对建设中国特色社会主义的认识。30多年来,虽然我们也经历了一些政治风波和突发事件,但是我们始终坚定不移地维护了社会的稳定,不断促进了社会和谐。正是因为有了社会的总体稳定,经济社会才有了长足的发展,人民群众才稳步走向了富裕安康。稳定就不能"折腾","折腾"就难保稳定。"不折腾"乃国之大幸,百姓福祉,这是人民群众从亲身经历中体悟出的浅显而又深刻的道理。

维护社会稳定,促进社会和谐,一是要贯彻落实科学发展观,统筹发展进程中的重大关系特别是利益关系，促进和维护社会公平正义，下大力改善民生，努力使发展成果更公正、更均衡地惠及全体人民。这是维护社会稳定的治本之策。二是要正确处理人民内部矛盾。在改革开放日益深化和社会主义市场经济条件下，随着利益主体的日益多样化和利益格局的深刻变动，人民内部矛盾呈现出多发性、复杂化的趋势。要加强思想政治工作，学会运用说服教育的方法、协商的方法、法制的方法解决人民内部矛盾。要力避简单粗暴，反对漠视群众疾苦和诉求的官僚主义。对于一些可能影响稳定的突发事件要妥善处置，避免矛盾激化、事态扩大，努力把问题解决于萌芽状态。

### 规律与科学不容违背

"不折腾"引起强烈共鸣，还表达了人民群众对于避免经济社会发展中的重大决策失误、促进科学发展的强烈愿望。

在中国的语境里，"折腾"有着丰富的意蕴。方向的偏离、机遇的丧失、稳定的破坏固然是"折腾"，千万"折腾"不得。那种稍有发展成绩就头脑发热、忘乎所以，违背科学发展观、不按客观规律办事的做法又何尝不是"折腾"。现实生活中，有的地方官员沽名钓誉、不顾实际，盲目铺摊子、上项目，大搞所谓"形象工程""政绩工程"；有的好大喜功，自觉不自觉地用"大跃进型"和"准运动型"的方式搞建设；有的没有长远和总体规划，没有可行性论证，心血来潮，靠拍脑袋决策，导致一些项目草率上马、仓促开工，建了拆、拆了建；有的"崽卖爷田不心痛"，决策出现重大失误，给国家和人民造成重大损失，还美其名曰"交学费"；有的一个将军一道令，新官上任，前任的决策一风吹，"重打锣鼓另开张"，凡此种种，都应归之于"折腾"之列。大"折腾"误国，小"折腾"则贻害一方。对于这种"败家子""穷折腾"的作风，人民群众啧有烦言，深恶痛绝，必须坚决摒弃。

学习实践科学发展观是有效遏制"折腾"陋习、医治"折腾"顽症的一剂良药。各级领导要秉持执政为民的理念，树立正确的政绩观，不尚空谈、不务虚名、不慕奢华，多干实事。做到像胡锦涛所要求的那样，把人民拥护不拥护、赞成不赞成、高兴不高兴、答应不答应作为制定各项方针政策的出发点和落脚点。要努力形成民主科学的决策机制和严格有效的监督制约机制。坚持党在一切工作中的群众路线和民主集中制，坚持问政于民、问需于民、问计于民，扩大公众的有序政治参与。重大决策要经过科学论证、方案选优、风险评估。果能如此，则许多别出心裁、花样翻新的"折腾"就可以有效避免。

"不折腾"并不是要阻止各级干部改革创新、发展创业。锐意改革、开拓创新，是时代的要求，是党和人民的要求，敢闯敢干是不能以"折腾"视之的。要防止一些干部以"不折腾"为遁词，安于现状，墨守成规，消极守成，得过且过；也要防止一些干部片面错误理解"不折腾"，让"不折腾"束缚住了手脚，因而不敢"闯"、不敢"试"、不敢"冒"。其实，创新者，尊重客观规律而又不墨守成规、能动地改造客观世界之谓也；"折腾"者，违背客观规律，"方向不明决心大，情况不明主意多"之谓也，二者有本质的区别。

总之，一句"不折腾"引起的热议，使我们看到了我们党在领导中国特色社会主义事业中的成熟和人民群众的新期待。只要我们时刻牢记之，真心贯彻之，我们就一定可以不负人民的厚望，开辟出中国特色社会主义事业更广阔的前景，迎来中华民族伟大复兴的灿烂曙光。

# 为了伟大的中国梦 *

## ——学习习近平总书记参观《复兴之路》展览时的重要讲话

习近平总书记在参观《复兴之路》大型展览时，饱含深情而又意味深长地谈到了"中国梦"。他说，我以为，实现中华民族的伟大复兴，就是中华民族近代以来最伟大的梦想。他用三句诗高度凝炼了中国的昨天、今天和明天。学后令人激动不已，浮想联翩。

一

1840年鸦片战争以后，由于帝国主义列强的入侵和末世封建王朝的腐败，有着5000年历史的中华民族到了最危险的时刻。神州陆沉，山河破碎，人民水深火热。然而，在沉沉的暗夜里、在厚厚的冻土层下，一粒梦的种子也在深深地植根、悄悄地萌发，这就是民族复兴之梦。

从太平天国到义和团，从戊戌变法到洋务运动，无数仁人志士为寻求救国救民的良方，上下求索、奔走呼号，进行过各种试验，然而都失败了。辛亥革命结束了中国几千年的封建帝制，为中国的进步打开了闸门，但胜利果实很快被封建余孽和野心家篡夺了，中国继续沉沦在战乱和饥馑之中。"长夜难明赤县天""风雨如磐黯故园"。只是在中国工人阶级登上历史舞台，在中国共产党人把马克思主义作为观察国家命运的武器之后，

---

\* 本文发表于2013年1月。

古老的神州大地才露出了熹微的曙色。

然而,如何把马克思主义与中国的实际结合起来,找到一条正确的革命道路,仍然是一个曲折的探索过程。从第一次国内革命战争到土地革命战争时期,照抄照搬别国经验的教条主义,曾给革命造成重大的损失。以毛泽东同志为主要代表的一批有远见卓识和创造精神的共产党人从一开始就同教条主义进行了坚决的斗争,致力于探索一条适合中国国情的革命道路。在星火初燃、旌旗漫卷的井冈山,在八角楼熠熠的灯光下,毛泽东写下了《中国的红色政权为什么能够存在?》《星星之火,可以燎原》等一系列雄文,初步提出了农村包围城市的革命方略。到党的七大,我们终于把毛泽东思想写在了自己的旗帜上。毛泽东思想的形成和确立,实现了马克思主义中国化的第一个飞跃,使我们在经历千辛万苦、走过万水千山之后,终于找到了一条中国革命的正确道路。在毛泽东思想的指引下,经过艰苦卓绝的抗日战争和天翻地覆的解放战争,中国人民终于推翻了三座大山,成为自己国家的主人。

"雄关漫道真如铁"。回望昨天,中华民族的"寻梦之旅"是这样的曲折而漫长!这是一部饱含血泪的历史,也是一部苦难辉煌的历史。正如习近平总书记所指出的,近代以后,中华民族遭受的苦难之重、付出牺牲之大,在世界历史上都是罕见的。多难兴邦。正是在深重的苦难中,中华民族以爱国主义为核心的民族精神迸发出璀璨的火花、放射出夺目的光辉。没有党的领导,没有科学理论的指引,我们就不可能跨过"如铁"的"雄关",走出"如磐"的"夜色"。落后就要挨打,这一沉痛的教训我们一定要牢牢铭记。

## 二

新中国成立后,我们党领导人民成功进行了社会主义改造。站起来了的中国人民焕发出了前所未有的建设热情,新中国10多年间的经济社会建设取得了旧中国几十年惨淡经营所不曾取得的成就。以毛泽东同志为主要代表的中国共产党人在探索社会主义建设规律中，提出了许多弥足珍贵的思想，奠定了中国社会主义大厦的根基。然而，由于复杂的历史原因，从20世纪50年代后期，"左"的思想开始抬头，"以阶级斗争为纲"愈演愈烈，直至发展到"文化大革命"这样的全局性错误，中国的社会主义建设走了巨大的弯路。但是无论如何，改革开放前的30年，毕竟是我们党探索中国式社会主义道路的最初尝试，是新道路开辟前的"阵痛"，为新时期中国特色社会主义道路的开辟提供了重要的启示和必要的前提。

党的十一届三中全会前后，党和国家面对的是一种极为困难的局面。中国向何处去？这样一个严峻的问题又一次无可回避地摆在了党和人民的面前。

经过改革开放头几年的冷静观察和思考，1982年9月1日，在党的十二大开幕词中，邓小平成竹在胸地指出："把马克思主义的普遍真理同我国的具体实际结合起来，走自己的道路，建设有中国特色的社会主义，这就是我们总结长期历史经验得出的基本结论。"

"建设有中国特色的社会主义"，这就是后来进一步凝练为"中国特色社会主义"的科学命题的源头。正是这样一个命题开启了一个崭新的时代，开启了中华民族青春焕发的追梦年华。

中国特色社会主义形成和发展的进程，是一个坚持马克思主义实践第一的观点、尊重人民群众首创精神奋勇开拓的历史进程。正是因为非常注重实践，非常尊重人民群众的历史主动精神和历史首创精神，中国的改革开放才从农村到城市、从沿海到内地、从经济建设到政治、文化、社会建设领域，直至生态文明建设领域全方位地铺开，中国特色社会主义才从一棵幼苗茁壮长成一棵参天大树，才从"摸着石头过河"到走成一条康庄大道，越走越宽广。

中国特色社会主义形成和发展的进程，是一个坚持实践基础上的理论创新、不断推进马克思主义中国化时代化大众化并用以指导实践的历史进程。在开辟中国特色社会主义道路的历史进程中，我们党不仅勇于实践，而且特别注重推进实践基础上的理论创新，结合新的时代、新的实践发展了毛泽东思想，形成了崭新的科学的理论，实现了马克思主义中国化的第二次历史性飞跃，这就是中国特色社会主义理论体系。从邓小平理论到"三个代表"重要思想，再到科学发展观，我们党围绕着什么是社会主义、怎样建设社会主义，建设什么样的党、怎样建设党，实现什么样的发展、怎样发展这三个密切相关的基本问题，形成了一系列紧密相连、相互贯通的新思想、新观点、新论断，不断深化了在中国这样一个落后的东方大国建设社会主义规律的认识，开辟了当代中国马克思主义的新境界。

中国特色社会主义形成和发展的进程，是一个不断地把实践中的成功经验和理论上的正确认识转化和定型为制度、不断进行制度创新和完善的历史进程。实践开拓了中华民族的复兴之路，理论点燃了中华民族的复兴之光，制度则熔铸了它的规矩方圆。在开辟中国特色社会主义道路的伟大历史进程中，我们党在重视实践开拓、理论创新的同时，也高度重视制度建设，适时通过制度创新固化了改革开放的成果，形成了初步定型、日臻完善的中国特色社会主义制度。这些制度既具有鲜明的中国特色，体现了科学社会主义的基本原理、基本原则，又借鉴和吸收了人类在长期的发展进程中，包括在资本主义条件下所形成的优秀的、有益的制度文明成果，例如市场经济、民主政治、社会保障等。因而，显示出巨大的优越性，焕发出旺盛的生命力。

"人间正道是沧桑。"喜看今天，一条洒满阳光的复兴之路已经展现在我们的面前！正如习近平总书记指出的，我们终于找到了实现中华民族伟大复兴的正确道路，取得了举世瞩目的成果，这条道路就是中国特色社会主义。道路决定命运。对于这一条千辛万苦才找到的、筚路蓝缕才开辟出来的"人间正道"，我们必须倍加珍惜、不断发展。

## 三

经过鸦片战争以来170多年的上下求索，经过中国共产党成立90多年来的接续奋斗，经过新中国成立以来60多年的艰苦创业，经过改革开放30多年的奋勇开拓，中华民族伟大复兴已经展示出光明的前景。目前，我国经济总量已跃升为世界第二位，综合国力、国际竞争力、国际影响力显著提高，人民生活初步走向了富裕安康，中华民族以崭新的姿态傲然屹立于世界民族之林。党的十八大提出了"两个一百年"奋斗目标，并规划了实现这一目标的大政方略。可以说，中华民族比以往任何时候都更加具体而微地接近"好梦成真"的时刻。

"潮平两岸阔，风正一帆悬。"中华民族伟大复兴的航船已经驶上了黄金水道。但是必须看到，越是在深水里航行，越是可能有不期而遇的风浪。纵观国际国内大势，我国仍处于可以大有作为的战略机遇期。但影响战略机遇期的不确定因素在增多。从国际来看，当今世界正处于大发展大变革大调整之中，经济、政治、文化等各个领域的交融和碰撞、竞争和博弈错综复杂、波诡云谲；国际上一些势力不愿意看到一个社会主义的欣欣向荣的中国，千方百计对我国实施战略遏制和挤压；维护祖国统一和领土完整、维护祖国海洋权益的斗争复杂而艰巨。从国内来看，随着改革开放向纵深推进，制约科学发展的体制机制性障碍和发展中的矛盾日益凸显。实践证明，发展起来的问题，不是比不发展少了，而是更多。从我们党自身来看，新形势下所面临的执政考验、改革开放考验、市场经济考验、外部环境考验十分严峻，精神懈怠的危险、能力不足的危险、脱离群众的危险、消极腐败的危险触目惊心。更应该看到，我们虽然取得了历史性的进步和伟大的成绩，但我国仍处于并将长期处于社会主义初级阶段的基本国情没有变，人民日益增长的物质文化需要同落后的社会生产之间的矛盾这一社会主要矛盾没有变，我国是世界最大发展中国家的国际地位没有变。因此，我们切不可小胜即满，忘乎所以。中国有一句古话，叫作"行百里者半九十"。为了迎接那个日益临近、日益真切的"梦圆时分"，我们必须准备继续接力拼搏，锲而不舍。

实现中华民族的伟大梦想，必须依靠全体人民和整个中华民族的共同努力。天下兴亡，匹夫有责。国之不兴，胡以家为？每一个人的前途命运都是与祖国的命运连在一起的。正如习近平总书记指出的，国家好，民族好，大家才能好。生活在当今时代的中国人是幸福的，能够在这样一个黄金时代为中华梦圆而献出一份光热是无上荣光的。流淌着祖先的血液，赓续着先辈的光荣，回应着我们民族近两个世纪的期盼，今日之每一个中华儿女，不论你是在祖国的哪一块热土，不论你在世界的哪一个角落，都应该为中华梦圆而增砖添瓦，助推给力。

实现中华民族的伟大梦想，必须弘扬求真务实、真抓实干的精神。愚公移山、大禹治水在中国家喻户晓，这是我们民族宝贵品格的象征。我们党在长期的革命、建设和改革实践中，更培育了艰苦奋斗的优良作风。习近平总书记在讲话中重申"空谈误国，实干兴邦"的古训，寓意十分深远。梦在心中而路在脚下。不干，半点马克思主义也没有。徒有高蹈之论，而无践履之行，就是对梦想的背叛，就是对民族的犯罪。要坚决摒弃高高在上的官僚主义、花拳绣腿的形式主义。

"长风破浪会有时。"展望明天，我们对实现中华民族的伟大梦想充满了必胜的信心。但正如习近平总书记所说，把蓝图变成现实，我们还将走很长的路，我们必须准备为之付出长期的艰苦努力。让我们胸怀梦想，不忘初心，脚踏实地，埋头苦干，奋勇开启中华民族走向伟大复兴的新航程！

# 风展旗帜如画

# 新的理论从这里发源[*]

## ——党的十一届三中全会与邓小平理论

党的十一届三中全会以来，中国大地发生了翻天覆地、鼓舞人心的巨大变化：社会生产力迅猛发展，综合国力大大增强，人民群众生活水平极大改善，社会主义的中国以过去所不曾有的、初步现代化的迷人风姿屹立在世界的东方。这种有形的、"硬件"方面的变化是有目共睹的，全世界任何不抱偏见的人们都不会对中国的发展成就及其前景表示怀疑。

比这更为深刻、更带根本意义的变化是"软件"的变化，是党的指导思想的发展，是邓小平理论的形成与确立。20 年改革开放的历程，就是邓小平理论形成、确立、发展并不断深入人心、武装群众的历史进程，也是用这一理论观察世界、发展自己，使之不断化作改造中国的伟大物质力量的历史进程。有了邓小平理论，一阕旖旎动人的"春天的故事"才渐次铺展在神州大地。邓小平理论是 20 世纪后半叶给予中国人民的最丰厚的馈赠，是 20 年改革开放最为珍贵的成果，是指引我们把建设有中国特色社会主义的伟大事业胜利推向 21 世纪并稳步实现自己目标的灯塔。

"振叶以寻根，观澜而索源。"正如党的十一届三中全会是建设有中国特色社会主义这一"全新的事业"的伟大的历史开端一样，它同时也是邓小平理论赖以产生与发展的源头。

---

[*] 本文发表于 1998 年 12 月。

## 党的十一届三中全会重新确立的党的解放思想、实事求是的思想路线，为邓小平理论的形成与发展奠定了哲学基石

一种理论只有建立在科学的世界观与方法论的基础上才有可能成为真正科学的理论，才能对实践起到正确的指导作用。从历史上看，一种科学的世界观和方法论的确立或者回归，一次思想上的启蒙与解放，往往是新的理论萌芽和诞生的先导。党的十一届三中全会正是起到了这样一种为新的理论生长提供支点、开辟通路的伟大的思想解放与启蒙作用。

党的十一届三中全会最伟大的历史功绩是重新确立了党的解放思想、实事求是的思想路线。实事求是是毛泽东思想的精髓。毛泽东把马克思主义中国化，运用马克思主义的辩证唯物论，赋予"实事求是"这一成语以全新的解释，使之成为我们党思想路线的科学表述，这一思想路线和哲学传统培养了几代中国共产党人。然而20世纪50年代后期一直到"文化大革命"结束的一段时期，这条思想路线却蒙尘了，"左"的思想盛行，所谓"无产阶级专政下继续革命"的理论，完全脱离社会主义初级阶段的中国实际。"四人帮"被粉碎后，一些同志又错误地提出了"两个凡是"。显然，不进行思想路线的拨乱反正，不冲破"左"的思想的坚冰，中国社会主义现代化建设的航船就不可能鸣笛启航，新理论也不可能找到生长点。

与实事求是密切相关的是解放思想的问题。解放思想是工人阶级的阶级品格，也是马克思主义的一个重大原则。马克思主义既然始终严格地以客观事实为依据，那么，在它的发展进程中，就不应该承认任何固定的、僵化的、一成不变的东西，就必须始终高举解放思想的旗帜，站在历史的前头，不断作出新的观察，不断地开辟新境界，以推动历史的前进。而这，就是实事求是。解放思想是实事求是的必然要求和必要条件。在一定的历史条件下，在旧认识特别是某些错误的思想认识已经严重禁锢着人们头脑的时候，强调解放思想就有着更紧迫的意义。正是有鉴于此，在事实

上成为党的十一届三中全会主题报告的《解放思想，实事求是，团结一致向前看》一文中，邓小平强调，解放思想，开动脑筋，团结一致向前看，首先是解放思想。他振聋发聩地指出："一个党，一个国家，一个民族，如果一切从本本出发，思想僵化，迷信盛行，那它就不能前进，它的生机就停止了，就要亡党亡国。"这就抓住了开辟新时期新道路，开创社会主义现代化建设新理论的关键。随着历史的推移，我们可以愈益深刻地感受到了这一马克思主义名言的历史内涵和真理光芒。经过真理标准讨论所作的重要的思想上和舆论上的准备，党的十一届三中全会鲜明地重申了党的实事求是的思想路线，并且强调解放思想是一个重大的政治问题，把解放思想合乎逻辑地纳入对实事求是的正确理解中，这就使得我们党不仅恢复了实事求是的光荣传统，而且赋予了这条思想路线以鲜明的时代内涵。正是确立并坚持了这条思想路线，我们党才得以能够从根本上纠正"文化大革命"的"左"的错误，引导中国社会主义建设走上胜利发展的道路；邓小平理论的形成与发展才找到了历史的、现实的和逻辑的起点。

依据这样一条思想路线，以邓小平同志为主要代表的中国共产党人既坚定地维护了毛泽东同志的历史地位，维护了作为马克思主义的科学理论体系的毛泽东思想，又毅然纠正了毛泽东晚年的错误，从根本上否定了"文化大革命"和"无产阶级专政下继续革命"的理论，胜利完成了拨乱反正的历史任务。同样是依据这样一条思想路线，以邓小平同志为主要代表的中国共产党人，在新的历史条件下，以宽广的马克思主义眼界观察世界，认真总结我国社会主义建设胜利与挫折的历史经验并借鉴其他社会主义国家兴衰成败的历史经验，不断地从实际出发，提出一系列充满时代特征的新思路、新观点，指导改革开放和现代化建设深入发展；同时，又不断地对改革开放和现代化建设的实践经验进行理论概括，使之上升到理性认识，使我们对社会主义的认识愈益深化，对建设有中国特色的社会主义的道路愈益明确。正是在这样一个双向互动的过程中，实现了马克思主义与中国实际相结合的第二次飞跃，形成了邓小平理论。与马克思列宁主义、毛泽东思想一样，实事求是也是邓小平理论的精髓。回顾历史我们可以说，没有解放思想、实事求是思想的确立，就没有邓小平理论。解放思想，实事求是是党的十一届三中全会的基本精神，也是邓小平理论的本质要求。实践的深入与理论的发展永远不会完结，解放思想、实事求是的历史进程也永远不会完结。解放思想、实事求是的火炬照亮了20年的开拓之路，也将继续照亮我们通向21世纪的胜利航程。

## 党的十一届三中全会决定把党的工作中心转到社会主义现代化建设上来，为邓小平理论确立了鲜明的历史主题

马克思指出："人们自己创造自己的历史，但他们并不是随心所欲地创造，并不是在他们自己选定的条件下创造，而是在直接碰到的、既定的、从过去承继下来的条件下创造。"恩格斯也说过："每一个时代的理论思维，从而我们时代的理论思维，都是一定历史的产物，在不同时代具有非常不同的形式，并因而具有非常不同的内容。"在每一个特定的历史条件下，人们总是面临着特定的历史课题。解决这一课题是那一历史环境下先进的人们的使命；而能够为解决这一历史课题提供正确的指导理论是科学的理论。理论的现实程度，归根结底取决于对实践的满足程度。

在民主革命时期，中国共产党人和中国人民所面临的历史任务是闹革命，求解放。为了形成正确的理论，寻求一条符合中国国情的革命道路，中国共产党人进行了艰苦曲折的探索，终于形成了毛泽东思想。这是马克思主义与中国实际相结合所发生的第一次飞跃。毛泽东思想正确回答了在中国这样一个半殖民地半封建的东方大国，开展反帝反封建的人民民主革命所必须坚持的道路、策略、方针和原则问题，从而使中国革命从挫折走向了胜利。新中国成立以后，特别是社会主义改造基本完成以后，搞建设、求发展任务历史地提到了党和人民面前。以毛泽东同志为主要代表的中国共产党人对中国社会主义建设规律作了独创性的探索，丰富和发展了毛泽东思想，领导人民开展了全面的大规模的社会主义建设，并取得

了重大成就。但不无遗憾的是，在特定的历史条件下，"左"的错误逐步抬头，"以阶级斗争为纲"逐步升温，先后出现"大跃进"运动、人民公社化运动，直至发展到"文化大革命"这样的全局性错误，经济建设这个中心一直没有实质性地、稳固地确立起来。粉碎"四人帮"后，事情本来出现了转机，但由于一些同志依然固守毛泽东晚年的错误，从"以阶级斗争为纲"到以经济建设为中心的转变仍然步履维艰。党的十一届三中全会正是以这一伟大的战略性转变的最终实现而载入了史册。全会的公报指出："全国范围的大规模的揭批林彪、'四人帮'的群众运动已经基本上胜利完成，全党工作的着重点应该从一九七九年转移到社会主义现代化建设上来。"这一重大决策解决了从1957年以来没有解决好的工作重点转移的问题。这是党的政治路线上最根本的拨乱反正，表明了中国共产党在进入社会主义时期以后，经过重大的曲折和艰辛的探索，终于确立了一条正确的政治路线，终于把搞建设、求发展的问题提到了党的工作的最重要的日程。闹革命、求解放，需要正确的理论；搞建设、求发展同样需要正确的理论。毛泽东思想的科学原理及其对社会主义建设规律的正确认识是不会过时的，但时代不同了，所解决的历史任务不同了，毛泽东思想也要发展。邓小平理论正是适应了这种历史要求应运而生。

"中国的主要目标是发展，是摆脱落后，使国家的力量增强起来，使人民生活逐步得到改善。"学习邓小平理论我们可以看到，使中国在社会主义道路上尽快发展起来是这一理论鲜明的历史主题。在一定意义上可以说，邓小平理论就是当代中国的发展论，社会主义的发展论。围绕着发展中国这一主题，邓小平理论从解决"什么是社会主义，怎样建设社会主义"这个首要的也是最根本的问题入手，全方位地回答了当代社会主义中国的发展道路、发展阶段、根本任务、发展动力、发展环境、发展战略、发展的政治保证、领导力量和依靠力量以及祖国统一等问题，在分析新的历史条件、解决新的历史任务中发展了马克思列宁主义、毛泽东思想，是马克思主义中国化取得的最新成果，实现了马克思主义与中国实际相结合的第二次历史性飞跃。

## 党的十一届三中全会提出了改革开放的政策，为邓小平解决中国发展问题确立了一个基本的思路

党的十一届三中全会是作为改革开放的开端而载入当代中国的编年史的。全会要求"多方面地改变同生产力发展不适应的生产关系和上层建筑，改变一切不适应的管理方式、活动方式和思想方式"。并且指出，根据新的历史条件和实践经验，采取一系列新的重大的经济措施，对经济管理体制和经营管理方法着手认真的改革，在自力更生的基础上积极发展同世界各国平等互利的经济合作，努力采用世界先进技术和先进设备，并大力加强实现现代化所必需的科学和教育工作。全会还就改革权力过于集中的经济管理体制、精简经济行政机构、按照经济规律办事、农村政策等方面提出了具体的改革要求和措施。在当时的情况下，这些思想和措施的提出实质上标志着改革开放方针的正式确立。"一自高丘传号角，万紫千红进军来。"从此中国进入了一个改革开放的新时期。

新时期最鲜明的特点是改革开放，邓小平理论最显著的时代特色也是改革开放。党的十一届三中全会所确立改革开放政策虽然还只是初步的，但它却如同一枝报春花，一个宣言书，昭示了一个新时期的开始，昭示了以邓小平同志为主要代表的中国共产党人在新时期解决中国发展问题的基本思路。这一政策提出，对于邓小平理论的形成具有决定性的意义，正如邓小平自己所说："这是一件大事，表明我们已经开始找到了一条建设有中国特色社会主义的路子。" 20 年来中国共产党治党治国的基本理论和基本实践就是沿着这样一条思路逐步展开并不断深化的。从农村的改革到城市的改革，从提出"计划为主，市场为辅"到提出"计划与市场相结合"再到提出建立社会主义市场经济体制，从经济体制改革到政治体制以及科技、文化等方方面面的改革，从试办经济特区到开放一大批沿海城市，从沿海、沿边到内地的全方位的开放，改革开放的实践不断深入，邓小平理

论也不断走向成熟。邓小平关于改革是社会主义国家发展生产力必由之路的论述，关于改革是社会主义制度的自我完善，也是一场革命的论述，关于"大胆地试，大胆地闯""胆子要大，步子要稳"的论述，关于改革、发展、稳定关系的论述，关于"两手抓，两手都要硬"的论述，等等，是他全部论述和理论创造中最精彩、最富时代特色的部分，是对科学社会主义理论的重大贡献。"总设计师"这一崇高的称号，邓小平当之无愧。按照邓小平的一贯思想，沿着党的十一届三中全会确立的方向和思路，我们党逐步形成了一条完整的社会主义初级阶段的基本路线，即"一个中心，两个基本点"。这条路线邓小平称之为当代中国的"发展路线"，"要管一百年，动摇不得"，在跨世纪的征途上，我们一定要更好地坚持和贯彻这一路线。在以江泽民同志为核心的党中央领导下，高举邓小平理论的伟大旗帜，沿着党的十一届三中全会所开辟的道路胜利前进，我们就一定可以把一个光明、富强、民主、文明的现代化的中国带入21世纪。

# 马克思主义中国化的新飞跃[*]

## ——论中国特色社会主义理论体系

党的十八大报告指出:"中国特色社会主义理论体系,就是包括邓小平理论、'三个代表'重要思想、科学发展观在内的科学理论体系,是对马克思列宁主义、毛泽东思想的坚持和发展。"这是对中国特色社会主义理论体系内涵及其科学价值和历史地位的最新概括。深刻理解和把握中国特色社会主义理论体系这一马克思主义中国化的最新成果,对于贯彻落实党的十八大精神具有重要意义。

### 一

中国特色社会主义理论体系形成于改革开放的新时期,但它并非从天而降、排空而来,而是坚持了我们党一以贯之的理论思维传统,建立在新中国前30年社会主义探索的宝贵经验的基础之上。

新中国成立后,以毛泽东同志为核心的党的第一代领导集体就基于我们党的一贯的独立自主、走自己的路的思维方式,开始了中国式社会主义道路的探索。早在20世纪50年代,毛泽东就提出,苏联"走过的弯路,你还想走?"1956年4月,毛泽东在《论十大关系》中指出:"社会科学,马克思列宁主义,斯大林讲得对的那些方面,我们一定要继续努力学习。我们要学的是属于普遍真理的东西,并且学习一定要与中国实际相结合。

---

[*] 本文发表于2013年7月。

如果每句话，包括马克思的话，都要照搬，那就不得了。"他反对照搬苏联社会主义模式，敏锐提出"以苏为鉴"和"创造新的理论，写出新的著作"的观点。邓小平曾这样评价毛泽东在探索中国社会主义建设道路上的贡献："在搞社会主义方面，毛泽东主席的最大功劳是将马克思列宁主义的普遍真理同中国革命的具体实践结合起来。"

毛泽东创造性地提出了社会主义社会基本矛盾和两类不同性质的矛盾的学说，为探索中国式社会主义发展道路提供了重要的理论基点。毛泽东较早提出了中国社会主义发展阶段问题。1954年6月，毛泽东在《关于中华人民共和国宪法草案》的讲话中提出"建设一个伟大的社会主义国家"和"建成一个伟大的社会主义国家"，这两个概念代表着不同的发展阶段。1959年12月至1960年2月，毛泽东在《读〈苏联政治经济学教科书〉的谈话》中比较集中地谈论了社会主义的发展阶段问题，他指出："社会主义这个阶段，又可能分为两个阶段，第一个阶段是不发达的社会主义，第二个阶段是比较发达的社会主义。后一阶段可能比前一阶段需要更长的时间。"毛泽东认为从不发达的社会主义到比较发达的社会主义需要100年左右或者更多的时间。这个估计是在经过严重挫折后，通过总结经验教训作出的科学估计。可以说，毛泽东关于"不发达社会主义阶段"的思想正是改革开放后我们党提出社会主义初级阶段论的理论基因和源头。

由于复杂的国际国内条件及主客观原因，我们党在社会主义建设的最初探索中，在取得巨大成绩的同时也经历了重大曲折，特别是后来提出"无产阶级专政下继续革命"，更是理论上的严重失误。但从总体上来看，以毛泽东同志为核心的党的第一代领导集体在社会主义理论建设上取得了十分宝贵的成果，提出了不少有价值的观点，给后人进一步探索提供了宝贵的启示，为中国特色社会主义理论的萌发和形成作了重要的理论准备。

## 二

党的十一届三中全会后，我们党重新确立解放思想、实事求是的思想路线，把党和国家的中心任务转移到经济建设上来，提出了"建设有中国特色社会主义"的时代命题，开始了新的理论创造，中国特色社会主义理论体系也由此发源。

中国特色社会主义理论体系的创立是与邓小平的伟大名字紧紧联系在一起的。邓小平理论堪称中国特色社会主义的奠基之作。如果说，从1978年党的十一届三中全会到1982年党的十二大召开，邓小平理论主要观点开始形成，那么从1982年党的十二大到1987年党的十三大，邓小平理论逐步展开，略具雏形。这一时期，我国改革从农村家庭联产承包责任制转到了以城市为中心的全面经济体制改革，科技、教育和政治体制改革也逐渐展开，商品经济有了长足的发育，为中国特色社会主义理论孕育和生长提供了丰厚的土壤。正是在这一基础上，党的十三大明确提出了"建设有中国特色的社会主义理论"的概念，并对其作了初步阐发。1992年年初邓小平的南方谈话，堪称邓小平理论成熟的标志，也是这一理论重要观点的集大成者。在这篇言简意赅、论断密集的谈话中，邓小平对中国特色社会主义的一系列问题作了更全面、更深刻的阐发。1997年9月党的十五大正式提出了"邓小平理论"的概念，用邓小平的名字来命名这一崭新的理论反映了党心民心军心所向，可谓实至名归。

在对社会主义再认识的过程中，邓小平形成和发挥了一系列新的理论观点。例如，关于解放思想、实事求是，以实践作为检验真理的唯一标准的观点；关于建设社会主义必须根据本国国情，走自己的路的观点；关于社会主义社会的根本任务是发展生产力，集中力量实现现代化的观点；关于社会主义经济是有计划的商品经济的观点；关于改革是社会主义社会发展的重要动力，对外开放是实现社会主义现代化的必要条件的观点；关于坚持四项基本原则同坚持改革开放的总方针这两个基本点相结合、缺一不可的观点；关于用"一个国家，两种制度"来实现国家统一的观点；关于和平与发展是当代世界的主题的观点；等等。这些相互联系、相互贯通的富有新的时代特色的观点，初步回答了我国社会主义建设的阶段、任务、动力、条件、布局和国际环境等基本问题，构成了建设中国特色社会主义理论的基本轮廓。

1989年党的十三届四中全会以后，以江泽民同志为核心的党的第三代领导集体接过了改革开放的接力棒，在高高举起邓小平理论旗帜的同时，开始了新的理论探索。正如江泽民所说："要使党和国家的事业不停顿，首先理论上不能停顿。"

"三个代表"重要思想堪称中国特色社会主义理论体系继往开来的理论之花。在世纪之交风云激荡的形势下，江泽民对党的建设问题予以极大关注。2000年2月江泽民在视察广东省高州市时，第一次完整提出了"三个代表"重要思想。2001年江泽民的"七一"讲话，对"三个代表"重要思想每个层面之间的关系进行了阐述。2002年11月8日，在党的十六大报告中，江泽民全面、深刻地阐述了"三个代表"重要思想的科学内涵和重大意义。"三个代表"重要思想在改革发展稳定、内政外交国防、治党治国治军各方面，提出了一系列紧密联系、相互贯通的新思想、新观点、新论断，在进一步回答"什么是社会主义、怎样建设社会主义"问题的同时，创造性地回答了"建设什么样的党、怎样建设党"的问题。

"三个代表"重要思想强调，在新的历史条件下加强党的建设，重点是要把握好党的历史方位，以改革的精神加强和改进党的建设，切实解决好提高党的领导水平和执政水平、提高拒腐防变和抵御风险能力这两大历史性课题。"三个代表"重要思想提出了关于中国共产党是中国工人阶级的先锋队，同时是中国人民和中华民族的先锋队的思想，关于坚持立党为公、执政为民的思想，关于坚持把加强党的思想理论建设放在首位、不断推进马克思主义的中国化的思想，关于加强党的执政能力建设、改革和完善党的领导方式和执政方式的思想，关于坚持民主集中制、以党内民主带动人民民主的思想，关于大力培养忠诚于马克思主义、坚持走中国特色社会主义道路、会治党治国的政治家的思想，关于领导干部一定要讲学习、讲政治、讲正气的思想，关于始终保持党同人民群众的血肉联系、不断增强党的阶级基础和扩大党的群众基础的思想，关于治国必先治党、治党务必从严的思想，关于反对腐败是关系党和国家生死存亡的严重政治斗争的思想，等等。这些重大思想，标志着我们党对共产党执政规律、社会主义建设规律和人类社会发展规律的认识达到了新的境界。

历史的车轮驶入21世纪，中国特色社会主义事业发展到了新的阶段。国际国内情况发生着广泛而深刻的变化，呈现出许多新的特征。从国际看，随着政治多极化、经济全球化和社会生活信息化趋势的发展，各种思想文化相互激荡。我国进入全面建设小康社会、加快推进社会主义现代化的新的发展阶段。这一阶段既是黄金发展期，也是矛盾凸显期。凡此种种，都把"实现什么样的发展、怎样发展"的问题，不容回避地、愈益突出地提到了以胡锦涛同志为总书记的党中央面前。

正是在这样的时代背景下，科学发展观应运而生。科学发展观是马克思主义同当代中国实际和时代特征相结合的产物，是马克思主义关于发展的世界观和方法论的集中体现，开辟了当代中国马克思主义发展新境界。科学发展观是中国特色社会主义理论体系的最新成果，是中国共产党集体智慧的结晶，是指导党和国家全部工作的强大思想武器。

科学发展观围绕坚持和发展中国特色社会主义提出一系列紧密相连、相互贯通的新思想、新观点、新论断，极大地深化了我们党对坚持和发展中国特色社会主义的认识。科学发展观的第一要义是发展，强调发展是解决中国所有问题的关键。必须牢牢抓住经济建设这个中心，坚持聚精会神搞建设、一心一意谋发展，着力把握发展规律、创新发展理念、破解发展难题，深入实施科教兴国战略、人才强国战略、可持续发展战略，加快形成符合科学发展要求的发展方式和体制机制，不断解放和发展社会生产力，不断实现科学发展、和谐发展、和平发展，为坚持和发展中国特色社会主义打下牢固基础。科学发展观的核心立场是以人为本，强调始终把实现好、维护好、发展好最广大人民根本利益作为党和国家一切工作的出发点和落脚点，尊重人民首创精神，保障人民各项权益，不断在实现发展成果由人民共享、促进人的全面发展上取得新成效。科学发展观的基本要求是全面协调可持续，强调全面落实经济建设、政治建设、文化建设、社会建设、生态文明建设"五位一体"总体布局，促进现代化建设各方面相协调，促进生产关系与生产力、上层建筑与经济基础相协调，不断开拓生产发展、生活富裕、生态良好的文明发展道路。科学发展观的根本方法是统筹兼顾，强调坚持一切从实际出发，正确认识和妥善处理中国特色社会主义事业中的重大关系，统筹改革发展稳定、内政外交国防、治党治国治军各方面工作，统筹城乡发展、区域发展、经济社会发展、人与自然和谐发展、国内发展和对外开放，统筹各方面利益关系，充分调动各方面积极性，努力形成全体人民各尽其能、各得其所而又和谐相处的局面。

从邓小平理论到"三个代表"重要思想，再到科学发展观，我们党以巨大的理论勇气和创新精神，在继承中发展，在发展中创新，不断深化了在中国这样一个落后的东方大国建设社会主义规律的认识，开辟了当代中国马克思主义的新境界。

## 三

通过上述历史回顾我们可以看出，中国特色社会主义理论体系是一脉相承而又与时俱进的、严整的、开放的科学体系。列宁说过，马克思主义是"一块整钢"。我们也必须将中国特色社会主义理论体系作为一个整体来学习、来研究，悉心领会其精神实质，把握贯穿于其中的世界观和方法论。

**（一）中国特色社会主义理论体系是围绕着什么是社会主义、怎样建设社会主义，建设什么样的党、怎样建设党，实现什么样的发展、怎样发展这三个相互关联、"三位一体"的基本问题展开的**

什么是社会主义、怎样从中国实际出发建设社会主义，是中国特色社会主义理论体系的核心内容，因为这是建设中国特色社会主义的根本问题、首要问题。从提出"建设有中国特色的社会主义"这一命题开始，党的中央领导集体一直未曾停止对这一问题的思考和回答。他们立足新的历史方位和历史条件,结合中国特色社会主义阶段性特征,针对实践发展中不断出现的新情况新问题,既没有丢掉"老祖宗",也没有简单机械地重复和照抄"老祖宗",不断深化了对社会主义本质及其本质特征的认识和阐发,不断深化了对党在社会主义初级阶段的兴国之要、立国之本、强国之路等一系列带根本性问题的认识和阐发。

建设什么样的党、怎样建设党,是中国特色社会主义理论体系的重要内容。我们党是一个十几亿人口的大国长期执政的党。只有把党建设成为始终走在时代前列的、具有很强执政能力的、先进的、纯洁的工人阶级政党,建设成为学习型、创新型、服务型的马克思主义执政党,社会主义事业才有坚强的领导力量。同样,改革开放以来,我们党就启动了这一方面的探索和回答,并随着实践发展而不断深化。邓小平针对十年内乱后党的现状和改革开放初期的新情况,及时提出这个党该抓了。江泽民鉴国际政党之兴衰、审国内党建之现状、集全党之智慧,创立了"三个代表"重要思想,使我们党对推进党的建设新的伟大工程的认识达到了新高度、新境界。胡锦涛提出了坚持和发展党的先进性、加强党的执政能力建设的时代课题,把党的建设推进到了一个新的阶段。

实现什么样的发展、怎样发展是中国特色社会主义理论体系的时代主题。从一定的意义上说,建设中国特色社会主义就是解决中国的发展问题。从党的十一届三中全会以来我们党制定的路线、方针、政策看,发展的问题一直是我们党思考、探索和解决的核心问题和关键问题,改革开放的过程就是我们党不断深化对发展问题认识的过程。党的十一届三中全会以后,邓小平在领导改革开放的实践中,创造性地提出了社会主义的根本任务是发展生产力,发展才是硬道理,实施"三步走"战略,坚持"两手抓、两手都要硬",统筹"两个大局"等一系列重要思想。党的十三届四中全会以后,江泽民在领导改革开放的实践中,提出了把发展作为党执政兴国的第一要务,坚持用发展的办法解决前进中的问题,建立社会主义市场经济体制，促进社会主义物质文明、政治文明、精神文明全面发展和人的全面发展，正确处理改革发展稳定关系等一系列重要思想。新世纪新阶段，胡锦涛提出的科学发展观等战略思想更是集中地回答了中国如何实现又好又快发展的问题。从"硬道理"到"第一要务"再到"科学发展"，从"中国式的现代化"到"三步走"的发展战略再到全面建设小康社会、"两个一百年"奋斗目标的发展规划，从两手抓，到"三位一体""四位一体""五位一体"的中国特色社会主义事业总布局，生动地记录了我们党在发展问题上不断深化认识的轨迹。

总之，社会主义、党的建设、发展就是中国特色社会主义理论体系的主题词。这三个方面相互联系、相互支撑、相互渗透、相互贯通。围绕着这三个基本问题，中国特色社会主义理论体系，纵向上从原理延伸和分解到纲领、路线、方针、原则、政策、策略、方法、作风等各个层面；横向上涵盖和辐射到经济、政治、文化、社会、军事、外交、科技、教育、统一战线、祖国统一、党建等各个领域。

**（二）中国特色社会主义理论体系建立在社会主义的本质论和社会主义初级阶段的国情论的基础之上**

社会主义实践说明，搞好社会主义从主观方面，取决于两个主要因素：一是对社会主义的正确理解；二是制定切合实际的正确政策。

建设和发展社会主义，首先就要把什么是社会主义搞清楚。由于对马克思主义经典作家某些论断的教条式的、片面的理解，再加上受苏联模式的影响，在对社会主义的理解上一度存在种种错误的、偏颇的、不合时宜的认识。这是造成社会主义实践遭受重大挫折的重要原因。党的十一届三中全会后，邓小平反思国际共运特别是我国社会主义建设的经验教训，指出社会主义没有搞好，主要是什么是社会主义、怎样建设社会主义没有搞清楚。为此，他带领全党对社会主义的本质进行了不懈探索。经过长期思考，在南方谈话中，他对社会主义的本质作了系统的概括："社会主义的本质，是解放生产力，发展生产力，消灭剥削，消除两极分化，最终达到共同富裕。"这是一个非常简洁、非常经典的概括。它打破了长期以来用具体模式界定社会主义的思维定势,从生产力与生产关系、目标与过程的统一上对社会主义本质作了深刻的揭示,标志着我们在社会主义本质认识上的巨大的思想解放。正是有了对社会主义本质的再认识及其不断深化,中国特色社会主义理论才找到了现实的生长点。

找到一条适合中国特点的发展道路,还必须搞清楚中国的国情。在一个相当长的时期我们对自己的基本国情的认识和把握并不是完全清醒的。一段时间里,甚至不切实际地提出所谓大跃进,"超英赶美""跑步进入共产主义"。超越阶段的"左"的指导,也是我国在社会主义建设中遭受挫折的重要原因。邓小平说,过去"左"的教训之一就在于"制定的政策超越了社会主义的初级阶段"。党的十一届三中全会以后,以邓小平同志为主要代表的中国共产党人逐步形成了我国正处于并将长期处于社会主义初级阶段的科学认识。用邓小平的话说,我们搞的社会主义是"不够格的社会主义"。社会主义初级阶段国情论的确立,为我们在现阶段为什么只能采取今天这样的政策而不能采取别样的政策提供了总依据。

重新认识社会主义的本质是解放思想;重新认识中国国情也是解放思想。对社会主义本质的科学认识,使我们从对马克思主义的教条式的、胶柱鼓瑟式的、片面的乃至错误的理解中解放出来;对中国国情的清醒认识,使我们从习惯于急于求成、盲目乐观、头脑发热的思维定势中解放了出来。

**(三)中国特色社会主义理论体系贯穿了全心全意为人民服务、以人为本的核心立场**

全心全意为人民服务是党的根本宗旨,党的一切奋斗和工作都是为了造福人民,为了实现人民对美好生活的向往。中国特色社会主义理论体系,从创立开始就牢牢把握这一根本宗旨,以实现、维护和发展最广大人民群众的根本利益为出发点和落脚点。以人为本,从人民的利益出发思考问题,是中国特色社会主义理论体系最为宝贵的理论品格。

邓小平提出建设中国特色社会主义命题，一个最根本的出发点和现实因素，就是十年浩劫造成生产力发展停滞不前，人民生活水平普遍低下，温饱问题没有得到解决。"发展才是硬道理""贫穷不是社会主义"等耳熟能详的话语，虽然朴实无华，但充分体现了邓小平理论心系人民的情怀。

江泽民提出"三个代表"重要思想，一个深远的战略考虑，就是党在历史方位和历史任务发生很大变化的情况下，如何保持和发展自身的先进性，实现好、维护好和发展好最广大人民群众的根本利益。中国古代哲学认为："道生一，一生二，二生三，三生万物。""三个代表"重要思想看起来是三个方面，但如果进一步归结，就是一点——"代表中国最广大人民的根本利益"。因为"代表中国先进生产力的发展要求"也好，"代表中国先进文化的前进方向"也好，归根结底都是为了更好地、从本质上代表中国最广大人民的利益，更好地实现、维护和发展最广大人民的利益。

科学发展观更是把以人为本作为核心立场。长期以来，"以人为本"被认为是资产阶级的口号。鲜明提出"以人为本"并赋予其全新的马克思主义诠释，是党的宗旨在新形势下的升华，是党的执政理念的重大创新。在科学发展观的语境里，以人为本的人，就是人民，就是最广大人民群众利益；以人为本的本，就是根本，就是一切工作的出发点和落脚点。坚持以人为本，就要牢记党的根本宗旨，始终做到权为民所用、情为民所系、利为民所谋。始终做到发展为了人民，发展依靠人民，发展成果由人民共享。

**（四）中国特色社会主义以解放思想、实事求是、与时俱进、求真务实为最鲜明的精神实质**

解放思想、实事求是、与时俱进、求真务实，是科学发展观最鲜明的精神实质，同时也是整个中国特色社会主义理论体系最鲜明的精神实质。

思想路线的根本问题是主观与客观的关系问题。"实事求是"是马克思主义思想路线的本质和核心，它揭示和回答了主观与客观的关系问题。毛泽东对"实事求是"这一中国古代成语，进行了全新的马克思主义诠释，他说："'实事'就是客观存在着的一切事物，'是'就是客观事物的内部联系，即规律性，'求'就是我们去研究。"党的十一届三中全会以后，我们党恢复了实事求是的思想路线，才有了新理论的发源。中国特色社会主义理论体系，正是从国内外的实际情况出发，从社会主义初级阶段的基本国情出发认识社会主义，把握社会主义本质特性，探寻共产党执政规律、社会主义建设规律和人类社会发展规律，努力使思想理论达到合规律性与合目的性的统一，用以指导改革开放和社会主义现代化建设实践。

实事求是离不开解放思想。解放思想是马克思主义思想路线的重要内容和本质特征，它回答了新认识与旧认识的关系问题。人们总是在已有认识的基础上进行新的认识的，在认识中往往带有思维惯性，容易形成思维定势，因此解放思想是马克思主义的一条重要原则。从改革开放一开始，邓小平就号召大家摆脱那种僵化的、教条主义的思想束缚，从现实情况出发，让实践去检验，冲破不切实际的条条、框框、本本，用新的思想代替旧的思想，独立地思考中国的问题。正是因为思想的大解放，人们从过去对社会主义认识的局限、片面、教条甚至是错误中解放出来，摆脱姓"社"姓"资"的困惑的束缚，中国特色社会主义理论体系得以建立和不断发展完善。

解放思想与实事求是的辩证统一，在认识运动的发展链条上必然表现为与时俱进。与时俱进回答了时间维度与认识运动的关系问题。与时俱进，脱胎于中国古代"与时偕行""与世推移""与时俱化""因时制宜""应时达变""时移事迁"等词。与时俱进，就是党的全部理论和工作要体现时代性，把握规律性，富于创造性。中国特色社会主义理论体系形成和不断丰富完善、创新发展的过程，就是与时俱进的过程。改革开放以来，我们党坚持与时俱进，正确认识今日之"时"与过去之"时"的不同，正确把握今日之发展阶段与以往发展阶段相比呈现出的新情况、新特点，紧跟时代发展的步伐，用发展着的马克思主义来指导新的实践。可以说，与时俱进是中国特色社会主义理论体系之树常青的源头活水，是我们党始终走在时代前列、始终保持自身先进性的根本保证。

解放思想，实事求是，与时俱进，贯彻于工作实践，其必然要求是求真务实。"求真"，就是深入实际调查研究，发现真理，认识真理，摸实情，说真话；"务实"，就是依据科学的理论，依据党的路线方针政策，依据调查研究掌握的真实情况，正确指导实践，解决问题，出实招，干实事，求实效。必须坚决摒弃官僚主义和形式主义，反对弄虚作假，表面文章。

**（五）中国特色社会主义理论体系体现了社会主义与爱国主义的完美统一**

邓小平有一句名言："我是中国人民的儿子，我深情地爱着我的祖国和人民。"邓小平还有一句话："我是个马克思主义者。我一直遵循马克思主义的基本原则。"这两句话，最能体现他坚信马列、热爱祖国的高尚人格，同时也彰显了由他奠基和创立的中国特色社会主义理论体系的理论品格。

从字面上看，中国特色社会主义理论体系包含了两个关键词：一是"社会主义"，二是"中国特色"。"社会主义"就是标明这一理论属于马克思主义科学社会主义的范畴，坚持社会主义的基本原则、制度选择和价值目标；"中国特色"就是标明这一理论着眼于解决中国的发展问题，立足于中国国情，做中国自己的事，走中国自己的路，为中国人民谋福祉。从一定意义上讲，这也是爱国主义的体现。两者的有机结合，就形成了这一理论的基本特色。

总之，中国共产党90多年、新中国60多年、改革开放30多年的实践证明，中国特色社会主义理论体系就是当代中国的马克思主义。在当代中国，坚持中国特色社会主义理论体系，就是真正坚持了马克思主义，就是真正坚持了科学社会主义。站在新的起点上推进中国特色社会主义的伟大事业，必须进一步增强理论自觉和自信，坚持不懈地用中国特色社会主义理论体系武装全党、教育人民、指导实践，并且在实践中继续丰富和发展这一理论，奋勇开创中华民族和中国人民更加幸福美好的未来！

# 新的伟大时代　新的科学理论[*]

## ——学习党的十九大报告

一

"经过长期努力，中国特色社会主义进入新时代。"这是党的十九大作出的一个重大政治判断。这一政治判断既是党的十九大报告立论的一个基点，也是党的十九大正确地审视现实、科学地展望未来，精辟地提出治党治国治军新方略的一个基点。

历史的长河奔腾不息，但正如长江分为上中下游，既有冰川草甸的涓涓细流，又有三峡夔门的急流勇进，也有江汉平原的雄浑浩荡，还有大江入海的浩瀚壮阔一样，历史的发展在不同的时代也呈现出不同的特点、凸显不同的主题。正确地观察和判断时代，从而确立马克思主义政党的行动纲领和斗争策略是马克思主义的一个重要观点。而时代的流转嬗变通常是由一定历史时期的主要矛盾以及由此所决定的社会发展的主题和本质所决定的，由一定历史时期党和国家面对的使命任务所决定的。

社会主义制度在中国的确立，开辟了中国社会发展的新纪元，它从根本上扭转了近代以来中华民族积贫积弱、落后挨打的悲惨命运。毛泽东说："一张白纸，没有负担，好写最新最美的文字，好画最新最美的画图。"从20世纪50年代开始，毛泽东等老一辈无产阶级革命家就开始了

---

[*] 本文发表于2017年10月。

在复杂的国际环境下,在中国的土地上建设社会主义的伟大探索。但真正鲜明地提出建设中国特色社会主义的命题是党的十一届三中全会。以党的十一届三中全会为发轫,经过近40年的艰辛探索和不懈奋斗,中国特色社会主义从"小荷才露尖尖角",到"乱云飞渡仍从容",生长成一棵参天大树;从筚路蓝缕到潮平岸阔,从山重水复到柳暗花明,取得了举世瞩目的伟大成就。中国大踏步地追赶上世界性的现代化潮流,中华民族以旧中国从来不曾有的扬眉吐气、昂扬奋进、自强自信的姿态屹立于世界的东方,中国人民长期以来相对贫困的状态得到了根本性的改善,正在稳步实现从温饱不足向全面小康的历史性跨越,中国的综合国力和国际影响力大幅提升,日益走近世界舞台的中央,对人类文明和世界的和平与发展发挥越来越重要的作用。

然而发展中也积累了一些矛盾和问题,面临着新的风险和挑战。党的十八大以来,以习近平同志为核心的党中央带领党和人民力挽狂澜、革故鼎新,开拓奋进,砥砺前行,推动党和国家事业取得了新的历史性成就、发生了新的历史性的变革——这种变革是深层次的、根本性的,在一定意义上甚至可以说是关乎党和国家事业生死存亡、安危成败的。5年来"挽住云河洗天青",5年来"而今迈步从头越",中国特色社会主义更加容光焕发、更加活力四射,展示出令人惊艳的魅力,开辟出无比广阔的前景。

## 二

那么,应该怎样标定中国特色社会主义,标定党和国家事业新的历史坐标和方位呢?

我认为最重要、最根本、最深刻的依据就是对社会主要矛盾的判断。中国社会主义制度确立不久,党的八大就把人民对于经济文化迅速发展的需要同当前经济文化不能满足人民需要的状况之间的矛盾,概括为社会主要矛盾的基本方面。众所周知,由于未能一以贯之地把握这一主要矛盾,造成社会主义事业遭受重大曲折和失误。进入改革开放新时期,党的十一届六中全会明确指出，处在社会主义初级阶段，社会的主要矛盾是人民日益增长的物质文化需要同落后的社会生产之间的矛盾。基于这一主要矛盾，改革开放近40年来，我们党坚持扭住发展特别是经济建设不放松，坚持党的基本路线不动摇，极大地解放和发展了中国社会生产力，使人民的物质文化生活得到了极大的改善，从而也从根本上改变了国家的面貌、中国人民的面貌、中华民族的面貌。

应该说，时至今日，这一矛盾的基本面并没有改变。所以，党的十九大报告指出，我国仍处于并将长期处于社会主义初级阶段的基本国情没有变，我国是世界上最大的发展中国家的国际地位没有变。但也必须敏锐地意识到，随着时间的推移，随着成果的积累，随着中国特色社会主义的长足发展，特别是随着近5年来的突飞猛进，这一矛盾也呈现出以往所不具有的特点，发生了重大而深刻的转化。一方面，在初步小康、较为殷实的基础上，人民对更加美好生活的要求愈来愈强烈，比如求知，求美，求健康，求快乐，求自身更自由全面的发展，求机会和利益更加公平、均等，求更加和谐友好、优美宜人的人文社会环境和自然生态环境，求更加符合人性的、更有尊严、更加体面的生活，等等；另一方面，在经济社会有了长足发展的情况下，发展不平衡、不充分的问题凸显出来。从对物质文化生活的相对较低层次的需求延伸到对全方位的更加美好生活的向往和追求，从相对落后的社会生产和社会发展水平提升到已经较为发达、较为先进但还不够平衡、不够充分的社会生产和社会发展水平，这是一个历史性的跨越和飞跃，这种跨越和飞跃既是潜移默化的，也是"路转溪桥忽见"的历史拐点。党的十九大在敏锐体察这种历史性变化的基础上深刻指出，我国社会主要矛盾已经转化为人民日益增长的美好生活需要和不平衡不充分的发展之间的矛盾。这是一个非常重大的政治判断。

从我们党不忘初心，践行使命，为中国人民谋幸福，为中华民族谋复兴的历史进程看，当前中国特色社会主义事业、中华民族为实现伟大复兴梦想接续奋斗的事业也正站在一个新的起点上。从现在起到2020年，是全面建成小康社会的决胜期；从党的十八大到党的二十大，是"两个一百年"奋斗目标的历史交汇期。我们既要全面建成小康社会、实现第一个百年奋斗目标，又要乘势而上开启全面建设社会主义现代化国家新进程，向第二个百年奋斗目标进军。我们比历史上任何时期都更加接近、更有信心和能力实现中华民族伟大复兴的目标，我们正在进行也必须准备继续进行具有许多新的历史特点的伟大斗争。这是一幅即将在中华大地上铺展开的无比绚丽的画卷，这是一阕即将在中华民族发展史乃至人类文明史上演奏的无比恢弘的乐章。正如外界所形象化描述的，这是开启了中国崛起的2.0版。

正是基于这样的观察和判断，党的十九大指出，经过长期努力，中国特色社会主义进入新时代。这是承前启后、继往开来，在新的历史条件下继续夺取中国特色社会主义伟大胜利的时代，是决胜全面建成小康社会进而全面建设社会主义现代化强国的时代，是全国各族人民团结奋斗、不断创造美好生活、逐步实现全体人民共同富裕的时代，是全体中华儿女勠力同心、奋力实现中华民族伟大复兴的中国梦的时代，是我国日益走近世界舞台中央、不断为人类作出更大贡献的时代。

中国特色社会主义进入新时代，不仅使中华民族5000多年积淀的灿烂文化、近代以来近180年所积聚的复兴能量光荣绽放，在中华民族发展史上开辟了前所未有的光明前景，而且在世界社会主义发展史上、人类社会发展史上也展示了一道别具魅力的风景、提供了一个可资借鉴的范例。可以说，它的意义是历史性，它的影响是世界性的。

# 三

马克思、恩格斯说过，一切划时代的体系的真正内容都是由于产生这个体系的那个时期的需要而形成起来的。时代是思想之母，实践是理论之源。中国特色社会主义的形成与发展，是一个应时而生、与时俱进的理论与实践相统一的生动的辩证发展的历史进程。党的十一届三中全会以来，我们党在走自己的路，建设中国特色社会主义的历史进程中，继毛泽东思想之后，先后形成邓小平理论、"三个代表"重要思想、科学发展观等马克思主义中国化的理论成果，形成了以这些理论成果为主要内容并不断发展的中国特色社会主义理论体系，不断深化了对在中国建设和发展社会主义规律的认识。正是因为有了科学理论的指引，中国特色社会主义才在中国的大地上日新又新，不断生长壮大，开花结果，蔚为壮观。

党的十八大以来，以习近平同志为核心的党中央面对新的时代课题，以巨大的政治勇气和强烈的使命担当奋勇推进中国特色社会主义的新的伟大实践，进行新的理论探索，开启中国特色社会主义的崭新航程，提出了一系列新理念新思想新战略。这些新理念新思想新战略，涵盖治党治国治军、改革发展稳定、内政外交国防，延伸到经济、政治、文化、科技、社会建设、生态文明、国防和军队建设、祖国统一、国家安全、世界和平与发展等各个领域、各个方面，构成了一个严整系统的科学体系，极大地丰富和发展了中国特色社会主义理论体系，以全新的视野深化了共产党执政规律、社会主义建设规律、人类社会发展规律的认识，开辟了马克思主义中国化的新境界。党的十九大把这一马克思主义中国化的最新成果正式命名为习近平新时代中国特色社会主义思想，可谓定位准确，表述科学，实至名归，反映了党心民心军心，体现了新时代中国特色社会主义发展的客观需要。

伟大的时代呼唤和孕育伟大的理论，伟大的理论开辟和引领伟大的时代。习近平新时代中国特色社会主义思想在新的伟大时代应运而生，科学回答了在新时代坚持和发展什么样的中国特色社会主义、怎样坚持和发展中国特色社会主义的一系列根本性、战略性、全局性的重大问题，为中国特色社会主义进入新时代、谱写新时代崭新篇章确立了新的思想引领，提供了科学的理论指导，是全党和全国各族人民在新征程上为实现中华民族伟大复兴而奋斗的行动指南。认真学习、深入研究、精准宣传这一理论是当前和今后一个长时期内思想理论战线的最重要的任务。可以预期，有这一思想领航，中国特色社会主义一定可以开辟新时代更加壮阔的航程，破浪驶向中华民族伟大复兴的胜利彼岸！

# 社会主义与爱国主义的完美统一*

## ——从《邓小平文选》第三卷感悟中国特色社会主义的理论品格

邓小平说过:"我是个马克思主义者。我一直遵循马克思主义的基本原则。"

邓小平又说过:"我是中国人民的儿子,我深情地爱着我的祖国和人民。"

作为马克思主义者的邓小平和作为中国人民儿子的邓小平,形成了一种鲜明的理论风格,即社会主义与爱国主义的统一。《邓小平文选》第三卷作为中国特色社会主义理论的奠基之作、成熟之作,就集中地体现了这种特色。打开这部巨著,处处可以领略到科学社会主义理论那种"普照的光",又处处可以感受到那种对祖国、对人民的深沉的爱。既不得不为其冷静、精辟的理性力量所折服,又不得不为全书所涵泳、所洋溢的中华民族的激情豪气——磅礴之气、浩然之气、凌云之气、凛然不可犯之气所鼓舞。可以毫不夸张地说,这部著作是科学社会主义理论与中华民族深厚的爱国主义传统在现时代奏响的一部辉煌的交响乐。既是当代中国的发展道路论,又是当代中华民族的精神支柱篇,是中华民族在社会主义的基础上发展起来,以更强大的力量自立于世界民族之林的政治宣言、理论武器和行动纲领。

---

\* 本文发表于 1994 年 12 月。

## 社会主义的发展道路与民族自尊心、自信心的契合——按照自己国家的情况，走自己的路

在中国这样的落后的东方大国进行社会主义现代化建设，应该确立什么样的发展道路，这是关系到社会主义事业成败和中华民族兴衰的重大问题，也是当代马克思主义者面临的首要课题。《邓小平文选》第三卷以党的十二大开幕词为开卷篇，在这篇"立片言而据要，乃一篇之警策"的重要文章中，邓小平第一次明确提出了"建设有中国特色的社会主义"的概念。他以特有的斩钉截铁的口吻指出："把马克思主义的普遍真理同我国的具体实际结合起来，走自己的道路，建设有中国特色的社会主义，这就是我们总结长期历史经验得出的基本结论。"这个结论如黄钟大吕回荡全书，如一条红线贯穿全书，可以说是他对中国社会主义发展道路的历史性回答。

按照自己国家的情况，走自己的路，是马克思主义的思想路线在社会主义发展道路问题上的体现，是社会主义作为一种具体的历史运动的内在要求。马克思主义创始人阐明了科学社会主义的基本原理，指出了这一历史发展的必然趋势和人类最美好的理想，但是他们没有也不可能为今后的人们怎样建设社会主义提供现成的答案。马克思在回答未来实施社会主义的步骤的提问时，曾明确指出："这当然完全取决于人们将不得不在其中活动的那个既定的历史环境。"世界是多样的，各国的经济、政治、文化、历史等条件和背景各不相同，所处的环境不同，这就决定了各国走上和建设社会主义的道路必然多种多样，必然具有各自的特色。在中国这样一个落后的东方大国建设社会主义，无疑有着比别国更为丰富、更为生动的特点。正如邓小平所说的，马克思的本本上找不出来，列宁的本本上找不出来，我们与别的国家的情况和经历也不相同，所以必须独立思考。在这方面我们是吃过苦头的。中国走上社会主义道路后，由于第一个社会主义国家的经验是唯一可借鉴的经验，我们照搬过苏联的模式。对这种模式

的某些弊端我们虽然很早就发现了，但在试图探索一条中国式的社会主义道路时，又出现了"大跃进"运动、"文化大革命"这样的重大失误。其结果不但没有冲破传统社会主义模式的束缚，这种模式的固有弊端因为极左思潮反而更加强化了。从1958年到1978年，20年间停滞徘徊，国民经济没有多大发展，拉大了我国同发达国家的距离。对于这种吃了苦头的经验，邓小平从哲学的高度予以了总结，他说："中国搞社会主义走了相当曲折的道路。20年的历史教训告诉我们一条最重要的原则：搞社会主义一定要遵循马克思主义的辩证唯物主义和历史唯物主义，也就是毛泽东同志概括的实事求是，或者说一切从实际出发。"

坚持独立思考，按照自己国家的情况，走自己的路，从哲学上讲，是一个思想路线的问题，但是从伦理的层面看，从中华民族和中国革命特定的历史背景来看，则有着深厚的爱国主义内涵。"天行健，君子以自强不息。"中华民族是一个有着强烈的自尊自信、自强自立精神的民族。从来就不愿俯仰随人，寄人篱下。近代中国由于统治阶级的腐败无能，沦为帝国主义的半殖民地。"人方为刀俎，我方为鱼肉"，那种丧权辱国、任人宰割的历史，人们至今记忆犹新。在我们党的幼年时期，也曾因听命于别的国家的指挥棒，把共产国际的指示奉为"圣旨"，而使革命遭受重大损失，付出了极为惨痛的代价。所有这些都使中国共产党深刻地认识到，中国的事情要靠中国人自己来办，要按照中国自己的情况来办。绝不能盲从别人，照搬别人，更不能听命于人，受制于人。像中国这样一个大国，如果没有政治上的主心骨，没有掌握自己国家命运的充分的自主意识，盲目照搬别国的经验，跟在别人的后面亦步亦趋，革命和建设就不能得到成功，国家就立不起来；立起来了也不一定能够站得住，甚至可能沦为别国的附庸。

在谈到中国革命的道路问题时，毛泽东说过一句很著名的话："走俄国人的路——这就是结论。"但是正是在这一句话前面，他说道："十月革命帮助了全世界的也帮助了中国的先进分子，用无产阶级的宇宙观作为观察国家命运的工具，重新考虑自己的问题。"这就再清楚不过地说明，以共产党人为代表的中国的先进分子"盗"来马克思主义的圣火，并十分重视十月革命对中华民族的伟大启蒙作用，是为了借以"观察国家的命运"，认识中国，改造中国，进而也改造世界，其着眼点始终是"自己的问题"。所谓"走俄国人的路"，其实质是要坚持十月革命所指引的具有普遍意义的方向，是要坚持十月革命所开创的东方民族社会主义的发展道路，并不是要照搬俄国革命的具体经验和模式。邯郸学步，不只是贻笑大方，更是误国害民。事实上，毛泽东对于那些"言必称希腊"，照搬别国经验的教条主义者从来都是深恶痛绝的，他鲜明地提出要把马克思主义中国化，"使之在其每一表现中带着必须有的中国的特性，即是说，按照中国的特点去应用它"。中国革命的胜利就是走自己的路的结果，或者更确切地说，是走俄国人的路与走自己的路辩证统一的结果，用邓小平的话说就是："走十月革命的道路，但采取与十月革命不同的方式。"邓小平在与外国政要谈话时还特别指出："在斯大林时期，中国党在一些关键问题上没有听他的话，才取得了中国革命的胜利。"这是颇为意味深长的。回顾历史我们可以看到，坚持独立思考，自己掌握自己国家的命运，按照自己国家的情况，走自己的路，是中国共产党人基于爱国主义传统所形成的一种特有的思维方式。这种思维方式既是彻底的马克思主义的，又是浸透着和内含着我们民族的精神的，是爱国主义在革命和建设道路问题上的体现。

在这方面，毛泽东和邓小平一脉相承。在《邓小平文选》第三卷中，邓小平反复阐明了革命和建设，都要走自己的路，照抄照搬别国的经验从来得不到成功的重要思想。他强调："中国有自己的特点，所以我们只能按中国的实际办事，别人的经验可以借鉴，但不能照搬。"他旗帜鲜明地向世界宣告，中国共产党人要"根据自己的特点，自己国家的情况，走自己的路"，"中国只能搞中国的社会主义"。透过这些闪耀着马克思主义的辩证唯物主义和历史唯物主义真理光辉的论述，我们不是也可以看到自强自立的中华民族爱国主义精神的张扬吗？

中国要走社会主义道路，而这条社会主义道路又必须是中国的。社会主义与爱国主义的统一，实质上已内在地蕴含在"建设有中国特色的社会主义"的命题之中。

## 社会主义的本质论与现阶段中国爱国主义主题的重奏——消灭贫穷，让中国人民富起来

"但愿天下人，家家足稻粱。""所期民物阜，此外复何如。"在中华民族的文化传统中，爱国爱民，忧国忧民，从来都是连在一起的。如果说历史上剥削阶级的仁人志士所谓的爱国爱民还有一定的阶级局限性的话，那么在今天，社会主义的爱国主义则是与人民的利益完全一致的。全心全意地为中国人民谋利益（其中也内在地包含了世界人民的利益），是中国共产党人爱国主义的集中体现，也是邓小平作为一个伟大的爱国者和伟大的马克思主义者的突出特点。

爱国主义在不同的历史时期，有着不同的主题和内容。近代中国积贫积弱，150多年来，中国人民为实现民族振兴进行了前赴后继的斗争。就其所解决的任务而言，以中华人民共和国成立为界，这一斗争大体可分为两个大的阶段。中华人民共和国成立以前是第一个阶段。这个阶段完成的主要任务是民族独立。其爱国主义主题可以概括为摆脱奴役，使中国人民站起来。这一历史任务在以毛泽东同志为主要代表的中国共产党的领导下，已经胜利完成了，写下了极为光辉的一页。中华人民共和国成立以后是第二个阶段。这个阶段需要解决的历史任务是民族富强。其爱国主义的主题可以概括为摆脱贫穷，使中国人民富起来。这是近代以来中国人民所进行的救亡图强运动的继续和深化。因为"一个国家要取得真正的政治独立，必须努力摆脱贫困"。从某种意义上讲，完成这个任务比第一个任务更伟大、更艰巨，要走的路还很长。可以设想到21世纪中叶，新中国成立100周年的时候，中国达到中等发达国家水平，我们就可以仰无愧

先辈,俯无愧后代地向世人宣告:中华民族与贫穷告别了!新中国成立以来,我们取得的成就是巨大的,但也有重大的失误,主要是在一个相当长的时间里,忽视发展生产力,经济发展不快,致使新中国成立三四十年了,许多地方人民群众的生活依然没有大的改善,这是令人痛心疾首的。党的十一届三中全会以后,邓小平总结历史的教训,以极大的马克思主义的勇气进行了拨乱反正,他明确指出,在现时代,"中国的主要目标是发展,是摆脱落后,使国家的力量增强起来,人民的生活逐步得到改善"。《邓小平文选》第三卷可以说自始至终贯穿了这一爱国主义的主题。

围绕着这样一个主题,邓小平形成和发挥了建设有中国特色社会主义的一系列理论观点。他的思维顺序大体是按照这样两个方向展开的。

邓小平首先思考的问题是,在中国现在落后的状态下,走什么道路才能发展生产力,才能改善人民生活?他说,这就又回到是坚持社会主义还是走资本主义道路的问题上来了。走资本主义道路,可能在某些局部地区使少数人更快地富起来,形成一个新的资产阶级,产生一批百万富翁,但顶多也不会达到人口的百分之一,而大量的人仍然摆脱不了贫穷,甚至连温饱问题都不可能解决。这种结果就像人们在历史上常常看到的情形一样——本来想走进这个房间,结果却走进了另一个房间。这显然不是每一个真正爱国的中国人,每一个以中国人民的解放和幸福为己任的中国共产党人所愿意看到的。因此,邓小平的结论是,中国除了走社会主义道路,没有别的道路可走。只有社会主义制度,才能从根本上解决摆脱贫穷的问题,只有走建设有中国特色的社会主义道路,才是通向富裕和繁荣之路。

邓小平接着思考的问题是,中国既然确定地要走社会主义道路,那么,社会主义究竟应该是个什么样子呢?邓小平认为,什么是社会主义,对这个问题过去我们并没有完全搞清楚。这是导致我们工作严重失误,延缓中华民族走向富强进程的重要原因。受"左"的影响,在对社会主义的理解上,长期存在着忽视生产力发展的缺陷,"四人帮"甚至荒谬至极地提出"宁要社会主义的草,不要资本主义的苗"。鉴于此,邓小平首先理直气壮地为社会主义正名,他以自己特有的语言方式,鲜明地提出"贫穷不是社会主义"这一马克思主义的著名论断。他说:"哪有什么贫困的社会主义、贫困的共产主义!"社会主义的优越性很重要的一个方面就体现在生产力的迅速发展,人民物质文化生活逐步改善。坚持社会主义,首先要摆脱贫穷落后状态。"不发展生产力,不提高人民的生活水平,不能说是符合社会主义要求的。"他反复阐明,"马克思主义最注重发展生产力",社会主义的"最根本任务""首要任务""第一个任务""中心任务"就是发展生产力。建设有中国特色的社会主义是"不断发展社会生产力的社会主义",各项工作都要有助于人民的富裕幸福,都要有助于国家的兴旺发达。后来,他又进一步提出,社会主义还要解放生产力。他不仅从社会主义的一般意义上,而且从中国所处的社会主义初级阶段的历史任务上,阐明了解放和发展生产力是社会主义的第一要义的原理。可以说,这是邓小平在什么是社会主义的问题上最具根本意义的拨乱反正。它为我们怎样建设社会主义提供了理论支点和客观的检验标准。从基本理论上为中华民族实现强国之梦,走向富裕和繁荣廓清了道路。党的十一届三中全会以来,我们党所提出的一系列改革开放的政策,党的十四大所作出的建立社会主义市场经济体制的决策,都是建立在这一理论支点上的。

在第一个思维顺序中,邓小平实际上提出了社会主义应该是,也只有社会主义能够消灭剥削,消除两极分化,并最终走向共同富裕。在第二个思维顺序中,邓小平指出了为了实现这一目的,为共同富裕创造物质基础,社会主义必须大力解放和发展生产力。这样,邓小平对社会主义的本质的理解,就升华为一种全新的认识——全新的视角,全新的境界,全新的概括。在南方谈话中,他第一次把社会主义的本质完整表述为:"社会主义的本质,是解放生产力,发展生产力,消灭剥削,消除两极分化,最终达到共同富裕。"这一概括坚持了生产力的发展是社会进步的源泉,从而也是社会主义存在和发展源泉的历史唯物主义原理,坚持了生产力与生产关系、根本任务与根本目的、效率原则与公平原则、历史运动与最终结果的辩证统一，是马克思主义的社会主义观的重大发展。

从摆脱贫穷，走向富强这一现阶段爱国主义的主题出发，揭示中国社会主义发展道路的历史必然性，进而揭示社会主义的本质；通过深刻揭示社会主义的本质，从理论上为中华民族走向富强开辟道路。这是邓小平把社会主义和爱国主义统一起来的一个重要的方法论。

## 当代社会主义历史命运与中华民族历史命运的交汇——抓紧时机，发展自己

所谓使中国富强起来，包含两个方面的含义：一是提高社会主义国家的综合国力；二是提高人民群众的生活水平。这两个方面就其作为一种国家利益和社会价值取向而言，就其作为当代世界历史进程的一种本质特征而言，实质上是一个发展问题。

中国的主要目标是发展，这不仅是基于本国国情的"自在规定"，更重要的是基于中国与世界的"关系规定"。邓小平不仅从社会主义的本质上，从社会主义的根本任务和根本目的上，揭示了发展中国的重要性，而且把中国的发展放在全世界、全人类发展的大背景下，从中国在世界格局所处的位置上，从当代社会主义运动和中华民族所处的历史坐标上，揭示了发展中国的紧迫性。邓小平认为，现在世界上真正的大问题，带全球性的战略问题，一个是和平问题，一个是经济问题或者说发展问题。而核心的问题和最突出的问题是发展问题。这样一种时代主题和时代特点，使国家作为一种政治实体，作为一种阶级的同时也是民族的组织形式，其地位和作用更加突出了，国家利益的重要性更突出了。当前国际竞争的实质是以经济和科技实力为基础的综合国力较量。列宁曾经批评过那种把"工人没有祖国"这一马克思主义名言庸俗化的论调。他说："祖国这个政治的、文化的和社会的环境，是无产阶级斗争中最强有力的因素。""无产阶级不能对自己进行斗争的政治、社会和文化的环境采取无所谓的、漠不关心的态度，因而，对本国的命运也不能抱无所谓的态度。"列宁这一论

述在当今世界更有着现实的意义。社会主义作为"世界历史性的存在",从来就是超越民族和国界的,但是在现实运动中,它又是以在一个个民族国度里的建立、巩固和发展为前提的。社会主义国家如果没有现代化,在世界上就没有应有的地位。落后就会被动,落后就会受制于人,仍然是当今世界的一条不可移易的真理。毛泽东曾经以他特有的形象、幽默的语言提出过中国的"球籍"问题,应该说,这一警语在今天仍然有着振聋发聩的意义。邓小平指出,现在国际垄断势力垄断着全球的经济,市场占得满满的,要奋斗出来很不容易。现在人们都在说"亚洲太平洋世纪",我们站在什么位置?过去我们比上不足,比下有余。现在比下也有问题了。东南亚一些国家兴致很高,发展很快,我们面临着的既是一种"友好的压力",也是一种严峻的挑战。正因为如此,邓小平把通过改革开放使中国尽快发展起来看作"决定中国命运的一招",的确是"决定命运"啊!

  抓紧时机,发展自己,也是当代社会主义运动所面临的紧迫的现实课题。当今的世界是两种社会制度并存的世界,并存就意味着竞赛。社会主义制度既然代表了一种比资本主义更高的社会形态,那么人们衡量它是否优越,是否"够格",就不仅要作历史的、纵向的比较,即看它比过去有多大发展,而且理所当然地要作现实的、横向的比较,即以资本主义国家的发展情况作为参照系(尽管这种比较并不总是科学的)。当代世界历史的一个不容回避的现象是:发达资本主义国家借助新科技革命的扶摇之势,以及采取了一定的自我调节措施,得以暂时避免了周期性的破坏性的经济危机,保持了相对的繁荣稳定。而一些经济文化本来就落后的社会主义国家,则普遍由于僵化的模式,生产力发展不快,遇到了种种挫折甚至发生了历史倒退。尽管在历史长河中,这只是一种暂时的现象,是一种曲折和回旋,但是,真正的马克思主义者应该站在历史唯物主义的高度,对这一现象进行理性的审视,冷静地思考过去,思考未来。邓小平说:"不坚持社会主义,不改革开放,不发展经济,不改善人民生活,只能是死路一条。"这可以说是他对当代社会主义运动历史经验的深刻总结。社会主义要使自己由"不够格"到够格,由"不发达"到发达,靠发展;要站稳脚跟,并逐步取得与资本主义相比较的优势,靠发展;要最终创造实现共产主义的条件,靠发展。发展才是硬道理。能不能尽快发展起来,关系到社会主义的历史命运。从当前国际竞争的态势看,低速度就等于不发展,甚至等于后退。而这样就无异于葬送社会主义。基于这种深邃的洞察力,邓小平从相对运动的角度进一步引申和发展了"贫穷不是社会主义"的一般原理,提出了"发展太慢也不是社会主义"的著名论断。

列宁说:"关于策略的争论如果不以对经济条件进行的明确分析为依据,那就是空话。"在国际风云变幻的形势下,中国作为一个社会主义的大国,应该采取什么样的策略,这对中国的发展,国际社会主义事业的发展,乃至全人类的发展问题,都至关紧要。一段时间里,希望中国登高一呼,挺身当头的,也不乏其人。在这一点上,邓小平又一次显示了他马克思主义战略家的眼光和冷静的科学态度。邓小平认为,中国是一个大国(地大人多),又是一个小国(经济落后)。挺身当头,快则快矣,但是这个头中国当不起。当了绝无好处,许多主动都失掉了。他要求我们党要把"决不当头"作为一条根本国策定下来。别人的事情我们管不了,就干一件事——我们自己的事。要善于把握时机,来解决我们的发展问题。我们不在乎别人说什么,只要历史证明中国社会主义制度的优越性就够了。《邓小平文选》第三卷收入了《对二野历史的回顾》一文,这是文选中仅见的两篇不是正面论述有中国特色社会主义理论的文章之一(另一篇是《悼伯承》),因而颇足注意。在这篇文章中邓小平深情地回顾了二野大别山斗争的历史,他说,"什么叫胜利?胜利不在当时消灭多少敌人……但关键是能不能站得住,站得住就是胜利"。这一重要的战略思想对我们在当今国际环境下确立正确的策略原则无疑有重要启迪。依据邓小平的观点,只要中国不垮,旗帜不倒,世界上就有 1/5 的人口在坚持社会主义,社会主义在世界就始终站得住。只要我们不放过时机,埋头苦干,只争朝夕地而又是稳步地实现自己"三步走"的战略目标,那就很了不起,那就意味着"真正对人类作出了贡献",那就在一个很大的程度上向世界证明了"社会主义的成功"。因为"这不但是给占世界总人口四分之三的第三世界走出了一条路,更重要的是向人类表明,社会主义是必由之路,社会主义优于资本主义"。这就是邓小平从"山重水复"之中为我们指出的"柳暗花明"的道路。现在回过头来看,他的论述是多么精辟,决断是何等的英明!

中华民族在现时代需要一个大发展,只有社会主义才能发展中国;社会主义事业在现时代需要一个新发展,只有中国的发展才能向人类显示社会主义制度固有的优越性及其美好前景。邓小平正是通过这样一种富有时代特色的辩证思维方式,把社会主义和爱国主义完美地统一了起来,把社会主义事业的利益和国家利益统一了起来,把中国共产党人对自己民族所肩负的责任和对全人类所肩负的责任统一了起来,为我们在和平与发展成为时代主题的条件下发扬无产阶级国际主义精神,履行中国工人阶级应尽的国际主义义务,提供了一条全新的思路。

## 社会主义伟大旗帜与爱国主义伟大旗帜的并举——团结一致,着眼于振兴中华民族

邓小平说:"党的十一届三中全会以后,我们集中力量搞四个现代化,着眼于振兴中华民族。"他还把"三步走"的战略目标称为我们民族的"真正的雄心壮志"。那么,靠什么样的精神支柱和精神力量来团结人民,凝聚人民,动员和组织人民,同心同德、群策群力地去为之奋斗呢?在这一问题上,邓小平同样坚持了社会主义与爱国主义相统一的原则。

邓小平认为,中国要发展,没有社会主义的坚定信念不行。没有信念,就没有凝聚力,就没有一切。他说,我们党领导中国革命和建设的一条基本经验,就是靠坚定的信念把人民团结起来,为人民自己的利益而奋斗。共同的理想和坚定的信念是使人民团结起来的基础。在当今阶段,建设有中国特色的社会主义的道路和目标就代表了中国最广大人民的利益,

代表了中华民族最根本的利益，是当代中国爱国主义的最高的和最集中的体现。因此，必须用这样的理想和信念来教育青年，教育人民。要教育青年懂得是非和利害关系，"是非是涉及我国根本利益的是非，利害是关系我国社会主义根本目标，即能不能达到我们本世纪目标和下个世纪目标的重大利害"。我们搞的四个现代化有个名字，叫社会主义的现代化。离开了社会主义，就离开了事物的本质，就离开了中国的发展道路。

邓小平同样认为，振兴中华必须发挥爱国主义的凝聚作用。中华民族是一个有着伟大的亲和力与凝聚力的民族。一位西哲曾这样评论："中国与其说是一个政治实体，毋宁说是一个文明实体——一个唯一幸存至今的文明。"在几千年的漫长的岁月里，我国各族人民繁衍生息在这片土地上，相互交汇、相互依存、相互激荡、相互融合，形成了一脉相承的思想文化、深沉博大的民族精神和很强的民族认同感。像中华民族这样5000多年生生不息，迭经离乱而不散，屡遭蹶蹶而不回，源远流长，根深叶茂，在世界历史上也是仅见的。爱国主义像一种文化基因，浸润、渗透和传衍于我们民族的血脉中，是推动我国社会历史前进的巨大力量，是团结、维系和支撑中华民族生存发展的伟大精神力量，同样也是今天中华民族走向新世纪、在社会主义的道路上发展起来的伟大精神力量。从历史到未来，爱国主义始终是动员和鼓舞中国人民团结奋斗的一面历久常新的、鲜艳夺目的旗帜。

在当代中国，社会主义与爱国主义在本质上是一致的。一方面，我们今天所要建设的社会主义，本身就是在爱国主义基础上形成的、以振兴中华为基本目标的、具有中国特色的社会主义，没有爱国主义贯注其中，社会主义就失去了最广泛的群众基础和最深厚的民族伟力。另一方面，我们今天所要弘扬的爱国主义，就大陆范围而言，本身就是在社会主义的历史实践中获得新的时代内涵、具有鲜明的时代内容的爱国主义，没有社会主义作为共振点、作为凝聚核，爱国主义就失去了应有的政治灵魂和共同的政治纲领，就无所附丽，就成为言不及义的空谈。二者互为表里，有机地统一于建设有中国特色的社会主义的伟大事业之中。

正是基于这种社会主义与爱国主义相统一的理解，邓小平要求把爱国主义教育作为社会主义精神文明建设的重要内容，并以此建造全国各族人民共同的精神支柱。他强调要通过深入的、生动具体的、持之以恒的爱国主义教育，把人民群众的爱国热情引导和凝聚到建设有中国特色的社会主义的伟大事业上来，引导和凝聚到为祖国的统一、繁荣和富强作贡献上来。他殷切地希望青年和人民，"对我们的国家要爱，要让我们的国家发达起来"。要以热爱祖国，贡献全部力量建设社会主义祖国为最大光荣，以损害社会主义祖国利益和尊严为最大耻辱。他认为当今的世界是开放的世界，中国的发展离不开世界。必须实行开放政策，必须大胆吸收和学习世界各国人民包括在资本主义制度下所创造的一切先进的文明成果。但同时他又坚决地反对民族虚无主义，要求大力弘扬我们民族优秀的文化和传统，保持和发扬中国人自己的优秀品质。针对改革开放中难以完全避免的泥沙俱下，西方腐朽文化乘虚而入的状况，他及时指出："必须发扬爱国主义精神，提高民族自尊心和民族自信心。否则我们就不可能建设社会主义，就会被种种资本主义势力所侵蚀腐化。"

为了振兴中华民族，邓小平提出了一条很重要的战略思想——争取整个中华民族的大团结。中国的主体是大陆，但是邓小平考虑中国发展问题的视野没有仅仅囿于大陆。他说，我们还有几千万爱国同胞在海外，他们希望中国兴旺发达，这在世界上是独一无二的。他独具慧眼地指出，这是我们中华民族"自己的独特的机遇"。不言而喻，我们讲抓住时机，用好机遇，也包括用好这一重要的机遇。我们不仅要建立大陆范围内的全体劳动者和爱国者组成的，以社会主义为政治基础的爱国统一战线，还要建立广泛团结台湾同胞、港澳同胞和海外侨胞的，以拥护祖国统一、致力振兴中华为政治基础的，更大范围内的爱国统一战线。邓小平深情地指出："大陆同胞，台湾、香港、澳门的同胞，还有海外华侨，大家都是中华民族子孙。我们要共同奋斗，实现祖国统一和民族振兴。"他对旅居海外的荣氏亲属回国观光团的成员说，你们有本领，有知识，是能够为我们国家作出重要贡献的。我们的国家将更加强大，将对世界和平更加有利，我们欢迎海外的华侨、华人都回来走走，一是了解我们的国家，二是看看有什么事情可以参与，可以尽力。在这里，邓小平反复强调的是"我们的国家"，拳拳之心，殷殷之意，溢于言表。"我们的国家"，这就是他实现整个中华民族大团结战略思想的基点。

邓小平关于争取整个中华民族的大团结的思想，还突出地体现在"一国两制"统一祖国的伟大战略构想上。台湾问题也好，港澳问题也好，"问题的核心是祖国统一"。基于这样的认识，邓小平集中党的智慧，把"和平共处"的原则创造性地运用于解决国家内部事务，提出了"一国两制"的统一方案。这一方案邓小平称之为"新事物"，"中国特色"的很重要的一个内容。国外政治家也盛赞它是"最富天才的创造"。它不仅体现了中华民族的根本利益和前途，而且充分考虑了台、港、澳地区的历史和现实状况。不仅从根本上、主体上坚持了中国社会主义的发展方向，而且有利于发挥台、港、澳地区现有的经济优势及其与西方资本主义相联系的纽带作用，为中华民族以更严整的阵容、更强大的力量自立于世界民族之林开辟了光辉的前景。

"一国两制"——社会主义与爱国主义相统一开出的伟大政治智慧的花朵！

## 维护社会主义制度的坚定性与维护国权、国格的坚定性的统一——独立自主，不怕鬼，不信邪

中国的社会主义制度是在一个贫穷落后的东方大国里建立起来的，从她诞生的那一天起，就受到了帝国主义势力的仇视和包围，他们采取武装干涉、经济封锁、和平演变等种种手段，企图使中国改变颜色，但是都失败了。20世纪80年代末，世界上一些原先的社会主义国家"众芳摇落"，而社会主义的中国依然"占尽风情"——不仅没有乱，而且站住了；不仅

站住了，而且因改革开放而变得更加生机勃勃，欣欣向荣。这对已经兴高采烈地宣布社会主义"大失败"的人们不啻兜头泼了一盆凉水。于是，他们又是"制裁"，又是借口所谓"人权"问题大做文章，搞得一片乌烟瘴气。正如邓小平指出的，整个帝国主义西方世界是想"最终战胜社会主义"。由此可见，当社会主义制度还只能以国家的形式出现在世界上的时候（共产主义社会将实现国家消亡），特别是当社会主义国家还处于弱小地位的时候，当帝国主义还在以霸权主义和强权政治试图建立他们的"一统天下"的时候，在很多情况下，维护国家主权、国格，有着与维护社会主义制度同等的意义。一个民族如果没有民族自尊心，不珍惜自己的独立，国家就立不起来。

同样，已经获得政权的无产阶级如果不运用手中的国家机器，以国家意志的力量，以人民民主专政的力量，来保卫社会主义制度，保卫社会主义国家的主权和安全，它也就立不起来。邓小平说："中国本来是个穷国，为什么有中美苏'大三角'的说法？就是因为中国是独立自主的国家。为什么说我们是独立自主的？就是因为我们坚持有中国特色的社会主义道路。"一部《邓小平文选》第三卷可以说是一曲中国人民的正气歌、志气歌。邓小平用他的铮铮硬骨，用他维护社会主义制度和国权、国格的坚定性，为我们树立了一个伟大的马克思主义者的形象，也树立了我们整个民族的形象——独立自主，不怕鬼，不信邪。

邓小平把维护我国人民所作出的社会主义选择上升到国权、国格的高度来认识，以国权为武器，有力地回击了垄断资本主义势力对社会主义的进攻。面对一些人的"人权"鼓噪，他一针见血地指出："人们支持人权，但不要忘记还有一个国权。谈到人格，但不要忘记还有一个国格。""国权比人权重要得多。""西方的一些国家拿什么人权、什么社会主义制度不合理不合法等做幌子，实际上是要损害我们的国权。""别国的事情我们管不了，中国的事情我们就得管。""中国永远不会接受别人干涉内政。"他反复阐明社会主义是中国人民所作出的历史性选择。中国不搞社会主义不行，不坚持社会主义不行，如果没有共产党的领导，不搞社会主义，不搞改革开放，就呜呼哀哉了，哪里能有现在的中国？他郑重地告诉外国朋友："中国坚持社会主义，不会改变。"可谓字字千钧，掷地有声！

邓小平把维护国权、国格作为社会主义国家的重要职能，以社会主义制度为后盾，坚定不移地捍卫我们国家的主权和安全，国格与尊严。他指出："一九四九年毛泽东主席宣布中国人民从此站起来了。中国取得了一个资格：人们不敢轻视我们。"社会主义制度的建立使中国人民受欺侮、受屈辱的历史一去不复返了。为此，他反复强调，要把国家的主权、安全始终放在第一位。"任何外国不要指望中国做他们的附庸，不要指望中国会吞下损害我国利益的苦果。"在香港回归祖国的问题上，他提出了相当开明、相当务实的政策，但在主权问题上，在归还香港的时间问题上，却毫不退让。1982年他与英国首相撒切尔夫人谈话开宗明义地提出："坦率地讲，主权问题不是一个可以讨论的问题。"并指出，如果在1997年，中国还不收回香港，"就意味着中国政府是晚清政府，中国领导人是李鸿章！"1989年以后，面对西方一些国家所谓的"制裁"，邓小平明确表示，要中国来乞求，办不到。哪怕拖一百年，中国也不会乞求取消制裁。如果中国不尊重自己，中国就站不住，国格没有了，关系太大了，中国任何一个领导人在这个问题上犯了错误都会垮台的，中国人民不会原谅的。由此可见，邓小平正是把维护国权、国格作为社会主义政府区别于封建主义、官僚资本主义的卖国政府的一个重要标志来看待的。在他看来，没有国权、国格，就无法取信于民。国将不国，更何谈什么社会主义！

"吾善养吾浩然之气"，"穷且益坚，不坠青云之志"，这是中国人民最可宝贵的品格，也是中国共产党最可宝贵的品格。毛泽东在新中国成立前夕，就要求人们作闻一多颂、朱自清颂。他借用老子的一句话——"民不畏死，奈何以死惧之"说，多少一点困难怕什么，封锁吧，封锁十年八年，中国的一切问题都解决了。中国人死都不怕，还怕困难吗？邓小平也十分重视用我们党的这个传统，用我们民族的这种精神来培养接班人，教育人民，教育后代。面对急剧变幻的国际风云，邓小平告诫中央领导同志，对于想整我们的人，"我们绝不能示弱。你越怕，越示弱，人家劲头就越大。并不因为你软了人家就对你好一些，反倒是你软了人家看不起你"。他说，中国别的不行，但反对孤立、反对封锁、反对制裁是够格的。什么威胁也吓不倒我们。谁要干涉或吓唬我们都会落空。我们这个党就是在威胁中诞生的，在威胁中奋斗出来的。在井冈山打旗帜，一打就是22年，奋斗了28年才真正建立了中华人民共和国。什么样的险风恶浪，我们没有领教过？帝国主义之所以总是打错了如意算盘，就在于他们不能真正认识中国。邓小平语重心长地说："这个威势一直要传到后代，保持下去，这是本钱。"这对走向21世纪的中国人民无疑是一个重要的政治嘱托。

世界上任何力量也不能阻止站起来了的中国人民的前进，中国将在社会主义的基础上再造辉煌！

世界上任何力量也扭转不了社会主义代替资本主义的历史发展总趋势，社会主义事业将通过在中国大地上的、有中国特色的成功实践再造辉煌！

这就是贯穿于邓小平理论以及整个中国特色社会主义理论体系中的社会主义与爱国主义相统一的原理，这就是邓小平所说的"我们干的事业是全新的事业"的基本含义，这就是当代中华民族赖以张四维、傲八极、站潮头、立中流的精神支柱，这就是我们读完《邓小平文选》第三卷掩卷沉思所得出的必然结论。

# 新时代中国共产党人的思想之旗精神之魂[*]

## ——学习习近平新时代中国特色社会主义思想

马克思指出:"任何真正的哲学都是自己时代精神的精华。"习近平新时代中国特色社会主义思想就是新时代中国共产党人的思想之旗、精神之魂,同时也是新时代整个中华民族的思想之旗、精神之魂。这一理论实现了马克思主义中国化新的飞跃,是当代中国的马克思主义,21世纪的马克思主义,是中华文化和中国精神的时代精华。学习习近平新时代中国特色社会主义思想不仅要掌握其在新时代坚持和发展中国特色社会主义的一系列重大的理论观点、科学论断、战略部署和实践要求,还要悉心领会其精髓要义,感悟熔铸和凝结于其中的当代中国共产党人的政治品格、价值追求、精神风范。只有这样才能真正做到知其然又知其所以然,不断增强政治认同、思想认同、情感认同,切实做到学思用贯通,知信行统一。

一

政治品格是一个政党政治信仰、政治理想、政治立场、政治方向、政治目标、政治特质等的集中体现。中国共产党是按照马克思主义的革命理论和革命风格建立起来的无产阶级政党,从它诞生的那一天起,就坚持以

---

[*] 本文发表于2019年7月。

马克思主义的科学理论为指导，就把社会主义和共产主义的理想写在了自己的旗帜上，就把彻底革命的品格贯穿于党的自身建设之中。90多年来，无论是血雨腥风，还是惊涛骇浪，无论是激流涌动，还是风云变幻，我们党始终没有熄灭过信仰的圣火，始终没有降下过理想的风帆，始终没有停下过对自身进行革命性锻造的脚步。我们说习近平新时代中国特色社会主义思想是当代中国共产党人的思想之旗、精神之魂，首先是因为它如同一面迎风招展的旗帜，彰显了我们党信仰坚如磐、理想高于天、初心永不变的政治品格。

对马克思主义的坚定信仰和科学态度。"不畏浮云遮望眼，只缘身在最高层。"面对《共产党宣言》发表以来的时代变迁，云卷云飞、潮起潮落，面对世界范围内的各种思想文化相互激荡，习近平总书记指出，在人类思想史上，就科学性、真理性、影响力、传播面而言，没有一种理论能够达到马克思主义的高度，也没有一种学说能像马克思主义那样对世界产生如此巨大的影响。时至今日，马克思主义依然显示出科学思想的伟力，依然占据着真理和道义的制高点。习近平总书记强调，马克思主义是我们共产党人理想信念的灵魂，是我们立党立国的根本的指导思想。背离或放弃马克思主义，我们党就会失去灵魂、迷失方向。在坚持马克思主义指导地位这一根本问题上，我们必须坚定不移，任何时候任何情况下都不能有丝毫动摇。与此同时，他又强调，马克思主义必定随着时代、实践和科学的发展而不断发展。要以科学的态度对待科学，以真理的精神追求真理，不断赋予马克思主义以新的时代内涵。习近平总书记豪迈地说："中国发生了深刻变革，置身这一历史巨变之中的中国人更有资格、更有能力揭示这其中所蕴含的历史经验和发展规律，为发展马克思主义作出中国的原创性贡献。"习近平新时代中国特色社会主义思想就充分展示了这种历史自觉和自信，就是这种"原创性贡献"的理论结晶和集中体现。认真品读习近平总书记的论著，联系学习马克思主义经典作家的著作，可以发现在哲学、政治经济学、科学社会主义的各个领域，在经济、政治、法治、科技、文化、教育、民生、民族、宗教、社会、生态文明、国家安全、"一国两制"和祖国统一、国防和军队建设、党的建设等各个方面，习近平总书记都以一系列原创性的新思想新观点新论断发展了马克思主义。不仅为马克思主义思想宝库增添了新的时代内容、中国方略，而且形成了一系列新概念新范畴新表述，创造出一个完全中国特色、风格、气派的话语体系，引起了世界的广泛认同，使马克思主义在21世纪的中国放射出璀璨的时代光芒。

社会主义和共产主义的远大理想和脚踏实地坚持和发展中国特色社会主义的道路自信、理论自信、制度自信和文化自信。社会主义500年，经历了从空想到科学、从理论到实践、从一国实践到多国发展的波澜壮阔的发展历程。20世纪80年代末90年代初，世界社会主义遭受严重挫折。面对百卉凋残、众芳摇落的情势，有人兴高采烈，有人迷茫动摇。一些资本主义预言家迫不及待地宣称"二十世纪将以社会主义的失败和资本主义的胜利而告终"，还有人妄称社会主义中国也将随着"多米诺骨牌效应"而倒下。然而事实是社会主义的中国不仅屹立不倒，而且如傲雪的红梅冲寒怒放、占尽风情。进入新时代，以习近平同志为核心的党中央，以"乱云飞渡仍从容""任尔东西南北风"的坚强定力，带领全党和全国人民坚定不移地走中国特色社会主义道路，充分展示了当代中国共产党人对崇高理想和政治信念的坚守。习近平总书记以深邃的历史眼光和世界眼光，把中国特色社会主义的形成和发展，放在中华文明5000多年的传承发展中，放在世界社会主义500年跌宕起伏的历史演进中，放在近代以来中华民族170多年来从沉沦日亟到走向复兴的上下求索中，放在我们党90多年奋斗历程中，放在新中国70年的接续探索中，放在改革开放40多年的伟大实践中来把握，从科学社会主义理论逻辑和中国社会发展历史逻辑的辩证统一上，深刻说明了中国选择马克思主义、选择社会主义道路、创立中国特色社会主义的历史必然性和唯一正确性。习近平总书记指出："中国特色社会主义是社会主义，不是别的什么主义。"必须始终坚持中国特色社会主义的道路、理论、制度、文化，全面贯彻党的基本理论、基本路线、基本方略。这些都是在新的历史条件下体现科学社会主义基本原则的内容，如果丢掉了这些，那就不称其为社会主义了。与此同时，他又强调中国特色社会主义不是简单延续我国历史文化的母板，不是简单套用马克思主义经典作家设想的模板，不是其他国家社会主义实践的再版，也不是国外现代化发展的翻版。必须奋勇开拓、深化发展，不断丰富中国特色社会主义的实践特色、理论特色、民族特色、时代特色。习近平新时代中国特色社会主义思想就从道路、理论、制度、文化等各个层面，从改革发展稳定、内政外交国防、治党治国治军等各个领域，全面坚持和发展了中国特色社会主义，写出了当代中国科学社会主义的"新版本"。新时代中国特色社会主义的崭新实践和辉煌成就，不仅有力地打破了社会主义"失败了"的神话，而且赋予了科学社会主义以鲜活的生命力，极大地深化了对共产党执政规律、社会主义建设规律、人类社会发展规律的认识，对世界发展和人类进步产生了深远的影响。

勇于自我革命、不断锤炼党的先进性和纯洁性的鲜明品格。中国共产党是一个马克思主义的革命党。这种革命性不仅体现在勇于推进伟大社会革命上，也体现在勇于进行自我革命上。在复杂的环境和复杂的斗争中，党面临着种种风险和挑战，不坚持不懈进行自我革命，党就无法卓有成效地推进社会革命。回顾党的十八大以来的历程，以习近平同志为核心的党中央继续做好中国特色社会主义这篇大文章，正是从勇于刀口向内、进行自我革命破题立意的。针对一个时期以来，一些地方和单位管党不力、治党不严，导致党内问题越积越多的状况，以习近平同志为核心的党中央以壮士断腕的决心勇气，以坚韧顽强的意志品质正风肃纪、反腐惩恶，"挽住云河洗天青"，实现了党内政治生态明显好转，党的优良作风的有效回归，为党和国家事业发展提供了重要的前提和保证。学习习近平总书记的论著，可以看到习近平新时代中国特色社会主义思想把全面从严治党、推进党的建设新的伟大工程作为开辟新时代的破局之举，摆在中国特色社主义战略布局的重要位置，深刻论述了锲而不舍地进行自我革命，实现党的自我净化、自我完善、自我革新、自我提高的重要性、紧迫性、艰巨性和长期性。他指出，马克思主义政党具有崇高的政治理想、高尚的政治追求、纯洁的政治品质、严明的政治纪律。如果马克思主义政党政治上的先进性丧失了，党的先进性和纯洁性就无从谈起。政治建设是党的根本性建设。思想建设是党的基础性建设，必须补足共产党人精神上的"钙"，练就"金刚不坏之身"。作风建设永远在路上。要使纪律真正成为带电的高压线，全方位扎紧制度的笼子，巩固发展反腐败斗争压倒性胜利，通过不懈努力换来海晏河清、朗朗乾坤。

## 二

政治方向、政治目标、政治理想归根结底是一定的价值追求的体现。基于马克思主义的世界观人生观价值观，基于中国工人阶级的先进品格，中国共产党人形成了博大、崇高的价值追求。这种价值追求集中体现在党的初心和使命中。不忘初心，方得始终。牢记使命，始不懈怠。初心和使命是激励中国共产党人不断前进的根本动力。我们说习近平新时代中国特色社会主义思想是当代中国共产党人的思想之旗、精神之魂，还因为这一理论生动体现了我们党的价值追求和高尚情怀。

矢志不渝为人民谋幸福。我们共产党人闹革命、搞建设、兴改革，归根结底是为了让人民过上好日子。在党的十八大召开后新一届中央领导集体与记者的见面会上，习近平总书记就平白而深情地宣示："人民对美好生活的向往就是我们的奋斗目标。"学习习近平总书记的论著，可以发现字里行间处处体现着他心系人民、造福人民的赤子情怀，彰显了以人为本、人民至上的价值取向。他强调要牢牢坚守以人民为中心的根本立场，始终把人民放在心中最高的位置，始终全心全意为人民服务，始终为人民利益和幸福努力工作。他从党的性质宗旨和历史唯物主义的高度，深刻论述了共产党人来自人民、植根人民、服务人民、依靠人民的一致性。强调依靠人民创造伟业，创造人民自己的幸福生活和美好未来。他把共同富裕看作社会主义的本质特征和根本原则，看作中国共产党人带领人民所追求的一个基本目标，强调"我们追求的发展是造福人民的发展，我们追求的富裕是全体人民共同富裕"。他把决胜全面建成小康社会，放在坚持和发展中国特色社会主义战略布局之第一的位置，要求以更大的决心、更明确的思路、更精准的举措、超常规的力度决战决胜，打赢脱贫攻坚战。他豪迈地宣示，中华民族千百年来存在的绝对贫困问题，将在我们这一代人的手中历史性地得到解决。

接续奋斗为民族谋复兴。近代以来，为了实现民族的复兴，亿万人魂牵梦萦，几代人上下求索，然而夜漫漫，路茫茫，一次次抗争，一次次失败。直到中国共产党登上历史舞台后，中华民族才终于迎来了浴火重生、凤凰涅槃的曙光。党的十八大后不久，习近平总书记的第一个举措，就是带领新当选的中央政治局常委集体参观了国家博物馆《复兴之路》展览。也正是在这次活动中，他鲜明地提出了"中国梦"这一重大的政治命题。他说："现在，大家都在讨论中国梦，我以为，实现中华民族伟大复兴，就是中华民族近代以来最伟大的梦想。""中国梦"视野宽广，内涵丰富，意蕴深刻。它思接千载，连接了中国的昨天、今天和明天；它视通万里，融通了中国和世界；它举大兼小，汇聚了中国人的家国情怀和人生梦想。一经提出就在中华大地和中华儿女中产生了极大的感召力、向心力和凝聚力，在世界上也引起了广泛的认同。习近平新时代中国特色社会主义思想以"中国梦"这一命题为原点，立足于中华民族伟大复兴历史进程的新的时代方位，深刻阐明了实现民族复兴的基本内涵、科学路径、战略步骤、目标任务，吹响了向民族复兴进军的新的时代号角，照亮了中华民族走上伟大复兴的新的壮阔航程。"长风破浪会有时"。欣看今日之中国，满园春色，满目生机。中华民族迎来了从站起来、富起来到强起来的伟大飞跃，中国人民以前所未有的昂扬姿态屹立于世界的东方，中华民族伟大复兴进入了不可逆转的历史进程。

勇立潮头为世界谋大同。赓续着中华民族"穷则独善其身，达则兼济天下"的文化传统，源于马克思主义政党的先进性质，中国共产党人形成了爱国主义与国际主义相统一的鲜明特色。他们胸怀祖国，放眼世界，有着"环球同此凉热"的远大胸襟和抱负。党的十八大以后，面对世界百年未有之大变局，面对世界多极化、经济全球化、社会信息化、文化多样化的浪潮，面对大发展大变革大调整的国际战略格局，面对机遇与挑战并存、主流与逆流交汇的错综复杂的局面，以习近平同志为核心的党中央，牢牢把握国内国际两个大局，坚持在世界性的发展潮流中思考中国的发展问题，坚持以中国的发展促进世界的发展，引领中国前所未有地走近世界舞台的中央。他原创性地提出构建人类命运共同体的思想，成为中国引领时代潮流和人类文明进步方向的鲜明旗帜。他极富战略远见地提出共建"一带一路"的倡议，把中国梦同世界其他国家人民的梦想结合起来，赋予古老的丝绸之路以全新的时代内涵。习近平新时代中国特色社会主义思想把握人类社会发展的历史规律，综览时代风云，引领时代潮流，站在人类道义的制高点上，饱含着对人类发展重大问题的睿智思考和独特创见，为应对全球共同挑战、共同问题提供了中国智慧和中国方案。

## 三

政治品格、价值追求塑造和决定着一个党的精神风范。在革命、建设和改革的伟大实践中，在不断进行自我革命的锻造中，我们党凝练了实事求是的思想路线，熔铸了独具一格的伟大革命精神，形成了优良的作风，孕育了崭新的政党文化，展示了昂扬奋进、务实清廉的精神风貌，影响和带动了全民族。进入新时代，以习近平同志为核心的党中央守正创新，砥砺前行，使中国共产党人的精神风范获得了新的时代内涵，凸显了新的时代风采。我们说习近平新时代中国特色社会主义思想是当代中国共产党人的思想之旗、精神之魂，更因为它立起了新时代中国共产党人应有的精神风范。

解放思想、实事求是的精神禀赋。实事求是是中国共产党人的思想路线，认识世界、改造世界的不二法门。学习习近平总书记的论著可以清晰地感到，实事求是是贯穿其中的一条红线。在治国理政的各个方面、各个领域，习近平总书记所提出的方略、决策、举措，都建立在熟谙中国国情、深入调查研究的基础之上，既目光远大，又符合实际。他坚持解放思想与实事求是的统一，敏锐把握时代脉搏，善于倾听实践的呼声，以问题为导向，引导我们党在坚持和发展中国特色社会主义中不断解放思想，不断推进实践基础上的理论创新，开辟了马克思主义中国化的新境界。例如，作出我国社会主要矛盾已经转化为人民日益增长的美好生活需要和不平衡不充分的发展之间的矛盾的论断，提出使市场在资源配置中起决定性作用等，都既是实事求是的科学考量，也是解放思想的理论结晶。

不负人民，不辱使命的无我担当。前不久，当国际友人问及其当选中国国家主席时的心情时，习近平总书记沉静而坚毅地说："我将无我，不负人民。我愿意做到一个'无我'的状态，为中国的发展奉献自己。"这是他自身精神境界的真实写照。党的十八大以后，习近平总书记站在领航中国的舵位上，义无反顾地肩负起了党和人民赋予的重任。他高度评价、大力倡导"心中装着全体人民，唯独没有他自己"的焦裕禄精神，他自己就是践行这种精神的典范。追溯党的十八大以来习近平总书记的内政外交活动，检索其大量的讲话、文稿、批示，可以发现他的工作是多么繁忙，日程是多么密集，论述是多么宏富。他的身影活跃在五大洲、四大洋的国际舞台，他的足迹踏遍祖国的山山水水。大到世界风云、环球冷暖、人类命运，小到百姓的柴米油盐、衣食住行、吃喝拉撒，都在他思考和关注的范围之内。他是那样地精神饱满，昂扬自信，又是那样地殚精竭虑，夙夜在公。

逢山开路、遇水架桥的变革精神。新时代，中国的发展进入一个船到中流浪更急、人到半山路更陡的时候，改革进入了攻坚期和深水区。面对前进道路上的艰难险阻和风险挑战，习近平总书记表现了伟大马克思主义政治家、思想家、战略家的非凡的理论和实践勇气，强调改革再难也要向前推进，要敢于啃硬骨头，敢于涉险滩，敢于向积存多年的顽瘴痼疾开刀，敢于突破利益固化的藩篱。正是凭着这样一种精神，我们党领航中国实现了历史性变革、取得了历史性成就。"十万险滩皆稳渡，水头如箭破夔门"，可以预期，在以习近平同志为核心的党中央的领导下，中国特色社会主义的航船终将劈波斩浪，驶向胜利的彼岸。

踏石留印、抓铁有痕的务实作风。脚踏实地、真抓实干是中国共产党的鲜明品格。面对一段时期内形式主义、官僚主义滋长蔓延、禁而不绝的状况，习近平总书记反复强调，空谈误国，实干兴邦。一分部署，九分落实。要抓实，再抓实，不抓实，再好的蓝图也是一纸空文，再近的目标也是镜花水月。他坚持言必信，行必果，言出法随，有令必行，以抓铁有痕、踏石留印的决心和力度，有效扭转了党内的一些不良风气。他强调要发扬钉钉子的精神，一张蓝图绘到底。领导干部要有"功成不必在我"的境界和"功成必定有我"的担当，真正做到对历史和人民负责，一锤一锤接着钉，一棒一棒接着跑，积小胜而为大胜，积跬步以至千里。

居安思危、底线思维的忧患意识。"先天下之忧而忧，后天下之乐而乐"。忧患意识是中华民族一个重要的精神特质，也是中国共产党战略思维的一个特质。正是一代代中国共产党人心存忧患、肩扛重担，才团结带领人民不断从胜利走向新的胜利。进入新时代，习近平总书记反复强调，前进道路上不可能一帆风顺，越是前景光明，越是要增强忧患意识，全面认识和有力应对一些重大风险挑战。要善于运用底线思维的方法，居安思危，未雨绸缪，凡事从最坏处着眼，向最好处努力。他运用毛泽东在党的七大上一口气列举17条困难的事例，告诫全党宁可把形势想得更复杂一点，把挑战看得更严峻一些，做好应对最坏局面的思想准备。他说："各种风险我们都要防控，但重点要防控那些可能迟滞或中断中华民族伟大复兴进程的全局性风险，这是我一直强调底线思维的根本含义。"

海纳百川、与时俱进的学习追求。重视学习、善于学习是中国共产党的特点之一、优势之一。习近平总书记把建设学习型政党、推动建设学习型大国的任务郑重地提到了全党的面前。他强调，当今世界发展变化很快，当代中国发展变化也很快，新情况新问题新事物层出不穷。全党一定要善于学习，善于重新学习。要把学习作为一种追求、一种爱好、一种健康的生活方式，做到自觉学习、主动学习、终身学习。学习应该是全面的、系统的、富有探索精神的。要把学习马克思主义作为必修课，不断补精神之钙、固思想之元、培为政之本。要学习历史，学习党章党规和国家法律法规，努力提高运用历史思维、法治思维等科学思维方法开展工作的能力。同时，要以宽广的视野，学习经济、政治、文化、社会、生态、科技、军事、外交等各方面的知识，学习人类社会日新月异、科学技术迅猛发展所不断涌现的新知识。既要坚定道路自信、理论自信、制度自信、文化自信，也要善于借鉴和吸纳人类创造的一切有益的文明成果、知识和经验。习近平总书记就为全党作出了学习的典范。学习习近平总书记的煌煌论著，我们可以看到他马克思主义理论功底是多么的深厚，阅读量是多么的宏富，知识是多么的渊博，对新事物新知识的感知是多么的敏锐！他对时代的洞见，对中国和世界发展的深邃的战略思考，他的一系列新思想新观点新论断，正是建立在其深厚的知识积累和不断与时俱进、为学日益的基础上。他的思维边际始终处在时代的前沿、人类科学文化发展的前沿。习近平总书记说："我们党依靠学习创造了历史，更要依靠学习创造未来。"可以确信，在以习近平同志为核心的党中央的率领下，我们党在新一轮的重新学习中一定能够交上合格答卷，不断开创中国特色社会主义事业的新局面！

# 风展旗帜如画 *

在 21 世纪初世界东方的天幕上，有一面迎风招展、光彩夺目的旗帜，这就是中国特色社会主义旗帜。

一

旗帜问题至关重要。旗帜，最先出现于军队，后来引申为一个国家、一个政党、一个政治集团的指导理论、政治目标、政治纲领、政治理想等。旗帜，对外是一个国家、政党、政治集团区别于其他国家、政党、政治集团的显著标志；对内具有不可或缺的指引方向、统一意志、凝聚人心、鼓舞士气的功能。

旗帜鲜明是马克思主义及其工人阶级政党的显著特色和固有品格。恩格斯在谈到《共产党宣言》时说过，一个纲领就是一面公开竖起的旗帜。青年时代的毛泽东在刚刚接受马克思主义，并把马克思主义作为观察国家命运的工具时就指出，"主义譬如一面旗子，旗子立起了，大家才有所指望，才知所趋附"。

旗帜的确立是方向的确立，旗帜的觉醒是命运的觉醒。

历史地考察近代以来中华民族从觉醒到走向复兴的进程，可以归结为解决两个方面相互联系、紧密衔接的任务：一是探索并确立正确的革命道路，使中国摆脱三座大山的统治，实现国家的独立和人民的解放；二是探索并确立正确的建设道路，使中国发展起来，走向现代化，实现国家的富

---

\* 本文发表于 2008 年 12 月。

强和人民的幸福。这两个方面的任务实现，都离不开形成科学的旗帜，都离不开科学旗帜的凝聚和指引。

十月革命一声炮响，给我们送来了马克思主义。马克思主义的真理之光，一旦投射到古老而多难的神州大地，近代中国历史就掀开了新的一页，中华民族的历史命运就发生了根本性的变化。中国共产党从成立之日起，就郑重地把马克思主义写在自己的旗帜上。但是历史证明，只是笼统地、抽象地把马克思主义写在旗帜上还不够。如何把马克思主义与中国的具体国情结合起来，使马克思主义在中国的土地上生根、开花、结果，成为生动的、鲜活的、中国化的马克思主义，成为变革中国、改造中国、发展中国的思想武器；如何在不同历史时期把马克思主义与中国实际相结合，形成革命、建设和改革的更具体、更切实的旗帜，这是党必须解决的历史课题。

为此，党和人民走过了艰辛探索的道路。

在党的幼年时期，由于主客观原因，曾一度教条主义、本本主义盛行，一些人"言必称希腊"，以"百分之百的布尔什维克"自居，就是不联系中国实际、不了解和研究中国的实际情况。脱离实际的教条主义领导和指挥，曾给革命带来重大损失。从这意义上讲，把马克思主义中国化，形成马克思主义与中国实际相结合的更具体、更切实的旗帜，也是我们党从错误和挫折中、从吸取沉痛教训中得出的一个科学结论。

1935年1月在长征途中召开的遵义会议，标志着我们党历史上的一次了不起的觉醒。1938年毛泽东在党的六届六中全会上说的一段话，可以看作对这次觉醒的理论上的一个总结。他指出："成为伟大中华民族之一部分而与这个民族血肉相连的共产党员，离开中国特点来谈马克思主义，只是抽象的空洞的马克思主义。因此，马克思主义的中国化，使之在其每一表现中带着中国的特性，即是说，按照中国的特点去应用它，成为全党亟待了解并亟须解决的问题。"

终于，1945年党的七大把马克思列宁主义与中国革命具体实际相结合的思想——毛泽东思想郑重写在了我们党的旗帜上。

毛泽东思想堪称马克思主义中国化的"东风第一枝",是中国共产党人关于中国革命路线、方针、政策、策略的理论结晶。同时,在实践中它也标志着一条道路,这就是农村包围城市、武装夺取政权的道路。毛泽东思想以实事求是、群众路线、独立自主为基本特色,科学回答了在中国这一半殖民地半封建的东方大国开展党领导的人民民主革命的一系列问题。毛泽东思想所阐发的马克思主义的、具有鲜明中国作风和中国气派的世界观和方法论,所蕴含的既是马克思主义的又熔铸了中国传统文化精华的博大精深的辩证法,所奠定的中国革命和建设的基本原理,永远是中国共产党和中国人民宝贵的思想财富和理论武器。

在毛泽东思想伟大旗帜的指引下,1949年10月——仅仅在党的七大4年之后,中国革命就取得了胜利。

新中国成立后,中华民族的复兴史掀开了新的一页。以毛泽东同志为核心的党的第一代领导集体继续致力于马克思主义中国化,对如何从中国实际出发,建设和发展社会主义作了初步的,但却是奠基性的、弥足珍贵的探索,形成了许多科学认识和宝贵经验,进一步丰富和发展了毛泽东思想。但是,由于种种原因,在探索社会主义建设道路过程中出现了重大失误,在很长的一段时间里,"左"的思想占了主导地位,直至发展到"文化大革命"这样的全局性错误,教训极为深刻。

错误和挫折教训了我们党,也启迪了伟大的中华民族。在走向民族复兴的新征途上,如何把马克思主义与中国社会主义建设和改革的具体实践结合起来,继承和发展毛泽东思想,形成指引方向、规范道路、凝聚人心的新的伟大旗帜,这一不容回避的课题历史地提到了中国共产党人面前。

以上,就是中国特色社会主义旗帜应运而生的历史动因和内在逻辑。

二

以党的十一届三中全会为发端,中国进入了一个改革开放的新时期。

马克思主义与中国具体实际相结合的第二个历史性飞跃是在这一伟大历史进程中实现的，我们党关于旗帜问题的新思考、新认识、新升华也是在这一伟大历史进程中实现的。

回顾党的十一届三中全会前夕，国家面临的是十分困难的局面：十年内乱给党和国家带来了极其严重的创伤。"四人帮"虽然被粉碎了，然而"无端风雨，未肯收尽余寒"，"左"的思想积重难返，拨乱反正举步维艰。而此时在域外，一场新科技革命正洪波涌起，千帆竞发……

中国向何处去？这样一个严峻的问题历史地摆在了我们党的面前。

"一个党，一个国家，一个民族，如果一切从本本出发，思想僵化，迷信盛行，那它就不能前进，它的生机就停止了，就要亡党亡国。"

"如果现在再不实行改革，我们的现代化事业和社会主义事业就会被葬送。"

1978年12月13日，在党的十一届三中全会前召开的中央工作会议上，邓小平的这两句惊世骇俗、振聋发聩的话，至今听来令人警醒，令人感奋。邓小平的话代表了我们党、我们民族在当时最深刻的历史感悟，标志着中国共产党人在社会主义建设时期的又一个了不起的觉醒！

正是这个伟大觉醒引发了我们党对旗帜问题的新的探索和思考，孕育了从理论到实践的伟大创造。

1982年9月，邓小平在党的十二大的开幕词里讲的一句话，同样可看作对这次觉醒的理论总结。他讲道："把马克思主义的普遍真理同我国的具体实际结合起来，走自己的道路，建设有中国特色的社会主义，这就是我们总结长期历史经验得出的基本结论。"

"建设有中国特色的社会主义"——这就是我们党在第二次觉醒中形成的理性认识。这一命题的提出界定了改革开放以来中国社会发展的历史走向。其后，中国的发展进程，进而我们党全部理论创新和实践活动，就是围绕这样一个鲜明的主题而展开的。从理论上说，就是不断搞清楚什么是社会主义、怎样从中国实际出发建设和发展社会主义，建设什么样的党、怎样建设党、实现什么样的发展、怎样发展，谱写马克思主义中国化的新篇章。从实践上说，就是尊重亿万群众的伟大创造，大胆借鉴和吸收人类一切优秀的文明成果，不断解放思想、推进改革开放，坚持在改革开放中完善和发展社会主义。

这是一个理论与实践相统一的无比生动的、辩证发展的进程，正是这样一个历史进程深刻改变了中国人民的面貌、社会主义中国的面貌、中国共产党的面貌。社会主义和马克思主义在中国大地上焕发出勃勃生机，给人民群众带来了过去所不曾有的、日益增多的福祉，中国大踏步地赶上了时代前进的潮流，中华民族迎来了伟大复兴的灿烂曙光。

邓小平曾说："我们干的事业是全新的事业。"30年来，中国共产党和中国人民在改革开放的新事业中创造的成就和业绩举世瞩目、令人惊叹，然而最骄人、最弥足珍贵的是，我们开辟了新的道路、创造了新的理论。这个新道路、新理论有一个共同的、响亮而光鲜的名字，叫作中国特色社会主义。

中国特色社会主义道路，就是在中国共产党领导下，立足基本国情，以经济建设为中心，坚持四项基本原则，坚持改革开放，解放和发展社会生产力，巩固和完善社会主义制度，建设社会主义市场经济、社会主义民主政治、社会主义先进文化、社会主义和谐社会，建设富强民主文明和谐的社会主义现代化国家。30年实践证明，这是一条成功之路、光明之路、幸福之路、希望之路。这条道路之所以完全正确、之所以能够引领中国发展进步，关键在于它既坚持了科学社会主义的基本原则，又根据我国实际和时代特征赋予其鲜明的中国特色。在当代中国，坚持中国特色社会主义道路，就是真正坚持社会主义。

中国特色社会主义理论体系，就是包括邓小平理论、"三个代表"重要思想以及科学发展观等重大战略思想在内的科学理论体系。这个理论体系，坚持和发展了马克思列宁主义、毛泽东思想，凝结了几代中国共产党人带领人民不懈探索实践的智慧和心血，是马克思主义中国化最新成果，是党最可宝贵的政治和精神财富，是全国各族人民团结奋斗的共同思想基础。在当代中国，坚持中国特色社会主义理论体系，就是真正坚持马克思主义。

中国特色社会主义伟大旗帜，亮丽而炫目地飘扬在世界东方的天幕上。

## 三

党的十七大第一次高屋建瓴地综括改革开放以来的历史进程，科学揭示党的十一届三中全会以来党的理论与实践的本质内涵，深刻把握当代中国发展进步的前进方向，从道路与理论体系的统一上鲜明提出并科学阐发中国特色社会主义旗帜，意义重大而深远。

旗帜就是方向。改革开放以来，中国已经有了很大的发展，但依然任重道远。中国改革开放成绩是辉煌的，但前进中的问题和矛盾也不容忽视。站在新的历史起点上，我们面对的机遇前所未有，挑战也前所未有。中国将怎样总结过去、把握现在、走向未来，这是世人普遍关注的问题。提出高举中国特色社会主义伟大旗帜，并据以阐明发展中国特色社会主义的思想保证、强大动力、基本要求和奋斗目标等，这就把我们党所坚持的最重要、最关键之点都提炼和揭示出来了，把中国发展的不可移易的方向界定下来了。这是我们党对改革开放30年来治国理政经验的深刻总结，是对世界发展大势和中国社会前进脉搏的准确把握，是对现阶段改革发展面临的新考验新问题的应对回答，是开创中国特色社会主义事业发展新局面的根本遵循。

旗帜就是分野。旗，按照《辞海》的解释，就是事物表识的意思。自马克思主义诞生以来，人类社会就存在着社会主义与资本主义两大思想体系、价值观念和社会制度的尖锐对立。在国际社会主义运动中，也存在着马克思主义与形形色色的假马克思主义、科学社会主义与形形色色的伪社会主义的泾渭区别。当今世界是一个文化多元、各种不同的价值观念、发展理念、发展道路、发展模式并存的世界，各种思想文化相互激荡。西方敌对势力一刻也没有放松"西化""分化"中国的图谋，千方百计企图影响和改变中国的政治走向。从国内来说，各种思想也非常活跃，一些人不能正确认识我国改革开放政策的实质以及改革进程中出现的一些新矛盾、新问题，对中国的发展道路、发展方向存在种种模糊的甚至是错误的认识。从这一意义上说，提出并深刻阐述中国特色社会主义旗帜，可以说是一个政治宣示。它郑重地告诉世人：社会主义是中国人民的历史性选择，改革开放是社会主义发展的强大动力。中国实行的改革开放是坚持四项基本原则的改革开放，是社会主义制度的自我完善和发展，从而与资本主义以及所谓"民主社会主义"等划清了界线；中国所搞的社会主义是中国特色的社会主义，是实行改革开放的社会主义，是因为改革开放而充满生机与活力的社会主义，从而与传统的、僵化的社会主义模式划清了界限。中国不会走资本主义的邪路，也不会重蹈旧的僵化的老路。那些希望中国改变道路的人们可以休矣。

　　旗帜就是形象。形象是一个民族、国家、政党在一定历史时期精神风貌及其气质的外在体现，是人们对一个民族、国家、政党的观感。形象是一种最重要的软实力。而一个国家和政党的形象就写在了它的旗帜上。透过中国特色社会主义旗帜，人们所看到的正是今日中国人民的形象、当代中国的形象、当今中国共产党人的形象。改革开放30年来，中国人民摆脱了许许多多精神上的枷锁和禁锢，思想上获得了空前的解放，把以爱国主义为核心的民族精神和以改革开放为核心的时代精神统一起来，展示了前所未有的创造活力；十几亿人口的社会主义中国实现了从"以阶级斗争为纲"到以经济建设为中心、从封闭半封闭到改革开放、从计划经济到市场经济的深刻转变，以经济社会的飞速发展令人瞩目，以面向现代化、面向世界、面向未来的崭新面貌巍然屹立在世界东方；我们党重新确立了马克思主义的思想路线、政治路线和组织路线，在领导改革开放历史实践中推进党的建设新的伟大工程，坚持与时俱进，全面进行理论创新、政策创新、制度创新，始终走在了时代的前列，以执政为民的骄人政绩和崭新作风赢得人民群众竭诚拥护，成为中国特色社会主义事业的坚强领导核心。总之，透过这一旗帜，人们看到的是一个青春焕发、活力四射的中国，一个锐意改革、开拓创新的中国，一个愚公移山、砥砺前行的中国，一个气宇恢宏、海纳百川的中国，一个亲仁善邻、协和万邦的中国。她展示了一个伟大民族的自强和自信，预示了一个伟大民族的复兴和雄起。

旗帜就是昭示。《共产党宣言》发表160多年来，国际社会主义运动经历了跌宕起伏的历程。有过凯歌猛进的狂飙岁月，也遭受了重大挫折、陷入低潮。回顾20世纪90年代初苏联解体、东欧剧变，社会主义运动一时众芳摇落、百卉凋零，西方世界一片兴高采烈，许多资本主义预言家迫不及待地断言，社会主义运动已经终结。然而，社会主义中国的异军突起、"华丽转身"，却令他们大跌眼镜。高高飘扬的中国特色社会主义旗帜告诉世人：马克思主义是真理，而真理是摧不垮、打不倒的。社会主义在一些国家遭遇的挫折不是因为科学社会主义本身的谬误，恰恰是因为复杂的历史原因，人们未能正确理解并结合本国实际坚持科学社会主义的原理。中国特色社会主义的理论与实践，在新的时代和中国的土地上极大地丰富发展了马克思主义，极大地更新和深化了我们对科学社会主义的认识，使社会主义固有的优越性和旺盛生命力得到了充分的验证和展现。可以预期，在这一旗帜指引下，到21世纪中叶，中国基本实现社会主义现代化，"这不但是给占世界总人口四分之三的第三世界走出了一条路，更重要的是向人类表明，社会主义是必由之路，社会主义优于资本主义"。

旗帜就是理想。理想是建立在对人类社会、自然界发展客观规律的认识之上的对于未来的预期、向往和追求。一个党、一个民族、一个国家一定要有理想。一个没有为理想之光所照亮、所点燃的民族，是没有希望的民族。中国特色社会主义旗帜的提出就是对当代中国人民共同理想的一种标示、一种界定，也是对中国共产党人奋斗的终极理想的一种标示、一种界定。这一旗帜的经纬里织进了几代中国共产党人带领人民不懈探索、艰辛实践的智慧和心血，体现了党的最高纲领和最低纲领的统一，社会主义和爱国主义的统一，先进性与群众性的统一，崇高性与科学性的统一，反映了中国人民开创更加幸福美好未来的强烈愿望和期待，表达了中华民族走向伟大复兴的坚强意志和决心，因而具有巨大的亲和力、凝聚力和感召力。

旗帜就是召唤。实现民族的伟大复兴，是中华民族的百年梦想；建设富强、民主、文明、和谐的社会主义现代化国家，是十几亿中国人民的美好愿景。中国特色社会主义旗帜就开辟了实现这一梦想的现实道路，展示了体现这一愿景的宏伟蓝图。它如同远望天际已见喷薄欲出的朝日在鼓舞着我们，桅杆尽头已经清晰可见的新大陆在吸引着我们，我们应该努力。

旗帜如画，前程似锦！

# 写在旗帜上的光荣与梦想[*]

## ——论坚持和发展中国特色社会主义

在一个民族前行的道路上,总有一些节点令人铭刻于心,总有一些时刻牵人神思飞越。

党的十八大就是这样的节点和时刻。这次大会以鲜明的主题,庄严的宣示,清醒的认知,科学的谋划,回答了在新的起点上党和人民举什么旗、走什么路、以什么样的精神状态、朝着什么样的目标继续前进的问题,必将以举旗定向、继往开来的历史性功绩载入史册。

### 一

中国特色社会主义伟大道路的开辟,是中国共产党领导人民闹革命、搞建设、兴改革艰辛探索、不懈奋斗的结果,是历史的必然,人民的选择。

闻一多曾写下如此幽愤、如此滚烫的诗句——"有一句话说出就是祸,有一句话能点得着火……突然青天里一个霹雳,爆一声:'咱们的中国!'"

中华民族是伟大的民族,在漫长的发展进程中,以自己的勤劳、勇敢、智慧、文雅,创造了灿烂的文明,培育了历久弥新的优秀文化。然而,近代却落伍了。一部中国近现代史就是中国在屈辱中奋起、在曲折中

---

[*] 本文发表于 2012 年 12 月。

探索、在追赶中接力，寻求民族复兴的历史。

1840年鸦片战争以后，中国沦为半殖民地半封建社会。无数仁人志士为寻求救国救民的良方，上下求索、奔走呼号，进行过各种试验，然而都失败了。中华民族到了最危险的时刻。只是在中国工人阶级登上历史舞台，在中国共产党人把马克思主义作为观察国家命运的武器之后，古老的神州大地才露出了复兴的晨曦。然而，如何把马克思主义与中国的实际结合起来，找到一条正确的革命道路，仍然是一个曲折的探索过程。

从第一次国内革命战争到土地革命战争时期，照抄照搬别国经验的教条主义，曾给革命造成重大的损失。以毛泽东同志为主要代表的一批有远见卓识和创造精神的共产党人从一开始就同教条主义进行了坚决的斗争，致力于探索一条适合中国国情的革命道路。1927年9月，毛泽东带领秋收起义的余部进军井冈山，与朱德等率领的南昌起义的余部会师，点燃了"工农武装割据"的星火。在夜色如磐、黑云压城的情况下，农村革命根据地和红军能否存在和发展？毛泽东经过缜密思索和论证，在《中国的红色政权为什么能够存在？》《星星之火，可以燎原》等论著中进行了科学而肯定的回答，初步提出了一套革命方略，一条以农村包围城市为主要特征的新的革命道路开始明晰了起来。遵义会议标志着我们党的一个伟大觉醒。到党的七大，全党终于形成共识，把毛泽东思想写在了自己的旗帜上。

"莫道故国春来晚，东风初绽第一枝。"毛泽东思想伟大旗帜的确立实现了马克思主义中国化的第一个飞跃，在中华民族的复兴史上带有拨云破晓、峰回路转的意义。它贯穿了实事求是的思想路线和独立自主的思维方式，科学回答了在中国这一半殖民地半封建的东方大国开展新民主主义革命的一系列问题，确立了在农村建立巩固的根据地，用农村包围城市，最后夺取全国政权的正确道路，形成了我们党的三大法宝——武装斗争、统一战线、党的建设。抗日战争之后，我们党仅仅用3年多的时间，就打败了蒋介石，解放了全中国。

新中国成立后，经过社会主义改造，以毛泽东同志为主要代表的中国共产党人就开始了中国社会主义建设道路的探索，毛泽东思想继续得到了发展。在《论十大关系》《关于正确处理人民内部矛盾的问题》等论著中，毛泽东初步阐发了中国社会主义建设的基本构想，提出了"将我国建设成为一个具有现代农业、现代工业和现代科学文化的社会主义国家"宏伟纲领。站起来了的中国人民焕发出了前所未有的建设热情，新中国 10 多年间的经济社会建设取得了旧中国几十年惨淡经营所不曾取得的成就。

然而，"历史通常是循着曲折的道路发展的"。由于复杂的历史原因，从 20 世纪 50 年代后期，"左"的思想开始抬头，"以阶级斗争为纲"愈演愈烈，直至发展到"文化大革命"这样的全局性错误，令人痛心疾首。但是，改革开放前的 30 年，毕竟是我们党探索中国式社会主义道路的最初尝试，为中国社会主义事业打下了基本的制度基础，提供了必需的政治前提。

党的十一届三中全会前后，党和国家面对的是一种极为困难的局面。国内，徘徊不前；域外，千帆竞发。中国向何处去？这样一个严峻的问题又一次历史地摆在了党的面前。

1978 年 12 月 13 日，邓小平在党的十一届三中全会前召开的中央工作会议上发表了题为《解放思想，实事求是，团结一致向前看》的著名讲话。在这篇实际上的党的十一届三中全会的主报告中，他讲了两句振聋发聩、惊世骇俗的话。

一句是："一个党，一个国家，一个民族，如果一切从本本出发，思想僵化，迷信盛行，那它就不能前进，它的生机就停止了，就要亡党亡国。"

另一句是："如果现在再不实行改革，我们的现代化事业和社会主义事业就会被葬送。"

这是党在社会主义时期的一个新的伟大觉醒！

经过改革开放头几年的实践和深入思考，1982 年 9 月 1 日，在党的十二大开幕词中，邓小平指出："把马克思主义的普遍真理同我国的具体实际结合起来，走自己的道路，建设有中国特色的社会主义，这就是我们总结长期历史经验得出的基本结论。"

后来进一步凝练为"中国特色社会主义"的命题就是由此而提出来的。这个命题的提出既是对长期历史经验的总结，又开辟了一个全新的时代。乍一看来，它似乎是对毛泽东晚年错误的一个反拨，但仔细推究，他又与毛泽东倡导和坚持实事求是、独立自主的思维方式一脉相承。正是这样一个命题确立了改革开放30多年来中国历史的基本走向。

由此，一面迎风招展的旗帜在中国大地上，在世界东方的天幕上，呼啦啦地展开了。

## 二

以党的十一届三中全会为标志，以党的十二大提出的建设中国特色社会主义为目标取向，以改革开放为强大动力，我们党领导人民以一往无前的进取精神和波澜壮阔的创新实践，掀开了中国社会主义事业崭新的一页，谱写了中华民族走向复兴的壮丽史诗，开辟了中国人民奔向幸福安康的锦绣前程。

中国特色社会主义形成和发展的进程，是一个坚持马克思主义实践第一的观点、尊重人民群众首创精神奋勇开拓的历史进程。列宁说过："生气勃勃的创造性的社会主义是由人民群众自己创立的。"社会主义不在书斋里、不在沙龙里，不在某些天才人物、先知先觉的大脑里，不是某种先验的、僵化的、一成不变的固有模式。社会主义在实践中，在亿万人民群众创造自己幸福生活和美好未来的实践中。它是鲜活的、生动的，七彩焕然、不拘一格的。在改革开放初期，邓小平有一句非常著名的话——摸着石头过河。摸着石头就是探路、就是实践，"望河兴叹"是不可能到达胜利的彼岸的。正是因为非常注重实践，非常尊重人民群众的历史主动精神和历史首创精神，中国的改革开放才从农村到城市、从沿海到内地、从经济建设到政治、文化、社会建设领域，直至生态文明建设领域全方位地铺开，中国特色社会主义才萌芽破土、生根开花，茁长成一棵参天大树。

中国特色社会主义形成和发展的进程，是一个坚持实践基础上的理论创新、不断推进马克思主义中国化时代化大众化并用以指导实践的历史进程。环顾当今世界，在千帆竞发群雄逐鹿的世纪性的发展潮流中，为什么中国能够脱颖而出、"华丽转身"？个中原因固然很多，但很重要的一条就是我们有理论，有科学理论的指引，有理论上的自觉和自信，有理论上的创新和武装。在开辟中国特色社会主义道路的历史进程中，我们党不仅勇于实践，而且特别注重推进实践基础上的理论创新，结合新的时代、新的实践发展了毛泽东思想，形成了崭新的科学的理论，实现了马克思主义中国化的第二次历史性飞跃，这就是中国特色社会主义理论体系。从邓小平理论到"三个代表"重要思想，再到科学发展观，我们党围绕着什么是社会主义、怎样建设社会主义，建设什么样的党、怎样建设党，实现什么样的发展、怎样发展这3个密切相关的基本问题，形成了一系列紧密相连、相互贯通的新思想、新观点、新论断，不断深化了在中国这样一个落后的东方大国建设社会主义规律的认识，开辟了当代中国马克思主义的新境界。

中国特色社会主义形成和发展的进程，是一个不断地把实践中的成功经验和理论上的正确认识转化和定型为制度、不断进行制度创新和完善的历史进程。人类社会发展史表明，一种阶级统治、发展模式、发展道路，总是体现为一定的制度安排。社会变革，归根结底是制度的更新与重塑。如果说，勇于实践是中国特色社会主义的源头活水，科学理论是中国特色社会主义的指路明灯，制度就是它的四梁八柱。如果说，实践开拓了中华民族的复兴之路，理论点燃了中华民族的复兴之光，制度则熔铸了它的规矩方圆。在开辟中国特色社会主义道路的伟大历史进程中，我们党在重视实践开拓、理论创新的同时，也高度重视制度建设，适时通过制度创新固化了改革开放的成果，形成了初步定型、日臻完善的中国特色社会主义制度。这些制度既具有鲜明的中国特色，体现了科学社会主义的基本原理、基本原则，又借鉴和吸收了人类在长期的发展进程中，包括在资本主义条件下所形成的优秀的、有益的制度文明成果，例如市场经济、民主政治、社会保障等。因而显示出巨大的优越性，焕发出旺盛的生命力。

生动的实践开辟了伟大的道路，科学的理论引领了壮丽的事业，日臻完善的制度固化了实践创新、理论创新的成果。道路形态、理论形态和制度形态，堪称"三原色"，共同演绎了中国特色社会主义的绚丽风景；堪称它的"三鼎足"，共同支撑起中国特色社会主义的宏伟大厦。

## 三

回首 90 多年党和人民筚路蓝缕、艰辛探索、奋勇开拓的历史进程，可以得出一条基本结论：中国特色社会主义之路就是民族复兴之路，就是中国富强之路，就是人民幸福之路。

坚持和发展中国特色社会主义，必须牢牢把握社会主义初级阶段这一基本国情。搞清基本国情和历史方位，是确立道路和发展方略的首要问题。党的十一届三中全会以后，我们党认真总结国际国内历史经验，提出在我国这样经济文化比较落后的国家进入社会主义以后必须经历一个很长的（至少上百年）的初级阶段。这一科学论断的提出丰富了马克思主义科学社会主义原理，为我们党制定正确的路线方针政策确立了总依据。今天，我国已发展为世界第二大经济体，综合国力和人民的生活水平都有了显著的提高。但是正如党的十八大报告所指出的，我们必须清醒地认识到，我国仍处于并将长期处于社会主义初级阶段的基本国情没有变，任何时候都不要妄自尊大、忘乎所以。

坚持和发展中国特色社会主义，必须坚定不移地把党的基本路线看作党和国家的生命线。改革开放以来，我们党逐步提出并不断完善了以"一个中心、两个基本点"为主要内容的党在社会主义初级阶段的基本路线。实践证明，这条路线是中国特色社会主义的灵魂，是党和国家的生命线。

正如邓小平所嘱托的："基本路线要管一百年，动摇不得。"以经济建设为中心是兴国之要，离开经济建设这个中心，就有丧失物质基础的危险，其他一切建设都无从谈起。四项基本原则是立国之本，丢掉了四项基本原则，就失去了国之根本，就可能滑向改旗易帜的邪路；改革开放是强国之路，丢掉了改革开放，就窒息了社会主义的生机与活力，就可能重蹈僵化封闭的老路。

坚持和发展中国特色社会主义，必须按照科学发展理念把握"五位一体"总体布局。社会主义社会作为人类社会的理想境界，是人的全面发展的社会，也必然是社会全面发展的社会。社会主义建设作为艰巨复杂的系统工程，经济、政治、文化、社会建设，乃至生态文明建设缺一不可。从物质文明和精神文明"两手抓"到经济、政治、文化"三足鼎立"，从经济、政治、文化、社会"四位一体"再到经济、政治、文化、社会、生态文明"五位一体"，记录了改革开放向纵深发展的历史轨迹，体现了我们党对中国特色社会主义事业总体布局认识的渐进和深化。发展仍是解决我国所有问题的关键。必须坚持发展是硬道理的战略思想，以科学发展为主题，以加快转变经济发展方式为主线，着力推动经济持续健康发展。民主是社会主义的生命，人民民主是我们党始终高扬的光辉旗帜。必须坚持走中国特色社会主义政治发展道路，积极稳妥地推进政治体制改革，发展更加广泛、更加充分、更加健全的人民民主。文化是民族的血脉和魂魄，中华民族伟大复兴从根本上说是文化的复兴。必须扎实推进社会主义文化强国建设，兴起社会主义文化建设新高潮，发挥文化引领风尚、教育人民、服务社会、推动发展的作用。完善的社会管理和服务体系，是社会和谐稳定、国家长治久安的重要保证。必须加强社会建设，从维护最广大人民根本利益的高度，努力构建社会主义和谐社会。中国特色社会主义不仅要有"楼高路宽"，还要有"水碧天蓝"。必须把生态文明建设放在突出地位，努力建设美丽中国，实现中华民族永续发展。

坚持和发展中国特色社会主义，关键在党，在于提高党的执政能力，在于弘扬党的优良作风，在于巩固和保持党的先进性和纯洁性。中国共产党以自己90多年的奋斗和牺牲、忠诚和智慧证明，她不愧是中国工人阶级的先锋队，同时也是中国人民和中华民族的先锋队，只有中国共产党才能担当起拯救中国、改造中国、领航中国的重任。然而，新形势下，党面临的执政考验、改革开放考验、市场经济考验、外部环境考验十分严峻，精神懈怠危险、能力不足危险、脱离群众危险、消极腐败危险严重存在。因而，不断提高党的领导水平和执政水平、提高拒腐防变和抵御风险能力，是党巩固执政地位、实现执政使命必须解决好的重大课题。

背负着民族的希望，承载着人民的向往，我们党带领人民经过90多年的艰苦奋斗、不懈奋斗，今天，一个初步繁荣昌盛的、欣欣向荣、充满生机与活力的社会主义国家已经傲然屹立在世界的东方。我们完全有理由骄傲，但丝毫也没有自满的理由。中国的改革开放和社会主义现代化建设正处在关键时期，既有难得的机遇，又面临一系列极具挑战性的矛盾和困难。正如党的十八大报告指出的："发展中国特色社会主义是一项长期的艰巨的历史任务，必须准备进行具有许多新的历史特点的伟大斗争。"

风展旗帜如画。让我们高举中国特色社会主义伟大旗帜，以更清醒的自觉和更坚定的信心，奋力开创中国人民和中华民族更加美好幸福的未来！

# 从三个维度看中国特色社会主义的世界历史性意义 *

中国特色社会主义的耀世而出、光荣绽放，是近现代中国发展史上、国际社会主义运动史上、现代世界史上的重大事件，不仅在中国的历史上具有划时代的意义，而且具有世界历史性的意义。这里，从 3 个维度略谈认识。

**首先，从近代以来中华民族历史命运的视角来看，中国特色社会主义创立，铺平了实现中华民族伟大复兴中国梦的现实道路，改变了占人类近 1/5 的 14 亿中国人民的命运**

"周虽旧邦，其命维新。"中国是文明古国，中华民族有着悠久历史和灿烂文化，曾经为人类文明做出过重要贡献。近代中国的历史就是寻求民族复兴的历史。

邓小平说过，"中国是带着首都被敌人攻占的耻辱进入到 20 世纪的"。1840 年鸦片战争以后，中华民族开始面临西方列强入侵这样一个"千年未有之大变局"，中国逐步沦为半殖民地半封建社会。这种际遇直接造成两个后果：一是"寇祸日亟矣"，在西方列强的坚船利炮的侵略和威胁下，民族危机日益深重；二是中国与世界的联系越来越紧密，世界工业革命深入发展，而中国却依然在 2000 多年的封建帝制中轮回，"长夜难

---

\* 本文发表于 2013 年 3 月。

明赤县天"！在"睁开眼睛看世界"中，中华民族越来越痛切地感到，自己落伍了。历史学家蒋廷黻1938年写过一本书，叫《中国近代史大纲》，他说："近百年的中华民族根本只有一个问题，那就是：中国人能近代化吗？能赶上西洋人吗？能利用科学和机械吗？能废除我们家族和家乡观念而组织一个近代的民族国家吗？能的话，我们民族的前途是光明的；不能的话，我们这个民族是没有前途的。"这句话实质上也道破了近代以来中华民族必须解决的历史课题。概言之，近代以来中华民族实质上面临两大任务：一是谋独立，求解放；二是谋发展，奔富强。集中起来，就是开辟并走上通往现代化之路。

中国共产党成立之前，为了拯救多灾多难的祖国，中华民族的先进分子进行了不懈的求索，进行过各种各样的尝试。但是历史证明，无论是主张"耕者有其田"的太平天国，还是"中学为体、西学为用"的洋务运动，师法俄日的戊戌变法，这些统统走不通。20世纪初，伟大的民主革命先行者孙中山高举反对封建专制统治的旗帜，提出了民族、民权、民生的政治纲领，率先发出了"振兴中华"呐喊。这一声呐喊可以说揭示了近代以来中国历史的主题。但是孙中山领导的辛亥革命虽然结束了几千年的帝制，打开了中国社会进步的闸门，但是革命成果很快为旧军阀和新军阀所篡夺，中国依然是一个四分五裂、任人宰割的格局，人民仍然生活在水深火热之中。

1921年，中国共产党成立是一个开天辟地的大事变。中国共产党从成立的那一天起，就把马克思主义作为观察国家命运的武器，作为中国工人阶级的先锋队和中华民族的先锋队，肩负起了振兴中华民族的历史使命。历史证明，中国有了共产党，从此中华民族的历史命运就发生了根本性的变化。

我们党在领导革命、建设和改革的历程中，经过艰辛的探索，形成了马克思主义中国化的两大历史性成果，一个是毛泽东思想，再一个就是中国特色社会主义理论体系。毛泽东思想的形成和确立，使我们找到了中国革命的正确道路，使中国人民站了起来。中国特色社会主义理论的形成及其不断发展，使我们找到了实现社会主义现代化的正确道路，使中国富起来，并开始强起来。今日之中国已重新骄傲地站在了世界舞台的中央，使中华民族再一次走到了世界的前列——无论是在物质上还是精神上，无论是硬实力还是软实力。我们的民族从来没有像今天这样接近于梦想成真的时刻，也从来没有像今天这样充满了稳步实现自己目标的信心。

14亿人口的中国从温饱不足到全面小康，中华民族从受奴役、受压迫到不可遏制、不可逆转地进入实现伟大复兴的历史进程，深刻改变了世界的格局，其影响和意义无疑是世界历史性的。

**其次，从国际社会主义运动兴衰成败的视角看，中国特色社会主义创立，展示了马克思主义固有的真理性，凸显了科学社会主义不可抗拒的生命力，使马克思主义、社会主义以崭新形象展现在世界上**

从1848年《共产党宣言》发表，马克思主义诞生160多年了。"一个幽灵，共产主义的幽灵，在欧洲游荡。"这是《共产党宣言》开篇第一句话。其实，共产主义对于资本主义世界来说是"幽灵"，对于工人阶级和进步人类来说则是照亮暗夜的火炬。一个半世纪多以来，国际社会主义运动经历了从理论到现实运动、从一国胜利到多国胜利的曲折的发展过程。其间，有过蓬勃发展，凯歌猛进，也遭受过重大曲折；有高潮，也有低潮。20世纪90年代初苏联解体、东欧剧变，一些原先的社会主义国家纷纷红旗落地，整个社会主义运动呈现出一种"万花纷谢一时稀"的态势。有的资本主义预言家已经迫不及待地断言：社会主义"历史终结"了，社会主义成了人类在20世纪的历史遗产。甚至于我们队伍中，也有人发出"红旗到底能打多久"的疑问。在这种情况下，中国特色社会主义事业的发展，特别是中国的改革开放能不能成功，就具有世界历史性的意义。近30年过去了，人们看到了什么呢？中国特色社会主义的旗帜不仅没有倒，而且"风展红旗如画""风景这边独好"。目前，中国已成为世界上第二大经济体。在高增长的同时避免了经济的大起大落，这的确十分了不起！中国的成功、中国的幸运，就在于我们有毛泽东这一"敢教日月换新天"的中国特色社会主义事业的奠基者，有邓小平这一改革开放的总设计师，有江泽民、胡锦涛的一以贯之、继往开来、与时俱进，有习近平总书记的力挽狂澜、守正创新、奋勇开拓。中国不走僵化封闭的老路，也不走改旗易帜的邪路，而是走出了一条中国特色社会主义的发展道路，从而使社会主义在中国的大地上真正活跃了起来、成长了起来，日益枝繁叶茂，更加郁郁葱葱。可以预期，如果我们坚定不移地沿着这条道路走下去，我们党提出的"两个一百年"奋斗目标就一定能够实现。到那个时候，就如邓小平所说的，我们就可以用自己的成功实践向世人证明：社会主义制度优于资本主义制度，社会主义是人类社会前进的方向。

**最后，从世纪性发展潮流的视角看，中国特色社会主义的创立，给世界提供了一个独立自主、和平发展的成功范式，给那些既希望加快发展又希望保持自身独立性的国家和民族提供了可资借鉴的经验，为解决人类所面临的共同问题提供了中国智慧和方案**

和平与发展是时代的主题。从20世纪七八十年代开始，随着国际战略格局的变化、经济全球化的浪潮、新技术的迅猛发展以及战争形态演进等遏制战争因素的增长，世界各国都在利用难得的历史机遇，加紧发展自己，综合国力的竞争日趋激烈。进入21世纪以后，新科技革命发展的势头更加迅猛。与之相联系，世界范围内的调整、改革浪潮方兴未艾。这个浪潮波及国家之广泛、涉及领域之全面、改革调整程度之深刻、持续时间之长久，是前所未有的，是具有划时代意义的。现在不仅发展中国家在寻求较快较好地发展起来的道路，发达国家也在寻求防止衰落的出路。同时，人类发展还面临着许多共同的课题，例如环境问题、生态问题、能源问题等。"沉舟侧畔千帆过,病树前头万木春。"在世纪性的发展潮流中,一些国家和地区在发展中曾一度创造过引人注目的业绩,曾几何时被发展进程中的一些问题和矛盾所困扰,有的落入中等发达国家陷阱不能自拔,有的昙花一现、风光不再。中国是一个发展中大国,在中国这样一个国家实现发展,我们所遇到的风险和挑战世所罕见。中国向来主张各国人民自主地选择适合自己的发展道路,中国始终坚持集中精力办好自己的事情,从来不向别国输出什么"制度模式""发展模式"。但中国的发展对世界各国解决自己的发展问题、对人类解决共同关注的问题,无疑具有重要的借鉴和启示作用。改革开放以来,在中国特色社会主义的旗帜下,党领导人民成功走出中国式现代化道路,创造了人类文明新形态,拓展了发展中国家走向现代化的途径,给世界上那些既希望加快发展又希望保持自身独立性的国家和民族提供了全新选择。中国推动构建人类命运共同体,为解决人类重大问题,建设持久和平、普遍安全、共同繁荣、开放包容、清洁美丽的世界贡献了中国智慧、中国方案、中国力量,成为推动人类发展进步的重要力量。

# 一个冉冉升起的人类文明新形态[*]

## ——简论人类文明视域的中国式现代化

在庆祝中国共产党成立 100 周年大会上，习近平总书记提出了中国式现代化道路"创造了人类文明新形态"的重大论断。深入学习领会这一论断，对我们以中国式现代化推进强国建设、民族复兴伟业，进而为人类文明进步事业作出中华民族应有的贡献具有重大意义。

一

"人猿相揖别。只几个石头磨过，小儿时节。铜铁炉中翻火焰，为问何时猜得？不过几千寒热……"这是毛泽东纵览人类文明史的雄词《贺新郎·读史》的开篇。人类文明的出现是我们这个星球走出混沌、开辟鸿蒙、石破天惊的事件。自从有了人类以及人类所创造的文明，这个星球的历史就翻开了不断从自在到自为的新篇章。

人类有记载的文明史有 5000 年到 6000 年。在漫长的发展和繁育中，人类文明不断递嬗演进，不断从相对隔绝孤立到日益交融互鉴、从相对低级的阶段到日益高级的阶段发展，形成了多姿多彩的文明形态。从空间分布来说，基于不同的地理环境和自然禀赋，孕育出了各具地域特色的文明形态，如古巴比伦文明、古埃及文明、古希腊文明、古印度文明、古华夏文明等，这些文明形态交相辉映，璀璨了人类文明的星空。从时间链条来

---

[*] 本文发表于 2023 年 10 月。

说，随着科学技术水平的提高以及与之相应的生产力水平的发展，催生出了标示不同生产和生活方式的文明形态，如狩猎文明、农耕文明、工业文明，以及今天正在日益发育的信息文明或者说数字文明，这些文明形态不断演进，展示了人类文明从史前、古代、近代到现代乃至后现代的发展轨迹。这两个向度构成一个坐标系，凸显了人类文明形态的丰富性、多样性。

人类文明发展的速度并不是一成不变的。在生产力低下的情况下，文明的发展非常缓慢，无论是中国还是西方，都经历了漫长的古代社会。从14世纪开始，随着欧洲资本主义的萌芽和发育，西方逐步摆脱了中世纪以来宗教神学的愚昧和禁锢，人类的视野和活动的空间日益扩大、不断拓展。大航海时代的开启使世界前所未有地连在了一起，从此人类进入了真正意义上的世界史。17世纪中叶资本主义生产方式在英国等欧洲国家相继确立。特别是18世纪60年代，随着科学及技术的发展，工业革命引发了人类生产方式和生活方式的深刻变革，人类文明由传统文明向现代文明加速演进。由此，现代化——一个人类文明的新时代开始了。展望当今世界，现代化已经成为各国的普遍追求，成为世界上任何一种不甘衰落的传统文明革故鼎新、破茧化蝶的必然的选择。

"震旦方沉陆，何年得解悬。"从近代有识之士提出"睁开眼睛看世界"开始，中国的现代化走过了艰辛的探索和开拓历程。从一定意义上说，中国共产党百年多的奋斗史，就是用革命、建设和改革开辟中国式现代化之路，领导国家和人民革故鼎新、改天换地，追赶和实现现代化的历史。在短短的100多年里，中国实现了从一个饱受西方列强欺凌的半殖民地半封建的东方大国，到一个初步富强民主文明和谐美丽的社会主义现代化国家的沧桑巨变、华丽转身，开辟了一条中国式现代化道路。中国式现代化不仅立于人类现代化潮头，而且具有鲜明的中国特色。如果放诸人类文明形态的坐标系，从纵轴来看，中国式现代化抵近了人类科技发展的最前沿，与当今世界最先进的生产力相联系，从生产力到生产关系，从经济基础到上层建筑，从经济到政治、文化、社会、生态等各个领域，实现了从传统社会到现代社会的全面转型，因而它是现代的；从横轴来看，中国式现代化根植于中国的土地，它以当代中国的马克思主义为指导，坚持中国共产党的领导，坚持中国特色社会主义的理论、道路和制度，因而它是中国的。正是在这一意义上说，中国式现代化创造了人类文明新形态。

## 二

中国式现代化作为人类文明新形态，新就新在它历史性地克服了西方式现代化与资本主义生产方式相联系、与西方某些劣质文化因子相联系的先天性弊端，使现代化的进程真正成为实现全体人民共同富裕、不断创造人民美好生活和未来的进程，成为实现人的彻底解放、推进人的自由而全面发展的进程，成为人与自然和谐相处、自觉守护地球上所有生灵共有家园的进程，成为和平发展、合作共赢、建设人类命运共同体的进程，创造了人类通向现代化的新范式。

首先，在人与人的关系上，西方现代化的进程没有也不可能解决贫富过度悬殊、两极分化的问题，而是愈演愈烈。这是由资本主义社会的固有矛盾所决定的。在资本主义条件下，必然是两极分化：一极是财富的积累，另一极是贫困的积累。一极是资产者如滚雪球般增长的巨大的财富，另一极却是无产者的绝对贫困和如鸿沟般日益扩大的相对贫困。当代资本主义社会虽然采取了某种改良的政策，但两极分化依然持续加剧。以美国为例，最富有的1%家庭占全国家庭总收入的20%，前10%的家庭占有超过全美所有家庭财富的75%，后50%的家庭财富比重仅为1%。而中国式现代化是中国特色社会主义现代化，是坚持社会主义基本经济制度和政治制度、体现社会主义本质要求的现代化，因此始终把实现人民对美好生活的向往作为现代化建设的出发点和落脚点，着力促进全体人民共同富裕。当然，共同富裕是一个长期的历史进程，不可能一蹴而就。但重要的是，这一价值取向从一开始就列入了我们党对中国式现代化的目标定位之中,并且伴随着改革开放的进程,一刻也没有放松实现这一目标。早在改革开放之初,邓小平就强调,贫穷不是社会主义,两极分化也不是社会主义。并且极具警示性地指出,如果真的出现两极分化,那我们就失败了,就走到了邪路上去了。党的十八大以来,我们如期打赢了脱贫攻坚战,历史性地解决了困扰中国几千年的绝对贫困问题,14亿多中国人民总体实现了小康,创造了人类减贫史上的奇迹。依据党的二十大规划,2035年,全体人民共同富裕取得明显的实质性进展;2050年,全体人民共同富裕基本实现。

其次,在人与物的关系上,西方现代化的进程伴随的是物欲横流,人越来越深地异化为物的奴隶。社会物质生活资料的丰富和发展,是人的自由发展的物质基础。在资本主义条件下,社会关系中的人不可避免地变为了资本逻辑的载体,人沦为了资本自身不断增殖的手段和工具。在发达资本主义社会,人们看到的是一种怪异的景象:一方面是随着科技的迅猛发展,现代化大生产创造了前所未有的、越来越丰富的物质财富;另一方面却是人们普遍心为物役、心为形役,生活越来越缺少方向感、幸福感、成就感,理想缺失、信念渺茫、精神空虚,利己主义、极端个人主义盛行,商品拜物教、金钱拜物教大行其道,社会道德水平江河日下。而中国式现代化是物的全面丰富和人的全面发展相统一、物质文明和精神文明相协调的现代化。在社会主义条件下,人民群众成了国家和社会的主人,焕发出了用自己的双手创造幸福生活、开辟美好未来的巨大热情。我们党强调物质贫困不是社会主义,精神贫乏也不是社会主义。在不断厚植现代化的物质基础、夯实人民美好生活的物质条件的同时,大力培育社会主义核心价值观,发展社会主义先进文化。坚持马克思主义在意识形态领域的指导地位,推动中华优秀传统文化创造性转化、创新性发展,不断丰富人民群众的精神滋养,提升人民群众的精神境界。我们党把人的现代化放在现代化的核心和第一的位置,实施人才兴国战略,努力培育堪当民族复兴重任的时代新人,为各方面的人才脱颖而出、放飞理想、施展才华、实现抱负创造越来越充分的条件，为人的自由而全面的发展创造越来越充分的条件。

再次，在人与自然的关系上，西方现代化的进程是以对大自然的过度开发利用、造成地球环境和生态系统的巨大破坏为代价的，这个进程还在延续。由于资本的本性，如同对劳动者的压榨无度一样，资产阶级对大自然同样是索求无度的，往往杀鸡取卵、竭泽而渔，只顾眼前，不顾长远，吃祖宗饭，造子孙孽。在工业文明出现以前的漫长的人类文明演进中，由于生产力水平低下，人类活动对于自然界的影响、对于地球生态系统的影响是有限的。但随着由西方发达资本主义国家肇端的现代化进程的开启，人类活动对自然界的影响越来越大。而人类向自然无止境地索取甚至破坏必然遭到大自然的报复。当前，地球变暖、极端天气频发、生态环境每况愈下越来越引起人们的殷忧，造成这种巨大的生态赤字，西方发达资本主义国家是始作俑者。而中国式现代化开辟了一条人与自然协调发展、和谐共生的新路。基于马克思主义对于人和自然关系的辩证唯物主义的理解，基于中华民族天人合一的优秀的文化传统，基于对"实现什么样的发展、怎样发展"的不断深化的科学认识，基于对人民对美好生活向往内涵的愈益深刻的体认，党的十八大以来，我们党把"美丽"纳入社会主义现代化强国的目标体系，把"生态文明建设"纳入现代化建设"五位一体"总体布局，把"人与自然和谐共生"纳入新时代坚持和发展中国特色社会主义基本方略，把"绿色"纳入新发展理念，把"污染防治"纳入必须打好的三大攻坚战，推动生态文明建设迈上了新台阶。中国还积极参与国际生态保护合作，参与应对气候变化全球治理，树立了负责任的大国的形象。喜看今日神州大地，天蓝水碧、土净山青、江山如画、繁花似锦，美丽中国惊艳世界。全世界也从中国的成功实践中看到了解决日益严重的环境问题的希望。

最后，在本国与他国、一国与世界的关系上，西方现代化的进程走的是侵略扩张、对弱小民族和后发民族进行殖民统治、野蛮掠夺的道路，遵循的是弱肉强食的丛林法则，奉行的是恃强凌弱的强盗逻辑。马克思说，资本来到世间，从头到脚，每个毛孔都滴着血和肮脏的东西。西方资本主义发迹史就是一部血与火写成的罪恶史。列宁曾作出"帝国主义就是战争"的著名论断。两次世界大战以及战后大大小小的战争，直到今天乌克兰危机、巴以冲突等，究其根源都与资本主义进入帝国主义阶段的历史背景分不开。可以说，西方少数发达资本主义国家所标榜的现代化，是以掠夺、剥削别的弱小国家和民族为代价的，他们的发展建立在别的国家不发展的基础之上。而中国式现代化走的是和平发展的道路，秉持的是合作共赢的理念。中华民族素以近者悦、远者来、协和万邦为治国之道、盛世之象。在当今世界国际政治舞台，中国坚定地站在历史正确的一边，站在人类文明进步的一边，坚定地在维护世界和平与发展中谋求自身发展，又以自身发展更好地维护世界的和平与发展。党的十八大以来，习近平总书记从全人类前途命运出发，提出了构建人类命运共同体的重大思想，凝练了和平、发展、公平、正义、民主、自由的全人类共同价值，提出了全球发展、全球安全、建设新型国际关系、发展全球伙伴关系、共建"一带一路"等一系列重大倡议，为回答"世界怎么了，我们怎么办"这一时代之问提供了中国智慧、给出了中国方案。这些重大思想、主张和倡议受到世界上越来越多的国家和人民的响应及拥护。历史已经证明，中国的发展是世界的福音，是全人类的福祉。所谓"中国威胁论"不过是西方一些人的"嗡嗡叫，几声凄厉、几声抽泣"而已。

尤其不应忽视的是，中国式现代化是在中国这个14亿多人口的东方大国进行的。它不是如空想社会主义者们所进行的小范围内的乌托邦式的社会试验，不是蕞尔小国的不具样本性的个例，而是在960万平方公里土地上展开的波澜壮阔的伟大实践。在这样的人口规模巨大、幅员辽阔且底子薄的国度里，在20世纪下半叶以来风云变幻、激流涌动的国际环境里，进行现代化建设所遇到的困难世所罕有，遇到的风险和挑战世所罕有。惟其如此，这一人类文明新形态的创造更加蔚为大观、更加弥足珍贵，更为不同凡响、更为惊世骇俗！西方现代化的进程已经经历了近400

年，时至今日，堪称现代化国家的总人口加起来也不超过10亿人。而稳步走向现代化的中国一国的人口就超出14亿，这是何等了不起！

## 三

中国式现代化这一人类文明新形态耀世而出，不仅从根本上改变了近代以来中华民族的命运，也深刻地改变了国际政治版图和世界的格局，为人类解决共同关切的问题、创造一个更和平美好的世界提供了新的路径和可能。其所具有的影响和意义无疑是世界历史性的。

其一，它让马克思主义放射出了新的时代光辉，开辟了人类社会主义事业的新纪元。20世纪末，苏联解体、东欧剧变之后，面对一些人对"马克思主义还灵不灵"的疑问，以及人们对社会主义事业的前途命运的关切，邓小平就高瞻远瞩地指出："我坚信，世界上赞成马克思主义的人会多起来的，因为马克思主义是科学。……不要惊慌失措，不要认为马克思主义就消失了，没用了，失败了。哪有这回事！"30多年过去了，中国式现代化在世界东方的成功实践证明了他的预见。在中国式现代化的进程中，我们党坚持把马克思主义基本原理同中国具体实际相结合、同中华优秀传统文化相结合，不断开辟了马克思主义中国化时代化新境界。马克思主义在指导中国这样广阔的社会主义现代化实践进一步彰显其科学真理性，科学社会主义在21世纪中国焕发出蓬勃生机。

其二，它不可遏止地开启、卓有成效地推进了中华民族伟大复兴的历史进程。近代中国积贫积弱，落在了现代化潮流的后面。中华民族谋求民族复兴的历史进程，质言之，就是中国寻求实现现代化之路的进程。可以说没有现代化，就没有中华民族的伟大复兴。中国式现代化的成功推进和拓展，使中华民族伟大复兴的曙光灿烂地照临了东方的地平线。古老的中华文明正在现代化的进程中浴火重生，在人类文明大花园中放射出夺人心魄、青春焕发的光华。

其三，它打破了"现代化＝西方化"的魔咒，为广大发展中国家走向现代化提供了新的选择、新的思路。当今世界，客观上由于率先进入现代化行列的国家都是发达资本主义国家，同时资本主义的卫道士们又极力渲染"西方中心主义"，用西方资本主义的制度模板、价值观念、意识形态等来定义现代化，导致"现代化＝西方化"的迷思长期束缚着一些人的头脑。一些发展中国家在谋求现代化中盲目照搬西方模式，跟在西方后面亦步亦趋，结果走了不少弯路，付出了沉重代价，有的至今还在泥淖中挣扎。中国式现代化坚持体现中国特色、坚持从中国实际出发，既不排斥西方发达国家体现现代化建设共同规律的有益经验，又不照搬西方模式。它的异军突起和巨大成功无疑对各国实现现代化具有重大的启示和示范意义。

中华民族是一个有着强烈的使命担当和远大抱负的民族，是一个有着远大世界眼光、深广天下情怀的民族。1956年11月，毛泽东曾发表一篇重要文章，题目是《纪念孙中山先生》。在这篇文章里，他深情地说道："中国应当对于人类有较大的贡献。"那么，什么样的贡献才能算得上是"较大的贡献"呢？我以为，中国式现代化这一人类文明新形态的创造就可以称得上是这样的"较大的贡献"。这一文明新形态尽管还只是初步的、没有充分发育的，但"嫩箨香苞初出林，於陵论价重如金"。沿着党的二十大规划的宏伟蓝图和目标继续砥砺奋进，中国式现代化这一新的人类文明之光就一定可以更灿烂地照耀全世界！

# 民族之魂　复兴之光

# 把我们的血肉筑成我们新的长城[*]

## ——试论抗日战争中中国军民的爱国主义精神

中国人民的抗日战争暨世界反法西斯战争胜利已经50周年了。从1931年的九一八事变到1937年的七七事变，日本帝国主义作为法西斯的急先锋，一步步把中国推向了灭亡的边缘。神州陆沉、国亡无日的严峻事实，极大地促进了中国人民的觉醒，使中国人民深厚的爱国主义精神像核能一样聚集了起来，像火山一样迸发了出来，像黄河一样咆哮了起来，汇成了不可抗拒的救亡图存、振兴中华的历史潮流。在中国共产党倡导的抗日民族统一战线的旗帜下，各族各界人民万众一心，同仇敌忾，与日寇进行了长期的气壮山河的斗争，终于赢得了近代以来中国人民反侵略战争的第一次完全胜利，迎来了中华民族湔雪耻辱、走向复兴的伟大曙光。抗日战争的胜利，是我们民族发展史上一座不朽的丰碑，是中国人民伟大爱国主义精神谱写的一曲英雄史诗。

半个世纪过去了，中国已如在烈火中再生的凤凰旧貌变新颜。今天，当我们民族将以崭新的姿态跨入21世纪的时候，回眸半个世纪以前的那一段血与火的历史，缅怀英烈们所创造的光辉业绩，追寻当年那奔涌于我们民族血脉中、轰鸣于神州大地之上的爱国主义的涛声，将是十分有意义的，它带给我们的将不只是心灵的震撼、精神的洗礼，更有深沉的思考、不竭的动力。

---

[*] 本文发表于1995年8月14日。

一

抗日战争时期是中国军民的爱国主义精神大发扬的时期，是爱国主义精神激发、汇聚并得到最充分、最生动的体现的时期。一部抗日战争史就是中华儿女用爱国主义热血挥洒在世界东方的长城万里图。

群情激愤，呼吁救亡。九一八事变激起了中国人民的无比愤慨和强烈反抗。在中国共产党的领导和影响下，全国迅速掀起了声势浩大的抗日救亡浪潮。各大城市的大中学生纷纷走上街头，集会游行、发表通电，要求国民党政府停止内战投降的政策，武装民众、出兵抗日。工人组织了罢工、游行、抵制日货的斗争。其他社会各界也纷纷以不同的形式呼吁抗日救国，支援抗日斗争。然而寇祸日亟，鲁难未已。1935年，北平学生悲愤地喊出："华北之大，已安放不下一张平静的书桌了！"在中国共产党的发动和领导下，由北平发轫而波及全国的一二·九运动是中国人民被压抑的爱国情绪的总爆发，使抗日救亡最终发展成整个中国社会的政治主题，为实现全民族抗战进行了重要的思想和舆论准备。

面对日寇日益昭彰的灭亡中国的野心，抗日呼声遍于域中，连国民党内部一切爱国的、有民族自尊心的人士亦要求抗日。宋庆龄、冯玉祥、何香凝等国民党左派坚决反对蒋介石"攘外必先安内"的反动政策，主张"立即停止剿共军事""武装抗日"。一些地方实力派亦纷纷主张抗日，请缨参战。即使是一些右派人物也表现出一定的抗日意识，祖国利益高于一切成为中国社会各阶层人民的共识。

冲破阻力，奋起抵抗。七七事变前，国民党反动当局对日本帝国主义得寸进尺的野蛮侵略，基本上采取的是不抵抗政策，步步退让，拱手让出了大片国土。然而处在前线的国民党军队的官兵对蒋介石错误的"君命"还是"有所不受"，他们拔剑而起，对日军进行了虽然有限却是坚决的抵抗，用碧血为蒙羞的祖国染上了一抹亮色。九一八事变后，黑龙江省代主席马占山率部进行了有名的嫩江桥抗战，一举歼灭日军近一个团，重创其一个旅。1932年,日军悍然发起了一·二八事变,驻淞沪地区的第19路军在蒋光鼐、蔡廷锴、戴戟等将领的率领下,冲破蒋介石当局设置的种种羁绊,奋起进行抗击,浴血奋战月余,打死打伤日寇1万余人,日军被迫三易其将,增兵10万。1933年,日本把侵略的魔爪进一步延伸到长城以南,但蒋介石仍然顽固地执行"安内攘外"的政策,广大爱国官兵冲破重重阻挠,克服兵力不足和军费、粮饷难乎为继的困难,进行了艰苦的长城抗战。长城抗战之后,爱国将领冯玉祥、方振武、吉鸿昌在中共的大力帮助下组成了抗日同盟军,继续进行了察哈尔抗战。国民党军队官兵抗日要求的高涨和发展,最终导致了张学良、杨虎城发动的西安事变。以"兵谏"的方式逼蒋抗日。

捐弃前嫌,共赴国难。中国共产党率先提出了"停止内战,一致对外"的主张,并以民族大义为重,大力促成了西安事变的和平解决,开辟了国共两党第二次合作,联合抗日、共赴国难的新时期。中国共产党领导的八路军、新四军坚持了独立自主的游击战和运动战的原则,但始终注意了与友军进行战略的、战役的乃至战斗的协同与配合。在忻口、太原保卫战中,中共中央副主席周恩来多次参与重要作战计划的研究,毛泽东主席还通过周恩来对作战指导提出了慧眼独运的意见。战役初期,我第115师、第120师向进攻忻口之日军两翼及后方展开强有力的游击战,第129师以一部夜袭代县阳明堡机场,使敌后方补给线几乎断绝,攻势顿挫。娘子关失陷后,八路军在黄崖底、广阳、户封村等地连续伏击日军,掩护了沿正太路撤退的国民党军。武汉保卫战前后是国共两党关系最好的时期。中国共产党明确提出了保卫大武汉的任务,并派周恩来、董必武、叶剑英等一批领导干部赴武汉协助国民党运筹和组织抗战。抗战期间,大部分国民党军队,特别是国民党在敌后的军队也注意了与八路军、新四军协同作战,有的部队还派出干部到八路军、新四军学习游击战术。这些构成了抗战期间两党两军关系的主流。

英勇杀敌,效命疆场。中国共产党领导的八路军、新四军堪称英勇杀敌的模范。1937年9月25日，八路军改编后一个月我第115师即在平型关首战告捷，击毙日军精锐坂垣师团1000余人，击毁汽车马车数百辆，缴获大批军用物资，有力地打破了日军不可战胜的神话，使全国人民于狂澜既倒中看到了民族的希望。新四军组建后，亦迅速挺进华中敌后。1938年6月17日，新四军先遣支队于镇江西南之韦岗，对日军展开伏击战，毙伤日军少校以下20余人，击毁敌汽车4辆。"脱手斩得小楼兰"，给铁蹄下的江南人民以极大的鼓舞。八路军、新四军自出师至1938年年底，对日军作战计1600余次、歼敌6万余人，开辟了广阔的敌后战场，在广州、武汉失陷之后事实上成为中国抗战的重心和中坚力量。在整个抗战期间，八路军、新四军及其他人民武装，英勇地战斗于黄河之滨、太行山上，驰骋于大江南北的河湖港汊之间，活跃于白山黑水的林海雪原之中，拼杀在广大的敌后战场，共消灭日军52.7万余人、伪军118万余人，为民族解放建立了殊勋。

国民党军队的正面战场由于蒋介石片面抗战的政策及其消极防御的战略方针，导致节节败退，半壁河山迅速沦丧，但广大官兵表现出来的爱国主义精神同样是惊天地、泣鬼神。战争初期，由于中国军队的英勇作战，挫败了日军"三个月灭亡中国"的狂妄计划，极大地消耗和迟滞了敌人，并逐步改变了中日双方的战略态势。在淞沪会战中，第88师524团团副谢晋元带领2营800壮士守卫苏州河北岸四行仓库，孤军奋战30昼夜岿然不动，连国际上都叹为奇迹。

"名将以身殉国家，愿拼热血卫吾华。"抗战期间，中国共产党领导的八路军、新四军、东北抗日联军先后有左权、彭雪枫、杨靖宇、王德泰、周树东、罗忠毅、田守尧等高级指挥员在战斗中英勇牺牲，国民党军队亦有张自忠、郝梦龄、戴安澜、佟麟阁、赵登禹、王铭章等数十名爱国将领为国捐躯。除此之外，更有数以百万计的官兵血洒疆场，他们的名字鲜为人知，他们的业绩永垂不朽。

匹夫有责，各尽心力。抗日战争如狂飙疾风扫除了一般民众政治上的冷漠，代之而起的是"天下兴亡，匹夫有责"的家国情怀和责任意识。从城市到乡村，从上层社会到劳苦大众，从国内人民到海外侨胞，各族各界民众都以不同的方式表达对民族存亡的关切，都为抗日救国贡献力量。真正做到了有力出力、有钱出钱、有枪出枪、有知识出知识。在沦陷区，抗日救亡组织积极开展斗争，以隐蔽的方式向人民传播抗战消息，发动募捐，为敌后抗日根据地筹集药品等急需物资，组织和护送爱国青年投奔八路军、新四军。在大后方，妇女界、文化界组织了大量的战地服务团、救护队、抗敌剧社、救亡歌咏团，深入战地、农村进行抗日宣传，为前线将士服务。在抗日根据地，更是出现了"母亲叫儿打东洋、妻子送郎上战场"，"前方杀敌打胜仗、后方生产忙支前"的生动景象。

广大海外侨胞虽然远在异国他乡，但祖国的危亡仍强烈地牵动着他们的心。他们以各种形式积极支援并参加祖国的抗战，作出了重要贡献。南洋华侨领袖陈嘉庚说："有钱不出钱，有力不出力，是对祖国的大不忠。"他自己带头认购救国公债10万元，并坚持每月认捐"常月捐"2000元，直至抗战胜利。据不完全统计，从抗战开始到太平洋战争爆发，华侨每年的捐款达1.6亿元，同时还捐赠了大批紧缺的军用物资，有力地支持了国家的长期抗战。广大华侨还踊跃回国从戎效力，有的甚至献出了宝贵的生命。英勇地牺牲在敌后战场的印尼归侨女青年、八路军年轻的营教导员李林，就是其中的杰出代表。

临节不辱，浩气千秋。"时穷节乃见，一一垂丹青。"面对民族的敌人，面对日本法西斯的凶焰，中华民族高贵的气节闪射出夺目的光彩。原江西省省长韩国钧宁死不受伪职；著名艺术家梅兰芳蓄须明志，不为日伪演出；回民抗日英雄马本斋的母亲怒斥敌寇，大义凛然，绝食而逝。山东省第六区专员、保安司令兼聊城县长范筑先一个儿子战死之后，又将其长子和两个女儿送到延安。在聊城守卫战中他率众决战到最后，壮烈殉国，可谓一门忠烈。抗联女英雄、共产党员赵一曼被俘后，受尽酷刑，始终坚贞不屈，临刑前仍高唱抗联战歌。其他如抗联女战士"八女投江"、八路军"狼牙山五壮士"的故事更是为人们广为传颂。这些可歌可泣的事例不胜枚举，汇成了一曲气贯长虹的中华民族的正气歌。

毋庸讳言，抗战期间中华民族也出现了一小撮败类，例如汪精卫、梁鸿志、周佛海之流。但是不管这些汉奸、卖国贼曾经怎样名声显赫，怎样风云一时，一旦叛国投敌，就国人皆曰可杀，抗战胜利后被押上历史的审判台，受到了应有的惩罚。

## 二

抗日战争中中国军民表现出来的昂扬的爱国主义精神是中华民族新的伟大觉醒的标志，是中国历史的车轮推进到一个新的阶段的标志。它使中国人民的爱国主义精神跃上了新的层次，升华到了新的境界。

一是敢于斗争，敢于胜利的伟大的坚定性。中华民族自古以来就有与自己的敌人血战到底的气概。近代以来，中华民族为了反抗帝国主义的侵略，进行了不屈不挠的斗争。但是由于封建统治者的腐败，其结果都以一个个丧权辱国的条约而告终，中国一步步陷入被蚕食鲸吞的深渊。抗日战争则不同。在这场战争中，中华民族一洗百年来的耻辱，第一次取得了完全的胜利，真正恢复了民族的自尊和自信。由于有了五四运动以来中国人民的伟大觉醒，由于有了中国共产党作为中国人民的中流砥柱，中国人民在抗日战争中显示了前所未有的彻底实现民族革命的坚定性。抗战初期，亡国论和速胜论亦曾一度甚嚣尘上，但是以毛泽东同志为主要代表的中国共产党人及时科学地分析了形势，分析了中日双方战争的性质以及国力、地理、经济、政治、军事、外援等影响和制约战争的诸种因素，从而既指出了战争必然具有的艰苦性和持久性，又揭示了侵略者终将灭亡的本质。一部《论持久战》预测了中国抗日战争终将胜利的前途，照亮了整个抗日战争的胜利历程。在抗战过程中，由于中国资产阶级特有的动摇性以及蒋介石积极反共的政策，国民党曾不止一次表现出妥协投降的倾向和抗战的不彻底性。但全国人民把日本帝国主义驱逐出中国的历史潮流是不可阻挡的。由于中国共产党的揭露、促进和斗争，迫于全国人民抗日热情的高涨，国民党终归还是把抗战坚持了下来。日本帝国主义是一伙凶残的法西斯野兽，对抗日根据地实行了野蛮的"三光政策"，我根据地一度进入相当困难的时期。但所有这些都没有使中国人民吓倒、屈服。中国人民正是凭着敢于斗争、敢于胜利的精神，在"再坚持一下"的努力之中，赢得了"有利的情况和主动的恢复"，迎来了胜利的曙光。

二是举国迎敌、众志成城的空前的广泛性。一般地讲，抗日战争以前的中国历次反侵略战争都是局部的，或是局限于部分地域的部分中国军队的军事行动，或是部分群众自发的反帝斗争，没有也不可能把全国人民的爱国热情普遍地激发出来。而抗日战争中中国军民爱国主义的发扬却达到了空前的广泛性。"每个人被迫着发出最后的吼声"，就是对这种广泛性的生动概括。中国共产党在全面抗战路线的指引下，为唤起民众进行了不懈的宣传、鼓动和组织工作。国民党政府由于其阶级本性，决定了他们不可能真正实践孙中山"唤起民众"的遗训，不可能实现真正的全面抗战。但是，日寇的炮声毕竟唤醒和教育了人民，这是不以一些人的主观意志为转移的。从白山黑水到宝岛台湾，从敌后战场到西南后方，到处燃起了熊熊的抗日烈火；从工人、农民、知识分子到商业界、实业界、演艺界、宗教界，各界民众都投入了救亡的洪流。军队民众齐心协力，敌前敌后互相配合，国内海外遥相呼应，构成了一幅波澜壮阔的人民战争的历史画卷，这是中国过去历次反侵略斗争所没有过的。

三是在先进的阶级力量的领导下、在统一战线旗帜的凝聚下所形成的高度的组织性。中华民族蕴藏着巨大的爱国主义潜能，但在过去、中国处于四分五裂、一盘散沙的状态，"纷总总其离合兮，斑陆离其上下"。没有也不可能组织成强大的力量。无数仁人志士徒有一腔爱国热血，赍志以殁。历史的车轮前进到抗日战争时期，情形就大大不同。中国人民的爱国热情不仅汹涌澎湃地迸发出来，而且前所未有地组织起来了。中国共产党历史地成为全国各族人民的领导核心——党提出的抗日主张和抗日路线使人民群众有了统一的意志，党领导的八路军、新四军使人民群众有了自己的武装，党倡导和高举的民族统一战线的旗帜汇聚起了浩浩荡荡的革命大军，这就使中国人民的力量发生了质变。日本侵略者所面对的不再是少数仁人志士的匹夫之勇，而是亿万中国人民所筑起的铜墙铁壁，其失败是历史的必然。抗战期间，在统一战线内部固然存在着既团结又斗争的状况，存在着国民党反动派制造的种种曲折和逆流，但是由于中国共产党的努力及其正确的政策策略，它毕竟保持和坚持了下来。在统一战线的旗帜下，各个党派、群众组织和社会团体都进行了有意义的工作。

四是把民族解放战争与人民民主运动结合起来建立新中国的可贵的自觉性。在以往的反侵略战争中爱国志士的思想大都还一般地停留在忠君报国、抵御外侮的层面，很少提出相应的政治改革和社会民主的要求。因而一方面不可能使这种斗争有深厚的群众基础，另一方面也不可能从根本上改变中国积弱积贫的面貌。抗日战争所标志的中华民族的新觉醒，不仅在于其为以往历次斗争所不曾有的对侵略者绝不妥协的战斗姿态，而且在于中国人民自己掌握自己国家命运、自己解放自己的历史主动精神。由于有了工人阶级及其政党——中国共产党的诞生和发展，由于有了马克思主义作为观察国家命运的武器，由于有了在这种新的观察和新的变革社会的实践中所产生的毛泽东思想，以中国共产党人为代表的先进的爱国主义者认识到，民族革命是不能脱离民主革命而独立存在的，国内政治的改进和抗战的坚持密不可分。"对于抗日任务，民主也是新阶段中最本质的东西，为民主即是为抗日。抗日与民主互为条件"。处在20世纪上半叶的中国人民的抗日战争，就全球范围来看，不可分割地属于世界反法西斯战争的一个组成部分；就作为一个长过程的中国社会的发展链条来看，历史地属于中国新的民主革命的一个组成部分、是它的"最伟大、最活跃、最生动的一个新阶段"。毛泽东的《新民主主义论》就是对这一历史进程所作的深刻的理论说明。综观整个抗日战争，中国人民反对独裁、要求民主的人民民主运动与反抗侵略、争取解放的民族革命战争是相互交织、平行发展的，一浪高过一浪，从来没有止息过。这种爱国主义的升华和飞跃，大大推进了中国人民解放事业的进程。抗战胜利后的历史表明，当日本帝国主义的末日来临的时候，国民党反动派独裁统治的丧钟实际上已经敲响了。

五是爱国主义和国际主义相统一的鲜明的时代性。中华民族曾以文明的发祥和海纳百川的恢宏气度著称于世，但近代却落伍了。封建统治者在一个长时间内实行闭关锁国的政策，然而却无法抵御帝国主义的坚船利炮，中国一步步沦为半殖民地。这样一种特定的历史条件，使得近代中国的爱国主义往往与某种盲目排外仇外的心理掺杂在一起。对侵略者仇视是对的，但盲目地排斥一切外部世界和外来文化，则不足取。近代世界历史表明，世界发展到今天，一个民族如果只是盲目排外，闭关锁国，不融于世界文明的大潮，不联合进步人类以及一切"以平等待我之民族"共同奋斗，不利用政治的、经济的、外交的各种手段去创造有利的国际环境，就不可能求得民族的新生，就不可能自立于世界民族之林。抗日战争是中国人民重新认识自己的国家、睁开眼睛看世界的一个重要历史时期，它使中国人民的爱国主义最终冲破了故步自封、消极自保的眼界，开始形成了一种健全、成熟、开放的民族心态。在世界格局中，在全人类和平、进步与发展的坐标系中考虑中国问题，成为中华民族觉醒的又一个显著标志。一方面，抗日战争这一场中国人民反抗法西斯强盗——日本帝国主义侵略的战争，决定了中国人民的爱国主义与国际主义是完全一致的。正如毛泽东指出的："爱国主义就是国际主义在民族解放战争中的实施。"中国的抗日战争作为世界反法西斯战争在东方的主战场，以艰苦卓绝的努力和巨大的民族牺牲为人类和平与进步事业作出了贡献。另一方面，中国人民在自力更生、独立自主地进行民族解放战争的同时，也注意到了积极参与并发挥国际反法西斯统一战线的作用，注意到了争取有利的国际条件包括国际社会的援助。概言之，抗日战争使中国重新认识了世界，也使世界重新认识了中国。以抗日战争胜利为标志，中国以一种新的姿态重新登上了世界舞台，它对于中国乃至世界历史的影响是十分深远的。

## 三

"总结历史是为了开辟未来。"对抗日战争中中国军民的爱国主义精神进行系统的回顾和理性的审视，我们可以得到哪些重要的启示呢？

第一，中华民族是一个有着蓬勃生命力、坚强凝聚力的民族，任何敌对势力灭亡中国、宰割中国、奴役中国的企图都是注定要失败的。早在中华民族被讥为"东亚病夫"的时候，一些有识的资产阶级政治家就已经洞察了中华民族蕴藏的伟力。拿破仑曾小心翼翼地警告欧洲，让中国这头睡狮继续沉睡吧。然而欺凌一个民族不可能不唤醒一个民族，这是帝国主义时代的逻辑。且看近代中国，列强侵略瓜分豆剖，国内战争兵连祸结，何其多灾多难、积弱积贫矣！而一旦这一头睡狮被激怒、被警醒，焕发出了多么伟大的民族力量！曾几何时，不可一世的日本法西斯强盗在中国人民筑成的铜墙铁壁面前，碰得头破血流，落了个折戟沉沙的下场。谁蔑视中国人民的力量，谁就不能不受到惩罚。

特别值得指出的是，中国是一个统一的多民族国家，千百年来，各族人民共同生息繁衍在这块土地上，共同开拓和维护了祖国的疆域，共同为中华民族的文明发展和社会进步作出了贡献，这种悠久的历史和深厚的渊源形成了各族人民对于祖国根深蒂固的认同感和归属感，形成了各族人民共同的国家利益观，这就是把维护祖国统一，维护祖国的独立、主权和领土完整放在第一位。抗战中不仅是汉族，满族、蒙古族、回族、朝鲜族、壮族、维吾尔族等各兄弟民族都掀起并投入了抗日救亡运动，在少数民族中同样涌现了大量爱国志士和抗日英雄。日本帝国主义扶植的满洲傀儡国，以及策划的"华北自治""内蒙古自治"等丑剧，遭到了各族人民的唾弃和反对，或者名存实亡，或者胎死腹中。这充分说明任何外来势力和民族败类企图分裂中国都是不能得逞的。那些利令智昏、妄图重温殖民主义迷梦的人们可以休矣！

第二，爱国主义是动员和鼓舞中国人民团结奋斗的伟大旗帜，是中国人民争取独立、解放和民族复兴的伟大旗帜，是我国各族人民共同的精神支柱。中华民族的蓬勃生命力和坚强凝聚力来自哪里？抗日战争的历史告诉我们，这种力量的源泉和凝聚的内核就是爱国主义。没有爱国主义精神的大发扬，没有爱国主义作为民族统一战线的思想基础，抗日战争的胜利是不可想象的。如果历史地考察，近代以来中国人民所进行的振兴中华的伟大事业，大体可分为两个阶段。从鸦片战争到中华人民共和国成立，是第一个阶段。这一阶段主要解决的任务是民族独立，使中国人民站起来，以伟大的抗日战争作为由失败走向胜利的转折点，这一阶段的历史任务已经胜利完成了。中华人民共和国成立以后，是第二个阶段。这一阶段主要解决的任务是民族富强，使中国人民富起来和国家强起来，它实质上是第一个阶段历史主题的发展和深化。因为"一个国家要取得真正的政治独立，必须努力摆脱贫困"。这一阶段的任务还远没有完成，由于有了邓小平建设有中国特色的社会主义的理论，它也实现了由探索、挫折到走向胜利的转折，光明的前景就在我们面前。为了继承先烈们的遗志，为了实现中华民族绵延于3个世纪之中的强国梦，我们必须更高地、更加自觉地举起爱国主义的伟大旗帜。

　　深入的思想教育是激发爱国主义精神的中心环节。今天，我们党所处的执政地位使我们有可能进行比抗日战争中更为深入广泛的爱国主义教育。我们一定要认真贯彻中共中央颁发的《爱国主义教育实施纲要》，把爱国主义教育作为一项基础性工程长期不懈地抓下去。邓小平曾经指出："要懂得些中国历史，这是中国发展的一个精神动力。"抗日战争这段历史本身就是珍贵的爱国主义教育的富矿。我们要大力进行抗日战争史以及整个中国近现代史的教育，使青年和人民懂得我们民族从是怎样屈辱、苦难和危亡中奋起，谋求自身解放和走向复兴的，从而慎终追远、固本强身，构筑起当代中华民族共同的精神支柱。要牢记抗日战争时期中国"有国无防"的历史教训，强化全民族的国防观念和国土意识，把富国与强兵有机地统一起来。

第三，爱国主义在不同的历史时期有不同的时代内容，必须与一定时期中华民族所面临的历史任务相联系、相统一。"百万倭奴压海陬，神州沉陆使人愁。"抗战时期中国社会的主要矛盾是中华民族与日本帝国主义的矛盾。因此，爱国主义的集中体现就是奋起抗战、救亡图存。如前所述，这种救亡图存，是中国五四运动以来所进行的反帝反封建的民主革命的一个组成部分。因而爱国主义与新民主主义又是相统一的。正是新民主主义赋予了爱国主义以崭新的时代内容，使它带有了以往历次反侵略战争中所不曾具有的新的特质，从而保证了这场空前的爱国主义运动免蹈过去的覆辙，取得了完全的胜利。今天，我们的先辈梦寐以求并为之长期奋斗的振兴中华的伟大事业已经进入了一个崭新的历史时期，这就是建设中国特色的社会主义，实现中国式现代化。这一历史任务集中地代表了当代中华民族的根本利益，反映了现时代中华民族前进和发展的要求。拥护并献身于建设中国特色的社会主义的伟大事业，其中也内在地包含了统一祖国的大业，就构成了爱国主义在今天的时代内容。正像当年爱国主义与新民主主义在本质上是统一的一样，在当代中国，爱国主义与社会主义也是完全统一的。我们要像当年把人民群众召唤和聚集在抗日救国的旗帜下一样，努力把人民群众召唤和聚集到建设有中国特色社会主义的旗帜下，把人们的爱国主义情感引导、凝聚和升华到为建设有中国特色社会主义贡献力量上来。

第四，统一战线是最大限度地激发和汇聚中国人民爱国主义力量的有效组织形式。在振兴中华的伟大历史进程中，必须结成最广泛的爱国统一战线，把全体人民的爱国主义精神调动、发挥、组织和汇聚起来。中国人民深厚的爱国主义精神是非常可贵的，是我们民族不死的精魂、永恒的动力。但是，如果这种热情只是自发的，没有通过有效的形式把它很好地组织和汇聚起来，也不足以产生战胜敌人、变革社会的伟大力量。为此，必须在先进阶级的领导下结成最广泛的民族统一战线。统一战线是中国革命和建设的最重要的法宝之一。毛泽东在抗战初期就指出："中国是否能由如此深重的民族危机和社会危机中解放出来,将决定于这个统一战线的发展状况。"并且强调这个统一战线必须是完全的统一战线、全民族的统一战线,"是各党各派各界各军的统一战线,是工农兵学商一切爱国同胞的统一战线"。正是由于有了最广泛的抗日民族统一战线,中国人民才最终打败了日本帝国主义,为新中国的建立铺平了道路。今天,在建设有中国特色的社会主义的事业中,我们也同样必须建成最广泛的爱国统一战线。要贯彻邓小平"争取整个中华民族大团结"的战略思想,不仅要结成大陆范围内的统一战线,而且还要结成广泛团结海外侨胞、港澳同胞、台湾同胞的更大范围的统一战线,调动一切积极因素,致力于振兴中华民族。

抗日战争的历史还说明,在中国现代史上国共两党的合作对形成全民族的爱国统一战线曾经起到也依然可以起到举足轻重的作用。我们真诚地希望台湾当局能够发扬国民党曾经具有的爱国主义传统,从国家民族大义出发,积极回应江泽民主席 1995 年 1 月 30 日讲话中所发出的历史性宣示,毅然实现第三次国共合作,"共同完成民族统一,大家都对中华民族作出贡献"。反之,一意孤行,甚至直到今天仍然异想天开,企图挟洋自重,这是逆抗日战争以来的爱国潮流而动,是绝对没有好结果的。

第五,在当代中国,中国共产党既是中国工人阶级的先锋队,也是中华民族的先进代表,是最热忱、最无私、最彻底的爱国主义者,中国共产党所指引的方向代表了中华民族解放和发展的方向。中国人民振兴中华的伟大事业,以及为此所结成的爱国统一战线必须以中国共产党为领导。抗日战争前夕毛泽东就指出:"中国共产党在革命斗争中的伟大的历史成就,使得今天处在民族敌人侵入的紧急关头的中国有了救亡图存的条件,这个条件就是有了一个为大多数人民所信任的、被人民在长时间内考验过因此选中了的政治领导者。"抗日战争的历史表明,只有中国共产党才能提出正确的抗日主张,提出正确的反对日本帝国主义的战略策略;只有中国共产党才能促成、领导并坚持民族统一战线;只有中国共产党及其领导的人民军队才能作为中国人民的中流砥柱,发挥先锋模范作用,动员全民族一切生动力量，为克服困难、战胜敌人，建立新中国而奋斗。"没有共产党，就没有新中国"，这是历史的结论；同样，没有共产党，就没有社会主义的中国，就没有中国特色的社会主义，就没有中华民族伟大复兴的光明前景，也是历史的昭示。

第六，危机意识和忧患意识是爱国主义的伟大激活剂。面对我们民族振兴史上新一轮的繁重任务，面对新世纪的挑战，中华民族必须居安思危，踔厉奋发，进一步振作起来、奋斗起来。"抗兵相若，哀者胜矣。"半个世纪前，中华民族在民族危亡的时候别无选择地奋起了，用战斗赢得了民族的新生。多难兴邦。抗日战争所带给中国人民最大的觉醒，就是那种对于中华民族历史命运的刻骨铭心的危机意识，就是那一声终于爆发出的呐喊："中华民族到了最危险的时候！"今天，社会主义已经从根本上改变了中国的面貌，中国人民任人宰割、任人欺凌的历史已经一去不复返了。但是，当年回荡于中国大地，并且已经定格于国歌中的那一句警世危言并没有完全失去现实意义。必须看到，我国的社会主义事业还是在不太安宁的国际环境里进行的，国际垄断资本主义势力过去、现在和将来，都不愿意看到一个强大的社会主义中国，他们从来也没有停止过西化、分化中国的图谋。在一些角落里，被世界人民所战胜、所唾弃的法西斯的幽灵仍在游荡，企图寻找机会，借尸还魂，兴风作浪。人类还远远不能说已经长久地走出了战争的阴影。更应该看到，当前国际竞争的实质是以经济、科技为重点的综合国力的较量，落后就要挨打，落后就要受制于人，仍然是一条不变的法则。抗日战争时期，我们中华民族所面临的是一个生存的问题；站在21世纪的门槛，我们所面临的则是发展的问题。能不能尽快地发展起来，关系到21世纪中国的形象，关系到中华民族的历史命运。同时，我们统一祖国的大业还没有完成，一些敌对势力还在千方百计地为我国的统一制造种种障碍。我国的南海等地的领土领海主权还受到一些国家的觊觎和侵犯。所有这一切，都要求我们一定要树立忧患意识和危机意识，一定要继续发扬艰苦奋斗的精神。那种沉湎于酒绿灯红、勾留于低吟浅唱的现象是与我们民族在世界历史所处的地位以及面临的伟大任务不相适应的。

让我们重新聆听一下我们的先辈在50多年以前发出的召唤吧——

"把我们的血肉，筑成我们新的长城！"

# 不朽的丰碑　宝贵的财富[*]

## ——纪念中国人民志愿军赴朝参战 50 周年

50 年前的今天，中国人民志愿军遵照党中央、毛主席的命令，雄赳赳、气昂昂，跨过鸭绿江赴朝参战。抗美援朝战争是我国和我军历史上极为光辉的篇章，是一座不朽的历史丰碑。它的扬眉出鞘，树起了新中国不畏强暴，把国家的安全和主权始终放在第一位的形象；它孕育和弘扬的爱国主义精神和革命英雄主义精神，在共和国国史上闪耀着穿越时空的灿烂光华；它所创造的作战经验，是名副其实的军事科研的富矿。

### 一、抗美援朝是党的第一代领导集体所作出的英明战略决定

中国人民是爱好和平的。中华人民共和国成立后，随着除台湾、西藏等地外的大部分国土的解放，党中央即确定用 3 年左右的时间恢复国民经济，为大规模经济建设创造条件。然而，树欲静而风不止。1950 年 6 月，朝鲜半岛风云骤起，朝鲜内战爆发。美国从其称霸世界和反共的帝国主义战略利益出发，立即进行武装干涉，同时派海军第七舰队侵入台湾海峡，庇荫苟延残喘的蒋家王朝固守最后一个据点，免遭中国人民解放战争的灭顶之灾。显然，这场战火从一开始就不仅是冲着朝鲜来的，也是冲着新生的中华人民共和国来的。美国政府无视中国政府的抗议和警告，无视中国人民的力量，操纵联合国通过了组成以美国为首的"联合国军"的

---

[*] 本文发表于 2000 年 10 月 19 日。

决议，继续扩大侵朝战争。9月中旬，美军登陆仁川；10月初，美军大举越过三八线，疯狂向中朝边境进攻，战火已烧至鸭绿江边。唇亡则齿寒，户破则堂危。当时，尽管中华人民共和国刚刚诞生1年，国内解放战争的烽火还没有最后止息，中国人民迫切需要休养生息，医治战争的创伤，迫切需要争取和平的环境以恢复经济，进行建设。但是，在国家的安全受到严重威胁、兄弟邻邦面临严重困难的情况下，中共中央和毛泽东主席经过慎重考虑，反复权衡利弊，毅然作出了出兵抗美援朝、保家卫国的战略决策。这一决策是革命胆略与科学态度相结合的产物，是爱国主义与国际主义相统一的产物，历史的发展充分证明了党中央决策的正确性。可以说，没有这场战争，就没有新中国国防的稳固，就没有新中国40多年的相对和平的环境，就没有中国今天这样的国际地位。

然而，时至今日，在关于抗美援朝战争究竟该不该打的问题上，仍然有一些模糊的甚至是根本错误的认识。有人认为抗美援朝得不偿失，是惹祸上门、引火烧身。甚至说什么美国干涉朝鲜战争旨在解决朝鲜问题，对中国并无敌意，假如中国在朝鲜战争期间袖手旁观的话，完全可以与美国发展关系，抓住对外开放和国家发展的历史机遇云云。这种奇谈怪论如果不是由于对历史的无知，就只能说是有意混淆视听。运用历史唯物主义的观点，阐明抗美援朝战争的历史必然性和党中央、毛主席决策的正确性，维护这一神圣而正义之战不受亵渎，是军事理论工作者义不容辞的责任。

## 二、抗美援朝战争的胜利具有重大而深远的意义

抗美援朝战争以中国人民的伟大胜利载入了史册。它粉碎了美国吞并朝鲜进而扩大侵略的企图，支援了朝鲜人民，稳定了朝鲜半岛的局势，保卫了中国大陆的安全，维护了亚洲及世界和平，无论是对中国、对朝鲜，还是对世界东方乃至整个世界；无论是在政治上，还是在军事上，都具有重大而深远的意义。

第一，抗美援朝是新中国被迫进行的第一次反侵略战争。它的胜利从

根本上稳固了新中国的国防，为中国赢得了一段较长时间的和平环境。近代中国积弱积贫，有国无防。新中国的成立宣告了帝国主义在中国的统治的终结。但当时许多人并没有把内战甫定、百废待兴的中国放在眼里，一些帝国主义者仍然梦想恢复他们失去的在华利益，仍然对中国的领土和主权心存觊觎。"打得一拳开，免得百拳来。"抗美援朝一战，打出了中国的国威军威，使帝国主义和对中国怀有领土野心的人们认识到，今天的中国已经不是昨日的中国了，"中国人民已经组织起来了，是惹不得的。如果惹翻了，是不好办的。""西方侵略者几百年来只要在东方一个海岸上架起几尊大炮就可霸占一个国家的时代是一去不复返了"。唐诗有云："但使龙城飞将在，不教胡马度阴山。"中国人民志愿军在共和国史上正是担当了"龙城飞将"的角色。抗美援朝战争以后，中国的边疆在一个较长时间内维持了相对的稳定，中国获得了一个较长时间的和平环境，可以说正是得益于这场战争。

第二，抗美援朝是新中国在极端困难的情况下所进行的一场战争。它在世界上树立了站起来的中国人民的形象，极大地提高了中华人民共和国的国际地位。"占人类总数四分之一的中国人从此站起来了。"这是1949年毛泽东在天安门发出的震天撼地的声音，然而使全世界真正意识到了这句话分量和内涵的却是抗美援朝战争。通过这场战争，人们看到了一个已经获得新生的民族的形象——这是不信邪、不怕鬼，敢于与任何强敌血战到底的形象，是坚决维护国家主权、安全和尊严的形象，是主持正义、为维护和平勇于拔剑而起、挺身而出的形象，是说话算数、言必信、行必果的形象，是敢战能赢、扬眉吐气的胜利者的形象。连美国的官方史书也承认，中国"在朝鲜战场上赢得了自己的声誉"。亚洲著名政治家、新加坡前总理李光耀曾对这场战争作了这样的评论："多年来欧美人很蔑视中国人，但当中国人民志愿军在朝鲜半岛和打着联合国旗帜的美军作战时，他们鄙视的目光跟着消失了。"

第三，抗美援朝是中国在与世界头号强国美国的较量中取得了胜利的战争。它打破了美国"不可战胜"的神话，有力地振奋了民族精神，鼓舞了世界人民。美国一贯恃强称霸，号称自独立以来从没有被别的国家打败过，特别是第二次世界大战以后，美国成为资本主义世界经济上和科技上最强大的国家，踌躇满志，不可一世，狂妄得很。但是，在中朝人民的英勇反抗面前，却碰得头破血流，铩羽而归。"联合国军"司令克拉克在停战协定签字时哀叹："我获得了一项不值得羡慕的荣誉：那就是我成了历史上签订没有胜利的停战条约的第一位美国陆军司令官。"而毛泽东则说："这一次，我们摸了一下美国军队的底……把它的底摸熟了。美帝国主义并不可怕，就是那么一回事。"抗美援朝战争的胜利不仅一扫某些国人心中积淀已久的"恐美症"和法门寺里的"贾桂"相，为我们的民族注入了实现全面复兴所必不可少的"钙"元素，而且也极大地鼓舞了正在进行反帝反殖斗争、争取独立解放的亚洲人民和世界人民。

第四，抗美援朝是中国维护和平、反对霸权所参与的一次战争。它向世界宣告：中国作为维护东方和世界和平的重要力量已经崛起。入侵朝鲜是第二次世界大战后美国对一个主权国家的最为严重的干涉和赤裸裸的侵略。在世界上横行霸道惯了的美国认为无人敢管，但是贫弱而又刚刚从血火中诞生的新中国却站了出来说，"我们要管"。这是何等的气魄！周恩来指出，如果美帝将北朝鲜压下去，则对和平不利，其气焰就会高涨起来。要争取胜利，一定要加上中国的因素，中国因素加上去后，可能引起国际上的变化。历史的发展证明了他的预见。考虑亚洲和世界上的问题"一定要加上中国因素"，这就是抗美援朝战争后帝国主义战略家们所得出的一条教训。

第五，抗美援朝战争是第二次世界大战后的一场相当规模的现代化局部战争。它像一所学校，使我军经受了现代战争的锻炼，积累了在现代条件下作战的宝贵经验，丰富和发展了毛泽东军事思想，促进了我军的现代化建设。在这场战争中，不仅美军动用了除原子弹外的几乎所有先进武器装备，我军的装备水平较国内战争时期也有了显著提高，参战军兵种之多在中国人民解放军历史上是前所未有的。作战形式也更趋多样,既有运动战又有阵地战。这场战争的作战经验,从战争决策、战略指导和战役战术等各个层面丰富了毛泽东军事思想的宝库,对后来我军自卫作战发挥了重要的借鉴作用,并成为我军实行军事变革、迈向现代化的一个重要契机。同时,这场战争还极大地推动了中国军事科学的发展,它所提供的丰厚养料直接孕育了新中国成立以后中国军事科学的第一个繁荣期。

## 三、抗美援朝战争给予我们的宝贵启示

历史是现实的一面镜子。朝鲜半岛上的硝烟已散去近半个世纪了,与20世纪中叶相比,今天的世界格局和我国的安全环境都发生了巨大变化,我国的综合国力、我军的现代化水平也有了很大的提高,但是抗美援朝作战的基本经验并没有过时。在谋划面向21世纪的中国国防时,在解决"打得赢""不变质"的历史性课题时,这场发生在"昨天的战争"依然可以给我们许多重要的启示。

其一,面对纷纭复杂的国际风云特别是一些突发的重大事件,要善于站在时代的高度,站在国际大局和国内大局的高度观察问题,权衡利害关系,进行正确的战略判断和决策。要从国家和民族的根本利益出发,正确权衡和把握国家利益的重心所在,辩证认识发展利益与安全利益、全局利益与局部利益、长远利益与当前利益的关系。发展和安全是国家利益的两个最基本的方面,对于一个国家和民族来说,发展是大局,安全也是大局;发展是硬道理,安全也是硬道理。不安全,国将不国,国格和国权没有了,何谈发展?因此,邓小平提出的"国家的安全和主权要始终放在第一位",是我们进行战略思维必须坚持的基本原则。在进行决策时,既要有泰山崩于前而色不变的大无畏的气魄,又要慎之又慎,对种种困难、风险和可能出现的最坏情况作出充分估计,未雨绸缪,制定应对之策,立足于最坏的可能,争取最好的前途。《孙子兵法》凡五千言,其开宗明义的一句话就是:"兵者,国之大事,死生之地,存亡之道,不可不察也。"抗

美援朝战争的决策进一步印证了这一军事上的至理名言。

其二,敢战方能言和。和平作为战争的对立物,从来就不是建立在良好愿望的基础上。不能幻想帝国主义和霸权主义会放下屠刀,立地成佛。在很多情况下,和平要靠战争来保卫,来赢得。越不想打越要敢打,越是勇于打才可能不须打,正是战争与和平问题上的辩证法。为了和平,必要时要敢于亮剑,要有不惜一战的勇气,要有血战到底的决心,要有战则必胜的气势。朝鲜战争爆发后,中国多次呼吁和平解决问题,但美国根本不予理睬,直到中国军队横眉出鞘,使它触了很大的霉头,不可一世的美国人才不得不同意谈判。在谈判中,由于火候不到,美国又不时叫嚷"让炸弹、大炮和机关枪去辩论吧"。对此,毛泽东的回答是:"美帝国主义愿意打多少年,我们也就准备跟它打多少年,一直打到美帝国主义愿意罢手的时候为止,一直打到中朝人民完全胜利的时候为止。"正是有了这种气概,有了以打促谈的正确方针,志愿军才牢牢掌握了战场上的主动权,同时也牢牢掌握了谈判桌上的主动权,才有了朝鲜停战协定的最后签字。前事不忘,后事之师。今天,解决台湾问题以实现祖国统一的历史任务已日益紧迫地提到了我们面前。我们坚持和平统一的方针,但在台湾岛内一小撮"台独"分子依然甚嚣尘上的情势下,在西方敌对势力在台湾问题上依然不断挑战我国底线的情势下,为了争取实现和平统一,必须刻不容缓地、扎扎实实地做好军事斗争准备。如果没有扎实而可靠的军事斗争准备这一手,没有敢打必胜、一鼓而定的决心和手段,没有建立在这一基础上的言必信、行必果的真实可信的威慑,和平统一就可能变为海市蜃楼。

其三,无论武器装备怎样发展,人的因素依然是战争中的决定性因素。无论过去、现在和将来,人民战争都是我们克敌制胜的法宝。抗美援朝战争是一场实力悬殊的战争,是一场典型的非对称战争,美国的综合国力比中国强大得多,而且纠集了16个国组成了所谓的"联合国军",但为正义而战的中朝军队却创造了震惊世界的战争奇迹,在世界战争史上创造了以弱胜强的典范。这里的奥妙不是别的,就是因为正义在我们这一面，得道多助、失道寡助；因为我们能够并且最大限度地动员了人民群众保家卫国、支前参战的爱国热情，能够并且最大限度地焕发了广大军民一往无前的战斗精神，能够并且最大限度地发挥了人民群众在战争中的主动性和创造性。抗美援朝战争是一曲气贯长虹的人民战争的壮歌，它的胜利再一次表明，坦克不可怕，飞机不可怕，原子弹不可怕，高技术也不可怕，而人的因素才是决定战争进程和结局的最根本的东西。正如毛泽东所说，"一个觉醒了的、敢于为祖国光荣、独立和安全而奋起战斗的民族是不可战胜的"，"今天的任何帝国主义的侵略都是可以依靠人民的力量击败的"。在当今世界敌对势力炫耀的高技术兵器面前，我们也千万不要患"恐高症"。当然，坚信人民战争的威力并不等于轻视武器装备的作用。抗美援朝的实践同样证明，武器落后，是对战斗力水平的巨大制约，有了较为先进的武器装备，人民战争方能如虎添翼。因此，必须重视武器装备建设，加速我军现代化建设步伐。

其四，实施正确的战争指导，采取灵活机动的战略战术，是驾驭战争并赢得胜利的关键。在抗美援朝战争中，毛泽东、周恩来、彭德怀等老一辈无产阶级革命家、军事家，着眼于这场战争的特点和规律，从敌我双方实际情况出发，审时度势，制定了正确的战略方针，对战争实施了正确的指导，"运筹策帷幄之中，决胜千里之外"。志愿军先后采取了以"运动战为主"和"持久作战，积极防御"的战略方针。为了达到预期的战略目标，志愿军在战场上采取了灵活机动的战术，在继承我军传统战法的基础上不拘一格，勇于创新，以己之长，击敌之短，创造性地形成了战术小包围理论，形成了"零敲牛皮糖"、以坑道为主要支撑点的阵地战等战法。在战役指挥上，志愿军首长善于发现、利用和扩大敌人的弱点，及时修改作战计划，趋利避害，牢牢掌握战场主动权。这一切，无不表现出胜敌一筹的高超军事指挥艺术。当时志愿军中流传着这样一句话："敌人和我们打机械化，我们和敌人打巧妙化。"这个巧妙化就是独具一格的指挥艺术和战略战术。毛泽东在谈到抗美援朝战争胜利原因时说："我们的经验是：

依靠人民，再加上一个比较正确的领导，就可以用我们劣势装备战胜优势装备的敌人。"实践证明，先进的军事理论，正确的战争指导和作战指挥，是人的因素在战争中的重要体现，是赢得战争胜利的重要因素。

创新是军事发展的灵魂和动力，是一支军队始终立于不败之地的根本保证，也是毛泽东军事思想的本质特征。抗美援朝战争的具体作战经验是宝贵的，而比这些具体经验更宝贵的是体现在这些经验中的中国共产党人和军队在军事上的伟大创新精神。当前，由科技进步引发的世界军事领域内的变革方兴未艾，高技术战争已经成为未来战争的主要形态。为了抢占21世纪军事发展的制高点，世界各国正在争相创新和发展军事理论。作为军事理论工作者，我们一定要充分认识自身所肩负的崇高使命，进一步解放思想，大胆创新，深入探索高技术战争的指导规律和胜敌之法，繁荣和发展中国特色的军事科学，更好地发挥军事理论在军队建设和军事斗争准备中的先导作用，这就是我们对伟大的抗美援朝战争的最好纪念。

# 闪耀在中华民族心上的"东方之珠"[*]

## ——写在香港回归祖国之际

合浦珠还,岭表帆归,万方乐奏,九州同庆。

这一天走过漫漫一个半世纪的长路,终于分分秒秒地临近了!在亿万中华儿女的翘望中,五星红旗和紫荆花旗将在祖国的香港冉冉升起。光荣与梦想伴着凌空的礼花绽放在天际,屈辱与血泪随着荏苒的逝波流淌成历史。

历史将铭记——公元1997年7月1日,这是中华民族的世纪之约,是全世界炎黄子孙的盛大节日。她标志着百年屈辱史的终结,预示着中华民族与世纪的霞光一起到来的新的伟大复兴。在这个盛大节日即将来临之际,回望香江一百五十余里路的漫漫归程,追溯那奔涌激荡了一个多世纪的爱国潮、强国梦,哪一个中华儿女能不心潮澎湃,感慨万千?

### 一

香港,一个惹人遐思的名字。有人说因其"古时盛产香木"而得名,也有人说因港岛之薄扶林一带有一股泉水清冽芬芳而著世。孰说更确,无从考证,也无须考证。总之,香木、香江蕴郁和泽润了"赠伊相思梦亦香"的香港。今天的香港地区包括香港岛、九龙、"新界"本土及离岛4部分,陆地面积约1106平方公里,是镶嵌在祖国大陆南端,闪烁在中国

---

[*] 本文发表于1997年6月26日。

南海海岸的一颗璀璨的"东方之珠"。

香港自古以来就是中国的领土。这里出土的大量文物可以作证。早在史前时期，中华民族的先民们就已开始生息繁衍在这一片土地，这儿与祖国大陆有着一脉相承的文化渊源。秦始皇三十三年（公元前214年），秦在此地置番禺县，而后，香港与祖国一样随着朝代兴替、岁月播迁，在不同时期曾分属宝安、东莞、新安等县治。由于中华民族世世代代不辍地开发耕耘，至清末，香港的农业、渔业、盐业、采珠业、制香业、商业和文教事业均有一定程度的发展，并非如殖民主义者所说的那样，是"一片不毛之地"。

历史的车轮驶向近代，这颗"养在深闺人未识"的"东方之珠"却受到帝国主义强盗的觊觎和垂涎。1836年，英在华商的喉舌《广州纪录报》毫不掩饰地宣称："如果狮子（指英国）的脚准备攫取中国南方一块土地，那就选择香港吧。"事实表明，19世纪30年代，香港就成为英国殖民势力蓄意吞并的目标，并成为英国对中国进行罪恶鸦片贸易的主要登陆口岸和走私巢穴。

中国近代史上反侵略的第一战即在今香港地区的九龙打响。1839年（清道光十九年）6月林则徐虎门销烟后，英殖民主义者不甘罢休，9月4日，英驻华商务监督义律等率军乘炮艇再次到九龙武装挑衅，遭到中国水师的英勇反击，被击毙17人以上。是役充分显示了中国人民保卫祖国领土的英勇气概。

1840年6月，英国政府发动了侵略中国的第一次鸦片战争。7月5日，英军攻占浙江定海，8月9日，侵入天津白河口，义律在白河口向直隶总督琦善递交了英外交大臣的照会，提出割地赔款的无理要求。昏聩的道光皇帝居然认为这是林则徐等人惹出的祸，罢了林则徐的官，改派在白河口"抚夷有功"的琦善为钦差大臣。琦善在英国强盗的威逼恫吓下一再退让。

1841年1月25日，英军强行侵占了香港岛。2月1日，英国驻华全权代表义律和远东舰队支队司令伯麦联名发表布告，谎称已与清朝钦差大臣琦善"成立协定，将香港全岛地方让给英国统治"。这种野蛮的侵略行径，立即遭到了香港居民的强烈反抗，史料记载："香港绅民以不愿为夷，联名控诸抚院。"内地爱国官员、人士也大声疾呼，特别是珠江三角洲地区民众纷纷上书请愿，表达了"白叟黄童，群思敌忾；耕氓贩竖，共切同仇"的心情。

即使是颟顸的清朝政府一开始也是不甘心丢掉香港的。1841年广州战役前后，道光皇帝一再严词令靖逆将军奕山保卫香港，指出："香港地方，岂容给与逆夷泊舟寄住，务当极力驱逐，毋为所据。"直至1842年5月，他还下谕广东方面相机"收复香港，以伸国威"。但由于清廷政治上的腐败、经济上的落后和疏于武备，英军得寸进尺，有恃无恐。1842年6月，英军得到增援后，闯入吴淞口，溯江而上攻陷镇江，直逼南京，清政府进退失据，惊慌失措。8月29日，清钦差大臣耆英、伊里布猥猥琐琐地登上英舰"康沃利斯号"，签订了中国近代史上第一个丧权辱国的条约——中英《南京条约》，在答应支付2100万银元的巨额"赔款"的同时，将香港岛割让给英国。这是中国近代史上第一个写满耻辱的黑色日子。从此，神州大地寇祸日亟，中国国运江河日下，一步步陷入了半殖民地的苦难深渊。

一直在关注着东方民族命运的马克思早在19世纪就把英国殖民者的强盗嘴脸揭露无遗。1858年《天津条约》签订后，马克思就犀利地指出，"1842年8月29日亨利·璞鼎查爵士签订的，并且像新近与中国订立的条约一样也是在炮口下强加给对方的对华条约"。在1858年所著的另一篇文章《鸦片贸易史》中，马克思还就鸦片战争评论道："在这场决斗中，陈腐世界的代表是激于道义，而最现代的社会的代表却是为了获得贱买贵卖的特权——这真是任何诗人想也不敢想的一种奇异的对联式悲歌。"

英殖民主义者并不以攫取香港岛为满足。1856年10月，英又借口"亚罗号"事件，纠集法国组成英法联军发动了第二次鸦片战争。1860年3月，英军在九龙尖沙咀登陆，占领了九龙半岛南端的岬角。10月，英法联军攻入北京。大肆劫掠,并将世界东方的"万园之园"——圆明园付之一炬。在英国人的炮口下,清政府又与英屈辱地订下了《北京条约》,把九龙半岛界限街以南地区及昂船洲等岛屿割让给英国,划为"英属香港界内"。

迨至 19 世纪末,清王朝国势更加衰弱,甲午海战一败涂地,宝岛台湾又成了胜利者日本的战利品。于是,世界列强群起效尤,英国更不甘瞠乎其后。1898 年 4 月,英以"保卫香港安全"为由,向清政府提出"展拓香港界址"的要求。风雨飘摇、朝不虑夕的清政府只得俯首听命。6 月 9 日,总理衙门大臣李鸿章在英国一手炮制的《展拓香港界址专条》上签字,将九龙半岛界限街以北、深圳河以南的大片土地及周围 200 多个岛屿"租借"给英国,租期 99 年,自当年 7 月 1 日"开办施行"。至此,英采用明火执仗的劫掠和刀架在脖子上的"谈判",占领了整个香港地区。

香港的割让是中华民族百年屈辱史的肇端,也是中国人民争取独立与解放、实现国家统一的一个半世纪之久的斗争的开始。具有深厚爱国主义传统的中华民族,特别是香港同胞,为反抗英国对香港的殖民统治、争取香港早日回归祖国进行了不屈不挠的斗争。1856 年,香港华人商店大罢市;1858 年,香港英资厂商工人大罢工;1898 年,英国"租借"九龙半岛的消息传来后,当地 1 万多户居民群情激愤,据有关史料记载,居民"一旦闻租与英国管辖,咸怀义愤,不愿归英管"。"租界内各乡聚众,扬言集资备械,专与洋人为难。众情汹汹,不可复遏。"汇成了风起云涌、声势浩大的抵抗运动。致使港英当局宣布的正式接管"新界"的日期不得不临时改期,草草收场。英国宣布接管"新界"之后,当地居民的抵抗仍没有止息。4 月 17 日,英军在大浦的军营遭到当地居民的袭击。18 日,英军在上涌同 2000 多名群众发生激战。5 月,英军进攻锦田吉庆围,遭到当地居民的顽强抵抗,英军用炸药将围墙炸开,才得以解围。"新界"中国居民反抗英国武装占领的斗争是中国近代爱国史上悲壮而夺目的一页。英方定界委员洛克后来心有余悸地说:"要是有近代化武器,我们的军队恐怕就更为难了。即使如此,他们用原始武器开火的那股劲头,也显出他们浑身是胆。"

基于中国人民的强烈呼声，清王朝覆亡后，中国政府一直也没有放弃收复香港的努力。1919年1月，世人瞩目的巴黎和会在巴黎凡尔赛宫开幕，中国代表团向和会提出废弃势力范围、归还租借等7条希望条款以及废除"二十一条"要求，指出英国在香港"无继续存在之充分理由"。但由于和会为第一次世界大战的两个主要战胜国英、法所把持，中国代表收回香港的努力遂形同与虎谋皮，被和会主席、法国总理克里孟梭借口"不在和会权限范围之内"而轻易拒绝。不仅如此，这个不光彩的"和会"还同意将德国在山东的侵略权益"移交"给日本。

帝国主义在巴黎和会上的蛮横无理成为中国近代史上规模盛大的五四爱国运动的导火索，古老的睡狮怒吼了。6月28日，在国内五四运动和旅法华工、留学生拒签和约运动的强大压力和推动下，中国代表团致电北京政府，指出，"弱国交涉，始争终让，几成惯例。此次若再隐忍签字，我国前途将更无外交之可言……不得已当时不往签字"。巴黎和会，虽没能收回香港，但毕竟拒签和约，表达了中国政府和人民要求维护中国主权的坚强意志。

1921年12月3日，中国代表顾维钧在华盛顿会议上，又重新提出废止各国在华租借地议案。当时，在五四运动的推动下，中国人民"外争国权"废除不平等条约的浪潮汹涌澎湃。帝国主义列强之间的相互争夺也日益激烈化。这些因素使得英日两国不得不分别同意放弃威海和胶州湾的租界地。而对九龙租借地英却以"没有九龙租借地香港不能自卫"的强盗逻辑拒绝归还。

华盛顿会议的结果使中国人民大失所望。1924年1月，孙中山先生在中国共产党的帮助下主持召开中国国民党第一次全国代表大会，在同月23日通过的大会宣言中，明确提出了废除帝国主义强加给中国的不平等条约的奋斗目标。宣言写道："一切不平等条约，如外人租借地、领事裁判权、外人管理关税权以及外人在中国境内行使一切政治的权力侵害中国主权者，皆当取消，重订双方平等、互尊主权之条约。"这段话成了后来一个时期中国外交的指导方针。

以蒋介石为首的南京国民政府，尽管对英、美等帝国主义有很大的依赖性，但也不能无视人民的意愿，不敢公开违背孙中山先生的遗教，在一段时间里，提出了"修改不平等条约"的外交方针，多次要求列强废除租界和租界地。但这一"修约"外交收效甚微，雷声大、雨点小，"王顾左右而言他"。直至太平洋战争爆发前，南京国民政府甚至从来没有向英国正式提出过归还九龙租借地。

1941年，太平洋战争爆发，英军在香港抵抗不力。仅18天即弃甲曳兵而去，中国人民包括香港人民为反抗日本帝国主义的侵略进行了不屈的斗争。此时，中、美、英已成为反法西斯的盟国。1942年10月10日，在国民政府的正式要求下，美、英两国不得不分别发表声明，准备与中国政府谈判"立时放弃在华治外法权及解决有关问题"。这时正值香港割让百年之际，应该说这是历史给予中国人民的一次宝贵机遇。但由于国民政府的软弱无能，此次谈判，中国虽然取得了废除英在华治外法权和1901年《辛丑条约》，收回了天津、广州的英租界等重大成果，但关于收回九龙租借地的交涉却不了了之。

1945年8月，日本无条件投降后，收复香港的良机再至，可是，由于蒋介石奉行矛头对内、坚决反共的政策，急于抢夺抗战胜利果实，结果英国捷足先登，重新占领了香港，蒋介石为了换取美、英帝国主义的支持而妥协退让，中国收回香港的机遇又一次失之交臂。

1949年，中华人民共和国成立，宣告了帝国主义、封建主义和官僚资本主义在中国统治的结束，中国人民为香港回归祖国的斗争揭开了新的一页。

中华人民共和国成立后，我国政府多次阐明了对香港的一贯立场，即香港是中国的领土，中国不承认帝国主义强加给中国人民的3个不平等条约；对这一历史遗留的问题，中国政府主张，在适当时机通过谈判和平解决；未解决前暂时维持现状。考虑到香港的特殊地位以及新中国面临的国际环境，中国政府采取了"暂时不动香港"的政策，但是，中国共产党和中国政府对于自己所肩负的实现香港回归和祖国统一的历史使命则旦夕未敢忘也，从来没有懈怠过。毛泽东、周恩来在20世纪六七十年代会见英国朝野人士时，都说明了中国的立场。1972年10月19日在会见英国保守党上院议员汤姆森时，周恩来对他说，香港是中国的领土，割去的领土总是要收回的。"但是，中国有个政策，就是不要急急忙忙搞这个事。""总要在适当的时候，谈判这个问题。"

党的十一届三中全会以后不久，邓小平即提出了20世纪80年代的3件大事，把解决包括香港问题在内的祖国统一问题提上具体日程，并把"一国两制"的伟大构想首先运用于解决香港问题。

从1982年开始，中英两国就香港问题举行了长达2年之久的谈判。谈判前，面对英方放出的抱着3个条约不放的"试探性气球"，邓小平一言九鼎，开宗明义："关于主权问题，中国在这个问题上没有回旋余地。坦率地讲，主权问题不是一个可以讨论的问题。"他说，如果中国在1997年，也就是中华人民共和国成立48年以后还不把香港收回，任何一个中国领导人和政府都不能向中国人民交代，甚至也不能向世界人民交代，如果不收回，就意味着中国是晚清政府，中国领导人是李鸿章！针对英方所谓中方如收回香港会产生"灾难性影响"的危言耸听，邓小平说，如果真的会有什么灾难性影响，"那我们要勇敢地面对这个灾难，做出决策"！

1983年7月，会谈第二阶段开始，英方不得不收起其"三条约有效"的论调，又花样翻新，企图"以主权换治权"。对于这种"狙公"的伎俩，中国政府当即予以了驳斥。谈判陷入僵局，紧接着，英国又借机大打"经济牌"，希图迫使中国就范。邓小平正告英国有关人士，想用主权换治权是行不通的，英国政府必须改弦更张，以免出现到1984年9月中国不得不单方面公布解决香港问题的方针政策。

1984年12月19日，中英联合声明终于在北京正式签署。双方确认：

中国政府于 1997 年 7 月 1 日对香港恢复行使主权，英国政府将于同日把香港交还给中国。1985 年 5 月 27 日，中英双方在北京互换经两国政府首脑签署并经双方按各自法律程序批准的《联合声明》批准书，《联合声明》自即日起生效。这标志着香港从此踏上了回归之路。

12 年的过渡期充满了风风雨雨。英国不甘心其殖民主义势力在香港的丧失，不断节外生枝，给香港的平稳过渡和顺利交接制造障碍。但"青山遮不住，毕竟东流去"，任何沟沟坎坎都动摇不了中国政府和人民收回香港的坚强决心，任何风风雨雨也阻挡不住香港扑向祖国怀抱义无反顾的归程……

"陌上花开，可缓缓归矣。"中华民族等了 150 多年，这一天终于来临了。啊！香江，你虽千回百转仍痴心不改地奔向大海的怀抱，这不正是中华民族爱国主义精神的缩影吗？

## 二

香港这颗一度蒙尘而又重光的"东方之珠"，折射了中华民族源远流长，而又历久弥新的爱国主义精神的光谱。

**——中华民族的爱国主义情感是华夏文化长期滋养的结果。是中华民族悠久历史和灿烂文化在民族心理上的一种积淀。中华民族在长期历史中形成的，已经植入我们民族基因中的那种对于祖国的认同感、归属感是任何力量也无法割断、无法改变、无法征服的。这是中华民族强大凝聚力和旺盛生命力的重要源泉，是我们的祖国统一事业和民族复兴事业一定要胜利的基本保证**

"杂英纷已积，含芳独暮春，还如故园树，忽忆故园人。"这是唐代诗人韦应物的一首咏紫荆花的诗，用来描述 150 多年来香港人民那种"才下眉头，却上心头"的祖国情结是十分恰切的。海风吹拂了 5000 年，根须延伸了 5000 年，中华民族在这片古老的东方土地上，共同开发了祖国的大好河山，共同创造了灿烂的华夏文明，也形成了"心有千千结"的祖国观念，形成了血浓于水的民族亲情。正如那首由一位香港歌手演唱并很快风靡全国的歌中唱到的，"我的祖先早已把我的一切烙上中国印"。150多年来，香港虽然被殖民主义者霸占，与祖国相互离散，咫尺天涯。但在香港人民的心目中，他们永远是中国人。在英国的殖民统治下，香港人民仍顽强地固守着自己的精神家园，保持着自己的文化传统。一个半世纪的潮起潮落、云起云飞，他们与祖国同呼吸共命运，休戚与共，道义争担。

孙中山创立的资产阶级革命团体兴中会和同盟会曾先后在香港建立重要机构，香港一度成为革命运动的指挥中心和活动基地，香港爱国商人在财政方面给予资产阶级革命运动支持，功不可没。中国共产党成立后，具有光荣革命传统的香港工人阶级与祖国内地的反帝爱国运动相呼应，举行了震惊中外、排山倒海的省港大罢工。抗战时期，香港各阶层民众自始至终关心和支持祖国抗战。日军占领香港后，活跃的抗日武装——港九大队是中国共产党领导的东江纵队5个大队之一。新中国成立后特别是改革开放以来，香港民众更通过各种渠道支援祖国的社会主义建设，对祖国内地的建设特别是珠江三角洲的经济起飞发挥了辐射作用。每当内地发生重大的自然灾害时，香港人民总是感同身受，踊跃募捐。

祖国更是没有一刻忘记香港人民。从困难时期修筑的东深供水工程到奔行了近30年的"3次"特别快车，都凝聚了祖国对香港人民的浓浓的情思。香港这个祖国南陲的弹丸之地创造了令人瞩目的经济奇迹，是以中国人为主的香港人勤劳智慧，善于把握机遇、勇于开拓的结果，同时也与祖国的关爱和呵护密不可分。祖国像不竭的源泉浇灌了紫荆花的绚烂，祖国用无尽的潜能点燃了"东方之珠"的亮丽。

**——维护中华民族的独立、主权和领土完整，是近代以来中国不绝如缕的爱国主义主题，在这一问题上观点和态度如何，是检验一个中国人是不是爱国、是真爱国还是假爱国的试金石**

中华民族是酷爱自由的民族，有着反抗侵略、抵御外侮、捍卫主权、维护统一的光荣传统。近代中国饱受帝国主义的野蛮侵略和欺凌，山河破碎，金瓯残缺，给中国人民造成了深重的灾难，留下了巨大的心灵创痛。爱国志士谭嗣同曾饱蘸血泪写下这样的诗句："世间无物抵春愁，合向苍冥一哭休。四万万人齐下泪，天涯何处是神州？"这种特定的历史遭遇使中华民族别无选择，使卫国权、争统一成为中国近现代爱国主义的基本内涵。邓小平在谈到"港人治港"要以爱国者为主体时，曾经指出，爱国者就是尊重自己的民族，诚心诚意地拥护祖国对香港行使主权，不做损害祖国利益的事。在中国近现代史上，无论何人，无论他政治信仰如何，无论他属于什么党派团体，只要他是维护国家独立和主权的，只要他是拥护祖国统一的，都应该受到人们的敬仰；相反，不管任何人，不管他怎样闪烁其词、天花乱坠，只要他甘愿仰帝国主义、殖民主义的鼻息，拾帝国主义、殖民主义的牙慧，制造分裂、维护分裂，就是民族的罪人。邓小平在亲自领导了用"一国两制"解决香港问题的伟大实践之后，在如画的人生夕阳里，望着维多利亚湾那一片已经在望的归帆，他曾动情地说，他的最大愿望就是在1997年7月1日以后到香港——咱们自己的土地上去走一走，看一看。这位中国人民伟大儿子赤诚的爱国情怀，令每一个炎黄子孙为之动容。站在世纪的门槛我们终于可以告慰我们先辈的是，中华民族的屈辱史在我们这一代结束了！

如今，香港的归帆已经进港。澳门也已鸣笛启碇归心似箭。然而，由于人为的因素，解决海峡两岸的暌隔分裂状态却迄无大的进展。"遍插茱萸少一人"，这不能不说是中华民族的世纪之憾。台湾当局：你们本来是可以为祖国的统一作出贡献的呀？你们听到中华民族从历史深处发出的呼唤了吗？我们在期待着。

**——中国共产党人是最坚定、最热忱、最彻底的爱国者，中国共产党的爱国主义是中华民族、中国人民的最高风范，中国共产党是当代中国爱国主义的领导力量**

从1842年作为鸦片战争的直接结果的香港的失落，到1997年如火的7月，香港乘建设中国特色社会主义的浩荡长风回归，香港一个半世纪以来的岁月沧桑正是近代以来中华民族历史命运的一个缩影、一个见证。近代中国积弱积贫。从《南京条约》开始到新中国成立之前，帝国主义强加在中国人民头上的不平等条约有1000多个。这些条约像一把把刀子，宰割着祖国母亲的血肉；像一把把锁链，使中国人民受尽奴役和欺凌。民族独立、国家统一和社会安定，是一个国家发展经济、强国富民的基本条件，而帝国主义的侵略和掠夺，使近代中国完全丧失了这些条件。"长夜难明赤县天，百年魔怪舞翩跹"。百年来，为了拯救多难的祖国，为了复兴伟大的中华民族，中国人民的爱国主义运动像一浪高过一浪的潮水拍击着世纪的堤岸，从来就没有止歇。但夜是那么长，路是那么长！实践证明，资产阶级领导的民主革命不可能真正实现国家的主权和民族独立，依靠以蒋介石为代表的官僚买办资产阶级政府收回国家的主权也只能是缘木求鱼，只是在中国共产党成立以后，中国人民的爱国主义斗争才为之一新，才有了先进的、坚强的领导力量。借助马克思主义以及马克思主义与中国实际相结合、相统一的科学理论——毛泽东思想，中国人民才有了正确观察和掌握自己国家命运的武器，才找到了符合中国国情的正确的革命和建设道路。1949年中华人民共和国成立，标志着中国人民从此站起来了，从根本上改变了中华民族的命运。进入改革开放的新时期，社会主义中国的长足发展和中国共产党为实现祖国统一所制定的既坚定又灵活务实的政策，更使中华民族彻底洗雪民族耻辱的百年之梦在世纪末画上了一个圆满的句号。历史雄辩地证明：没有中国共产党，就没有新中国；没有中国共产党，就没有中华民族复兴的光明前景。中国共产党是代表了中国各族人民利益的党，是有决心有能力解决民族所面临的世纪性历史课题的党；中国特色社会主义道路，是维护国家独立、主权和领土完整的胜利之路，是中国走向富强的希望之路。

——"一国两制"是当代中国爱国主义实践的伟大创举

解决历史遗留下来的香港、澳门问题及台湾问题，以实现中国的主权完整和统一，是全中国人民的愿望，是一百几十年的愿望，"一百年不统一，一千年也要统一的"。中国共产党历代领导集体都把解决祖国统一问题作为自己对民族的庄严的不容推卸的责任和承诺，但在解决问题时，却坚持了马克思主义的实事求是的思想路线，充分考虑了和平的发展趋势，充分考虑了这些地区历史形成的社会制度和现状，充分考虑了整个中华民族的长远利益。

早在中华人民共和国成立前夕，以毛泽东同志为核心的党的第一代领导集体即高瞻远瞩，审时度势，以深远的战略眼光看到香港"自由港"和"国际通道"的特殊地位及其对新中国发展可资利用的作用，明智地作出"暂不动香港"的决策，为日后创造条件和平解决埋下伏笔。50年代毛泽东和周恩来就曾提出争取和平解决台湾问题。60年代初，经毛泽东审定，周恩来曾将我们党的对台政策概括为"一纲四目"。"一纲"，即台湾必须统一于中国；"四目"集中起来就是台湾统一于中国后，除外交由中央统一管理外，保留原有社会经济制度不变。这些实质上是"一国两制"构想的萌芽。

"一国两制"的完整构想最初是在台湾问题上提出来的，但首先应用于解决香港问题。这一构想充分体现了马克思主义原则性与灵活性的统一，既坚定地维护了国家的主权与尊严，又考虑到这些地区历史的和现实的状况，照顾到了方方面面，使之可以接受。这是和平共处原则在处理国内历史遗留问题上的推广和运用，丰富和发展了马克思主义的国家学说。

不仅如此，邓小平还把实现这一构想与我国社会发展战略联系起来，慧眼独具地把香港、澳门、台湾已经形成的发展基础和发展机制作为实现整个中华民族大团结、大发展的一种宝贵的独特机遇，他说："保持香港的繁荣稳定是符合中国的切身利益的。所以我们讲'五十年'，不是随随便便、感情冲动而讲的，是考虑到中国的现实和发展的需要。"这样，就使这一战略构想有了更深、更有时代感的爱国主义内涵。由此我们就可以理解，邓小平把"一国两制"看作有中国特色社会主义制度的"很重要的一个内容"。东风已放第一枝。解决香港问题的成功范例使我们有充分的理由相信：用"一国两制"实现中国完全统一是行得通的，是可以得到港澳和中国台湾地区人民认同的。中华民族澎湃了一个多世纪之久的历史潮流是任何力量也挡不住的。

## 三

守着沧海变幻桑田的诺言，"东方之珠"，风采浪漫依然，她的明天将更加灿烂美好。我们赞美"东方之珠"，我们拥抱"东方之珠"，而与香港这颗"东方之珠"交相辉映的中华民族光焰四射的爱国主义精神不同样也是一颗应该永远珍藏、永远也不应失落的"东方之珠"吗？明珠本无价，国脉世所珍。江泽民指出："为了把我们的事业继续推向前进，必须在全国人民特别是青少年中进一步加强爱国主义教育。"我们应该乘香港回归扑面而来的中华民族大团结、大发展的世纪风，更加深入持久生动有效地搞好爱国主义教育，使爱国主义真正成为凝聚、激励和鼓舞中华民族以崭新的面貌迈向新世纪的伟大精神力量。

### （一）把爱国主义教育与历史教育特别是中国近代史的教育结合起来

有一首小诗写道，1997，是一个只有躯体才能充分跨越的历史的门槛，而思想却要留一点在门外以缅怀历史。的确，在这欢庆回归、畅想未来的时候，每一个中国人都不应忘记历史。邓小平曾经说过："懂历史是当代中国发展的一种精神动力。"回望历史本身，就是我们今天面向未来、获得力量与信心的最好的方式。不忘昨天，才能更好地认识今天，创造明天。一部近代史就是中华民族不甘蒙受屈辱，誓死反抗压迫，一次次从血泪中奋起并终于走向胜利的历史。我们要向人民和青年深入进行近代史教育。通过教育使人民和青年懂得：由于帝国的侵略，我们的民族曾经蒙受多大的耻辱、遭受多么深重的灾难！中国人民为救亡图存，为民族独立和解放曾经进行了怎样艰苦卓绝的斗争！从而倍加珍惜几代人流血牺牲赢得的国家独立和国家主权。要使人民和青年懂得：社会主义是中国人民所作出的历史性选择，中国除了走社会主义道路没有别的路可走，只有社会主义才能救中国,只有社会主义才能发展中国,只有社会主义才能复兴中华民族,从而以更饱满的热情投身于建设中国特色社会主义的伟大事业。要使人民和青年从历史中得出一条信念:中华民族是勤劳、勇敢、智慧的民族,是压不倒、摧不垮、拆不散的民族,中国人民既然有能力站起来,也一定能够走向富强并实现国家完全统一;中华民族曾经为人类文明作出过辉煌的贡献,今后也一定能够为人类作出更大的贡献。全世界将惊艳洗去历史尘埃而更加青春焕发的"东方之珠"!

**(二)把爱国主义教育与国防教育结合起来**

随着英国"米"字旗在香港的降落,中国人民解放军驻港部队将正式进驻这块神圣的国土。驻军,是国防的标志,也是国家主权和民族尊严的象征。近代中国吃尽了有国无防的苦头。以香港的割让为滥觞的百年耻辱,其深刻原因固然在于中国封建社会的腐朽落后,但国防意识淡薄,武备废弛也是重要原因。曾几何时,一向以骁勇著称的八旗子弟,在酒绿灯红中逐步失去了战斗力。第二次鸦片战争英军兵临南京城下时,清廷亦有人主张借长江天堑与英一决雌雄,道光皇帝却愁眉苦脸地说,无人无兵无船,奈何,奈何?这是不重视国防不得不吞咽的苦果。历史告诉我们,国防是国脉国运之所系。国防和军队建设关系国家的安危,民族的存亡,社会主义现代化事业的成败,涉及国家的最高利益和广大人民群众的根本利益,是全党全军和全国人民的事业。我们要在全体人民中深入进行国防教育,教育人民把国家的安全和主权始终放在第一位,大家都来关心国防和军队的建设。

鸦片战争所造成的香港的割让还说明,先进战胜落后首先表现在国防上,大刀长矛是不足以与坚船利炮相抗衡的,我们必须加强我军的现代化建设,贯彻注重质量建设,依靠科技强军的方针,不断提高我军在现代条件特别是高技术条件下的维护国家主权和安全的作战能力。全军同志要从香港的回归中进一步激发保卫祖国、建设祖国的责任感和使命感,情系国防,献身国防,为建设一支强大的现代化正规化革命军队而努力奋斗。

**（三）把爱国主义教育与"一国两制，推进祖国统一"的基本国策教育结合起来**

"一国两制"的构想为中国人民实现一个半世纪之久的团圆统一之梦提供了现实可行的途径，香港的回归已经令人信服地证明了这一点，但今后的路还长。一方面，香港按照这一构想实现回归仅是成功的一半，今后仍然有一个按照基本法的规范把这一国策贯彻到底的问题。我们要用香港在祖国怀抱里的成功实践，向世人生动地说明"一国两制"是保证香港长期繁荣稳定的政策，香港的明天将更加美好，而不是相反；另一方面，我们还要运用这一基本国策，继续做好澳门回归的后期工作，并下大力解决台湾的问题。因此，我们千万不能把"一国两制"的基本国策仅仅看成是国家领导人需要掌握的事，看成是做港澳台相关工作的人员需要掌握的事，要在全民族普及这方面的教育，使之作为中国特色社会主义道路的一个有机组成部分，作为一项基本国策深入人心。要学习领会邓小平在这一问题上所阐述的一系列充满辩证思维的重大原则，例如关于国家主权是第一位的问题、关于"一国两制"的构想同我们改革开放和"三步走"发展战略的关系、关于"一国"前提下的"两制"与"两制"（特别是国家主体部分）都不可改变的关系、关于香港高度自治与中央保留必需的权力的关系、关于"港人治港"与必须以爱国者为主体的关系等。引导人们正确认识这一国策的科学内涵，自觉为"一国两制，推进祖国统一"贡献力量。

**（四）把爱国主义教育与党的基本路线教育结合起来**

150多年来中国人民为收回香港做过多次努力，都失败了，为什么在改革开放的今天，中国共产党领导我们能够圆了这个世纪之梦？这固然得益于一定的历史机遇，得益于以邓小平同志为代表的中国共产党人的政治智慧，得益于我们党制定的正确战略、策略和政策，但根本的原因是中国已经发展起来了，已经不是昔日"东亚病夫"的形象了。"青春作伴好还乡。"是因为有了祖国大地的飞速发展、满眼春光，香港才在"潮平两岸阔"的航路上扬起了归帆。没有中国在世界上所树立的蓬勃发展、欣欣向荣的形象，香港问题的顺利解决是不可能的。邓小平有一段话说得非常好，"香港问题为什么能够谈成呢？并不是我们参加谈判的人有特殊的本领，主要是我们这个国家这几年发展起来了，是个兴旺发达的国家，有力量的国家，而且是个值得信任的国家"。为什么我们的国家能够迅速发展呢？根本的原因是党的十一届三中全会以后，我们所确立的是一条正确的路线，逐步开辟了一条中国特色社会主义建设道路。落后就要挨打，弱国无外交，这是近代中国历史反复告诉我们的不易法则。中华民族的独立与富强与其说是两个相对独立的任务，毋宁说是同一主题的两个变奏。从这一意义上来观察，邓小平提出的基本路线要管100年，有谁能说没有对实现祖国统一的深远的战略考虑在里边呢？历史已经证明，党的基本路线是一条马克思主义的路线，也是一条真正爱国主义的路线。每一个真正爱国的中国人，每一个希望祖国统一、富强的中国人都应该竭诚拥护党的基本路线、维护党的基本路线，在这条基本路线的指引下同心协力、团结奋斗，去开创祖国灿烂的明天。

祝福你，回到祖国怀抱里的香港！

闪耀吧，中华民族心上的"东方之珠"！

# 让雷锋精神永驻神州大地 *

## ——写在毛泽东等为雷锋题词 49 周年之际

3月,春暖花开的3月,草长莺飞的3月。3月,总是让我们想起一位有着春天般笑容的年轻人的名字,他就是雷锋。

1963年3月5日,人民日报等媒体同时发表了毛泽东等党和国家领导人给雷锋的题词。从此,这位生命定格在22岁花季的普通战士的名字镌入了共和国的年轮,一个以学雷锋为标志的道德实践活动在神州大地蓬勃兴起,历久不衰。

时光如流,岁月如歌。近半个世纪过去了,雷锋的笑脸依然绚烂地绽放在共和国的春天里,雷锋的故事依然是一种关于春天的最温馨、最美好的记忆。雷锋属于春天,春天召唤雷锋。今天,在中华民族走向伟大复兴的新的征途上,在推进中国特色社会主义伟大事业的新的进军中,我们仍然需要大声疾呼地弘扬雷锋精神,锲而不舍地实践雷锋精神。

## 一

近50年来,学雷锋,在当代中国乃至当今世界蔚成一种非常独特、耐人寻味的文化现象。

20世纪60年代,毛泽东在看了雷锋的事迹后夜不能寐,不仅用如椽大笔亲笔题写"向雷锋同志学习",向全党全军和全国人民发出了伟大的

---

\* 本文发表于 2012 年 3 月。

号召，而且后来他还谈道："我看过《雷锋日记》的一部分，此人懂得一点哲学。"

1975年，邓小平第二次复出，在军队高级干部参加的军委扩大会议上，他出人意料而又意味深长地讲了一个在老百姓中流传的政治笑话——"雷锋叔叔不在了"。由此痛心疾首地说明了"文化大革命"中林彪、"四人帮"给党风军风和社会风气所造成的恶劣影响，道出了人民群众渴望党的优良传统和作风、渴望人与人之间互爱互助关系复归的心声。

1990年3月5日，江泽民等党和国家领导人再次为雷锋题词。江泽民的题词是："学习雷锋同志，弘扬雷锋精神。"同年10月，他视察了雷锋纪念馆，并亲切接见雷锋团的官兵，语重心长地说："雷锋精神的实质，是全心全意为人民服务，为了人民的事业无私奉献。"

1993年，时任中共中央政治局常委、书记处书记的胡锦涛在纪念毛泽东为雷锋题词30周年大会上发表重要讲话。其后他又多次在不同场合强调学习雷锋，并亲自推动向当代雷锋郭明义学习。他说："雷锋精神对于我们这个民族和社会过去具有、现在仍然具有重大价值和时代意义。"

半个世纪以来，从激情燃烧的建设年代，到春潮涌动的改革时期，党和国家的历代领导人都一以贯之地高度评价雷锋精神，持续发出学习雷锋的号召。无论是在面对"文化大革命"中癫狂的极左逆流，还是面对新形势下光怪陆离、鱼龙混杂的社会思潮，人民群众都一如既往地怀念雷锋、呼唤雷锋。

雷锋的事迹报道后，许许多多的社会名流、文化巨擘挥毫泼墨、题咏赋诗，赞美雷锋、讴歌雷锋。以雷锋为题材的诗歌、歌曲、戏剧、影视、曲艺等作品在共和国半个世纪的文艺长廊中不绝如缕、佳作如云。以雷锋的名字命名的标识物和单位屡见不鲜，不可胜数：雷锋岗、雷锋亭、雷锋林、雷锋号、雷锋柜台、雷锋杯、雷锋学校、雷锋青年志愿者……

《雷锋日记》在中国有200多个版本，发行量上亿册，创日记类图书发行量的世界之最。《雷锋日记》——这位普通战士的心路历程，成为几代中国人人生选择和价值取向的启示录,直到今天它所散发的纯美且高尚的思想光芒,仍穿透种种迷雾,不断地温润和滋养着人们的心灵。

近50年来,共和国学雷锋英模辈出,延伸成了一条长长的星光大道——欧阳海、王杰、刘英俊、赵春娥、张华、蒋筑英、罗健夫、李俊甲、朱伯儒、张海迪、徐虎、郭明义……

不仅如此,雷锋的名字甚至超越了国界、走出了国门,成为中国一个独具一格的文化名片,转化为了中国的一种软实力。在人类迈向现代化的文化变迁和观念碰撞中,雷锋精神所焕发出的体现人类良知的恒久魅力正在为越来越多的世人所向往、所仰慕。一位外国青年在雷锋纪念馆曾写下这样的心声——如果我们人类都能像雷锋那样处理人与人之间的关系,那该多好啊!

## 二

在中华5000多年的文明史上,风流才俊代不乏人;在中国这个十几亿人口的大国里,卓荦之士不可胜数;在中国共产党90多年的奋斗历程中,英烈模范灿若星河。为什么雷锋这个只有22年短暂生命、没有惊天动地事迹的普通战士的名字能够如此深刻地镌入民族的文化记忆,并且能够在近50年跌宕起伏的风雨历程中对我们民族的精神史产生如此深广且久远的影响?这不能不促使我们更深入地走近雷锋,解读雷锋。

雷锋的出现是与中国人民历史地选择了社会主义道路联系在一起的,是与中国共产党在革命胜利以后成为长期执政的党联系在一起的。雷锋精神生动地诠释了我们党全心全意为人民服务的宗旨,在中国社会孕育出一种以为人民服务为核心的崭新的社会主义伦理道德。《共产党宣言》指出:"过去的一切运动都是少数人的,或者为少数人谋利益的运动。无产阶级的运动是绝大多数人的、为绝大多数人谋利益的独立的运动。"基于马克思主义的科学世界观和无产阶级的历史使命,在共产主义理想的感召和激励下,中国共产党人在领导中国革命的进程中,形成了崭新的价值体系和革命道德，开创了一代文明新风。延安时期，毛泽东曾经以悼念张思德这位普通的警卫战士为由头，发表了题为《为人民服务》的著名讲演，深入浅出地阐释了我党我军的根本宗旨。然而，在我们党成为执政党以后，在社会主义制度在中国确立之后，如何把政党、阶级的价值观和伦理观上升为国家意志、普及为社会风尚，是我们党进入社会主义建设时期必须解决的一个问题。雷锋这一先进典型正是缘此应运而生。他出现在20世纪60年代初不是偶然的，他是我国人民在意气风发地建设社会主义新生活的伟大实践中所开出的绚丽的精神文明之花。他的出现从一个侧面反映了在马克思主义指导下中国社会所形成的崭新的意识形态，反映了我们党所倡导、所践行的全心全意为人民服务的宗旨对社会风尚的引领作用，反映了与社会主义生产关系相适应的新的核心价值体系的形成，反映了社会主义条件下人与人、人与集体、人与社会之间的新型关系。雷锋说得好："人的生命是有限的，可是，为人民服务是无限的，我要把有限的生命，投入到无限的为人民服务之中去……"因此，雷锋精神的本质内涵及其所代表的思想体系，无疑属于科学社会主义，他具体而微地体现了人类最美好、最崇高的伦理思想——共产主义思想，体现了共产主义一代新人应有的精神境界。共产主义战士这一称号，雷锋当之无愧。

如果说，马克思列宁主义、毛泽东思想以及马克思主义中国化所形成的世界观、人生观、价值观是雷锋精神赖以产生的思想理论基础，中华民族优秀道德文化则是雷锋精神的重要的文化渊源。中华民族是一个以崇德向善而著称的民族。古代贤哲有大量关于社会理想、社会伦理的论述，例如"大道之行，天下为公"的大同理想，"自强不息、厚德载物"的君子之风，"天下兴亡，匹夫有责"的社会责任感，"仁者爱人"的道德情操，"博施于民，而能济众"的博爱之心，"人而无信，不知其可"的处世规范，等等。所有这些，都熔铸和陶冶了我们民族特有的精神风貌和文化品格。雷锋精神正是共产主义的光辉思想与中华优秀传统文化相结合的产物。因此，它非常契合我们民族的文化心理。这也是雷锋精神能够在中华大地上不胫而走、风行景从，为社会各阶层民众所广泛认同的重要原因。在人民心目中，雷锋就是"大写的人"，就是人类良知和中华美德的代名词，就是热爱祖国、奉献社会，忠于职守、克己奉公，严于律己、善待他人，敬业乐群、热心公益，扶贫济困、见义勇为等善行义举的代名词。

雷锋是一个志存高远、追求卓越、追求完美人格的人，他胸怀祖国，胸中燃烧着社会主义、共产主义的远大理想，然而，他又深深懂得，九层之台，起于垒土；千里之行，始于足下的道理，非常注重道德实践和修养。他从不拒绝做小事情，坚持从当下做起，从本职岗位做起，从身边的事情做起，一点一滴地来完成自己的人格修炼。所以，雷锋是伟大的，又是平凡的，雷锋令我们高山仰止，景行行止，但又绝非高不可攀。正如老一辈无产阶级革命家谢觉哉所说："雷锋同志是平凡的，任何人都可以学到；雷锋同志是伟大的，任何人都要努力才能学到。"

雷锋曾经发出这样的叩问："如果你是一滴水，你是否滋润了一寸土地？如果你是一线阳光，你是否照亮了一分黑暗？……如果你要告诉我们什么思想，你是否在日夜宣扬那最美丽的理想？你既然活着，你又是否为未来的人类的生活付出你的劳动，使世界一天天变得更美丽？"这是直抵人类良知的永恒之问。所以，雷锋精神具有阶级性和普适性、时代性和民族性、科学性和崇高性、先进性和群众性相统一的品格。雷锋精神不仅彰显了中国共产党人的先进本色，体现了中华民族的传统美德，而且也内在地蕴含了世界上一切向往真善美的人们共同的价值体认。它既是中华民族文化星河中的一个璀璨的星座，也是人类文明宝藏中当之无愧的瑰宝。

## 三

中国特色社会主义伟大事业正处在一个新的起点上。在全面贯彻党的十七届六中全会精神，培养高度的文化自觉和文化自信，提高全民族文明素质，建设社会主义文化强国中，弘扬雷锋精神显得尤为重要。

弘扬雷锋精神，有助于最大限度地把广大人民团结和凝聚在中国特色社会主义的伟大旗帜下。理想是照耀人类前行的灯塔，是凝心聚力的旗帜。一个国家、一个民族一定要有理想，有共同的信念追求。雷锋就是一个有理想的人，他说："我就是长着一个心眼，我一心向着党，向着社会主义，向着共产主义。""我要把可爱的青春献给祖国最壮丽的事业。"他的理想抱负和人生追求，生动地体现了爱国主义和社会主义的统一。党的十一届三中全会以来，我们党带领人民开辟了中国特色社会主义的伟大道路。历史已经证明，这条道路指明了当代中国发展进步的根本方向，体现了最广大人民群众的根本利益，是实现社会主义现代化和中华民族伟大复兴的必由之路，是通向人民幸福生活和美好未来的必由之路。因此，大力弘扬雷锋热爱党、热爱祖国、热爱社会主义的崇高理想和坚定信念，具有特别重要的现实意义。要引导人民特别是青年认同和确立中国特色社会主义的共同理想，并自觉把个人理想融入中国特色社会主义的共同理想之中，献身祖国和人民的事业，创造美好而充实的人生。

弘扬雷锋精神，有助于倡导文明新风，构建社会主义和谐社会。改革开放极大地振奋了民族精神，推进了思想的解放、文化的繁荣。但也毋庸讳言，由于市场经济某些难以完全避免的负面效应，由于改革开放以后各种腐朽思想文化的乘虚而入，当前，在党风和社会风气方面还存在一些人民群众反映强烈的突出问题。在社会生活中，特别是人与人之间的关系上还存在种种不够健康、不够和谐的因素。有的崇尚拜金主义、享乐主义和极端个人主义，有的是非不明、美丑不辨、荣辱不分，有的对社会对他人缺失诚信、缺少爱心。以权谋私、造假欺诈、见利忘义、损人利己的现象屡有发生。而雷锋精神正是纠治这种价值观偏移，匡正道德失范、疗救诚信缺失现象的一剂良药。雷锋恪守"自己活着，就是为了使别人过得更美好"的格言，"永远愉快地多给别人，毫不计较个人得失"，他言行一致、表里如一，言必信、行必果，坐而言、起而行。大力弘扬雷锋服务人民、助人为乐的奉献精神，必将有力地推动党的思想作风建设，推动公民道德建设。

弘扬雷锋精神，有助于激发全国人民改革和建设的热情，凝聚干部群众艰苦奋斗的意志和力量。30多年来，中国的改革开放和社会主义现代化建设已经取得了举世瞩目的成就，中国的经济总量已经跃居世界第二位。但是，我国社会主义初级阶段的基本国情没有改变。中国的改革开放正处于一个攻坚的关键时期，中国的发展亟待走上更科学、更绿色的轨道。继续发扬我们党艰苦奋斗的优良传统和中华民族勤俭节约的道德风尚，弘扬以爱国主义为核心的民族精神和以改革创新为核心的时代精神，比以往任何时候都更加迫切。而所有这些正是构成雷锋精神光谱的重要元素。他甘当螺丝钉，干一行爱一行，专一行精一行；他锐意进取，刻苦钻研；他工作上向高标准看齐，生活上向低标准看齐，以简朴为尚，珍惜每一滴水、每一粒米、每一度电……可以说，雷锋是敬业精神、创新精神和创业精神的典范，是追求绿色生活方式的典范。学习雷锋，必将为中国特色社会主义伟大事业注入更强大的精神动力。

## 四

每逢3月，人们总会自然而然地想起雷锋、重新发现雷锋，总会掀起新一轮的学雷锋热。这充分反映了党心民心所向，反映了雷锋精神超越时空的恒久生命力。但是人们也不无遗憾地看到，在学雷锋上还存在着一阵风的现象，正如有的群众所说："雷锋叔叔没户口，三月里来四月走。"为此，有必要在全社会广泛深入地开展学雷锋活动，并使之常态化，形成践行雷锋精神、争当雷锋传人的生动局面，形成我为人人、人人为我的良好氛围。

共产党员和领导干部要率先垂范，带头学雷锋。邓小平给雷锋同志的题词是："谁愿当一个真正的共产主义者，就应该向雷锋同志的品德和风格学习。"雷锋精神堪称共产党人的人生教科书。决不能认为学雷锋只是普通群众的事，是凡人小事。事实上，越是居庙堂之高、处领导之位，越要学习雷锋。各级领导干部要把学雷锋与贯彻党的立党为公、执政为民的理念统一起来，情为民所系，权为民所用，利为民所谋。要切实关注民生，体察民瘼，多为人民群众办好事、办实事。要事政以勤、为政以廉，坚决克服以权谋私、权钱交易的腐败现象，矫治铺张浪费、酒绿灯红的奢靡之风。风成于上而行于下。党员和领导干部做好了，人民群众就会照着去学、跟着去做。

以学雷锋为重要抓手，更加深入地开展精神文明创建和共建的活动。将学雷锋活动纳入文明城市、文明单位、文明社区、文明村镇的测评体系，加大考核力度，使学雷锋活动成为一项经常性的工作。我们党历来重视发挥人民军队的政治优势，历来重视军队和地方在文化建设大系统中的互动作用。毛泽东曾号召"全国学人民解放军"，后来他又提出"解放军学全国人民"。我军向来是体现党的政治优势、文化优势的重要载体，是党所倡导的革命精神和道德风尚的模范践行者。雷锋出现在军队，是人民军队的光荣。军队在学雷锋中要一如既往地走在全社会的前列，大力培育当代革命军人核心价值观，当好雷锋的传人。要进一步发挥战斗队、工作队、宣传队的作用，传播文明新风；同时虚心地从人民群众社会主义现代化建设的伟大实践中汲取营养，不断加强思想政治建设。

贴近实际、贴近生活、贴近群众，创新学雷锋的内容、形式和手段。充分发挥新闻媒体特别是主流媒体的重要作用，以丰富多彩、生动活泼、为群众喜闻乐见的方式方法宣传雷锋精神，适时推出有时代特色的学雷锋先进典型，形成激浊扬清、移风易俗的良好氛围。要注重发挥互联网、手机等新兴媒体的优势，主动占领阵地，精心制作宣扬雷锋精神的网络产品和作品。要把学雷锋实践活动和开展社会志愿服务活动结合起来，广泛普及爱国、敬业、奉献、诚信、友善、互助等基本道德规范，推动学雷锋活动常态化、机制化。

推动广大青少年成为学雷锋的主要力量。雷锋在日记中写道："青春啊，永远是美好的，可是真正的青春，只属于那些永远力争上游的人，永远忘我劳动的人，永远谦虚的人！"雷锋以短暂的22岁生命向我们诠释了青春的真正含义，演绎了一阕华彩的青春诗章。他是全体人民的榜样，更是青少年的榜样。要切实加强和改进大学生思想道德教育和未成年人思想道德建设。各级各类学校要创新德育课程的教育教学，把弘扬雷锋精神作为校园文化建设的重要内容，构建学校、家庭、社会紧密协作的德育教育网络。广泛开展各类学雷锋主题活动，引导青少年像雷锋那样去学习、去工作、去生活，让青春在报效祖国、服务人民中焕发出绚丽光芒。

当代雷锋、共产党员郭明义曾写下"来吧，朋友，给你一片绿色，放牧这世界的美丽"的动人诗句。在春风又一次绿遍天涯的时刻，让我们真情地把春天留住，把雷锋留住，让雷锋精神像无边的绿海、不老的春色一样常驻大地、常驻人间，让世界变得更加美丽！

# 中国特色社会主义先进文化建设的一项战略性任务[*]

## ——论弘扬和培育民族精神

一

人是要有点精神的,一个人没有一点精神,就不能安身立命,有所作为;民族也是要有点精神的,一个民族没有一点精神,就不能自立于世界民族之林。

民族精神是一个民族基于一定的自然环境,在长期的共同生活和共同的社会实践中形成和发展的,为民族大多数成员所认同和接受的思想品格、价值取向和道德规范,是一个民族的心理特征、文化传统、思想情感等的综合反映。民族精神是民族文化的精华,是民族文化的深层内涵和集中体现。民族精神具有稳定性和发展性、传统性和时代性相统一的特征。一方面,民族精神深深地植根在民族生息繁衍的土壤之中,根深蒂固地渗透在民族的思维方式和行为方式中,一旦形成,便能够像基因一样流淌于民族的血液中,代代传承;另一方面,民族精神像一条奔腾不息的河,能够随着历史的发展而发展,随着时代的变化而演进,在它的发展进程中,可以吸纳新的文化元素,获得升华和改造。

民族精神是一个民族赖以生存和发展的精神支撑。纵览天下大势,俯

---

[*] 本文发表于 2003 年 8 月。

瞰古往今来，一个国家，一个民族要兴旺发达，要自立于世界民族之林，要在国际竞争中拥有自己的地位和影响，必须有一种进步的、昂扬的民族精神。历史的洋流，潮起潮落，文明的星空，云卷云飞。曾几何时，许多一度称雄世界、盛极一时的民族和文化衰落了，有的甚至消失在了时间的隧道里。而唯独古老的中华文明5000多年燔火不息、薪尽火传，保持了自己的连续性和一贯性。中华民族之所以能够迭经苦难而不衰、备尝艰辛而不踬，经磨历劫而愈益坚强，所凭借者，正是伟大的民族精神。

## 二

中国是一个有5000多年文明史的泱泱大国，中华民族的祖先自古以来就开拓、劳动、生息、繁衍在这块广袤的东方大地上，创造了灿烂的文化，并形成了博大精深、内容丰富、独具特色的中华民族精神。

中国古典辩证思维的一个突出特点，是把自然界和人类社会看作一个统一的整体，并力求从整体的相互统一和相互联系上来观察和把握事物。在中国古代哲人看来，人类社会是一个整体，自然界是一个整体，一个国家是一个整体，一个人也是一个整体。因此，人们在了解、观察、分析和认识这些事物时，就一定要从一个统一体的视角来观照、来考察。中国传统文化的这种整体思维特点，在人与自然的关系层面，体现为"天人合一"的观念，注重人与自然的和谐共生、永续利用；在国家层面，体现为"大一统"的观念，把追求和维护国家的统一看作民族的最高价值；在社会生活层面，体现为既尊重和保持独立人格，又尚同贵和的观念，中国自古就有"天下同归而殊途，一致而百虑""君子和而不同，小人同而不和"的说法，认为只有求同存异、同心协力，才能共创美好生活；在个人身心的内在关系层面，体现为注重身心和谐，追求人的身心总体健康、全面发展。

中华民族以热爱和平著称于世，这种民族精神背后所蕴含的深刻价值观是"和为贵"。以和为贵，就是在政治生活中，主张"政通人和"；在人与人的相互关系中,强调"和气致祥""和气生财";在各民族之间的关系上,强调要友好相处,"和衷共济""和睦相亲";在国与国的相互关系上,强调"亲仁善邻",主张"协和万邦",国与国之间平等相待,和睦相处。

中华民族在漫长的历史中,在艰苦的自然条件和严酷的社会斗争中,还砥砺和孕育出的一种不畏艰险、不畏强暴、勇于攀登、勇于拼搏的精神。中国的先哲通过观察宇宙万物的变动不居,提出了"天行健,君子以自强不息"的思想,成为激励历代中华儿女变革创新、开拓奋进的哲学依据和精神源泉。"大禹治水""精卫填海""愚公移山"等古代神话和传说就是这一精神的最早体现。古代先贤还提出"率义之谓勇""见义不为,无勇也"。鲁迅先生说,我们自古以来,就有埋头苦干的人,就有拼命硬干的人呢,就有为民请命的人,就有舍身求法的人……在中国的历史上,为国家的统一和社会的进步而舍生取义、杀身成仁的代不乏人,他们是中华民族的脊梁。

中华民族注重整体的思维方式,"和为贵"的观念以及勤劳勇敢、自强不息的品格,经过千百年的积淀淬炼,升华为具有鲜明特征的民族精神。爱国主义是中华民族精神的核心,是贯穿中华民族精神自古至今的一条极其鲜明而清晰的主线。中国共产党诞生以后,在领导人民闹革命、搞建设、兴改革的崭新实践中,进一步振奋和激发了民族精神,也为民族精神增添了新的时代内容。党的十六大对中华民族精神作了概括,明确提出了中华民族精神就是"以爱国主义为核心的团结统一、爱好和平、勤劳勇敢、自强不息的伟大民族精神"。历史表明,这一伟大精神是中华民族安身立命的基石,是中华民族绵延不辍、生生不息的根本依托,是中华民族保持繁荣兴旺、不断向前发展的力量源泉。

## 三

伟大的事业需要伟大的精神。大力弘扬和培育民族精神,是实现中华民族伟大复兴的内在要求和必要条件，是社会主义先进文化建设的一项战略性任务。

大力弘扬和培育民族精神，才能团结整个中华民族，最广泛地调动一切积极因素，把人民群众建设中国特色社会主义的积极性和创造性最大限度地发挥出来。实现中华民族的伟大复兴是近代以来几代中国人的梦想，而历史已经证明建设中国特色社会主义是民族复兴的唯一途径。满腔热忱地投身并支持这一伟大事业，是当代中国爱国主义的集中体现。因此，必须紧密结合这一伟大实践弘扬以爱国主义为核心的民族精神，为中华民族的伟大复兴提供旺盛而持久的精神动力。中国特色社会主义事业是造福于人民、依赖于人民的事业。全社会全民族的凝聚力、积极性和创造性对我们的事业具有决定性的意义。民族精神像一个纽带，可以把全国各族人民不分地域、不分职业、不分年龄地凝聚在一起，引导人民心系国家命运，以振兴中华为己任，将自己的热血和汗水、聪明和才智贡献于祖国。

大力弘扬和培育民族精神，才能在世界范围内的各种思想文化相互激荡的情况下保持和发展我们民族优秀的文化，发展中国特色社会主义先进文化，为民族复兴创造必要的文化条件。当前，世界多极化和经济全球化在曲折中发展，科技进步日新月异，综合国力竞争日趋激烈。文化与经济、政治相互交融，在综合国力竞争中的地位和作用越来越突出，文化力成为一个国家和民族的重要软实力。人类文明的进程既是一个百川归海的世界性的潮流，也是一个百花齐放、异彩纷呈的大花园。各个民族不同的文化都为人类的发展与进步作出了贡献，都有存在和发展的理由。然而，西方发达国家总是处心积虑地利用自己文化上的强势地位和经济、科技占优势的条件，推行文化霸权主义，同化乃至泯灭发展中国家和弱小民族的文化。抵御西方强势文化的侵略和殖民，是发展中国家的重要课题。尤其需要看到的是，冷战结束了，但冷战思维在西方垄断资产阶级战略家的脑海里依然阴魂不散，他们一刻也没有放松对我国"西化""分化"的战略图谋，不遗余力地向中国推行其思想文化和价值观念。邓小平在改革开放初期就指出："必须发扬爱国主义精神，提高民族自尊心和民族自信心。否则我们就不可能建设社会主义，就会被种种资本主义势力所侵蚀腐化。"这一论述在今天仍然具有振聋发聩的意义。在中国式现代化的历史进程中，必须进一步弘扬自尊、自信、自强的民族精神，使中国特色社会主义先进文化深深植根于我们民族优秀的文化传统之中。

大力弘扬和培育民族精神，才能在改革开放和社会主义市场经济条件下，形成正确的价值导向和良好的道德风尚，实现经济社会发展与人的全面发展的双重目标。改革开放和建立社会主义市场经济体制，为我国经济社会发展注入了蓬勃的生机和活力。但是也应该看到，窗户打开了，吹进来的有新鲜空气，也有某些污浊之气，也会飞进"苍蝇""蚊子"。市场经济在给人们带来有利于社会进步，有利于生产力发展的新观念、新意识的同时，也会产生某些负面影响，滋长某些消极因素。当前，我国经济社会生活中那种"一切向钱看"的拜金主义，唯利是图、见利忘义的利己主义，纸醉金迷、奢侈腐化的享乐主义，只顾个人、不顾集体和他人的极端个人主义，只顾眼前、不顾长远的狭隘功利主义等倾向，值得引起我们注意。解决这些问题固然需要综合治理，但同样离不开弘扬我们民族的优秀精神。中华民族历来反对汲汲于"一己私利"，肯定和赞扬"天下之利"，主张"义以为上""先义后利"，主张"君子爱财，取之有道"，主张诚实劳动、诚信为本，主张勤以兴国、俭以养德，这些精华要义，正是匡正当下某些不良世风的良药。

大力弘扬和培育民族精神，才能万众一心、众志成城，战胜前进路上的各种困难，应对来自各方面的种种可以预料以及难以完全预料的风险和考验。中华民族的发展从来就不是一帆风顺的。从古代、近代到现代，中华民族的发展曾经面临和经受过各种各样的危机、挑战。这些危机和挑战来自各个方面，有天灾有人祸，有内忧有外患，或中原板荡，或沧海横流，或大厦将倾，或狂澜既倒。但是历史印证了一句名言——多难兴邦。实践证明，越是困难时期，越是危难之际，越是要大力弘扬民族精神，越是要大力增强民族凝聚力。而每当民族危难、神州多事之际，中华民族的伟大精神总是迸发出夺目的光彩、显示出磅礴的伟力。1998年夏秋之际的特大洪灾中，正是依托伟大民族精神和中国共产党人伟大革命精神，我们党带领各族人民奏响了一曲高亢激越的抗洪凯歌。在此次突如其来的非典疫情中，我们一如既往地大力弘扬我们民族万众一心、众志成城、团结互助、和衷共济、迎难而上、敢于胜利的精神，把思想统一到党中央的决策和部署上来，同心同德、齐心协力，心往一处想、劲往一处使，形成了抗击疫情的巨大力量，取得了决定性的胜利。

大力弘扬和培育民族精神，才能在爱国主义的旗帜下凝聚海内外中华儿女，推进祖国的完全统一。实现祖国的完全统一是中华民族伟大复兴的应有之义和根本前提，是海内外中华儿女的共同心愿。中国自秦王朝统一以来的2000多年里，朝代更迭，政权兴替，版图盈缩，但主体一直是一个统一的多民族国家。正是长期以来在统一国家内形成的各民族共同的经济、政治、文化乃至感情的联系，使中国这个多民族国家的发展除了几次短暂分裂之外，始终保持了统一的主导趋势。维护国家统一，自古以来就是中华民族爱国主义传统中最重要的内容。大力弘扬和培育民族精神，必将激励亿万中华儿女坚定地维护国家的统一和领土完整，在中华民族伟大复兴的历史进程中奋力实现祖国统一大业；必将最大限度地孤立极少数顽固的民族分裂分子，为实现祖国完全统一创造有利的舆论环境、注入内在的精神动力。

## 四

弘扬和培育民族精神是一项社会系统工程，必须将之作为社会主义先进文化建设的一项战略性任务，扎实不懈、锲而不舍地抓下去。

把弘扬和培育民族精神纳入国民教育和精神文明建设的全过程。古人讲："观乎人文，以化成天下。"民族精神承载在祖国的文化和历史中，不熟悉、不了解祖国的文化和历史，就不可能得到民族精神的熏染和滋养。

中华民族优秀文化和历史的教育要体现在从幼儿园到大学各级学校的教学中，使之进入课堂、进入教材、进入人心。中华民族发展史上灿若星辰的思想家、政治家、军事家、科学家、文学家、艺术家以及民族英雄等杰出人物，特别是近代以来，中国共产党诞生以来在民族民主革命中涌现出的英雄人物，在社会主义现代化建设中涌现出的先进模范人物，是民族的精英，是民族精神的人格化身和形象化的教科书。要通过纪念馆、博物馆、旅游地、广播、电视、电影、互联网、文学艺术作品等多形式多渠道地宣扬之、传播之，用以增进民族自尊心、自信心和自豪感，引领社会风尚，浸淫世道人心。要十分重视思想文化阵地和文化市场的建设。一切新闻媒体、一切文化娱乐场所、一切文化市场，都必须毫不动摇地宣传科学理论，传播先进文化，塑造美好心灵，弘扬社会正气，使之真正成为弘扬民族精神的载体、培育民族精神的园地。

结合中国特色社会主义建设实践，不断赋予民族精神新的时代内涵。任何民族精神，既是一个民族在历史文化传统基础上形成的，又是对现时代实践活动中客观需要的回应。民族精神要真正深入人心、永葆活力，必须与时代相适应，与社会实践相结合。因此，弘扬和培育民族精神一定要着眼于新的社会实践和新的时代要求，要在弘扬中培育，在培育中弘扬。在建设中国特色社会主义、实现社会主义现代化的历史进程中，要注意总结人民群众在实践中创造的新鲜经验，不断推出富有时代精神风貌的先进典型。要把先进性的要求与广泛的群众性的要求结合起来，一方面，把马克思主义的科学世界观、人生观和价值观作为引导民族精神前行的旗帜；另一方面，把数千年来积淀下来的、为全民族所认同的道德规范作为道德建设的重点和基点。要把继承与发展统一起来，一方面，要继承我们民族优秀的传统；另一方面，也要注意克服民族文化中某些与时代不相适应的消极成分，引导民族精神的与时俱进、日新又新。要把保持民族特色与树立世界意识统一起来。"海纳百川，有容乃大。"在自己的发展进程中勇于并善于从世界其他民族的文化中汲取营养，是中华文化长盛不衰的重要奥秘。我们既要反对民族虚无主义，也要反对狭隘的民族主义。要以宽广的胸襟和博大的气魄，迎接世界范围内的八面来风，在抵制腐朽思想文化的同时，善于借鉴和吸收世界各民族的优秀文化成分，促进民族精神的发展。

共产党员、领导干部在弘扬和培育民族精神中要发挥先锋模范作用。邓小平在谈到弘扬党在长期革命斗争中形成的革命精神时说："如果一个共产党员没有这些精神，就决不能算是一个合格的共产党员。不但如此，我们还要大声疾呼和以身作则地把这些精神推广到全体人民、全体青少年中间去，使之成为中华人民共和国精神文明的主要支柱，为世界上一切要求革命、要求进步的人们所向往，也为世界上许多精神空虚、思想苦闷的人们所羡慕。"这里邓小平实际上道出了中国共产党人在弘扬和培育民族精神中的历史使命和重要作用。所谓"大声疾呼"，就是要造成舆论，广泛宣传；所谓"以身作则"，就是要知行统一，率先垂范。共产党员尤其是各级领导干部要满腔热情地传播和弘扬民族精神，以身作则地践行和砥砺民族精神。

披甲执戟，为民前驱。军旅自古就是民族精神的重要发祥地和摇篮。我国历史上的民族英雄，大都出身军旅。从古至今，一代又一代军人为中华民族精神的形成与发展注入了宝贵元素，作出了重要贡献。人民军队诞生以来，更以崭新的精神风貌和崇高的道德风尚影响和带动了全民族。我们党所培育和倡导的各种革命精神，如井冈山精神、长征精神、延安精神、南泥湾精神、雷锋精神等，大多是在军队中发源并在全民族发扬光大的。军队精神文明建设走在全社会前列，这是党提出的一个战略性要求。全军同志都要发扬我军的优良传统，做弘扬和培育民族精神的模范。

"周虽旧邦，其命维新。"我们所为之奋斗的事业迫切需要伟大民族精神的推动和支撑，而在这一事业中，中华民族的伟大精神也必将像凤凰涅槃一样得到新的升华。可以预期，伴随着中华民族伟大复兴曙光所到来的，必将是一个中华民族精神大放光华的新时代！

# 实现伟大梦想不可或缺的精神力量[*]

## ——论弘扬中国精神

"中国梦"这个激动人心的热词温润了2013年的春天,给神州大地注入了新的勃勃生机。在十二届全国人大一次会议的讲话中,习近平总书记又一次对中国梦作了系统阐发。他强调:"实现中国梦必须弘扬中国精神。这就是以爱国主义为核心的民族精神,以改革创新为核心的时代精神。"深刻领会这一重要论述,对于把各族人民凝聚在中国特色社会主义的旗帜下,万众一心地实现中华民族的伟大梦想,具有重大而深远的意义。

**中国精神是源远流长的民族精神和与时俱进的时代精神相结合的产物**

人是要有一点精神的。一个民族要生息繁荣发展,一个国家要立国兴国强国,不可不有厚重而强大的精神力量。

中华民族是一个勤劳、勇敢、智慧的民族,是一个有理想、有抱负、有作为的民族,也是一个非常注重精神世界的修炼和砥砺的民族。在5000多年的漫长的文明进程中,向往国家统一、民族兴旺、人民富足、人生完善的梦想始终像不熄的烛火照耀我们民族前行,也激发、培育和塑造了我们民族伟大的精神。我们的先人很早就从皇天后土中得到启示,提

---

[*] 本文发表于2013年5月。

出了"天行健，君子以自强不息；地势坤，君子以厚德载物"的格言，很早就形成了"大一统"的哲学思维传统以及相应的国家观念，孕育了源远流长、博大精深的以爱国主义为核心的民族精神。正是凭着这种精神，中华民族创造和熔铸了灿烂的文化。在人类文明的星空和长河里，众多文明如流星陨落，如昙花一现，如季节河一样枯涸在岁月的沙漠里，而唯独中华文化始终薪尽火传、绵延不绝，旦复旦兮，历久弥新。正是凭着这种精神，中华民族以共同经历的非凡奋斗，开拓了世界东方的这片热土，不断创造和建设了自己的美好家园。在漫长的民族融合和共同发展的进程中，这片土地上虽然也掩过许多烽烟战火，数度分分合合，但主体上始终维持了统一的多民族国家的格局。大中华的观念、以维护和实现国家统一和富强为己任的观念、"天下兴亡、匹夫有责"的观念像基因一样植入了每个中国人的心。也正是凭着这种精神，在近代中国内忧外患交织，山河破碎、中原板荡、生灵涂炭的情况下，那个伟大的中国梦才在冻土下萌生，在暗夜中点亮，救亡图存的运动、革故鼎新的呐喊像世纪的潮汐激荡不已、奔流不息。

中国共产党的成立标志着中华民族的伟大觉醒，也标志着中华民族思想上的一次大解放、精神上的一次大焕发。中国共产党人放开眼睛看世界，把马克思主义作为贯彻国家命运的武器，并致力于马克思主义中国化，从而为中华民族的精神注入了新的鲜活因子、提供了新的科学元素。正是中国共产党人把无产阶级的历史使命与中国梦统一起来，才使得民族精神像凤凰涅槃一样浴火重生，使中国人民知所依归、知所趋赴，焕发出求独立、谋解放、奔富强的改天换地、排山倒海的巨大力量。在中国共产党的领导下，中国人民不仅骄傲地站立了起来，而且以光复旧物、自力更生的坚强意志，以艰苦奋斗、愚公移山的奋斗精神，打下了中国社会主义事业的千秋基业，展示了崭新的精神风貌。

改革开放新时期的开启标志着中华民族的又一次伟大觉醒，也标志着中华民族思想上的一次新的大解放、精神上的一次新的大焕发。由于复杂的历史原因，改革开放前的中国处于一种相对僵化、相对封闭的状态。为了冲破长期"左"的思想的禁锢，为了追赶汹涌澎湃的时代浪潮，20世纪70年代末，中国共产党领导人民拉开了气势恢宏的改革开放大幕。解放思想、实事求是、与时俱进的春风吹拂和涤荡了整个神州大地，中华民族以前所未有的眼界和气度面向现代化、面向世界、面向未来，改革开放从农村到城市、从沿海到内地、从经济领域到政治、文化、社会等各个领域全方位地展开。改革开放成为这个时代最鲜明的特征，成为这个时代精神最显著的标识。在波澜壮阔的实践中，中华民族以爱国主义为核心的民族精神进一步发扬光大，并且与以改革创新为核心的时代精神交汇在一起、融合在一起、熔铸在一起，迸发出了更加夺目的光彩，释放出了原子核聚变、裂变一样的能量。

因为源远流长的爱国主义传统而具有深厚的历史底蕴，因为与时俱进的改革创新实践而具有崭新的时代内涵，这就是中国精神，就是当代中国和中华民族精神风貌的写照。当下世人热议中国现象、中国速度、中国奇迹，而透过中国现象、中国速度、中国奇迹的背后，人们所看到的正是中国精神。这种精神是凝心聚力的兴国之魂、强国之魂，是比一切看得见、摸得着的物质成果更为弥足珍贵的财富，是中华民族的伟大复兴不可逆转、不可遏制的最深层的动因和根据。

## 实现中国梦离不开进一步弘扬中国精神

经过近代以来170多年的上下求索、中国共产党成立90多年的艰辛奋斗、新中国成立60多年的艰苦创业、改革开放30多年的开拓创新，中华民族伟大复兴的曙光已经照临东方的地平线，中华民族好梦成真的愿景已经日益真切而清晰地展现在我们的眼前。为了最终实现伟大的中国梦，必须进一步弘扬中国精神。

弘扬中国精神，是实现中国梦的题中应有之义。文化是民族的血脉，是人民的精神家园。当今世界各种思想文化相互激荡，文化软实力已经成为综合国力竞争的重要内容，也成为一个国家、一个民族是否兴旺发达的重要标志。中华民族的伟大复兴绝不单单是 GDP 的增长、经济社会发展走在世界前列，比这更重要、更带有本质意义的是文化的昌明、文化的繁盛、文化的复兴。而文化的内核是核心价值观，是基于核心价值观所形成的民族精神。近代中国的衰落，与封建主义、帝国主义对中国人民的精神奴役、精神禁锢和精神压抑直接相关。中华民族的伟大复兴必然伴随着中华民族精神上的大解放、大振奋、大焕发。只有大力弘扬中国精神，才能更好地构建和培育社会主义的核心价值观，才能推进中国特色社会主义文化的大发展和大繁荣，才能从根本上改变漫长的封建社会，以及近代以来帝国主义侵略奴役所造成的某些愚昧落后、保守封闭的精神状态，才能使中华民族更加骄傲、更加自信、更加昂扬地屹立于世界民族之林。

弘扬中国精神，是进一步凝聚和团结全国人民为实现中国梦共同奋斗的现实需要。"行百里者半九十"。在实现中国梦的漫漫征程上，我们已经取得了伟大的成就，但没有任何值得骄傲的理由。在建设中国特色社会主义的新征途中，凝聚亿万人民的意志和力量，激发亿万人民的创造和活力均离不开伟大的中国精神，尤其是爱国主义精神。家是最小国，国是千万家。爱国主义始终是引领亿万中国人民踔厉奋发、安顿海内外中华儿女精神家园的旗帜。无论你在哪个领域、哪个岗位，无论你身处神州大地抑或远在异国他乡，只要你流着炎黄子孙的血脉，你的心就会被国家的呼唤所悸动所感召，就会为祖国的前途和命运而牵念而忧思。愈接近梦想愈经受考验。当前，尽管实现"两个一百年"奋斗目标、开辟中华民族伟大复兴的灿烂前程的航路已经开通、道路已经指明，但依然任重而道远，更需要我们凝心聚力、同心勠力。爱国主义让我们跨越了地域、文化、肤色、信仰的樊篱，回到"家"的起点，将个人力量的涓涓细流汇聚成民族复兴的磅礴巨浪。

弘扬中国精神，是进一步动员和激励全党和全国人民为实现中国梦而攻坚克难的紧迫要求。当前，中国的改革开放已经进入攻坚期、深水区。

水深好行大船，亦难免有暗礁险滩、惊涛骇浪。那么，如何攻坚克难、劈波斩浪？同样离不开中国精神，尤其是改革创新精神。改革创新是时代的主旋律。改革创新精神是中华民族突破陈规、大胆探索、勇于创造、昂扬向上精神风貌的集中体现。面对日益凸显的发展瓶颈、深层次矛盾问题，我们只有发扬"逢山开路、遇河架桥"的改革创新精神，自觉迎难而上，锐意改革，大胆创新，才能把握机遇，战胜困难，规避风险，把中国特色社会主义的航船驶向理想的彼岸。

### 扎实推进弘扬中国精神这一铸魂工程

国无魂不强，民无魂不立。为了实现伟大的中国梦，为了把我们的先人所开创的、无数炎黄子孙梦寐以求的民族复兴大业不断推向前进、引向胜利的彼岸，必须把弘扬中国精神作为新形势下的铸魂工程切实抓紧抓好。

弘扬中国精神必须大力繁荣和发展社会主义先进文化。中国精神集中反映了社会主义先进文化的内在要求，是社会主义先进文化的精神内核，是社会主义核心价值体系的本质体现，是社会主义核心价值观的重要内容。弘扬中国精神必须高扬先进文化发展的旗帜，坚持马克思主义的指导地位，坚持不懈地用当代中国马克思主义的科学理论、社会主义与爱国主义相统一的科学理论——中国特色社会主义理论体系特别是习近平总书记的重要论述武装全党、教育人民。把社会主义核心价值体系建设作为首要任务，融入国民教育、精神文明建设和党的建设全过程，贯穿改革开放和社会主义现代化建设各领域，体现到精神产品创作生产传播各方面，努力在全社会形成统一的指导思想、共同的理想信念、一致的价值追求、强大的精神力量。坚持社会主义先进文化的前进方向，继承和发扬我们民族优秀的精神文化传统，并善于借鉴人类一切有益的精神文化成果，建设具有鲜明中国特色、体现时代发展要求的先进文化，在满足人民的文化需求的同时，丰富人民的精神世界、强化人民的精神力量。深入开展爱国主义、集体主义、社会主义教育，深入开展改革开放、开拓创新教育，并综合运用思想教育、舆论引导、文化熏陶、典型示范、实践养成、制度保障等方法途径，积极倡导和培育社会主义核心价值观，使中国精神不断深入人心、发扬光大。青少年是国家和民族的未来，少年强则国家强，少年兴则国家兴。弘扬中国精神要从娃娃抓起。要把中国精神纳入国民教育体系，使之进入校园、进入课堂，成为青少年求知进德、做人成才的必修课。

弘扬中国精神必须植根于亿万人民创造自己幸福生活和美好未来的火热实践。中国精神不是面壁参禅，不是得道深山，它体现在每个人勤奋敬业的工作岗位上，体现在为个人梦、家庭梦、国家梦的奋斗追求中。因此，只有在实践的沃土上才能培植中国精神，在奋斗的洪流里才能激励中国精神。要坚持马克思主义历史唯物主义的观点，一切为了人民、一切依靠人民，充分发挥人民群众建设幸福生活、开拓美好未来的积极性和创造性，努力为每一个人放飞自己的梦想提供广阔的空间、实现自己的梦想创造充裕的机会，并且引导人们把小家和大家、实现个人梦与实现中国梦有机地统一起来。要结合深化改革开放的实践，引导人民进一步解放思想，破除一切保守的观念、僵化的观念、故步自封的观念，树立与时代相适应的思想观念。"空谈误国，实干兴邦"。要引导人们发扬我们民族脚踏实地、埋头苦干、艰苦奋斗的宝贵品格，重实干、鼓实劲、求实效，使中国精神在力行力为中绽放美丽光辉。要大力表彰和宣扬在改革开放和现代化建设实践中涌现的践行和体现中国精神的先进典型，运用鲜活的事例、榜样的力量鼓舞和激励人民。

弘扬中国精神必须充分发挥共产党员特别是领导干部的表率作用。中国共产党是中国工人阶级的先锋队，是中国人民和中华民族的先锋队，因而也是当代中国精神最热忱的倡导者和最忠实的践行者。毛泽东在谈到夺取中国革命胜利时强调，"首先要使先锋队觉悟"。今天，我们要凝聚和带领亿万人民实现中国梦，同样要首先使先锋队觉悟。共产党员和领导干部要做践行和弘扬中国精神的模范，坚定中国特色社会主义的理想信念，以报效国家、服务人民为最高价值追求，始终保持艰苦奋斗的政治本色，始终保持奋发有为的精神状态，始终保持开拓创新的革命精神，始终保持求真务实的优良作风，始终保持清正廉洁的公仆形象，以自身的模范行动影响和带动全民族。

　　我军历来是体现党的政治优势的重要载体，是我们党所倡导的革命精神的"首善之区"。在党的领导和哺育下，人民军队涌现了大量承载和凸显中国精神的英雄模范人物，装点和亮丽了我们民族的文化星空。以人民军队为主体所孕育的井冈山精神、长征精神、延安精神、老西藏精神、"两弹一星"精神、载人航天精神、抗震救灾精神等，构建和丰富了中国共产党人的精神谱系，为中国精神注入了源头活水和新鲜因子。在实现强军目标的新征程上，人民军队在弘扬中国精神上要继续发挥率先垂范的作用，持续培育当代革命军人核心价值观，为实现强国梦、强军梦提供强大的、不竭的精神力量。

# 用梦想、机会和奋斗创造美好[*]

"有梦想,有机会,有奋斗,一切美好的东西都能够创造出来。"习近平总书记在第十二届全国人民代表大会第一次会议上的讲话中以平实的话语拨动了亿万人民的心弦,如一股暖流涌动在初春的大地。

一

梦想,一个令人神往、惹人遐思的字眼!梦想寄寓了人们对美好生活的向往,为人们为之奋斗的理想蒙上了一层诗意的光辉。梦想如同璀璨的星光照耀在我们的前面,使我们的生活有了盼头,有了奔头,有了目标,有了意义;梦想,使我们忘记生活的苦涩,劳作的艰辛,牺牲的痛苦;梦想,使我们奋力前行,勇于担当。没有梦想的人生是暗淡的,没有梦想的民族是悲哀的,没有梦想的社会是沉闷的,缺少梦想的时代是乏味的。

中华民族有着悠久的历史、灿烂的文化,也不乏美丽的梦想。"天行健,君子以自强不息。"我们的先人筚路蓝缕、以启山林,很早就把梦想播种在这方土地上,把汗水飘洒在这方土地上,把热血浇灌在这方土地上。羿射九日,嫦娥奔月,精卫填海,愚公移山,这些瑰丽的神话正是中华民族追求梦想、向往光明和进步的生动写照。近代以来,中华民族在内忧外患中落伍了,从此一个伟大的中国梦在深深的冻土层中着床萌发,这就是追赶现代化,振兴伟大的中华民族。正是因为有了这个梦想,才使得我们民族在积贫积弱、遍体鳞伤中没有沉沦,才激励着几代中国人上下求

---

[*] 本文发表于 2013 年 4 月。

索，开拓进取，前赴后继，英勇奋斗，才使得中国冲破暗夜，走进曙色，洗刷耻辱，走向复兴，才走出了一条通向复兴的伟大道路——中国特色社会主义道路。正是因为有了这个梦想，才有了波澜壮阔、慷慨悲歌的中国近代史，才有了南湖红船载来的第一缕晨光，才有了天安门广场升起的第一面五星红旗，才有了春天故事的第一组音符。不能设想如果没有这个梦想，近代中国将会怎样。可以说，梦想就是民族希望所在，就是民族复兴之光。

中国梦是民族的梦，也是每个中国人的梦。近代中国面临"数千年未有之变局"。处在这样一个大时代，中国梦对于中国人来说并不是一个玄幻的命题，而是与每一个人的人生遭际息息相关。实现中国梦，对中国的每一个老百姓来说，意味着挺直腰杆扬眉吐气，不再受奴役、受欺凌，不再蒙受"华人与狗不得入内"的耻辱，找回作为中国人、作为这片土地的主人的尊严；意味着远离贫困，丰衣足食、安居乐业，过上富足而体面的生活；意味着享有创造人生精彩、实现人生价值的广阔空间；意味着放飞和实现自身梦想的前所未有的大环境、大背景。所谓家国情怀即系于此。正是每一个中国人的梦汇成了伟大的中国梦，汇成了变革中国、改造中国、富强中国的磅礴力量。

当今时代，每个人都有自己的梦想。有的农村人想过上城里人一样的生活，有的城市人想拥有更宽敞舒适一点的房子，有的想通过求学改变自己的命运，有的想通过诚实劳动把日子过得更红火……这些梦想也许并不宏大，甚至显得琐碎细微，但都使我们感动，都是中国梦的题中应有之义，都是实现中国梦的正能量。离开每个人具体的梦想，离开人民群众对幸福生活的期盼、对美好未来的向往抽象地谈论中国梦没有意义。我们要像习近平总书记所要求的那样，把人民群众对于美好生活的向往，作为我们的奋斗目标，使实现中国梦的奋斗历程成为不断满足人民群众对美好生活向往的过程。

反过来说，每一个中国人，都要自觉地把个人的梦想与中国梦联系起来，把自我人生出彩与国家富强联系起来，要明白"国家好，民族好，大家才会好"的道理，发扬我们民族"天下兴亡、匹夫有责"的爱国主义传统，自觉地在本职岗位上、在创造自己幸福生活的打拼中为中国梦加油助力、增砖添瓦。

## 二

"时来天地皆同力，运去英雄不自由。"梦想的实现离不开一定的客观环境和时空条件。机遇与机会，作为实现梦想、成就事业的有利的时空态势，大之于国家民族，小之于芸芸众生，都是非常重要的。

在人类文明的发展进程中，一个国家、一个民族善于发现机遇、把握机遇、用好机遇，就可以以较快的速度发展起来，捷足先登或者后来居上。反之，如果丧失机遇、错过机遇，就可能步人后尘，陷入"落后就要挨打"的境地。近代以来，由于种种历史原因，中国曾几次与机遇擦肩而过，令人扼腕。令人欣慰的是，改革开放以来，我们终于抓住了宝贵的历史机遇，在追梦之旅上实现了历史性的跨越。当前，我国仍然处于大有可为的战略机遇期。机遇青睐有准备的民族，机遇偏爱有准备的国家。邓小平讲，我最担心丧失机遇。我们必须强化机遇意识，珍惜并主动拓展、善于用好战略机遇期，使我国更好更快地发展起来。

如果说国家的发展离不开机遇，个人的发展则离不开机会。离开必要的机会，梦想之翼就不能起飞。马克思主义创始人在《共产党宣言》中指出，取代人剥削人、人压迫人的资本主义社会的，"将是这样一个联合体，在那里，每个人的自由发展是一切人的自由发展的条件"。也就是说，共产主义是一个"把每一个人都有完全的自由发展作为根本原则"的社会，是一个为每个人的自由发展都提供了充分条件、广阔空间的社会，是一个机会充裕和均等的社会。这才是共产主义的真谛，是千百年来人类良知所梦寐以求的理想境界。改革开放以前，由于僵化的经济和社会体制，由于"以阶级斗争为纲"的"左"的指导思想，中国社会缺少生机和活力，许许多多的人梦想没有机会实现，才华没有机会施展，这是巨大的悲剧。改革开放以来，中国经济社会之所以能够以前所未有的速度发展起来，人民群众的生活之所以能够得到极大的改善，最根本的原因就是实行放开、搞活，给每一个人放飞梦想提供了广阔的天空，人生出彩提供了充足的机会，因而人民群众创造自己幸福生活和美好未来的热情和才智像春潮一样迸发了出来，汇聚成实现强国梦的巨大的正能量。生产力的解放首先是人的解放，经济社会的发展首先是人的发展。而机会的充分性、均衡性和公平性正是社会进步的一个尺度，是人的解放和发展的一个尺度。

我们要通过深化改革，克服一切窒息人的梦想、才智和创造力的制度障碍，努力为人的自由全面的发展提供越来越充分的机会，让全民族的创造活力持续迸发，创新源泉充分涌流。我们要进一步维护社会公平正义，加紧建设对保障社会公平正义具有重大作用的制度，逐步建立以权力公平、机会公平、规则公平为主要内容的社会公平保障体系，逐步铲平各种影响机会均等、公平的壁垒和门槛，真正使生活在我们伟大祖国和伟大时代的中国人民，共同享有人生出彩的机会，共同享有梦想成真的机会，共同享有同祖国和时代一起成长进步的机会。要进一步尊重劳动、尊重知识、尊重人才、尊重创造，形成天高任鸟飞、海阔凭鱼跃，人人皆可成才、人人尽展其才、人人都能出彩的生动局面。

## 三

幸福不会从天降，美好日子等不来。如果说机会在梦想和现实之间搭起了"金桥"，而要使好梦成真还离不开艰辛的奋斗。著名女作家冰心曾写下这样的诗一般的警句："成功的花，人们只惊羡她现时的明艳！然而当初她的芽儿，浸透了奋斗的泪泉，洒遍了牺牲的血雨。"中华民族是具有伟大奋斗精神的民族。正是因为共同经历了非凡的奋斗，我们才在这片土地上共同谱写了辉煌的历史，创造了灿烂的文化，开拓和建设了美好的家园。近代以来，也正是因为几代人可歌可泣、前赴后继的奋斗，我们才破天荒地在中国的土地上建立起了社会主义制度,开辟了中国特色社会主义的伟大道路,开创了中华民族伟大复兴的光明前景。站在新的历史起点上,要实现那个正日益真切、日益清晰地变为现实的伟大梦想,我们必须继续奋斗,奋斗奋斗再奋斗,容不得半点懈怠。

奋斗也是成就个人梦想的必由之路。一分耕耘,一分收获。无论是在哪一个领域,无论是在哪一个岗位,要想干一番事业,要想使人生更出彩、生活更美好,都离不开脚踏实地的努力、胼手胝足的奋斗。改革开放以来,一部分人之所以能够成为时代的弄潮儿,事业有成,率先富了起来,除善于抓住机会、把握机会之外,大都得益于个人的打拼、奋斗。而正是每个人为实现自己梦想的奋斗构成了我们整个民族为实现中国梦的奋斗,汇成了汹涌澎湃、不可遏制的富民强国潮流。

要奋斗,就必须不畏劳苦。艰难困苦,玉汝于成。不经一番寒彻骨,怎得梅花扑鼻香。沉溺于酒绿灯红之中,优游于秦楼楚馆之间,是不可能成就伟业的。我国仍处于并将长期处于社会主义初级阶段,我们还处在艰苦的创业时期,必须扑下身子埋头苦干,必须继续地保持我们民族克勤克俭的宝贵品格,继续地保持我们党艰苦奋斗的优良作风。任何贪图享乐、耽于安逸、奢侈浪费、空谈不干,都只能使梦想变成幻想、空想,都是对伟大梦想的亵渎和背叛。

要奋斗,就必须坚韧不拔。实现中华民族的伟大复兴,是震古烁今的伟业,也是空前浩繁、空前艰巨的事业。必须经过长期的、一代又一代的人接续奋斗才能完成。新形势下,我们面临的机遇前所未有,面临的挑战也前所未有。我们必须以百折不挠的意志、一往无前的精神去攻坚克难,在直面困难、解决矛盾中去实现又好又快的发展。决不能遇到困难就打退堂鼓、走回头路。要有持续苦干、不懈开拓的韧的精神。"锲而舍之,朽木不折;锲而不舍,金石可镂。"只要我们始终不降下奋进的风帆,就一定可以闯过激流险滩,驶向胜利的彼岸。

要奋斗,就必须勠力同心。个人梦想的实现离不开社会的支持、大家的帮助，中华民族为实现强国梦的奋斗更必须动员和汇聚全民族的力量。必须结成包含港澳同胞、台湾同胞、海外侨胞在内的广泛的爱国统一战线，用那个潜藏于民族深处、照耀在每个中国人心头的中国梦把我国 56 个民族、13 亿多人紧紧地凝聚在一起。当前，我国正处在改革的攻坚期、矛盾的凸显期。各方面的利益摩擦比较多，人民内部矛盾呈多发的趋势。一方面，我们要坚定不移地走共同富裕的道路，使改革的成果和红利更多地、更公平地惠及全体人民。另一方面，每一个人也要体谅国家的难处，正确认识个人利益与国家利益、眼前利益与长远利益的关系，自觉以小家服从大家、个人利益服从国家利益、眼前利益服从长远利益，做到心往一处想，劲往一处使。众人划船力量大，众手拾柴火焰高。在中国共产党的坚强领导下，有播种在每个中国人心底、经磨历劫从来不曾泯灭的梦想，有伟大祖国和伟大时代为每个人人生出彩提供的广阔空间和宝贵机会，有全民族的艰苦奋斗、持续奋斗和团结奋斗，就一定可以创造出我们自己，同时也是整个中华民族更加幸福美好的未来，中国梦就一定能变为辉煌的现实！

初心勤砥砺　百年正芳华

# 为人民开出幸福泉*

## ——从李国安事迹论共产党人的人生哲学

水是生命之源。有了水,大地才有绿色,田野才有生机,生活才充满欢笑。

共产党人是什么样的人?就是一些为人民的幸福而辛勤"开泉""找水"的人。"模范团长"李国安带领他的团队在千里北部边疆掘出了一眼眼甘泉,把干涸的戈壁荒原变成了一片片充满希望的绿洲,把欢乐洒向了北疆的军营村落。他用自己的实际行动为我们树立了一个开泉者的形象,也向我们诠释了共产党人的人生哲学的全部含义——为人民开出幸福泉。

一

你从哪里来?又到哪里去?人活着是为了什么?人应该怎样活着?这是自从"人猿相揖别"、人类有了主体意识之后就不断发出的叩问。在有涯的人生和无限的宇宙之间,多少哲人智者为之浩叹,多少芸芸众生身陷困惑。有的慨叹"浮生若梦",认为"夫天地者,万物之逆旅也;光阴者,百代之过客也"。有的鼓吹及时行乐,"有花堪折直须折""今朝有酒今朝醉"。一首名为《享乐曲》的流行歌曲唱道:"你活着为享乐,我活着为享乐,今晚你我共聚一堂,何不一起享乐。"更有些人进而宣扬极端利己主义,把他人看作"自我的坟墓",为了达到个人的目的不择手段,把个

---

* 本文发表于 1996 年 3 月。

人所谓的幸福建立在他人的痛苦上。

只有马克思主义才科学地回答了关于人生的问题。按照历史唯物主义的观点,人不仅作为个体而存在,而且作为整个社会的一员而存在,作为人类社会发展长过程链条上的一个环节而存在。如同一滴水可以干涸,而大海却永远涛声不息一样,一个人的一生是短暂的,而人类社会、人类进步的历史、人类物质文明和精神文明发展的历史却不会完结。人的一生只有融入了人类文明进步的事业,只有和人类社会发展的主体——人民紧紧联系在一起,才能过得充实而富有意义,才能获得恒久的价值。明白了这个道理,就不必发出人生苦短的哀叹,就不应陷入醉生梦死的自我麻醉,一些利己主义的呓语也会显得卑劣丑陋,俗不可耐,令人鄙夷。

基于这样一种对于人生的理解,基于对于工人阶级地位和历史使命的揭示,马克思主义创始人不仅描绘了人类最崇高的理想——共产主义的灿烂前景和美好愿景,而且为我们提供了一种与这种崇高理想相适应的、在这种理想下应运而生的、具有世界历史意义的、完全新型的革命的人生观。这种人生观的核心就是全心全意为人民谋利益。"过去的一切运动都是少数人的或者为少数人谋利益的运动。无产阶级的运动是绝大多数人的、为绝大多数人谋利益的独立的运动。"历史上一些先进阶级的代表人物或统治阶级进步的思想家虽然也曾在不同的层面和不同的意义上提出过"为大众"的人生哲学思想,这些思想无疑是可贵的,它是人类心智和精神开出的花朵,但是阶级和时代的局限决定了他们的这些思想不可能是真正彻底的,在实践中也不可能是始终如一的。只有马克思主义才给予我们一种真正科学、彻底、具有现实基础、无比高尚的人生哲学,这是因为它找到了实践这种人生哲学的阶级力量。工人阶级是人类历史上最先进、最大公无私、最富有远见的阶级,其阶级利益与最广大的人民群众的利益是完全一致的。除开人民群众的利益,她没有自身的特殊的利益。为人民服务,为人民谋利益,工人阶级的利益也就在其中。因而,马克思主义的人生哲学不仅是一种高尚的道德要求,而且是一种自觉的阶级意识,是工人阶级党性的一种体现，是工人阶级为实现自身的历史使命所必需的。

## 二

在马克思主义的指引下，中国共产党从诞生的那一天起，就把全心全意为人民服务作为自己的唯一宗旨，并且为了实践这一宗旨，为了中国人民的解放和幸福进行了长期不懈的斗争。早在战争年代，毛泽东就指出："我们的共产党和共产党所领导的八路军、新四军，是革命的队伍。我们这个队伍完全是为着解放人民的，是彻底地为人民的利益工作的。"邓小平也曾指出："中国共产党员的含意或任务，如果用概括的语言来说，只有两句话：全心全意为人民服务，一切以人民利益作为每一个党员的最高准绳。"在改革开放的新时期，他又要求把"人民拥护不拥护""人民赞成不赞成""人民高兴不高兴""人民答应不答应"作为全党想事情、做工作，想得对不对、做得好不好的根本衡量尺度。最近一段时间里，江泽民多次强调党的领导干部要讲政治。从根本上来说，讲政治最主要的就是对人民群众的态度问题和同人民群众的关系问题，就是共产党员一定要坚持全心全意为人民服务的宗旨。这是最高的政治要求，也是共产党员必须确立的人生哲学。

李国安就是党的宗旨和革命的人生哲学的模范实践者。作为给水工程团的团长，他把为边疆军民找水、送水作为自己的神圣职责。在他看来，"党的干部就得像清泉一样，奉献自己，甘甜千万家"。他把自己的宝贵年华化作一股股清泉，涓涓滴滴奉献给了人民，而那一眼眼甘泉也浇灌和滋润了他的苦乐年华，使他的人生大放异彩。他是马克思所赞扬的那种"专为公众谋福利从而也使自己变得高尚起来的人"。他的生活是清贫的、朴实无华的，没有纸醉金迷的贪欲，没有美食豪宴的奢华，没有花前月下的浪漫，没有低吟浅唱的悠闲，但却那样充实而富有意义，足以使一切物质富有、精神空虚者黯然失色，使一切个人主义者自惭形秽。在他的身后矗起的是找水的丰碑，也是一座伟大高尚人格的丰碑。

过去，在夺取政权的革命战争年代，共产党员的个人利益与阶级和人民利益的一致性是显而易见的：没有人民的翻身解放就没有自己的翻身解放。况且，在艰苦的战争环境中，党与人民群众天然地保持着患难与共的血肉联系，因而比较容易做到不忘党的宗旨，坚持革命的人生哲学。而在新的历史条件下，共产党员坚持革命的人生哲学却面临着新的考验。这种考验主要来自两个方面：一是执政的考验。执政党的地位使我们有了更好为人民服务的条件，却也可能使一部分党员，特别是党的领导干部滋生出高高在上、当官做老爷的心理，自觉不自觉地由"公仆""异化"为"主人"。二是改革开放和建立社会主义市场经济的考验。改革开放和建立社会主义市场经济给我国的经济生活以及整个社会生活带来了勃勃的生机和活力，但也不可避免地会产生一些负面效应。例如拜金主义、享乐主义的思潮有所抬头，一些资产阶级的腐朽思想文化和生活方式乘虚而入。面对金钱物质的吸引，面对酒绿灯红的影响，面对声色犬马的诱惑，一些共产党员很可能逐渐淡忘自己参加革命时的初心，忘记入党时的誓言，忘记共产党员的人生追求，个别人甚至可能走上腐化堕落的道路。在这种情况下，重新提出"参加革命为什么，手中有权干什么，人生哲学是什么"的问题，就有着紧迫、振聋发聩的现实意义。人们在呼唤"甘泉"，也在呼唤着李国安那样的真正共产党人的"甘泉"精神。李国安事迹的时代意义就在于，他继张鸣岐、孔繁森之后又一次告诉人们：尽管时代变了、环境变了、条件变了，但中国共产党人全心全意为人民服务的宗旨没有变，革命的人生哲学没有变，也不能改变。这种革命的人生哲学是发源于全心全意为人民服务的宗旨，流淌于中华大地上的一股"甘泉"，是引导中华民族进入新世纪的希望之光。

## 三

在新的历史条件下，应该怎样实践共产党人的人生哲学？李国安的事迹给我们的启示是多方面的。

其一，要有一种寝食不安的忧民意识。"衙斋卧听萧萧竹，疑是民间疾苦声。"封建社会有良知、有担当、有操守的官吏尚知情系民瘼，共产党员更应该把人民的疾苦时刻放在心上。作为一个在北部边疆战斗生活了近30年的军人，李国安对边疆缺水的状况有着刻骨铭心的感受，边疆军民对水的企盼像烈焰一样炙烤着他的心。为了实现江泽民"再也不能让边防军民没水吃、喝苦水了"的嘱托，他真正做到了寝食不安。在白音查干，他与战友们冒着严寒酷暑像画棋盘格一样反复探测，寻找水源。直到病魔将他击倒，面临绝症威胁的时候，他所惦念的仍然是："定的那三眼井说什么也要打出来，否则我在九泉之下是不会瞑目的……"。他和每个团领导的身上都有一个记事簿，本子上记的是哪片牧区缺水、哪个村庄水质有问题、哪个连队引水设施不配套。这与一些养尊处优，对人民群众的疾苦漠不关心，对群众的困难熟视无睹、充耳不闻的人形成了多么鲜明的对照！我们学习李国安，就要像他那样心中时刻想着人民，想人民之所想，急人民之所急，助人民之所需，解人民之所难，纾人民之所困，多为人民群众办"渴中送水""雪里送炭"的事。

其二，要有一种奋力拼搏的革命精神。戈壁渴望碧水，人民企盼甘泉。而甘泉却不是可以用几句咒语就呼唤出来的，也不是随意用根棍子一捅就可以从地底下冒出来的，它需要千辛万苦地探寻，百折不挠地开掘。为人民服务，在李国安那里绝不仅仅是一句空洞的口号、漂亮的言语，而是意味着大漠的热风、戈壁的冷月，意味着忠诚与毅力的汇聚，意味着血水与汗水的凝结，意味着年复一年、月复一月、日复一日地顽强拼搏，意味着青春与生命的透支和奉献。他44岁时当团长，在一些人看来这已是军旅生活的"终点站"了，而他却在上任伊始就制订了一个分3个阶段解决华北地区野战给水问题的十年规划。他说："守摊子不是共产党人的作风！党把我放在这个岗位上，我就要在这个岗位上把党的事业不断推向前进。"他不顾重病之躯，腰扎15厘米宽的"钢围腰"，忍受着常人难以忍受的痛苦，风餐露宿4个月，颠簸跋涉2.48万公里，终于搞清楚了八千里边防线的水源分布，为解决边防缺水问题提供了可靠依据。他深深地懂得，要把清泉献给人民，实实在在地为边防军民解困纾难，没有过硬的本事不行。为此，他刻苦钻研本职业务，由半路出家的"门外汉"变成了一个被群众誉为"草原水神"、连水利部部长都赞不绝口的水利专家，创造了一个又一个奇迹。这与一些对工作不负责任、安于现状、得过且过、贪图安逸、追求享乐的人，形成了多么鲜明的对照！我们学习李国安，就要像他那样立足本职工作、不尚空谈、不务虚名、不惜气力，扎扎实实为人民办实事、谋实利。要有一股革命加拼命的劲头，对工作极端负责，对技术精益求精，努力开拓，建功立业。

其三，要有一种无私奉献的高尚情怀。共产党员的个人利益在总体上与人民群众的利益是统一、一致的。然而，为了实现人民长远的根本利益，共产党员却往往需要牺牲一些个人的眼前利益。"我们喝苦水，正是为了广大边疆军民不喝苦水，这是我们找水战士的光荣。"李国安的话正是对共产党人这种甘于奉献的情怀的形象概括。他带领官兵穿戈壁、跨大漠，哪里无水哪安家，为了他人饮甘泉，自己情愿喝苦水。他家在北京，然而在都市色彩斑斓的现代文明与大漠荒原的筚路蓝缕之间，他毅然选择了后者，并且义无反顾、无怨无悔。他在给水团工作22年，有14个春节是在部队和钻井台上度过的。他经常出差路过北京，但往往是数过家门而不入。这与一些一事当前先为自己打算、把个人利益看得比什么都重要的人，形成了多么鲜明的对照！我们学习李国安，就要像他那样，有一种"一路喝苦水，四处找甘泉"的精神，吃苦在前，享受在后，时刻把人民的利益放在第一位，自觉以个人利益服从人民利益，为了人民的利益甘愿作出自我牺牲。

其四，要有一股克己奉公的浩然正气。我们的党是执政的党，相当一部分同志处在各级领导岗位上，这就出现了一个问题：手中有权干什么？这也是共产党人人生哲学的一个重要方面。在这一问题上，李国安同样作出了最好的回答。他说："职务就是工作岗位，它代表着责任，意味着事业。"他奉行"上不愧党,下不愧兵"的为官哲学。他为人民开出的是甘泉,他自己本身也像甘泉一样清澈见底、一尘不染。作为团长,他手中执掌着数百万元的经费,但他每次外出都以馒头干和矿泉水充饥,住简陋、便宜的旅店。李国安在给水团有很高的威信、很强的凝聚力和号召力,官兵们佩服他、信赖他,重要的一条,就是他有种一身正气的人格力量。这与一些以权谋私、贪污腐化、搞权钱交易的人,形成了多么鲜明的对照!我们学习李国安,就要像他那样正确对待和运用手中的权力,人民让我掌权力,我用权力为人民,清正廉洁,克己奉公,当好人民的公仆。

甘泉,是一种昭示,是一种至高无上的呼唤。从一定意义上讲,我们今天所进行的中国特色社会主义伟大事业就是为人民开出幸福泉的事业。开泉,首先要找水。经过长期的探索,我们已经找到一条"水脉",找到丰盈不竭的"泉源"。这"水脉"和"泉源",就是中国特色社会主义理论,就是在这一理论指引下所形成的党的"一个中心、两个基本点"的基本路线。坚持这一基本理论和基本路线,在这一理论和路线的指引下团结奋斗、不断开拓,我们就一定可以为人民打出更多饱含幸福的"甜水",引来更多的流淌富足的"甘泉"。满腔热情地投身于这一伟大事业,为这一事业贡献自己全部的智慧和力量,就是当代中国共产党人最高的人生追求。

我们的事业需要千千万万个李国安。

我们的时代需要李国安的"甘泉"精神!

# 做好我们正在做的事情[*]

江泽民在中央党校的重要讲话中有一个颇为新颖的提法——"以我们正在做的事情为中心"。这就提出了一个问题：我们正在做什么事情？

也许有的同志会说，这样的问题还用问吗？这不是明摆着的吗？其实，对这一问题未必每个人都十分明了。在部分同志中，只知其一而不知其二，知其然而不知其所以然，甚至"只见树木不见森林""一叶障目不见泰山"的现象也是有的。更有一些同志可能说起来清楚，而一到具体的实践中往往把我们所做的事情的要义淡忘了。处在世纪之交的中国共产党人，的确有必要经常问一问自己：我们正在做什么事情？我们应该怎样做好我们正在做的事情？

如果历史地考察，中国共产党自诞生以来，迄今主要领导人民做了两件事。第一件事是推翻三座大山，实现民族独立与人民解放，建立社会主义的新中国。这件事在以毛泽东同志为核心的党的第一代领导集体的领导下，在毛泽东思想的指引下，我们党做得非常好、非常精彩、非常漂亮，可谓"妙手著文章"。第二件事就是我们现在正在做的事，就是建设社会主义现代化，实现民族振兴和富强。这件事党的第一代领导集体已经提出来了，但由于种种原因没有做得很好，以邓小平同志、江泽民同志为核心的党的第二、第三代领导集体，领导人民继续做，目前，这件事还远远没有做完。但重要的是，我们党已经形成了做好这件事的科学理论——邓小平建设有中国特色社会主义的理论，形成了做好这件事的正确

---

[*] 本文发表于 1997 年 8 月。

路线——党在社会主义初级阶段的基本路线。高举这一理论的伟大旗帜，坚持这样一条基本路线，我们党也一定可以不辱使命，向历史和人民交上一份合格的答卷。

正确把握和做好我们正在做的事情，就必须坚持我们事业的正确方向。中国共产党从诞生的那一天起，就把共产主义写在了自己的旗帜上，但在不同历史阶段又总是提出了代表那个阶段最广大人民群众利益的奋斗纲领，提出了党在一定历史阶段的基本路线及各个领域的具体政策。看不到无产阶级事业的阶段性，空谈共产主义，对我们当前所进行的改革开放和现代化事业缺少满腔热忱，缺少全身心的投入，甚至抱着犹疑观望的态度，就不是一个自觉的、忠诚的共产主义者；同样，因为改革开放，因为搞社会主义市场经济，就被"酒绿灯红"浸泡得昏昏然，被"欧风美雨"吹得飘飘然，忘记了社会主义的根本方向和共产主义的大目标，也不是一个自觉的、忠诚的共产主义者。邓小平说过："我们搞四个现代化建设，人们常常忘记是什么样的四个现代化，是社会主义的四个现代化。这就是我们今天做的事。"我认为我们的一些同志应该把邓小平的论述置于座右，经常看一看，不要因为走得太远而忘记出发时的初衷，不要因为沉迷"路边的野花"而忘记我们的目的地。

正确把握和做好我们正在做的事情，就必须对我们所处的社会主义初期阶段的基本国情有一个深刻而透彻的认识。毛泽东曾经说过："大家明白，不论做什么事，不懂得那件事的情形，它的性质，它和它以外的事情的关联，就不知道那件事的规律，就不知道如何去做，就不能做好那件事。"我们为什么把"抓住时机，发展自己，关键是发展经济"作为我们正在做的事情的中心？在做这件事情时，我们为什么必须实行今天这样的路线和政策，而不是别样的路线和政策？其根据就在于社会主义初级阶段的基本国情之中。一些同志思想上有迷惘和疑虑，工作中存在盲目性和片面性，根本原因就在于没有深刻认识我国的国情。只有深刻认识我国的国情，牢牢把握我国的国情，我们才能正确理解和坚定不移地贯彻党的路线、方针、政策，依据客观规律，把我们正在做的事情做得好些，更好些。

正确把握和做好我们正在做的事情，就必须善于抓住机遇，开拓进取。邓小平说过，"我们现在所干的事业是一项新事业"。建设中国特色社会主义，马克思主义的本本上找不到，也没有现成的经验可以照搬，必须大胆地试，大胆地闯。没有解放思想、实事求是的科学态度，没有改革创新的精神，就不能成就我们的事业。同样，在激烈的国际竞争中，机遇稍纵即逝。如果不能把握机遇、抓住机遇、发展自己，也不能成就我们的事业。

正确把握和做好我们正在做的事情，就必须艰苦奋斗，埋头苦干。千里之行，始于足下；九层之台，起于垒土。要振兴中华民族，实现邓小平为我们制定的发展战略，需要几代人的坚忍不拔、锲而不舍的奋斗。在邓小平建设有中国特色社会主义理论的指引下，我们已经取得了伟大成就，但今后的路更长，任务更重。迎着新世纪的朝阳，让我们再一次重温邓小平的嘱托——

"从现在起到下世纪中叶，将是很要紧的时期，我们要埋头苦干。我们肩膀上的担子重，责任大啊！"

# 始终保持党同人民群众的血肉联系[*]

我们党最大的政治优势是密切联系群众，党执政后的最大危险是脱离群众。作为一个马克思主义政党，作为一个以中国人民的解放和福祉为己任的工人阶级政党，怎样才能保持与人民群众的血肉联系？回顾90年党的历史，可以得到许多重要的启示。

## 必须始终恪守并忠实践行全心全意为人民服务的宗旨

马克思、恩格斯在《共产党宣言》中指出："过去的一切运动都是少数人的，或者为少数人谋利益的运动。无产阶级的运动是绝大多数人的，为绝大多数人谋利益的独立的运动。"中国共产党是中国工人阶级的先锋队，同时也是中国人民和中华民族的先锋队。它的阶级性质和它秉持的马克思主义的科学世界观，决定了党除了最广大人民群众的利益，没有自己的特殊利益。从它登上历史舞台的那一天起，就代表了中国最广大人民群众的利益，并为之进行了最忠勇、最热忱、最坚韧的斗争。1944年9月，为了悼念张思德——一位因公殉职的普通警卫战士，毛泽东发表了著名的题为《为人民服务》的讲演，第一次用最通俗、最晓畅的中国化语言阐明了中国共产党及其军队的根本宗旨。此后，他在《论联合政府中》又做了更深入的阐述。从此"为人民服务"这5个金光闪闪的大字，就成了党、军队及政府的座右铭，在中华民族的文化长河中孕育和升华出一种全新的价值观。1956年，邓小平进一步精辟指出："中国共产党员的含意

---

[*] 本文发表于2011年7月。

或任务，如果用概括的语言来说，只有两句话：全心全意为人民服务，一切以人民利益作为每一个党员的最高准绳。"进入改革开放的新时期，邓小平反复告诫全党，一切从人民利益出发考虑问题，把人民拥护不拥护、赞成不赞成、高兴不高兴、答应不答应作为衡量党的各项方针、政策和工作的标准。世纪之交，江泽民强调："建设有中国特色社会主义全部工作的出发点和落脚点，就是全心全意为人民谋利益。"他把党的建设与党执政兴国的历史任务联系起来，提出了"立党为公、执政为民"的本质要求。党的十六大后，以胡锦涛同志为总书记的党中央提出科学发展观等重大战略思想，其核心是以人为本，其精髓就在于在新的实践和发展进程中更好地践行党的宗旨，坚持发展为了人民，发展依靠人民，发展成果由人民共享，把促进经济社会发展与促进人的全面发展统一起来。正因为我们党始终坚持了为人民服务的根本宗旨，并且将之创造性地贯彻于夺取政权和长期执政的全部实践中，将之具体而微地贯彻于我们党的全部工作、全部活动之中，我们党才真正代表了中国社会的前进方向，得到了中国最广大人民群众的竭诚拥护。战争年代，人民群众把我们党视为自身解放的旗帜，在党的领导下，会聚成浩浩荡荡的革命大军，筑成了摧不垮、打不破的铜墙铁壁，造成了陷敌于灭顶之灾的人民战争的汪洋大海。在社会主义建设和改革事业中，人民群众与党同心同德，共渡难关，自力更生，艰苦奋斗，焕发出前所未有的历史首创精神，开辟了中国特色社会主义的美好前景。

我们党90年的历史告诉我们，为什么人的问题是一个根本问题、首要问题。在新形势下要保持党同人民群众的血肉联系，就必须不断强化全党的宗旨意识，不断夯实立党为公、执政为民的思想基础。必须看到，我们党成为在一个十几亿人口的大国长期执政的党，成为一个在已经具有了可观综合国力的社会主义国家执政的党，这为我们践行党的宗旨、造福于人民创造了前所未有的有利条件。但是由于长期执政，由于我们党所掌控的资源日益丰富，我们的一些同志往往不自觉地发生角色意识的错位，由

"公仆"变为"主人",有的滥用人民赋予的权力,甚至以权谋私。因此,要切实加强党的宗旨教育,使广大党员特别是领导干部牢固树立正确的世界观、人生观、价值观,坚持正确的权力观、地位观、利益观,恪守执政为民的理念。应该认识到,对于共产党人来说,权力就是责任、干部就是公仆、领导就是服务。我们的权力是人民给的,必须真正代表人民掌好权、用好权,绝不允许以权谋私,绝不允许形成既得利益集团。要自觉做到权为民所用、情为民所系、利为民所谋,始终与人民群众同呼吸、共命运、心连心,始终坚持人民的利益高于一切,自觉把实现好、维护好、发展好最广大人民的根本利益作为一切工作的出发点和落脚点。

## 必须始终坚持并有效贯彻党在一切工作中的群众路线

马克思主义认为,历史的活动是群众的事业,人类社会进步的车轮是人民群众自己推动的,生气勃勃的、植根于现实土壤的社会主义是人民群众自己创造的。共产党不仅要一切为了人民,还要一切依靠人民。党的领导的任务,就是代表人民群众,依靠群众的力量和智慧,为实现群众自身的利益而斗争。我们党把马克思主义关于人民群众是历史创造者的原理系统地运用到党的全部活动中,形成并不断发展了党在一切工作中的群众路线。1943年6月,毛泽东在《关于领导方法的若干问题》一文中,对群众路线的领导方法和工作方法作了科学而精辟的概括,他说:"在我党的一切实际工作中,凡属正确的领导,必须是从群众中来,到群众中去。这就是说,将群众的意见(分散的无系统的意见)集中起来(经过研究,化为集中的系统的意见),又到群众中去作宣传解释,化为群众的意见,使群众坚持下去,见之于行动,并在群众行动中考验这些意见是否正确。然后再从群众中集中起来,再到群众中坚持下去,如此无限循环,一次比一次更正确、更生动、更丰富。"进入社会主义建设时期,针对部分干部中存在的脱离群众、自以为是的倾向,毛泽东郑重提出,不厌其烦地宣传马克思主义的认识论是必要的,简单地说,就是从群众中来,到群众中去。

痛心疾首于十年内乱对党的优良作风的破坏，复出后的邓小平反复强调，毛泽东同志倡导的作风，群众路线和实事求是这两条是最根本的东西。一定要恢复和发扬毛主席为我们党树立的群众路线的优良传统和作风。世纪之交，江泽民也强调，越是改革攻坚，越是面临困难，越是要更加自觉地坚持党的群众路线。新世纪、新阶段，胡锦涛把坚持群众路线提到党的生命线的地位来认识、提到事关党的先进性和执政能力的高度来认识，反复告诫全党坚持群众路线。正因为我们党形成并一以贯之地坚持了群众路线，不断克服了背离群众路线的错误倾向，党才能够在不同历史时期，敏锐而深刻地体察人民群众的愿望和诉求，真正从本质上代表人民的利益；才能够不断地为人民而坚持真理、为人民而修正错误，在艰辛的探索中形成科学的理论并制定出正确的路线方针政策；才能够充分发挥人民群众的历史主动性和创造精神，凝聚起改天换地、革故鼎新的巨大力量；才能够创造性地开展工作，把党的主张化为亿万人民群众的伟大实践。可以说，没有群众路线，就没有中国革命的胜利，就没有中国特色社会主义道路的开辟，就没有今日之青春焕发、光华四射的中国。

我们党 90 年的历史告诉我们，党在长期斗争中创造和发展起来的一切为了群众，一切依靠群众，从群众中来到群众中去的群众路线，是党的根本工作路线，是密切和保持党同人民群众联系的法宝，是中国共产党最重要的政治优势。在新形势下，针对部分党员干部群众观点淡漠，不懂得、不善于运用党的群众路线的工作方法的状况，有必要在党内普遍深入地进行马克思主义群众观点和党的群众路线的再教育，引导党员干部划清历史唯物主义和历史唯心主义的界限，牢固树立推动历史前进的决定性力量是人民群众的科学观点，自觉地尊重人民群众、相信人民群众、依靠人民群众。党内民主是党的生命，没有民主就没有社会主义。要把坚持党的群众路线与社会主义民主政治建设结合起来，进一步改进和完善党的领导方式和执政方式，实现党的领导、人民当家作主、依法治国的有机统一。坚持民主集中制这一党的根本组织制度和领导制度，完善党内民主决策机制，努力做到科学决策、民主决策、依法决策。坚持以党内民主带动人民民主，努力拓宽和畅通人民群众政治参与的渠道，健全人民群众意志表达机制、决策信息反馈机制、重大事项公示和听证机制等，让广大群众有序参与到重大决策中来，为他们行使管理国家事务和社会事务的权利创造更切实更充分的条件。

## 必须认真做好并不断创新党的群众工作

坚持和贯彻党的群众路线，实现为了群众和依靠群众的统一，就必须下气力做好群众工作。群众工作就是党联系群众的工作，是组织群众、宣传群众、关心群众、服务群众的工作，是把革命、建设和改革的宏伟目标与人民群众的现实利益联系起来的工作。我们党历来重视群众工作。形成了群众工作的优良传统。早在1934年，毛泽东就尖锐而深刻地指出，为要动员广大群众参加革命战争，我们对于广大群众的切身利益问题，群众的生活问题，就一点也不能疏忽，一点也不能看轻。他说："如果我们单单动员人民进行战争，一点别的工作也不做，能不能达到战胜敌人的目的呢？当然不能。我们要胜利，一定还要做很多的工作。领导农民的土地斗争，分土地给农民；提高农民的劳动热情，增加农业生产；保障工人的利益；建立合作社；发展对外贸易；解决群众的穿衣问题，吃饭问题，住房问题，柴米油盐问题，疾病卫生问题，婚姻问题。总之，一切群众的实际生活问题，都是我们应当注意的问题。"进入社会主义建设新时期，毛泽东又针对群众工作遇到的新情况新特点，提出了正确处理人民内部矛盾这一重大命题。改革开放以来，邓小平要求，一定要努力帮助群众解决一切能够解决的困难。暂时无法解决的困难，要耐心恳切地向群众解释清楚。江泽民强调，要从群众最关心、最迫切需要解决的实际问题入手开展工作，把我们党的根本宗旨切实落实到各项工作中，落实到广大人民群众身上。胡锦涛要求各级党委、政府和领导干部都要坚持贯彻党的群众路线，带着深厚的感情做群众工作，千方百计把群众工作做深、做细、做实。正是因为我们党始终重视并善于开展群众工作,一方面,在"当前的运动中代表运动的未来",站在群众的前面引导群众;另一方面,又时刻关心群众现实的、切身的利益,不断给人民群众带来看得见、摸得着的实惠,人民群众才真心实意地拥护我们党,无怨无悔地跟党走。我们党才能领导人民战胜一切敌人和困难,不断开创人民的幸福生活和美好未来。

我们党90年的历史告诉我们,群众工作是党赖以联系群众的必不可少的渠道和桥梁,是实现党的任务的中心环节,是社会管理的基础性根本性经常性的工作。改革开放以来,我们党带领人民以一往无前的创造精神开辟了中国特色社会主义道路,取得了举世瞩目的成就,极大地改善了人民生活,实现了由温饱不足向初步小康的历史性跨越。人民群众从切身体验中真诚地拥护党、拥护党的路线方针政策,这为我们做好群众工作创造了前所未有的有利条件。但是由于利益主体的多样化、社会组织的多样化,新形势下党同人民群众的关系面临着许许多多的新情况,人民内部矛盾也呈现出许多新特点,要求我们必须以创新的精神,更加着力地,更加深入细致、卓有成效地做好群众工作。要深入研究形势和任务的发展变化对群众工作提出的新要求,积极探索加强和改进群众工作的新途径新办法新机制,把群众工作贯穿到社会管理各个方面、各个环节。马克思主义的基本原则就是要使群众认识自己的利益并且团结起来,为自己的利益而奋斗。面对改革中利益关系的调整和利益格局的变化,要耐心细致地做好宣传群众、教育群众的工作,引导群众正确分析形势,正确理解党的路线方针政策,正确认识和处理个人利益与集体利益、局部利益与整体利益、眼前利益与长远利益的关系,正确认识自己的根本利益和实现自身利益的途径,自觉为改革发展稳定贡献力量。要把解决思想问题与解决实际问题结合起来,更加关注民生,努力改善民生。始终把群众的利益放在首位,从群众最关心、最直接、最现实的问题入手,认真解决群众反映强烈的教育医疗、环境保护、安全生产、食品药品安全、企业改制、征地拆迁、涉农利益、涉法涉诉等方面的突出问题。健全党和政府主导的维护群众权益机制，切实纠正漠视和损害群众利益的不良现象。各级党组织和党员干部要努力增强新形势下组织群众、宣传群众、教育群众、服务群众的本领，善于用说服教育、示范引导和提供服务等办法做好群众工作，凝聚和激励群众不断前进。

## 必须着力培育并大力弘扬党的优良作风

源于本而见于表，修于内而形于外。作风是党的性质、宗旨的外化，是世界观、人生观、价值观的集中体现。作风直接而深刻地反映了对人民群众的态度。我们党历来重视作风建设。早在中国革命初期，毛泽东就写下了《关于纠正党内的错误思想》《反对本本主义》等文章，鲜明地提出了加强党的作风建设的问题。1945年，他在《论联合政府》中第一次系统概括并阐发了党的三大作风，即理论联系实际、密切联系群众、批评与自我批评的作风，指出这是我们党区别于其他政党的显著标志。全国解放前夕，他及时地预见到，因为胜利，党内的骄傲情绪可能滋长，要求全党继续地保持谦虚谨慎、不骄不躁的作风，保持艰苦奋斗的作风。进入改革开放的新时期，邓小平反复强调，我们必须恢复和发扬党的艰苦朴素、密切联系群众的优良传统，号召全党必须大力发扬"五种革命精神"。江泽民强调，越是改革开放，越是发展社会主义市场经济，越要大力加强和改进党的作风建设，并且提出了"八个坚持、八个反对"。党的十六大后，胡锦涛谆谆告诫全党牢记"两个务必"，大兴密切联系群众之风、大兴求真务实之风、大兴艰苦奋斗之风、大兴批评和自我批评之风。从著名的延安整风运动，到新中国成立初期的"三反""五反"，再到改革开放以来历次党的教育实践活动，正是因为我们党始终把作风建设放在突出位置，并紧密联系不同时期党的中心任务，创造有效的形式切实加强党的作风建设，不断激浊扬清、正本清源，我们党才在复杂的斗争和不断变化的环境中保持了自己的政治本色和优良作风。从战争年代人民群众深情讴歌"苏区干部好作风""解放区的天是明朗的天"，到社会主义建设和改革时期焦裕禄、孔繁森等众多党的执政为民的好干部的先进典型，人民群众正是从我们党的优良作风中认识了我们党，从而跟定了我们党，我们党也正是以自己优良的作风感动了"上帝"——人民群众。

我们党90年的历史告诉我们，作风就是形象，作风就是"磁场""气场"，作风就是软实力。党的优良作风是党联系群众的强力粘合剂，是凝聚党心民心的巨大力量。在长期执政的条件下，在改革开放和社会主义市场经济的条件下，如何保持和发扬党的优良作风，是事关党的先进性和执政能力建设的重大课题，也是保持党同人民群众血肉联系的关键所在。必须坚持一靠教育、二靠制度，切实解决好党的思想作风、学风、工作作风、领导作风和干部生活作风方面的突出问题。要从各级领导干部和领导机关做起，反对官僚主义、形式主义，反对奢侈腐化、铺张浪费，倡导勤俭节约、勤俭办一切事业。努力做到在感情上贴近群众，思想上尊重群众，行动上深入群众、体察民情、了解民意、集中民智、珍惜民力，不断获得前进的力量。

要以优良的党风促政风带民风。腐败是社会的毒瘤，也是党风的腐蚀剂，是危害党同人民群众血肉联系的大敌。我们党的性质和宗旨，决定了党同各种消极腐败现象是冰炭不同器、水火不相容的。新形势下弘扬党的优良作风，必须坚决惩治和有效预防腐败。对任何腐败分子，都必须依法严惩，决不姑息！要坚持标本兼治、综合治理、惩防并举、注重预防的方针，扎实推进惩治和预防腐败体系建设，下决心抓出成效，取信于民。

已经走过90年光辉历程的中国共产党正站在一个新的起点上。90年的历史使我们更深刻地感悟到一条真理——党的根基在人民、血脉在人民、力量在人民。在新的征途上，无论还有多少山重水复，无论还有什么惊涛骇浪，只要我们紧紧地和人民站在一起，始终保持和发展党同人民群众的血肉联系，就一定能够战胜各种困难，冲垮一切阻力，在中国特色社会主义道路上实现中华民族的伟大复兴！

# "酒绿灯红"现象及其对策*

## 一

"酒绿灯红"或"灯红酒绿"一词，《辞海》《词源》皆不载，关于这一成语的原始出处只好留待专家去考证。在我有限的学识里，我想到了唐代诗人李商隐的诗句："隔座送钩春酒暖，分曹射覆蜡灯红。"这是李商隐著名的《无题·昨夜星辰昨夜风》诗中的一句。它描绘了一次上流社会的豪华聚会以及名士贵妇间那种秋波暗送、两情相悦的朦胧情愫，其所渲染的氛围无疑是古典而浪漫的。

过去，我们常常把"酒绿灯红"当作旧社会或西方资本主义世界剥削阶级奢华生活的代名词，似乎与我们社会主义是无缘的，是风马牛不相及的。说到"酒绿灯红"，人们马上会联想到旧上海的十里洋场，想到纽约的曼哈顿，想到巴黎的香榭丽舍，想到东京的银座，想到香港的中环……而今天，对中国人来说"酒绿灯红"已经不是飘逝的旧梦和别处的风景了，而是就发生在我们身边触之可及的现实。在一些发达地区，特别是一些现代化的都市，一座座星级宾馆、饭店拔地而起，飞甍齐云、星罗棋布的酒吧、发廊、美食城、夜总会、歌舞厅琳琅满目，争奇斗艳，连名字都透着气派，透着睥睨一切的高贵身份：王朝、帝都、帝王、皇家、富豪、豪门……要不就是洋味系列：伊丽莎白、梦巴黎、露易丝、蒙坦尼……令人匪夷所思。入夜，都市沉浸在绮丽的梦幻般的色彩里。各种宴饮和娱乐

---

* 本文发表于1996年3月。

场所被霓虹灯、彩灯装饰得如琼楼玉宇，流光溢彩。宝马香车，冠盖如云；富豪名媛，出入其间。或杯呈琼浆，盘列奇珍，觥筹交错；或倚红偎翠，曼舞轻歌，通宵达旦，更有名流大款，比阔斗富，寻欢买笑，一掷千金，恐怕刘禹锡再世，也会慨叹："司空见惯浑闲事，断尽江南刺史肠"了！

"酒绿灯红"的现象不只沿海地区有、现代化的都市有，流风所及，眼下，甚至在最不发达的地区的城镇，也可以找到"酒绿灯红"的种种表现。当然，与大城市相比，一些中小城市或欠发达地区的"酒绿灯红"有"大巫"与"小巫"的区别，但作为一种社会现象、一种时尚，其实质是相同的。"城中好高髻，四方高一尺"，沿海及大城市固然"得风气之先"，其他地区亦不甘瞠乎其后。君不见，即使是一些小小的县城，而今也是宾馆、饭店似鹤立鸡群，歌厅、酒吧如雨后春笋乎？具有讽刺意味的是，有的贫困地区人民的温饱问题还没有完全解决，而这些地方所建造的楼堂馆所却是富丽堂皇、美轮美奂。古人讲："邑有流亡愧俸钱。"真不知道这些地方的公仆们在酒足饭饱、听歌跳舞之际会作何感想。

"酒绿灯红"的现象，是当前我国社会生活中一种十分复杂的社会文化现象。它的产生和出现，既反映出了我国经济的飞速发展，又反映了我国经济生活中的某种畸形的"过热"，某种虚假性、泡沫性的"繁荣"；既反映了人民群众生活水平的普遍提高，又反映了我国在收入分配领域内出现的某种失衡、某种差距过大；既反映了我国社会生活日益现代化、第三产业蓬勃兴起的一面，也折射出了在这一过程中所伴生的某些消极的、不健康的现象甚至是丑恶的现象。新生与腐朽共存，进步与漩流相伴，健康与病态交织，文明与丑恶混杂。在改革开放的条件下，在我国由计划经济向市场经济过渡的新旧体制的转型时期，在我国这样一个"后发"国家走向现代化的进程中，这种现象的产生带有一定的客观必然性。

从一定意义上讲，"酒绿灯红"是社会生活现代化进程中的一种衍生物。"日出而作，日入而息""老婆孩子热炕头"这是自然经济条件下农耕社会人们的生活方式和生活理想。过去，由于生产力的低下，大多数人能解决温饱问题就不错了，何谈"酒绿灯红"？科学技术的进步和经济社会的发展，极大地改变了人们的生活条件和生活方式。社会的物质财富丰富了，人们的收入水平提高了，闲暇时间也增多了，于是人们不再满足于一般的温饱，而是追求更高档次的享受和娱乐，追求更为丰富多彩的物质文化生活。这就刺激了第三产业的兴起，旅游、饮食、娱乐、健身等各种服务业蓬勃发展，方兴未艾。随着我国人民生活水平的提高，如今亲友聚会，偶尔到饭店去"搓"一顿；周末假日，到娱乐场所听听歌、跳跳舞，已经谈不上是一种奢侈，简直可以说是一种时尚文明的生活方式了。第三产业的兴旺发达是现代经济的一个重要特征，也是人民群众生活水平和生活质量提高的一个重要表征。目前，我国第三产业的比率还偏低，还需要大力发展。现在的问题是，一方面，满足广大人民群众基本生活和文化需求的饮食、休闲、娱乐场所还远远不够；另一方面，豪华高档的宾馆、饭店、娱乐场所又有点一哄而起。

"酒绿灯红"还与市场经济的某种运作方式有关。在市场经济条件下，那种"鸡犬之声相闻，老死不相往来"的状况不行了，信息和公共关系的地位和作用越来越重要。于是，饭店、酒楼、歌舞厅不仅成为人们在工作之余休闲娱乐、享受多彩人生的场所，也成为人们进行社会交际、联络感情、获取信息的重要场所。古人云，"醉翁之意不在酒"。在很多情况下，一些饭局、party、酒会简直可以说是业务或营销活动的延伸，许多经理、老板都乐于在"酒绿灯红"所营造的轻松融洽温馨的气氛中就一些合作形成意向、达成协议。

然而仅仅以上这些，并不足以构成"酒绿灯红"或者说如我们前面所描绘的那种"酒绿灯红"。我们所说的"酒绿灯红"，主要是指当前我国社会生活中的一种花天酒地、奢侈腐化的现象，一种纵情声色、耽于享乐的现象，一种成为权钱交易、滋生腐败渊薮的现象。这种现象的产生在我国有着特定的社会基础和条件。

首先，实行对外开放。随着我国与世界各国经济、政治、文化交往的增多，境外的人要到中国投资做生意，还有更多的外国人到我国旅游观光，客观上需要建设一些高档的宾馆、饭店和娱乐场所。这不仅是对外开放、吸引外资、发展我国旅游业的需要，也是引进国外同行业先进的管理技术和管理方式、提高我国这些行业的现代化水平的需要。目前，我国的一些大城市正在向现代化的国际大都市迈进，从某种意义上来说，这也可以说是与国际社会相"接轨"。对外交往的扩大为我国人民的生活注入了某种可贵的现代意识，但资产阶级的腐朽思想文化和生活方式也难免乘虚而入。

其次，当前我国社会客观上存在着一个高消费者阶层。建立社会主义市场经济，允许一部分人先富起来，允许在分配上拉开一定的差距，这是一个完全正确的政策。但是由于在社会转型时期各种法规和政策还不健全，特别是社会调节个人收入分配、防止差距过于悬殊的机制还不健全，使得一些人有可能运用种种先机条件，通过不公平竞争暴富起来。同时，由于现在我国还没有形成健全的市场机制，人民群众还缺少在发达的市场经济条件下所形成的成熟、健康的消费心态，相当一部分暴富者有了钱不知道该怎么花，因而就大量地挥霍在吃喝玩乐上，甚至以此相炫耀。这种高消费者的存在一定程度上为"酒绿灯红"的现象提供了市场基础。

最后，在吃喝玩乐之类的活动中还存在着相当一批公款消费者。一批暴富者在"酒绿灯红"中固然起到了"哄抬物价"的作用，但单凭少数暴富者是撑不起"酒绿灯红"的红火场面的。"酒绿灯红"之所以"行情"看涨，不断升级，这里真正的奥秘是存在着一批公款消费者。据有关部门估算，我国每年800亿人民币的餐饮业收入当中，相当一部分花费的是公款。调查显示，高档饭店、酒楼经营情况的"晴雨表"是随着反腐倡廉的力度而波动的。一段时间内，加大反腐倡廉的力度，狠刹公款吃喝风，一些高档餐饮业、娱乐业很快陷入"萧条""门前冷落车马稀"，老板们叫苦不迭，有的甚至破产改业，由此可见一斑。

## 二

如果说奢侈腐化之风在一切社会都不可取、不可长的话，沉迷于"酒绿灯红"在我国更有着特殊的危害性。

其一，它严重脱离我国国情。我国人口多，底子薄，现在还是一个不发达的国家，还没有完全摆脱贫困，还有7000余万人的温饱问题没有完全解决。改革开放以来，我们虽然有了一些发展，但是严格地讲，我们的社会主义还是不"够格"的社会主义，还远远没有到了富得"流油"的程度，还远远没有到了可以提倡高消费、高享受的程度。如果一部分人过于奢侈，过于挥霍消费，"金樽清酒斗十千，玉盘珍羞直万钱"。另一部分人却依然生活无着、孩子失学、有病难医，这不仅不符合我们社会主义的本质，而且会严重地脱离群众，甚至引发新的社会问题。

其二，它与腐败现象互为因果，起到了推波助澜的作用。一方面，公款吃喝、公款娱乐等腐败现象刺激了"酒绿灯红"的繁荣；另一方面，"酒绿灯红"又助长和引发了腐败现象，成为滋生腐败现象的适宜的温床。有道是"法不责众"。"酒绿灯红"所拉动的超标准接待既然成了一种社会惯例、社会时尚，一些公款消费也就堂而皇之，趋之若鹜。请吃者"师出有名"，吃请者心安理得；你吃我陪，皆大欢喜；礼尚往来，乐此不疲。公款吃喝风屡禁不止，某些方面甚至愈演愈烈，成为一大顽症，其病理机制概源于此。据公安部门对南方一些省市的统计，在近年来被立案侦查的国家公职人员中，有88%是从公款吃喝玩乐开始腐化变质的。更值得注意的是，借"酒绿灯红"、吃喝玩乐等高档消费进行"感情投资""利益输送"是当前行贿受贿、搞权钱交易、权色交易的一个新特点。美食豪宴，毕竟盛情难却；舞楼歌榭，"潇洒"一回何妨？于是请人者有攀龙凤之门径，应请者无装腰包之嫌疑，酒酣耳热之际，软玉温香之间，什么政策、原则、党纪、国法，统统都可以抛到九霄云外。套用一句名言的句式真可以说——"酒绿灯红"，多少腐败现象假尔而行！

其三，它往往与一些社会丑恶现象相伴而生，成为藏污纳垢的渊薮。由于西方腐朽思想文化和生活方式的侵蚀，近年来色情活动、卖淫嫖娼等早已在我国绝迹的丑恶现象又沉渣泛起。而这些丑恶现象正是与"酒绿灯红"紧紧联系在一起的，或者毋宁说"酒绿灯红"是这些丑恶现象的培养基和藏身地。西方社会把色情卖淫之所以称为"红灯区"，可谓婉而多讽，传神之至。"饱暖思淫欲""酒为色媒人"，这些老话虽然说得绝对了点，但也不无一定道理。春酒开而涨绿，彩灯幻而摇红，更有美女劝觞、佳人伴舞，巧笑倩兮，美目盼兮，适足以心荡而神迷，销魂而夺魄。调查表明，我国相当数量的卖淫女都是寄生在饭店、酒家、夜总会等宴饮娱乐场所，而一些饭店、酒吧、歌厅、舞厅明里暗里也把色情活动作为增加营业收入的一种主要手段。所谓的"三陪"服务屡禁不止，正是与一些人"生财有道"有关。某市公安局对 57 家歌舞厅调查，其中有色情服务的就有 55 家。在一些高档的宾馆、饭店，一些富商大款常常出入其中，或寻找一夜风流，或索性金屋藏娇。

## 三

正确认识当前我国社会生活中的"酒绿灯红"现象并进行必要的治理和引导，是我国精神文明建设乃至整个现代化建设中的一个重大课题。我们既不要把"酒绿灯红"与资本主义画等号，谈"酒绿灯红"而杞忧，见"酒绿灯红"而惊诧，因为社会生活中有了一些"酒绿灯红"的现象就怀疑党的政策，不能把人民群众生活水平的提高以及随着这种提高在消费理念、生活方式中悄然兴起的某些现代意识一言而蔽之为"酒绿灯红"；又不能对"酒绿灯红"确实存在的消极影响视而不见，采取放任自流的态度。要在坚定不移地贯彻改革开放方针、建立社会主义市场经济的同时，采取积极有力的措施，对"酒绿灯红"现象加以综合治理和正确引导。

**（一）积极引导第三产业健康发展**

随着经济发展，第三产业在整个社会生产中所占的比重必然越来大，这是世界各国经济发展的普遍趋势，我国也不例外。我们要大力改变第三产业相对滞后的状况，继续推进包括饮食、旅游、娱乐业在内第三产业的蓬勃发展，使之与第一、第二产业的发展相适应。但是在发展中一定要加以正确的引导，避免盲目性，要从我国的国情出发，努力形成合理的规模和结构。在一些大城市、改革开放的前沿地带、著名的旅游胜地建设一些高档豪华的宾馆、饭店和娱乐场所是必要的，不应该一概加以限制和反对，但一定要经过周密的论证，科学决策，防止竞相攀比，一些中小城市尤其不要盲目攀比。衡量一个城市经济发展的水平，衡量一届领导班子的政绩，不能只看"门面"，只看它建了多少高楼大厦，而要看该地区实实在在的经济社会发展指标，看人民群众生活水平所得到的实际改善。要牢固树立为最广大的人民群众谋利益的思想，把发展第三产业的重点放在为社会生产和广大群众基本生活服务的行业上，多建一些适应广大群众消费水平的、价格适中的、方便卫生的、文明的餐饮娱乐场所，以适应人民群众日益增长的物质文化生活的需要。要加强对餐饮、娱乐及其他相关服务行业的规范和管理，强化物价、税收、法律等方面的监督，防止一些人通过不正当的手段牟取暴利。要坚持不懈地开展扫黄斗争，坚决取缔寄生在一些餐饮、娱乐、发廊、按摩等服务场所的色情服务、卖淫嫖娼等活动。"任何时候都不能以牺牲精神文明为代价换取经济的一时发展。"

**（二）注重解决部分社会成员间收入差距悬殊的问题**

在社会主义初级阶段，社会成员收入上的一定差距难以完全避免，但如果差距过于悬殊并不注意及时加以解决，就可能造成多方面的恶果。一方面，要继续实行允许和鼓励一部地区、一部分人通过诚实劳动和合法经营先富起来的政策，要在发展经济、提高综合国力的基础上继续提高城乡居民的总体收入和生活水平；另一方面，任何时候、任何情况下都不应忘记，共同富裕是社会主义的本质要求，要把调节个人收入分配、防止两极分化作为全局性的大事来抓。要在建设中国特色社会主义的探索中，尽快形成一系列较为完善配套的、有利于社会主义市场经济健康发展的、有利于全体人民共同富裕的法规和制度。要加强税收、政策、法规监督的力度，防止一些人钻政策、法规的空子，靠不公平竞争而暴富。要区分不同的情况，采取规范分配政策、实行税收调节等有针对性的措施，保护合法收入，取缔非法收入，调节过高收入，保障低收入者的基本生活。对富有者要鼓励其把个人资产投入再生产领域，对高消费者课以重税。

### （三）坚决刹住公款吃喝玩乐的歪风

公款吃喝玩乐不仅对"酒绿灯红"的现象起到了推波助澜的作用，而且严重败坏了党风和社会风气，损坏了党在人民群众中的形象，影响了党同人民群众的血肉联系，毁掉了一批干部，可谓害莫大焉。要把禁止公款吃喝玩乐作为反腐倡廉的一项重要内容和突破口。"苏区干部好作风，自带干粮去办公"。这一首红军时期的山歌体现了我们党全心全意为人民服务的宗旨，体现了我们党的干部廉洁奉公、不侵占人民群众利益的光荣传统，今天有必要大力呼唤这种优良传统的复归。领导干部下基层要与群众实行"三同"，不搞特殊化。党政军机关、各企事业单位之间，党内人与人之间要减少繁礼缛节，减少不必要的应酬，坚持"君子之交淡如水"。各种名目繁多、花样繁新的会议是公款吃喝、公款游玩的重要载体，要下决心把会议减少下来。对于确有必要的会议也要尽量从简，厉行节约，反对浪费。国家公务员在公务活动中就餐要按规定交纳伙食费，这应成为一项制度，成为每一个公务员的自觉行动。

### （四）在全社会倡导艰苦奋斗、勤俭节约的风尚

"历览前贤国与家，成由勤俭破由奢。"任何一个国家、一个民族，如果骄奢淫逸成风、享乐主义盛行，这个国家、这个民族是没有希望的。俭以养德，勤以创业。在我国走向现代化的进程中，尤其需要激扬民气、艰苦奋斗，尤其需要发扬勤俭建国、勤俭持家、勤俭办一切事业的精神。应该看到，当今世界范围内各种思想文化相互激荡；八面来风，既有新鲜空气，亦有污浊疠疫。对于一些发达国家的淫逸成风、人欲横流，连资本主义世界的有识之士都忧心忡忡，我们尤其要慎戒于初萌，防患于未然。如

何使我们的人民在逐步富起来的情况下继续保持和发扬我们民族艰苦奋斗、崇尚节俭的美德，保持生气勃勃的创业精神和进取精神，形成健康、文明的社会风尚，这是精神文明建设的一个大问题，它直接关系到我国社会主义现代化建设目标的成败，关系到把一个什么样的中国带入21世纪，我们切不可等闲视之。要采取多种形式，深入进行我国国情的教育和艰苦奋斗的优良传统的教育，在全社会形成艰苦奋斗光荣，奢侈浪费可耻的舆论环境和道德规范，使我们的人民懂得，我们的国家还不富裕，要真正富强起来，还需要经过长时期的艰苦创业；即使将来我国富强了，也还是需要艰苦奋斗。

毫无疑义，随着时代的发展，艰苦奋斗也应该具有崭新的内涵。我们搞现代化就是为了使人民过上好日子，我们要努力创造条件，使我们的人民能够享受现代文明所创造的一切物质的和文化的成果，对于当今世界发达国家人民生活方式中体现了现代化要求的健康、文明的成分，我们也应该借鉴和提倡。从这一意义上讲，"酒绿灯红"由"旧时王谢堂前燕"到"飞入寻常百姓家"，是一个巨大的历史进步。我们所反对的只是脱离经济发展水平的、盲目的、粗鄙的高消费，反对的只是奢侈腐化、铺张浪费、耽于享乐的恶劣习气，反对的只是与之相关联的腐败和丑恶的现象。要引导人民在生活水平提高后，学会合理、适度、健康、高雅的消费，做到富而不淫、富而不奢、富而求雅、富而求美，鄙弃粗鄙庸俗，脱离低级趣味。

**（五）共产党员特别是领导干部要率先垂范**

"酒绿灯红"现象既然在我国是一个难以完全避免的客观存在，作为共产党员特别是领导干部就有一个自觉经受考验的问题。早在全国解放前夕，毛泽东就提出，务必使同志们继续地保持谦虚、谨慎、不骄、不躁的作风，务必使同志们继续地保持艰苦奋斗的作风。他告诫共产党员要警惕阶级敌人用"糖衣裹着的炮弹的攻击"，防止在"糖衣炮弹"面前打败仗、当俘虏。他的告诫是十分有预见性的。应该看到，在新形势下反腐蚀斗争有着新的特点，即从宏观上讲，从西方垄断资本主义势力把输入他们的腐朽思想文化和生活方式作为一条既定的和平演变战略上讲，这一斗争无疑带有尖锐的阶级斗争性质；但从微观上看，从一个党员、一名干部被腐蚀所实际经历的过程上看，又可能找不到一个具体腐蚀他的主体，与其讲他是被阶级敌人的"糖衣炮弹"所腐蚀，倒不如讲他是被"生活"本身所腐蚀，被生活中的一些难以完全避免的消极现象，例如"酒绿灯红"现象所腐蚀。简言之，这种斗争实际具有的阶级斗争的性质被五光十色、泥沙俱下的生活所掩盖着，因而更加潜移默化，更加不易为人们所察觉，更具有隐蔽性和危险性。近年来，党员干部，甚至是相当级别的干部，由羡慕、向往到沉湎于"酒绿灯红"的生活，走上蜕化变质的道路，不乏其例。邓小平早在改革开放之初就提出的"在日益复杂的斗争中迷失方向"的问题值得我们高度警惕。面对种种物欲诱惑和感官的刺激，不淡泊则无以明志，不宁静则无以致远。如果说对一般群众都要大力倡导艰苦创业的话，共产党员和干部尤其应该把艰苦奋斗作为安身立命之基、固本培元之宝。新中国成立初期，当有的同志谈到国民党的干部吃西餐大菜，共产党的干部吃酸菜时，毛泽东说了一句意味深长的话——这个酸菜里面就出政治。联系到最近一个时期，江泽民反复强调领导干部特别是高级干部要讲政治。在改革开放的新形势下，在"酒绿灯红"成为一种值得注意的社会现象的情况下，共产党员和党的干部始终保持艰苦奋斗的本色，始终高扬共产党人的崇高理想，始终不改共产党人的冰雪之操，做到拒腐蚀，永不沾，就是非常现实的政治。玩物可以丧志，奢侈足以堕德，共产党人不可不慎。要把坚持艰苦奋斗、反对奢侈腐化提到党的事业兴衰成败的高度来认识。实践证明，党员干部想享受多了，想党的事业就少了；吃喝玩乐花去的时间多了，工作和学习的时间就少了；离"酒绿灯红"近了，离人民群众就远了。孔繁森奔走于雪域高原，把党的关怀和温暖送到了藏族同胞的心上，他没有心思也没有条件去搞"酒绿灯红"，但他却在人民群众的心上树起了一座丰碑，足以使人世间的一切"酒绿灯红"黯然失色。我们应该学习孔繁森这种真正共产党人的榜样,"先天下之忧而忧,后天下之乐而乐",为人民的利益殚精竭虑,夙夜在公,自觉不去涉足那种高消费的娱乐场所,所以止谤去毁,防微杜渐,为匡正某种崇尚奢靡的世风作出贡献。

# 党员领导干部不忘初心牢记使命五题[*]

## 要有一个好的精神状态

干好我们正在做的事情,担当起党所肩负的重大领导责任,成就跨世纪的民族复兴伟业,要求全党同志,特别是党的各级领导干部始终保持一种坚韧不拔、奋发有为的精神状态。

应该承认,我们党的绝大部分党员和干部的精神状态是好的,如若不然,就无从解释我们的事业蓬勃发展的好形势。但也应该看到,确有一些同志包括一些领导干部在内,他们的精神状态不够对头,自觉不自觉地奉行一种庸俗的人生哲学,同党的根本宗旨,同我们党担负的历史使命很不相称。以下试为之画像数幅:

——不思进取,得过且过。工作中没有高标准,没有争优创先的劲头,没有开拓新局面的精神,没有一抓到底、狠抓落实的作风。对上级的指示、文件满足于当"收发室""中转站",照本宣科,等因奉此,不与本单位、本部门的实际相结合。文件发了,稿子念了,上级精神传达了,就万事大吉了,落实不落实,只有天知道。

——不讲原则,明哲保身。做"好好先生",搞"好人主义"。对危害党和人民利益的行为睁一眼闭一眼,不敢作坚决的斗争。如毛泽东同志所描绘的,"事不关己,高高挂起;明知不对,少说为佳"。把庸俗的官

---

[*] 本组短文分别发表于 1997 年 6 月、1999 年 7 月、2002 年 1 月、1999 年 4 月、1998 年 6 月。

场作风带入党内，把党的批评与自我批评的优良传统束之高阁。

——好大喜功，沽名钓誉。热衷于表面上的轰轰烈烈、热热闹闹，不肯踏踏实实办实事。以浮华相尚，今天为这个工程剪彩，明天为那个项目举行新闻发布会；成天想着上电视、报纸，工作上却不肯动脑筋。汇报情况，掺水拔高；上级检查，报喜藏忧。讲成绩天花乱坠，谈问题"犹抱琵琶"。

——贪图享受，意志消沉。沉湎于灯红酒绿之中，寄情于声色犬马之间。高档消费，有请必去；美食豪宴，乐此不疲，对人民群众的疾苦却置若罔闻，麻木不仁。

——生财"有道"，曲线致富。把人民交给的权力当作谋取私利的资本。"上有政策，下有对策"。党纪政纪不允许党政干部经商，就利用手中的权力和影响使自己的子女和亲属先富起来，"一家两制"，左右逢源。

——筹谋"后路"，早留"退路"。不是想着为官一任，造福一方，在自己任期内多为人民办些实事，而是奉行"有权不用，过期作废"的哲学，趁自己在位时为自己安置"代言人"，经营"关系网"，建造"安乐窝"。

凡此种种，都是与共产党人应有的精神状态背道而驰的，这些现象已经并正在严重败坏党和政府的形象与声誉，损害党和人民的利益，必须引起我们的高度重视，并切实加以改变。

要保持好的精神状态，必须认真学习，用科学理论武装头脑。精神状态归根结底是一定的世界观、人生观和价值观的反映。邓小平早就指出："不注意学习，忙于事务，思想就容易庸俗化。如果说要变质，那末思想的庸俗化就是一个危险的起点。"共产党员放松了学习，思想就会落后于形势，就会丧失先进性；放松了学习，精神世界就容易消沉委顿，就容易陷入低级趣味，就很难抵挡种种物欲和声色犬马的诱惑。

要保持好的精神状态，必须深入实践，深入群众。实践第一的观点和群众路线的观点是马克思主义的基本观点，这二者是统一的。实践是共产党员增长才干、振奋精神、激励斗志、大展宏图的平台，也是共产党人增强对各种腐朽思想文化免疫力的"健身良方"。每一个共产党员，特别是领导干部都要自觉投身到亿万人民群众建设有中国特色社会主义的伟大实践中去，一刻也不要脱离群众，始终与人民群众打成一片。

21世纪的太阳已经照临东方的地平线上。古人说"闻鸡起舞"。让我们以奋发有为、开拓创新的精神状态去迎接中华民族伟大复兴更加光明灿烂的明天吧！

## 生活作风不是小事

现实生活中存在着一种误解：似乎在改革开放的大潮中，在市场经济条件下，个人的生活作风不那么重要了。于是，一些领导干部在生活作风上就变得不够检点：有的办事情讲奢华、图排场、比阔气，铺张浪费，一掷千金；有的出则宝马香车，入则花园别墅，餐必美食豪宴，居必楼堂馆所，沉浸于"酒绿灯红"之中，流连于软玉温香之间；有的甚至嫖娼狎妓，寻美猎艳，道德败坏，腐化堕落。对于诸如此类的现象，有的不以为耻，反以为荣，认为在新形势下有魄力、能开拓就是好干部，至于生活作风嘛，无非吃点喝点玩点，再加一点风流韵事，白璧微瑕，何足挂齿。

领导干部的生活作风果真是小事吗？大谬不然矣。

首先，生活作风是领导干部世界观、人生观、价值观的重要体现和标志。没有艰苦朴素、清白纯洁的生活作风，就不可能保持坚定正确的政治方向。毛泽东说："艰苦奋斗是我们的政治本色。"这种政治本色不仅应该体现在工作学习上，也应该体现在生活上。共产党人全心全意为人民服务的宗旨以及在这一基础上形成的政治理想、政治立场、政治观点应该从党员特别是领导干部的一切活动中体现出来，其中包括生活作风。随着改革开放和社会主义市场经济的发展，我国社会经济成分、组织形态、就业方式日益多样化，进而导致人们的思想观念、价值取向、生活方式多样化。面对社会环境和社会生活的巨大变化，共产党员不能意乱神迷，随波逐流，必须保持艰苦奋斗的政治本色和俭朴清白的生活作风。不能设想，一个生活上奢侈腐化、耽于享乐、纵情声色的人，能够成为坚定、忠诚的社会主义和共产主义者，能够站在时代的前列，带领群众为中华民族的伟大复兴而努力奋斗。

其次，生活作风是领导干部的个人形象，进而也是党的形象的一个重要窗口。与其他方面的作风相比，生活作风更具有经常性和直观性。人民群众看一个干部，往往首先看到的是他的生活作风。因此，领导干部的生活作风直接关系到党的形象，关系到党在群众中的威信和声誉，关系到党同人民群众的联系。抗战时期，为什么有那么多的青年和进步人士像暗夜中寻找光明、阴霾中向往晴空一样奔赴延安？正是他们从"延安"与"西安"、共产党与国民党两种截然不同的生活作风中的比较中看到了中国的前途和未来。现在，我们一些领导干部之所以没有威信、形象欠佳，"台上他说，台下说他"，一个很重要的原因就是生活作风失于检点，人民群众嗤之以鼻。

最后，生活作风是共产党人拒腐防变的必不可少的防线。"骄奢淫逸，所自邪也。"这的确是一条规律。剖析腐败分子的堕落，大多是从贪图享乐、生活作风奢靡开始的。生活作风的失于检点，也为一些不法分子拉拢和腐蚀干部、"围猎"权力提供了可乘之机。厦门"远华"案的主犯赖昌星曾不无得意地说："不怕领导干部不好交，就怕领导干部没爱好。""爱好"者何？无非声色犬马、珍奇古玩之类也。于是爱物的，送之以豪宅名车；好色的，遗之以红粉佳人；喜吃的，款之以佳肴美酒；贪玩的，导之以赌城歌楼。果然，在他的"投其所好""对症下药"之下，一大批干部纷纷成为吞钩之鱼、入罾之雀。江泽民指出："古往今来，一切有志有识有为之士，都能够把握自己，以不沉醉于权力、金钱和美色为诫，而凡是沉迷于声色犬马，没有不玩物丧志的。"这的确是非常深刻的论断。殷鉴不远，不可不察。

由是观之，在改革开放和社会主义市场经济的条件下，共产党员特别是党的领导干部的生活作风问题忽视不得、含糊不得、放任不得，必须将其提高到维护党的形象、坚持党的共产主义纯洁性、增强拒腐防变能力的高度来认识。

怎样才能培养、树立良好的生活作风呢？

要有奋发向上的生活态度。人们以什么样的态度对待生活，归根结底是由一定的世界观、人生观和价值观所决定的。共产党员要志存高远，心中始终燃烧着理想信念的火焰，要以中华民族的伟大复兴事业为己任，以中国特色的社会主义事业为己任，以为人民谋利益为己任，以奋斗为乐，以创造为乐，以奉献为乐，坚持胼手胝足，开拓创新，为官一任，造福一方，始终保持昂扬的精神状态，这样就不会沉湎于个人的享乐和感官的刺激，不会追求表面的奢华、私欲的满足，而会本能地把这一切看作是可鄙可憎的。

要有俭朴健康的生活方式。"历览前贤国与家，成由勤俭破由奢。"中华民族历来有崇尚俭朴的光荣传统。对于共产党人来说，崇尚俭朴更有着特殊的政治意义。俭可以固元，俭可以养德，俭可以助廉，俭可以防变。当然，随着经济社会的发展，人民群众的物质文化生活水平普遍提高，党的干部在生活上也不必固守穷巷陋室、粗衣疏食，也不应拒绝一切健康文明的生活时尚，但艰苦奋斗的传统、崇尚勤俭的本色一定不能丢。面对社会生活中的一些消极丑恶现象，各级领导干部更要自重、自警、自励。

要有高雅脱俗的生活情趣。一个人的生活作风在一定程度上取决于他的生活情趣。生活情趣有高下文野之分。生活情趣高雅，必然追求高尚充实的精神生活；生活情趣低下，必然为物所役、为财所累，纵情饮食男女，沉迷声色犬马。培养高雅的生活情趣必须加强学习，努力提高自己的思想境界、文化素养和审美品位。古人讲："腹有诗书气自华。"除认真学习马克思主义理论外，还要尽可能地学习一些哲学、历史、文学、艺术、自然科学等方面的知识，用人类所创造的先进、崇高的精神文化食粮来丰富和提高自己、陶冶和塑造自己，使自己的生活情趣一天天高雅起来。

## 有感于邓小平不回老家

读毛毛的著作《我的父亲邓小平》，令我感到惊奇的是，邓小平自16岁离开家乡广安后，竟一直没有回过老家。毛毛写道："父亲自己不回老家，也不许我们回去。他说我们一回去，就会兴师动众，骚扰地方。"这不禁令我怦然心动。

是邓小平不爱自己的家乡吗？不是的，这一点只要从毛毛对他们老家所作的一往情深而又笔调婉致的描述中就可以感受到，有其女必有其父。是邓小平没有机会回去吗？戎马倥偬的战争岁月固然如此，但1949年当邓小平作为解放西南的最高指挥员，率领百万大军进军西南，驻跸重庆，进而又成为坐镇西南的"封疆"大员，可以说他已经打到自己的家门口了，完全可以利用公务之暇衣锦荣归，但是他没有这样做。他的母亲还是在听到儿子回川的消息后，自己拎着一个小包裹，来到重庆和他住到了一起。新中国成立以后，邓小平长期处在党和国家的重要领导岗位，更有充分的条件和机会，或专程或顺道回家乡看看。但他不回老家，也不许孩子们回去。原因只有一条，就是怕"兴师动众、骚扰地方"。

由此，我又想到了敬爱的周恩来总理的一件事。与邓小平无独有偶，周恩来从12岁离开淮安老家，也一直没有回去过。新中国成立以后，为了不扰民，周恩来更是数过"家门"而不入。但他对从童年就生于斯、长于斯的故乡——淮安是一直梦萦神绕的。60年代，一次他从上海返回北京，机组人员为了了却总理的一桩心愿，当飞机路过淮安上空时特地下降高度，让总理从飞机上又深情地看了看这一片生他养他的土地。

毛泽东曾经说过，"我们共产党人不是要做官，而是要革命"。他又说："我们的一切工作干部，不论职务高低，都是人民的勤务员，我们所做的一切，都是为人民服务。"处理任何事情都以不侵犯人民群众的利益为原则，以不损害共产党人勤政为民的形象为原则，这就是老一辈革命家的行为准则和高尚情操，也是他们为我们留下的风范。联系到时下我们的一些干部，每一出行则警车开道，封路断行，前呼后拥，浩浩荡荡，住必五星饭店，食必豪华酒楼，当地干部疲于应付，人民群众啧有烦言，相形之下不是应该为之汗颜吗？

看来，不"兴师动众，骚扰地方"也是领导干部思想作风建设中值得注重的一个问题。

## 拒绝庸俗

我们所进行的中国特色社会主义的伟大事业是崇高而壮丽的事业，在我们的事业中随处可以看到共产党人伟大人格的闪光：他们坚定地站在时代的前列，志存高远，心系人民，奋发有为，勇于开拓，脚踏实地，埋头苦干；他们是具有远见卓识的模范，也是有奋斗精神和牺牲精神的模范，吃苦在先，享乐在后，大公无私，先人后己，廉洁奉公，勤政为民；他们的胸怀像大海一样宽阔，他们的品行如幽兰修竹、光风霁月……他们也许并不富有，他们的声名并不显赫，但他们的精神却是那样充实而迷人，足以令一切善良的人们所向往，也为一切灵魂空虚的人们所钦慕。这种真正共产党人的风采和气质，如果用"超凡脱俗"四个字来形容是十分恰切的。

然而，在现实生活中也常常可以看到一些人身为共产党员甚至是领导干部，却缺少共产党人应有的气质，他们的生活缺少一种被理想之光所照彻的那种纯美的、诗意的光辉，缺少一种为事业而献身的激情，缺少一种在人类伟大心智涵养下所形成的浩然之气，令人可悲地陷入了思想和作风上的庸俗化，甚至俗不可耐、面目可憎、丑陋不堪、令人生厌。兹列举几种最主要的表现。

一是官场气。把毛泽东"我们共产党人不是要做官，而是要革命"的箴言抛到了九霄云外，不讲政治讲官职，不干事业想仕途，吹吹拍拍，拉拉扯扯，谄上而骄下，前恭而后倨，弄虚作假，毫不脸红；跑官要官，恬不知耻。

二是市侩气。把资产阶级的庸俗作风和狭隘功利主义带入党和政府的政治生活和公务生活，不讲党性讲交情，不讲原则讲关系，好行小惠，言不及义；感情"投资"，等价交换；占据要津，吃拿卡要；权力"开发"，雁过拔毛。

三是铜臭气。拜倒在"孔方兄"的足下，不是想着带领群众致富，而是一门心思自己先富起来，见钱眼开，唯利是图；生财有道，工作乏术。

四是纨绔气。以自己的出身、门阀或特殊的工作岗位为资本，流里流气，吊儿郎当，狐假虎威，招摇过市。或以门第炫耀，或以靠山显摆，群居终日，言不及义，热衷于散布所谓"幕后新闻""小道消息"，一副"少爷""姑爷""师爷"做派。

五是土豪气。把资产阶级的腐朽生活方式和思想文化错认为"新潮""时尚"，宝马香车，美食豪宴，沉溺于灯红酒绿之中，寄情于秦楼楚馆之间，吃喝玩乐，高档消费；声色犬马，低级趣味。

凡此种种，与我们党的性质、宗旨都是格格不入的，与我们的事业对党员干部精神状态的要求也是不相适应的，必须引起高度警觉。

怎样避免和疗治这种庸俗化呢？

一是要认真读书，认真学习。古人讲："书犹药也，善读之可以医愚。"套用这句话，我们同样可以说，书犹药也，善读之可以疗俗。马克思主义的科学理论不仅是我们观察世界、发展自己的强大思想武器，也是新形势下共产党人塑造美好精神世界的教科书。马克思主义科学著作中虽然没有"黄金屋""千钟粟""颜如玉"，却有共产党人的世界观、方法论、正气歌。浩然中存，俗气何间？现在一些人在五光十色的社会生活面前目眩神迷、心浮气躁，忙于事务、忙于应酬，没有时间学习，也没有心思学习，即使学一点也只是为了装潢门面、"武装嘴巴"，这是导致思想和作风上庸俗化的一个重要原因，疗救的办法就是少一点奢华，多一份淡泊；少一点浮躁，多一分宁静；沉下心来认认真真、老老实实地读一点书，重点是学习"老祖宗"的理论——学习马克思主义及其中国化的理论成果，掌握贯彻其中的立场、观点和方法，紧密联系思想实际，认真改造世界观。除此之外，还要尽可能地多读一点其他方面的书，如历史、哲学、经济、法律、科技、文学、艺术等，用人类所创造的各个领域的优秀文明成果来丰富和充实自己。笛卡尔说，读一切好的书，就是和许多高尚的人谈话。雨果也说，在每天阅读好的书的影响下，种种蠢事都像烤在火上一样熔化。书犹良药，可以疗俗，可以治愚，可以怡情，可以养气。开卷有益，诚哉斯言！

二是要深入群众，深入实践。共产党人优良的思想作风和崇高的精神境界不是面壁参禅、得道深山的产物，而是来源于人民群众建设和创造社会主义的生动实践。实践是共产党人增长知识、增长才干的唯一场所。也是获取抵制各种政治微生物免疫力的有效途径。远离实践，脱离群众，这是一些同志思想作风上庸俗化的又一个重要原因。明月清风本无价，源头活水堪涤尘。每一个不甘庸俗、不愿意在庸俗的生活中虚度年华或沉沦下去的共产党员都应该自觉地投身到改革开放与社会主义现代化建设的伟大实践中去，与人民群众打成一片，在为人民谋利益、办实事中陶冶情操、修炼品格，实现精神世界的改造与升华。

——让种种庸俗的思想和作风见鬼去吧，庸俗不属于共产党人！

## 让我们"坠入情网"

报载，美国哈佛大学教授约翰·科特经过数十年研究认为，优秀的企业家尽管风格各异，但其领导艺术却有着许多共同点。科特在列举了这些共同点之后，特别强调，企业领导者必备的要素还应加上一条——"坠入情网"，即对自己的企业要热爱，要具有恋人般的投入与执着。"坠入情网"这4个字对于我们党的干部形成和保持一种良好的精神状态同样很有启示。

"有美人兮，见之不忘。""凤飞翾翾兮，四海求凰。"生活中许多人大约都不乏有被爱情的闪电击穿、被丘比特的神箭射中，无可挽回地坠入情网的深刻体验，那样一种如胶似漆，那样一种如醉如痴，那样一种念兹在兹，那样一种无怨无悔……最近风靡世界的好莱坞电影《泰坦尼克号》就借助于"泰坦尼克"——这艘久已沉没的"梦之船"给我们讲述了一个经典而浪漫的爱情故事——"坠入情网"。它的巨大成功说明，不管世纪之交这个星球变得如何令人眼花缭乱，变得如何喧嚣和躁动，不管纯真的爱情变得如何稀缺，"投入地爱一次"仍然是许许多多人们所向往、所渴望、所珍惜的一种情感历程和人生体验。

爱是热情和献身的原动力，是一种宝贵的"正能量"，爱可以使人超凡脱俗，产生超越常态的伟大力量。生命因爱而绚烂，世界因爱而美丽。"梦之船"沉没了，"爱之梦"却不会随"船"沉没，随风而逝。

推而广之，在事业上，又何尝不是如此呢？一个人只有对自己所从事的事业由衷地热爱，有着恋人般的热情、痴迷和执着，心神往之，旦夕念之，像郭沫若在《炉中煤》中所吟唱的那样，"我为我心爱的人儿，燃到了这般模样"，才能奋勇拼搏，一往无前，锲而不舍，埋头苦干，取得常人所无法企及的成就。成功的桂冠、胜利女神的彩球只青睐那些对事业"情有独钟"的人们。我国优秀的战略科学家、"中国机器人之父"蒋新松，就是一个对祖国、对人民、对科学有着恋人般热情的人。他在从事科技工作40周年之际写了一篇感怀文章，题目就是《祖国和科学，我心目中的依恋和追求》。他对工作、对科研达到了完全忘我、痴迷的境界。有时边想问题边干家务，突然冒出了灵感，地扫了一半就又回到了计算机前。正是凭着这种依恋和追求，他成为我国自动化研究领域的"首席小提琴手"，为我国机器人事业的开拓和突破性发展作出了非凡贡献。

然而，在现实生活中常常看到一些同志并非如此。他们对事业、对本职工作缺少由衷的热爱、满腔的热忱，当一天和尚撞一天钟，应付差事，得过且过。他们的生活缺少一种"坠入情网"般的激情，缺少一种被爱的闪电所照彻的诗意的光辉，浑浑噩噩，庸庸碌碌、疲疲沓沓，对工作、对事业静不下心来，提不起神来。更有一些同志在"酒绿灯红"面前，在五光十色的社会生活面前，心浮气躁，意马心猿，"目送归鸿，手挥五弦"，这怎么能够期望他们有所作为、有所成就呢？

  中国特色社会主义是我们党领导的跨世纪伟业，是实现近代以来中华民族孜孜以求的伟大梦想的事业，因而也是魅力四射、令人心醉的事业。千里之行始于足下，天下大事必作于细。我们的岗位或许平凡，我们手头的工作或许琐细，我们的付出和作为或许并不显赫一时，但我们所投身并为之献身的事业却因为与祖国与人民紧紧相联而永远迷人且年轻。

  "春风得意马蹄疾"。能够在跨世纪的伟大时代躬逢祖国腾飞之盛，跻身于民族"圆梦"之旅，是十分幸福的。让我们全身心地投入这一事业，真正遭遇和体验一次"坠入情网"吧。

  ——这才是共产党人应有的精神状态，这才是充实而无悔的人生！

# 但为苍生计　焉用问鬼神*

"从来就没有什么救世主，也不靠神仙皇帝，要创造人类的幸福，全靠我们自己。"国际歌以明白晓畅的语言宣示了共产党人彻底唯物主义的世界观。千百年来，宗教神学、种种迷信的宿命论的观点统治了人类的思想界，马克思主义辩证唯物主义和历史唯物主义的诞生如同一次壮丽的日出，使工人阶级，也使整个人类走出了蒙昧和思想禁锢的状态，从而找到了求解放、奔大同的理论支点。马克思主义是科学，也最崇尚科学。马克思主义的旗帜就是科学的旗帜，是人类先进文化前进的旗帜。它与宗教神学、形形色色的封建迷信和伪科学是根本对立的。

中国共产党诞生以来就坚持用马克思主义的科学世界观引导人民破除迷信，解放思想，自力更生，振兴中华。新中国在涤荡迷信陋习、树立科学风气方面取得了斐然的成绩。然而近年来，封建迷信活动在一些地方又有滋蔓风靡之势。不仅原有的寺庙道观香火鼎盛，善男信女如过江之鲫，而且一些地方还搞了些假古迹，名曰文化建设，开发旅游业，其实是以封建迷信相招徕。尤其值得注意的是，不少党员干部颇热衷于此道，混迹于其间。有的携家人、带随从到名山古刹去求神拜佛，进香还愿；有的不关心民间疾苦、百姓痛痒，却把修庙塑佛视为无上善举、无量功德，对寺院或赠旌帐，或送牌匾，或堂而皇之地勒石题名；有的笃信堪舆之学、占筮之术，动土木要看黄历，搞活动要择吉日，卜居所、盖庭院要请风水先生，更有甚者，把一些搞伪科学的江湖骗子奉为先知大师、延为入幕之

---

* 本文发表于 2002 年 11 月。

宾，如此等等。身为共产党员，崇奉佛道怪神，岂非咄咄怪事？

迷信现象的回潮有着深刻的社会原因。中国是一个封建文化根深蒂固的国度，整个民族的科学文化素质还不高。在改革开放的条件下，各种思想文化相互激荡、鱼龙混杂，迷信落后的封建文化往往乘机沉渣泛起。在社会转型期，一些人对社会生活的急遽变动感到困惑，对个人的前途出路产生迷惘；加上在市场经济条件下，人们的竞争压力大，对改变个人境遇的期望高，这些都给一些迷信活动和伪科学提供了土壤。在这种情况下，共产党员尤其是领导干部理应代表先进文化的前进方向，坚定理想信念，以自己科学的世界观和文明、健康的生活方式引导和带领群众移风易俗、奋发向上。反之，如果自己就沉迷于封建迷信的一套，势必严重败坏党的形象，对封建迷信活动起到恶劣的效尤作用和推波助澜的作用。有人说，共产党员理想信念的缺失会带来全社会理想信念的缺失，这绝不是危言耸听。更应该看到，利用一些人的愚昧和迷信从事颠覆我国社会主义制度的活动是当今国际国内阶级斗争的一个重要动向和特点。例如，法轮功邪教组织就是一个典型的例子。共产党员不旗帜鲜明地反对迷信，反而沉迷于此，混迹其间，就可能在复杂的斗争中迷失方向。因此，必须把崇尚科学、破除迷信作为党的思想作风建设的重要内容来抓。

要切实加强党员干部的世界观建设。马克思主义的科学世界观是共产党人的灵魂，是共产党人安身立命之本，是党的先进性的源泉，共产党人的全部理想信念都是建立在辩证唯物主义和历史唯物主义的基石之上的。只有牢固确立了辩证唯物主义和历史唯物主义的世界观，才能从根本上与形形色色的有神论和伪科学划清界限。因此，崇尚科学、破除迷信要从世界观上解决问题。要坚持不懈地对党员干部进行马克思主义基本理论的教育，引导党员干部把掌握党的理论发展最新成果和弄通马克思主义的基本原理统一起来，把改造客观世界和改造主观世界统一起来，不断夯实党员干部唯物主义世界观的根基。

要不断增强党员干部科学知识的武装。马克思主义科学世界观的形成是建立在人类文明发展特别是科学的重大进步的基础之上的。20世纪以来科学技术的突飞猛进进一步证明了马克思主义世界观的真理性，也迫使种种借迷信活动造谣惑众的人不断改头换面，披上"科学"的外衣。没有较广博、较丰富的科学知识以及建立在这种知识基础上的科学精神，没有对科学技术发展前沿的关注和了解，就不可能确立马克思主义的科学世界观并不断为之淬火加钢，就有可能成为种种花样翻新的迷信活动和伪科学的俘虏。因此，党员干部必须努力提高科技素质，培养科学精神，这不仅是提高我们党执政兴国能力的必要条件，也是建设先进文化、扫除愚昧迷信的迫切需要。

要抓住立党为公、执政为民这个核心，加强党的作风建设和反腐倡廉建设。党员干部搞迷信活动不仅本身就是一种腐败，而且往往是与其他腐败现象相联系、相伴生的。例如，有的党员干部求神拜佛，说到底是为了寻求终南捷径，靠不正当手段升官发财，坐享荣华富贵；有的打卦算命，究其源是自身不干净，心里有鬼，生怕东窗事发而惶惶然不可终日。由是观之，牢记党的宗旨，坚持正道直行，光明磊落，才能做一个彻底的唯物主义者。一切迷信活动都是精神空虚、私欲太重、缺少自信的表现。共产党员始终秉持全心全意为人民服务的宗旨，努力做到为民、务实、清廉，并在服务人民中不断提升自己的素质和才干，这样，何愁事业不发达，前程不光明？一门心思为人民谋福祉、干实事，自身和家庭的幸福也就有可靠的保证。既然如此，又何必乞灵于佛道神仙呢？党员干部扎牢了立党为公、执政为民的思想根子，心底无私，浩然中存，装神弄鬼、求佛问仙之类的迷信活动的一套就找不到市场。

要严肃党的纪律。共产党人是无神论者。信奉有神论、搞迷信活动，就不配做一个共产党员，更不配做一名党的领导干部。要把不准参与迷信活动，列入党规党纪的重要内容。对无视党的纪律，参与迷信活动的要给予纪律处分，直至开除出党。

"可怜夜半虚前席，不问苍生问鬼神。"唐代诗人李商隐曾借有着远大政治抱负的青年才俊——贾谊的遭际讽喻了帝王的昏聩和迷信。共产党是代表人民也代表未来的党，是高擎思想解放火炬的党，怎么可以步封建统治者的后尘呢？每一个忠实、积极、真诚的共产党员都应该自觉与一切迷信活动和行为划清界限。

但为苍生计，焉用问鬼神！

# 前进道路上必须把握的一条重大原则[*]
## ——浅论坚持发扬斗争精神

习近平总书记在党的二十大报告中把"务必敢于斗争、善于斗争"作为"三个务必"之一郑重地提到了全党的面前,并强调把"坚持发扬斗争精神"作为前进道路上必须把握的一条重大原则。深刻理解这一重大政治要求、重大原则对于实现党的二十大提出的目标任务、推进中华民族的伟大复兴具有现实而紧迫的意义。

斗争精神是马克思主义政党的宝贵品格。毛泽东曾经说过,共产党的路线就是"从斗争中创造新局面"的路线。斗争精神是伟大建党精神的重要内涵。中国共产党百年来领导人民进行革命、建设和改革的历史,就是一部驱虎降魔、披荆斩棘、斩关夺隘的历史,就是一部在斗争中不断开辟新局面、闯出新天地的历史。这一历史既险象环生,又每见峰回路转;既艰苦卓绝,又堪称精彩绝伦,谱写了中华民族发展史上的辉煌史诗,创造了人类文明史上的奇迹。可以说,敢于斗争、善于斗争是中国共产党人的特质,是我们党从胜利走向胜利的看家本领和优势。然而,在一段时间里,在一些人看来,似乎斗争一词已经过时了,他们沉浸在一厢情愿的云淡风轻里,对"斗争"讳莫如深,生怕触动国际国内某些敌对势力敏感的神经。有人甚至以强调"和谐"之名,否定斗争。滔滔者如是,令人每生"古调虽自爱,今人多不弹"之叹。

---

[*] 本文发表于 2022 年 11 月。

早在主持党的十八大报告起草时，习近平总书记就提出，全党同志必须准备进行具有许多新的历史特点的新的伟大斗争，向全党发出了敢于斗争的强烈信号。党的十八大以来，他在多个场合、多次重要讲话中，反复重申并从不同角度阐发了这一要求，其中有着深刻的时代内涵和重大现实考量，充分体现了习近平总书记马克思主义政治家、战略家、理论家的远见卓识、宏图大略、胆魄勇气。回顾新时代以来极不寻常、极不平凡的十年，用乱云飞渡、狂涛拍岸来形容毫不为过。面对世界百年未有之大变局，面对改革发展进入深水区和攻坚期，面对党和人民群众反映强烈的长期没有刹住的歪风、种种多年未除的顽瘴痼疾，面对一些触目惊心的消极腐败现象，面对纷至沓来、不期而遇的来自经济、政治、意识形态和自然界的重大风险挑战，习近平总书记站在中华民族伟大复兴号巨轮领航的舵位，挺立潮头，从容应对，既敢于斗争，又善于斗争，在变局中开新局，于危机中育先机，引领党和国家事业发生了历史性变革、取得了历史性成就，标定了一个崭新的时代，开辟了中华民族伟大复兴史上的新纪元。党的二十大报告强调："新时代的伟大成就是党和人民一道拼出来、干出来、奋斗出来的！"所谓"拼""干""奋斗"，都是斗争的形象化表述，是斗争精神的集中体现。

站在新的历史起点，锚定新征程上党的中心任务，向着第二个百年奋斗目标迈进，准备进行具有许多新的历史特点的伟大斗争，有了更深广、更崭新的时代内涵。放眼寰宇，世界之变、时代之变、历史之变正以前所未有的方式展开，和平赤字、发展赤字、安全赤字、治理赤字加重，人类社会面临前所未有的挑战。更应该看到，某些把自身霸凌看作天经地义的国家，把社会主义中国的和平发展看作最大威胁，正卸掉一切面具，阻遏中国发展无所不用其极。因此，处在全面建设社会主义现代化国家开局起步的关键时期，我们必须增强忧患意识，坚持底线思维，做到居安思危、未雨绸缪，准备经受风高浪急甚至惊涛骇浪的重大考验。为此，必须强化斗争意识，发扬斗争精神。一是要敢于斗争。中国共产党人从来是不惧怕豺狼虎豹、等闲看惊涛骇浪的。狭路相逢勇者胜。要增强中华民族的志气、骨气、底气，不信邪、不怕鬼、不怕压。"敢向恶鬼争高下，不向霸王让寸分"。要破除法门寺里的贾桂心态和缺钙的软骨病。二是要善于斗争。斗争不是意气用事，不是李逵式的蛮劲和勇敢，要有高超的斗争艺术和深远的斗争谋略，既要勇于亮剑，必要时敢于"扬眉出鞘"，又要力求借招拆招，"四两拨千斤"。要保持战略定力，不为敌方的战略诱骗所迷惑，不被敌方的战略疑阵所误导，以我们正在做的事情为中心，不忘国之大者，"咬定青山不放松，任尔东西南北风"，锲而不舍、驰而不息地实现中国式现代化的伟大目标。

从党风廉政建设的角度看，坚持发扬斗争精神同样十分重要。腐败是危害党的生命力和战斗力的最大毒瘤。十年反腐取得压倒性胜利并全面巩固，消除了党、国家、军队内部存在的严重隐患，政治生态显著好转，党风政风为之一新。但必须清醒地看到，反腐败斗争的形势依然严峻复杂，我们与腐败的较量是一场殊死的斗争，只能进、不能退，只能赢、不能输。党的二十大报告强调，全党必须牢记，全面从严治党永远在路上，党的自我革命永远在路上，决不能有松劲歇脚、疲劳厌战的情绪，必须持之以恒推进全面从严治党，深入推进新时代党的建设新的伟大工程，以党的自我革命引领社会革命。只要存在腐败问题产生的土壤和条件，反腐败斗争就一刻不能停，必须永远吹冲锋号。以零容忍态度反腐惩恶，决不姑息。既要敢于斗争，也要善于斗争，要打好反腐败斗争组合拳，坚持不敢腐、不能腐、不想腐一体推进，营造弊绝风清的良好政治生态。

敢于斗争、善于斗争，对于军事领域尤为重要。军事手段是维护国家安全、主权和发展利益的最高斗争手段，军事斗争是人民军队护航中国式现代化必不可少的斗争形式。特别是当前台海依旧风高浪急。国际敌对势力大打"台海牌"以图钳制中国发展，岛内一小撮不自量力的"台独"势力依然丧心病狂，企图挟洋自重。面对"台独"势力分裂活动和外部势力干涉台湾事务的严重挑衅，我们必须坚决开展反分裂、反干涉重大斗争，其中包括军事斗争。我们要尽最大努力争取和平统一的光明前景，但决不承诺放弃使用武力，保留采取一切必要措施的选项。这针对的是外部势力干涉和极少数"台独"分裂分子及其分裂活动，绝非针对广大台湾同胞。只有具备随时可以付诸实战的、真实可信的战略威慑能力，和平统一才有可能。准备战、真备战、能胜战才有可能不须战，这就是解决台湾问题上的方略辩证法。因此，全军必须强化斗争意识，发扬斗争精神，把"敢于斗争、善于斗争"贯彻到国防和军队建设的全领域、全过程，围绕"能打胜仗"的要求全面加强练兵备战，创新军事战略指导，切实提高打赢能力，打造强大战略威慑力量体系，谱写出新时代军事斗争的精彩篇章，做到党和人民一旦有令，攻必克、战必胜，不辱使命。

# 一项重大而紧迫的任务[*]

## ——论努力建设马克思主义学习型政党

党的十七届四中全会把建设马克思主义学习型政党作为一项重大而紧迫的任务提到了全党面前。深刻领会这一重大战略的决策和部署，对于我们党更好地担负起引领中华民族伟大复兴的历史责任具有重要意义。

### 一

学习是人类掌握已有知识、探求未知领域据以提高认识世界、改造世界能力的实践活动。人类文明薪尽火传、继往开来，端赖于学习也。学，就是掌握、吸收和借鉴人类所创造的一切知识；习，就是使学到的知识内化为自身的素质和能力。中国古代先贤说过，学而时习之，不亦乐乎。学习使我们远离蒙昧，拥抱文明；学习使我们进德广才，增益己所不能，获得创造幸福生活、开拓美好未来的巨大力量。

如果说在漫长的历史进程中学习始终是人类前行的火炬和文明进步的阶梯的话，那么在今天，学习更显得尤为重要、尤为紧迫。最近100年人类社会发展变化剧烈和深刻的程度超出了以往任何一个时代。特别是20世纪下半叶以来，科学技术迅猛发展，人类正在加速进入信息时代。知识更新的速度呈几何级数加快，知识已成为经济社会发展的主导因素。这是一个需要人人学习、终身学习的时代，学习成为人类最基本、最不可或缺

---

[*] 本文发表于2010年3月。

的生存方式。学习力，在学习中不断吸纳新知识以创新发展的能力，已经成为一个人安身立命、一个组织争优创先、一个政党兴旺发达、一个民族鼎新图强的核心能力。学习决定前途，学习决定命运。不重学则殆，不好学则退，不善学必衰。一个创建学习型组织、学习型社会的浪潮正在世界范围内蓬勃兴起。

学习是马克思主义政党的特质。马克思主义之所以是科学，是人类迄今为止最先进的思想理论体系，就在于它建立在人类一切优秀文明成果的基础之上。列宁曾经说过，"共产主义是从人类知识的总和中产生出来的"。马克思、恩格斯就是极为渊博的百科全书式的科学巨匠。质言之，马克思主义是学习的产物，是人类学习之树开出的最绚丽的花朵。学习，像一种基因植入了马克思主义政党的血脉中。

以马克思主义的科学理论和革命风格建立起来的中国共产党是非常注重学习、善于学习的党。在领导革命、建设和改革的波澜壮阔的历史进程中，我们党形成了独具特色的政党文化，这种文化很重要的一点就是崇学尚学、勤学善学。在战争年代，为了赢得革命的胜利，毛泽东号召"来一个全党的学习竞赛"。进入改革开放历史新时期，邓小平郑重指出："全党同志一定要善于学习，善于重新学习。"世纪之交，江泽民反复强调："学习、学习、再学习，实践、实践、再实践。"新世纪新阶段，胡锦涛要求"必须坚持把学习作为全党一项十分重要的任务"。正是因为始终重视学习、善于学习，我们党才不断推进了马克思主义中国化的进程，才不断获得了对中国革命、建设和改革的规律性认识，带领人民经过长期奋斗、接续奋斗，从根本上改变了近代以来中华民族的历史命运。可以说，学习是我们党始终走在时代前列、永葆青春活力的不竭源泉，是我们党最可宝贵的优势。

改革开放30多年我们党走过的历程，实质上就是一个重新学习的历程，就是一个在学习中开拓创新、在变革中浴火重生的历程。如同在民主革命时期一样，通过学习，中国共产党人交上了一份合格答卷。我们成功地开辟了中国特色社会主义道路，使中国实现了从高度集中的计划经济体制到充满活力的社会主义市场经济体制、从封闭半封闭到全方位开放的历史性转变。在险象环生的国际金融危机面前，中国力挽狂澜，率先实现经济形势总体回升向好。中国共产党人治国理政的卓越能力令世人惊叹。历史又一次证明：中国共产党是一个具有强大学习力的政党，是一个勇于并善于走在时代前列的党，是一个勇于担当、不辱使命的党。

然而必须看到，中国特色社会主义事业是一项前无古人的伟大事业。在中国这样一个13亿人口的大国长期执政并推进改革和社会主义现代化建设，我们遇到的矛盾和困难世所罕见，面临的挑战和风险前所未有。当今世界正处在大发展大变革大调整时期，我国正处在进一步发展的重要战略机遇期，也处在一个矛盾凸显期，发展呈现出一系列新的阶段性特征。经济建设、政治建设、文化建设、社会建设以及生态文明建设全面推进，工业化、信息化、城镇化、市场化、国际化深入发展，新情况新问题层出不穷。面对世情、国情、党情的深刻变化，面对改革开放和社会主义现代化建设的繁重任务，我们党只有更加重视学习、善于学习，不断地提升自己的学习力，不断地把党的学习优势转化为党的政治优势、思想优势和组织优势，才能在急剧变动的国际国内环境中牢牢把握战略主动，在错综复杂、纷至沓来的矛盾和问题面前从容应对，才能始终保持自身的先进性，真正成为中国工人阶级、中国人民和中华民族的先锋队，成为中国社会主义现代化事业的坚强领导核心，成为中国人民的主心骨，成为凝聚全国人民战胜一切风险考验的中流砥柱，把中国特色社会主义事业的航船引导到胜利的彼岸。

从党的建设的现实情况看，当前党的领导水平和执政水平、党组织和党员队伍素质也存在种种亟待解决的问题。例如，一些领导班子推动科学发展、处理复杂问题的能力不强；一些基层组织软弱涣散；一些党员干部理想信念不坚定；有的安于现状、碌碌无为，开拓创新精神不够；有的宗旨意识淡薄，个人主义突出，形式主义、官僚主义严重；极个别人甚至以权谋私、贪污腐败；等等。这些问题的产生，原因固然是多方面的，但都与不重学、不善学或学用脱节有关。大量事实告诉我们，放松学习，理想就会淡化，知识就会老化，思想就会僵化，能力就会退化。忧党必先忧学，兴党必先兴学，从严治党必须从严治学。从这一意义上看，建设学习型政党也是推进党的建设新的伟大工程的关键性举措。

## 二

我们所要建设的马克思主义学习型政党，应该是高举中国特色社会主义伟大旗帜、坚定地推进马克思主义中国化并自觉用以指导实践的政党，是立足中国、放眼世界、面向未来、始终走在时代前列的党，是善于把握和运用规律、正确引领和积极推动中国社会进步的党，是勇于变革、勇于创新、永不停滞、永不懈怠的党。一言以蔽之，应该是科学理论武装、具有世界眼光、善于把握规律、富有创新精神的马克思主义政党。

科学理论武装是建设马克思主义学习型政党的基础工程。恩格斯指出："一个民族要想站在科学的最高峰，就一刻也不能没有理论思维。"毛泽东也说过："我们的眼力不够，应该借助于望远镜和显微镜。马克思主义的方法就是政治上军事上的望远镜和显微镜。"以先进的、科学的理论为指南，是马克思主义政党的一个显著特色。有了理论上的成熟，有了理论上的清醒与坚定，才能有正确的政治方向和科学的理想信念，才能有正确的路线方针政策，才能有分析问题、解决问题的强大思想武器，才能更好地统摄和促进其他领域的学习，才能增强工作中的原则性、系统性、预见性和创造性。把理论创新和理论武装有机地统一起来，理论创新每前进一步，理论武装就跟进一步，是我们党领导革命、建设与改革的一条重要经验，也是我们党在学习上的优良传统。民主革命时期，我们党经过艰辛探索，实现了马克思主义与中国实际相结合的第一次历史性飞跃，创立了毛泽东思想。党的十一届三中全会以来，我们党在以毛泽东同志为主要代表的党的第一代领导集体所进行的探索的基础上，在领导改革开放和现代化建设的伟大实践中，实现了马克思主义与中国实际相结合的第二次历史性飞跃，形成并不断丰富发展了包括邓小平理论、"三个代表"重要思想、科学发展观在内的中国特色社会主义理论体系。正是因为我们党锲而不舍地坚持把马克思主义中国化，坚持用发展着的、中国化的马克思主义武装全党和人民，我们党才卓有成效地肩负起了自身的历史使命。建设马克思主义学习型政党，首先就必须坚持用马克思列宁主义、毛泽东思想特别是中国特色社会主义理论体系武装全党。要努力提高全党的理论兴趣，形成看书学习、钻研理论的良好习惯，力戒庸庸碌碌、盲目乐观的事务主义、经验主义。党的中高级干部要带头研读马克思主义的经典著作特别是中国特色社会主义理论体系基本著作，带头探索回答重大理论和实践问题，着力提高理论素养，提高运用理论说明和解决实际问题的能力，提高基于理论的战略思维、创新思维、辩证思维能力，做到真学真懂真信真用。要努力建设宏大的马克思主义理论队伍，实施马克思主义研究和普及工程，加强和改进党的理论宣传工作，努力对党的创新理论及其科学体系进行深入浅出、生动通俗的阐发和宣传，增强理论说服力和感召力，使之走进广大普通党员、走进百姓大众，使科学理论武装与推进马克思主义中国化、时代化、大众化相同步。

具有世界眼光是建设马克思主义学习型政党的时代要求。马克思曾经指出，资本主义使人类开始了真正的世界历史。今天，经济全球化的浪潮和科学技术的日新月异，使世界进一步连为了一体。人们从来没有像今天这样具体而微地感受到"地球村"这一概念。今日之中国已经成为一个全方位开放的国家，成为世界和平与发展的重要力量。中国的发展离不开世界，世界的发展也离不开中国。我们党只有把中国的发展置于世界发展的大背景下来观察、来思考，掌握世界大势，把准时代脉搏，学会并善于不失时机地抓住和用好发展机遇，学会并善于未雨绸缪地规避各种可能的风险，才能在激烈的国际竞争中立于不败之地，才能办好中国的事情，实现又好又快的发展，同时为维护世界和平、促进共同发展作出应有的贡献。

建设马克思主义学习型政党，必须着力培养和历练全党的世界眼光，引导党员特别是党的领导干部用马克思主义的宽广眼界观察世界、认识世界。要把具有世界眼光作为提高各级党组织特别是各级领导干部战略思维能力的重要内容，做到统筹国内国际两个大局，努力从国内国际形势的相互联系中把握发展方向，从国内国际条件的相互转化中用好发展机遇，从国内国际资源的优势互补中创造发展条件，从国内国际因素的综合作用中掌握发展全局，不断增强各项工作的战略性和前瞻性。在当今世界各种思想文化交流交融交锋、各种新学科新知识如雨后春笋不断涌现的情况下，既要保持政治上的敏锐性和鉴别力，不盲目随波逐流；又要有海纳百川的胸襟，善于兼收并蓄。要保持对各种新知识的敏锐的感知力和吸纳力，善于借鉴和吸收人类发展进步前沿一切优秀的文明成果为我所用。

善于把握规律是建设马克思主义学习型政党的本质内涵。规律是事物内在的、本质的联系和必然趋势。学习的目的就在于把握事物的规律性，以自觉地、能动地改造世界。世界上凡一切真正的、堪称科学的知识都在于在一定程度上反映了客观事物的本质及其规律性。建设马克思主义学习型政党必须着眼于进一步探索、把握和运用规律，提高党的执政能力和执政水平。应该说，集新中国成立60年特别是改革开放30多年之经验，我们党对执政兴国、推进中国特色社会主义事业规律的认识大大深化了。但是，世界在变化，形势在发展，中国特色社会主义实践在深入，我们对共产党执政规律、社会主义建设规律、人类社会发展规律的认识远远没有完结，举凡政治、经济、文化、社会、科技、军事、生态等各个领域，都存在许多我们还没有认识或没有完全认识的必然王国。要着眼于我们党长期执政、在复杂环境下执政的情况，引导全党围绕什么是马克思主义、怎样对待马克思主义，什么是社会主义、怎样建设社会主义，建设什么样的党、怎样建设党，实现什么样的发展、怎样发展等重大问题进行不懈的探索，不断获得规律性认识并运用于党的执政实践。要坚持普遍性与特殊性的统一，不仅要从总体上探索党的执政规律、探索中国特色社会主义事业发展规律，而且要联系本领域、本单位、本部门的实际，探索本领域、本单位、本部门建设与发展的特殊规律。党的中高级干部不仅要成为战略家，而且要成为熟谙本领域具体规律的专门家。要坚持一切从客观实际出发，坚持实践是检验真理的唯一标准，强化按规律办事的意识，努力提高党组织掌握和运用规律的本领。

富有创新精神是建设马克思主义学习型政党的目标机制。改革创新是当今时代精神的核心。如果说农业时代、工业时代的学习主要是为了掌握技能，信息时代的学习则主要是为了提高创新能力。创新是一个民族进步的灵魂，是一个国家兴旺发达的不竭动力，是一个政党永葆蓬勃生机的根本源泉。纵览国际政治舞台，曾几何时，一些实力强大、老资格、长期执政的党相继凋零、风光不再，一个重要原因就是因循守旧、故步自封、保守僵化。马克思主义政党本质上就是创新的。建设马克思主义学习型政党必须在全党大力弘扬创新精神，培育创新思维，提高创新能力，不断推动理论创新、制度创新、科技创新、文化创新等各个方面的创新。必须一如既往地坚持用时代发展的要求审视自己，以改革的精神加强和完善自己，永不自满、永不懈怠，不断以新的理论、新的经验、新的方法切实推动党的建设。要瞄着创新抓学习，通过学习促创新。解放思想是改革创新的先导。要更高地举起解放思想的火炬，自觉把思想认识从那些不合时宜的观念、做法和体制的束缚中解放出来，从对马克思主义的错误的和教条式的理解中解放出来，从主观主义和形而上学的桎梏中解放出来，在全党和全社会进一步形成锐意创新、鼓励创新的良好风尚。

以上四个方面相互联系、相互贯通，构成一个有机的整体，为把我们党建设成为名副其实的马克思主义学习型政党提供了基本遵循。

## 三

建设马克思主义学习型政党是一项宏大的系统工程，必须按照党的十七届四中全会作出的部署把握重点，抓住关键，扎实推进。

教育和引导广大党员特别是各级干部牢固树立马克思主义学习观。当前，部分党员和干部在学习问题上认识还不够高，行动还不够自觉，缺乏紧迫感和责任感。有的靠吃老底子过日子，在飞速发展的形势和日益繁重的任务面前缺少知识和本领的"恐慌"；有的把工作与学习对立起来、割裂开来，甚至视组织学习为"苛捐杂税""额外负担"；有的心浮气躁，坐不下来、钻不进去，缺少理论兴趣和钻研习惯；有的把大量的时间沉浸在文山会海之中，流连于"酒绿灯红"之间，就是没有时间学习；有的依然把"不注重学习"看作"白璧微瑕"，视为可以接受的缺点，安之若素，处之泰然。因此，有必要深入进行马克思主义学习观教育，牢固树立学习是人生第一需要、是共产党员第一位政治责任的观念，学习是安身立命之本、兴党兴国之基的观念，以学习为荣、不学习为耻的观念，学习就是工作、学习就是解决问题的观念，使学习真正成为广大党员干部的一种基本的生活态度、一种高远的精神境界、一种自觉的价值追求，成为生活方式、工作方式最重要的、须臾不可缺少的元素，成为实现个人全面发展、推动经济社会科学发展的强大动力。

努力把各级党组织建设成为学习型的党组织。学习型党组织是建设马克思主义学习型政党的微观基础。必须强化各级党组织的学习功能，把学习作为党组织生活的一种常态，作为党内一种基本的合作关系和互动关系，作为党组织开展工作的一种基本方式，积极推动党内学习生活化、党内生活学习化，工作学习化、学习工作化，使学习和工作相互交融、相互促进。努力建立反馈、反思、共享的组织学习机制，充分发挥组织学习的集思广益、知识互补、交流互动的优势。积极运用网络、远程教育等现代手段和方式进行学习。健全和完善党委（党组）中心组、党支部学习制度。在组织党员、干部重点学习马克思主义理论的同时，学习党的路线方针政策和国家法律法规，学习党的历史，同时广泛学习现代化建设所需要的经济、政治、文化、科技、社会、生态、国防、军事等各方面知识。发挥领导班子的示范效应，建设学习型的领导班子。使党组织真正成为党员增强党性修养、提高思想觉悟的大熔炉，成为党员学习新知识、增长新本领的大学校。

必须大力弘扬党的优良学风。在长期的实践中，我们党形成了理论联系实际、密切联系群众、批评与自我批评的优良作风。这三大优良作风就其本质来说也是学风。当前在学习问题上学风不正、学风不纯的问题还不同程度地存在。例如，有的人学习的目的不是用于武装头脑，而是用于武装"嘴巴"、装潢门面；有的食而不化，学用脱节，不注重联系和解决实际问题；有的不注重向群众学习、向实践学习；有的学习与改造主观世界脱钩、不注重世界观、人生观的修炼与改造，党内批评与自我批评空气稀薄。凡此种种，与建设马克思主义学习型政党的要求都是相背离的。战争年代，为了夺取中国革命的胜利，毛泽东曾经提出改造我们的学习。今天同样有大声疾呼改造我们的学习的必要。要坚决摒弃形式主义、教条主义的学习方法，以我们正在做的事情为中心，紧密联系党和国家事业发展的新要求、广大人民群众的新期待、自身世界观人生观价值观改造的新问题来学习。要着眼于对实际问题的理性思考，着力研究解决人民群众最关心最直接最现实的利益问题、本地区本部门本单位改革发展稳定的重大问题、党的建设的突出问题，努力把学习成果转化为继续解放思想、坚持改革开放、推动科学发展的实际能力。要更新学习理念，拓宽学习视野，把向书本学习与向实践学习、向群众学习有机地结合起来。

我们党正站在新的历史起点上，重要的问题是善于学习。继承和发扬我们党优良的学习传统，借鉴并吸收当代学习型组织建设的新理念、新经验，我们党一定能够建设成为一个更加生机勃勃的马克思主义学习型政党，并以此带动和示范学习型社会的建设，不断开辟中国特色社会主义事业的新局面。

# 实践是一所伟大的干部学校[*]

提高各级领导干部的素质,其根本途径是什么?毫无疑义,理论的学习和方方面面书本知识的学习是十分重要的。但是只有这样的一种学习还不够,还很不完全。我们党的历史经验证明,理论学习如果不伴之于实践的学习是不能奏效的,是不能取得圆满成果的。与理论相比,实践更带有基础性和根本性。实践是一所培养和造就干部的伟大学校。

## 一

通过实践来培养干部,符合马克思主义认识论的基本观点。马克思主义的认识论是能动的革命的反映论,认为人的正确的思想,进而人的知识、能力、才干,不是与生俱来的,不是天上掉下来的,只能来源于社会实践。理论是实践经验的结晶和科学总结,因而,向理论学习,质言之也是向实践学习。实践是认识的起点,人类知识的花朵、思维的花朵、理性的花朵,是在实践中着床萌生、抽枝散叶并吐蕾绽放的。实践是认识的发展动力,是实践的需要点燃了人类的探索之光,是实践的进程导引了人类世世代代,孜孜矻矻追求真理、通向真理的薪火。实践还是检验认识真理性的唯一标准,它不断证实了人的思维的此岸性(即真理性),并修正人的认识上所不可避免的片面和偏差,使主观与客观相统一,尽管这种统一是没有止境的,但却是不断深入,不断完善,不断接近的。实践是认识的唯一目的。正如马克思指出的:"哲学家们只是用不同的方式解释世界,

---

[*] 本文发表于 1998 年 9 月。

而问题在于改变世界。"无产阶级认识世界的目的就在于改造世界，此外再无别的目的。因此，实践的观点是辩证唯物主义认识论之第一的和基本的观点。社会生活在本质上就是实践的，基于对这种本质的正确理解所产生的马克思主义也是实践的，科学社会主义在实践中，共产主义的美好理想在实践中，人类由必然王国通向自由王国的道路在实践中。既然如此，领导伟大事业的中国共产党人只有在实践中才能成长和成熟起来，难道还有什么疑问吗？不入虎穴，焉得虎子；不闯龙潭，何获骊珠？望洋兴叹，学不会游泳术；纸上谈兵，成不了军事家。要知道梨子的滋味，就得亲口尝一尝；要增长知识和才干，就必须在实践中学习和锻炼。

今天，强调各级领导干部向实践学习，在实践中学习，有着尤为重要的意义。中国特色社会主义是一项全新的事业，是一项铺展在960多万平方公里的大地上崭新的实践，马克思主义的本本上找不到，也没有现成的经验可以照搬，必须大胆地试，大胆地闯，在干中学，在学中干，在实践中开辟通路。早在党的十一届三中全会前夕，邓小平就把"重新学习"的任务郑重地提到了全党面前，他极富预见性地指出："实现四个现代化是一场深刻的伟大的革命。在这场伟大的革命中，我们是在不断地解决新的矛盾中前进的。因此，全党同志一定要善于学习，善于重新学习。"他特别强调，要"从实践中学，从书本上学，从自己和人家的经验教训中学。要克服保守主义和本本主义"。近20年来的改革开放就是我们党在新的历史实践中"重新学习"的过程。邓小平不仅大声疾呼地倡导"重新学习"，而且以伟大马克思主义政治家、战略家的远见卓识率先垂范，带领全党进行艰辛的理论探索，创立了邓小平理论。这一宝贵的理论成果无疑是我们这次"重新学习"的最重要、最可宝贵的收获，是指引我们把中国特色社会主义事业推向前进的强大的思想武器。

那么，有了这一理论，我们这一"重新学习"是否就完结了呢？答曰：否。不仅没有完结，更艰巨、更繁重的任务还在后头。首先，马克思主义哲学认为十分重要的问题，不在于懂得了客观世界的规律性，因而能够解释世界，而在于拿了这种对于客观规律性的认识去能动地改造世界。理论的重要性就在于它源于实践，又能够指导和推进实践。因而有了正确的理论，还必须让它再回到实践中，用以指导实践。只有这样，社会主义现代化的宏伟蓝图才能化为辉煌的现实。必须充分认识到，理论来之不易，用理论指导实践亦属不易。从理论再到生动的实践依然是一个需要"重新学习"的过程。邓小平理论给了我们观察和解决当代中国问题的基本立场、观点和方法，以及据以确立的党在社会主义初级阶段的基本路线、基本纲领和方针政策，然而把这一理论及党的路线方针政策落到实处，不能只是照本宣科，更不能按图索骥、胶柱鼓瑟。怎样实现理论与实际、一般与个别的具体而又生动的结合，把科学的理论、中央的路线方针政策同本地区本部门的实际结合起来，还需要我们去下研究和探索的功夫，去做艰苦的、细致的、创造性的工作，这就是学习。正如毛泽东所说："读书是学习，使用也是学习，而且是更重要的学习。""纸上得来终觉浅，绝知此事要躬行。"只有在实践中我们才能更深刻地把握科学理论的精神实质，才能真正对科学理论得之于心、应之于手、践之于行，才能把书本上得来的知识化为实实在在的能力、才干。

还应该看到，马克思主义是发展的科学。如同马克思主义发展史上的每一种形态、每一个阶段一样，邓小平理论也仍然需要在实践中发展。解放思想、实事求是它的精髓所在，也是它的绝对要求。一切停滞不前的观点，故步自封的观点，无所作为的观点都是与这一理论根本对立的。实践在发展，我们对中国社会主义现代化建设规律性的认识也不会完结。就拿建立社会主义市场经济体制来说吧，邓小平惊世骇俗地提出了"社会主义也可以搞市场经济"这一著名的论断，这是对马克思主义的重大发展。但是社会主义市场经济怎样搞，他没有也不可能为我们提供现成的答案。在这一伟大的社会实验面前，我们还有许多不懂的、不熟悉的事物，还有许多尚未被充分认识的必然王国。邓小平说得好："在不断出现的新问题面前，我们党总是要学，我们共产党人总是要学，我们中国人民总是要学。"从战争中学习战争，是我们党领导中国革命的一条基本经验。同样，今天我们也应该向干部提出从现代化建设中学习现代化建设、从建立市场经济中学习市场经济的任务。

## 二

向实践学习与向人民群众学习是一致的。人民群众是实践的主体，社会实践本质上是人民群众的实践。正是基于实践的社会性，辩证唯物主义找到了通向历史唯物主义的桥梁。尊重实践必然尊重人民群众。基于这一理解，我们党把马克思主义的认识路线化为了实际工作中的群众路线，这就是一切为了群众，一切依靠群众，从群众中来，到群众中去。鲜活的、生气勃勃的社会主义是人民群众在实践中自己创造的。邓小平就最尊重群众的首创精神，最善于从本质上认识和发挥人民群众的历史主动性和创造性，最善于敏锐地发现和科学地总结人民群众所创造的新鲜经验。他指出，改革中的许多东西，都是基层创造出来的。"绝不是一个人的脑筋就可以钻出什么新东西来，是群众的智慧、集体的智慧。"我们强调领导干部向实践学习，注重实践的锤炼，从根本上讲就是要学习邓小平这样一种革命风格和革命精神。

现在有些干部缺乏社会实践的锻炼，而又自以为是，心安理得，不屑于也不愿意去加强这方面的锻炼。他们对人民群众推进改革开放和现代化事业的生动实践缺乏了解，也缺少兴趣，他们的兴奋点往往不在下面，而在上面，在察言观色之际，在奉迎接待之间，同工农基本群众十分疏远。这样一种精神状态怎么可能期望其有效地提高自身素质呢？

江泽民深刻指出："真正掌握和实践了群众观点、群众路线，也就能真正掌握和实践了历史唯物主义和党的实事求是的思想路线，也就从根本上懂得了政治。"每一个干部特别是领导干部都要时刻警惕不犯脱离群众的错误。要牢记并坚定地贯彻党的群众路线，树立眼睛向下的决心，努力深入实际，深入基层，深入群众，特别是深入工农基本群众，进行深入的调查研究。要全心全意为人民群众办事，并在这一过程中老老实实地向人民群众学习。

## 三

向实践学习，就必须有一股艰苦奋斗的精神。何为实践？实践者，变革社会、变革自然之谓也。没有歌楼舞榭的浪漫，不是花前月下的消闲，需有愚公移山之志，要下精卫填海之功。吃不得苦、舍不得力者是不足以言实践的，更谈不上向实践学习。在实践中，将面临许多困难，遇到许多险阻，这就要求不畏艰难，勇于拼搏。毛泽东说过："什么叫工作，工作就是斗争。那些地方有困难、有问题，需要我们去解决。我们是为着解决困难去工作、去斗争的。越是困难的地方越是要去，这才是好同志。"实践证明，越是困难艰苦的工作越可以锻炼人，困难是才干的磨刀石，艰难困苦，玉汝于成。现在部分干部中滋长了一种贪图享受、崇尚奢华、追求安逸的风气，流连大城市，迷恋小家庭，耽于华屋绮宴，沉醉宝马香车，这是很不好的。古人讲："求田问舍，怕应羞见，刘郎才气。"每一个有出息、有志气、有觉悟的干部都应该积极主动、自觉自愿地到艰苦的地方去工作，去锻炼。

向实践学习，就要扑下身子，深入下去。只是待在高楼深院，把良辰美景都付于没完没了的会议和各种"公文旅行"中，或者付于觥筹交错的迎来送往中，是不可能倾听到实践的呼声、群众的呼声，学习到真正的知识的。满足于汽车轮子转到了，听听汇报，作作指示，碰碰酒杯，迈不开步子，扑不下身子，和群众打不成一片，浮光掠影，浅尝辄止，也不可能有大的收获。"胡马依北风，越鸟巢南枝。"基层条件虽然艰苦一些，没有美食绮宴、秦楼楚馆，但却有着我们的基本群众，有着共产党人抵御各种微生物的必不可少的"抗体"，有着干部增长知识才干的丰富的营养，是我们事业的"根"。一个干部要想尽快地提高自己的素质，取得实际工作的领导权，就必须把"根"留住，把自己工作的着眼点、着重点牢牢地放在基层。

向实践学习，还必须善于思索，善于总结。人的知识、才干依赖于实践，但也不是只要处在实践中就可以自然而然地产生和提高，还必须加上个人的主观努力。实践出真知，实践长才干，只有在把实践合乎逻辑地理解为自觉的、能动的、人的主观见之于客观，并努力实现主观与客观相统一的变革世界的过程时，这句话才是正确的。常常可以看到这种情况：在大致相同的实践条件下干部素质的提高却差别很大。有的同志如蜜蜂采蜜、海绵吸水，提高很快；但也有的同志"两眼一睁，忙到熄灯"，一天到晚，辛辛苦苦，"实践"不可谓不勤，工作不可谓不累，但基本上是一种低级循环，进步很慢。身在宝山不识宝。问以何所获，忧如堕烟雾。原因何在？这里的差距就在于思索。思索与不思索大不一样，善于思索与不善于思索大不一样。毛泽东曾经引用孟子的"心之官则思"来说明开动脑筋的重要性。他指出，有的同志有联系群众的长处，但是不善于思索，不愿意用脑筋去多想苦想，结果仍然做不成事业。"要去掉我们党内浓厚的盲目性，必须提倡思索，学会分析事物的方法，养成分析的习惯。"一要勤于思索，二要善于思索。为此，就必须把理论学习与实践学习统一起来。既要反对轻视实践的倾向，也要反对轻视理论的倾向。要努力掌握思想武器，用理论去指导实践，增强工作中的原则性、系统性、预见性和创造性。要学会用理论，用科学理论所给予我们的世界观和方法论去积极正确地进行思考，及时将实践中所获得的丰富感性材料加以去粗取精、去伪存真、由此及彼、由表及里地加工，从感性认识上升为理性认识，从片段的、零碎的、不系统的认识上升为完整的、系统的、条理的认识，并且让这种理性认识再回到实践中去，用以指导工作并接受检验，不断修正、丰富、完善。这样才不致于陷入忙忙碌碌、事倍功半的事务主义，陷入因循守旧、故步自封的经验主义，才能真正在实践中尽快地提高自己，增长才干。

中国特色社会主义的伟大事业需要大批治党治国治军的优秀人才。而这一伟大事业本身也为干部的成长提供了得天独厚的土壤，创造了千载难逢的机遇。每一个不忘初心、牢记使命的党员干部，都应该以巨大的政治热情投身到改革开放的伟大历史实践中去，投身到人民群众火热斗争的第一线上去。可以相信，在无比生动、无比广阔的中国特色社会主义的实践中，我们的干部一定能够学有所成、大有作为。而广大干部特别是年轻干部的成长和成熟，将从根本上保证我们事业的胜利。

# 人才是第一资源[*]

江泽民在"七一"讲话中,从"三个代表"的高度,深刻论述了培养、造就、吸引和用好人才对于我们事业的极端重要性。江泽民的论述敏锐把握了当今国际竞争的基本态势,揭示了一条事业发展的基本规律。联系实际学习这一论述,我们深深体会到,人才是事业之本、人才是第一资源,人才意识是领导者最重要的战略意识,识才、用才、爱才、聚才是领导干部不容推卸的历史责任。

## 要有识才的慧眼

要把众多的人才会聚到我们的事业中来并充分发挥他们的作用,识才是关键。好多领导干部往往慨叹觅才难,大有"上穷碧落下黄泉,两处茫茫皆不见"之慨。其实,"十步之内,必有芳草"。关键在于要有一双慧眼,善于发现。那么,领导干部识才的慧眼来自哪里呢?

首先,慧眼来自对党的事业的崇高的责任感。我们所献身的中国特色社会主义伟大事业是壮丽而艰巨的事业,是需要一代又一代人前赴后继艰苦奋斗才能完成的。"人事有代谢,往来成古今。"我们自己的人生是有限的,而我们的事业则万古长青。济济多士,乃成大业;人才蔚起,国运方兴。人们的眼力往往与注意力成正比。只有站在党的事业兴旺发达、中华民族更生复兴、国家长治久安、军队长盛不衰的高度,才能有"我劝天公重抖擞,不拘一格降人才"的强烈愿望,才能有对人才"众里寻他千百

---

[*] 本文发表于 2001 年 12 月。

度"的不竭动力,才能敏锐地发现人才。反之,胸中没有事业,没有为党的事业寻求人才的使命感,其目光必然是短浅的,视野必然是狭窄的,"望天低吴楚,眼空无物"。即使人才站到了面前,也是视而不见。

其次,慧眼来自清正廉洁的作风。作风问题关系党的形象,关系人心向背,关系党的生命,这一点在党的干部人事工作中表现得尤为突出。要选拔真正优秀的人才,必须用好的作风选人。用好的作风选人,最重要的是做到三点:一曰公,二曰廉,三曰实。古人云:"公生明,廉生威。"只有出以公心,真正对党和人民的事业负责,才能慧眼独运,唯才是举,荐贤不弃仇,举贤不避亲。反之,不能出以公心,搞小圈子、讲关系学,拉拉扯扯、亲亲疏疏。戴着有色眼镜看人,透过"哈哈镜"选人,则必然把人看扁了、看歪了。同样,要慧眼识才,还必须廉洁。廉方可以守正不阿、客观公正地看人选人。部分领导干部不廉洁,行为不检点,所以跑官、要官、买官之风兴焉。上有所好,下必投焉。于是贪财的,送之以金卡红包;喜物的,赠之以宝马豪宅;好色的,遗之以美女娇娃;"金弹""糖弹""肉弹"之下,则任人唯贤,任人唯才,一切尽抛于九霄云外矣。慧眼识才,还必须作风扎实,不事浮夸,不尚空谈,不务虚名。否则,"城中好高髻,四方高十尺"。这样的领导必然被一伙阿谀奉承、吹牛拍马之徒所包围,被形式主义、表面文章所蒙蔽,整日被吹捧话、"表扬与自我表扬"话搞得昏昏然、飘飘然,往往错把能吹当能干、"口技"当政绩。则求其识才之准,辨才之察,难矣哉!

再次,慧眼来自全面的、辩证的、与时俱进的人才观。毛泽东曾经说过:"丢掉错误的观点,干部就站在面前了。"首先,要全面正确地把握选人用人的标准,按照德才兼备的原则选人。必须正确把握德与才的内涵。我们所说的德,既包括在政治方向、政治立场上的表现,也包括思想道德品质和作风的状况。对那些说一套、做一套,当面一套、背后一套的人,那些贪图私利、贪图享乐,甚至以权谋私的人,那些热衷于形式主义、花架子的人,那些对工作得过且过、敷衍塞责的人,那些喜欢吹吹拍拍、拉拉扯扯的人，无论其用政治表态多么高蹈，无论其多么"高举""紧跟""听话"，都不能算有德，都绝对不可重用。我们所说的才，当然包括一定的文化程度、理论素养和知识水平，但更主要的是要看其综合素质、实际工作的才干和能力，例如如果选拔领导干部，就要看其从事领导工作所必需的政治判断能力、决策指挥能力、组织领导能力、开拓创新能力等，决不能把学历、文凭与才能画等号。陈云曾经指出："才和德应该是统一的。才，不是空才；德，也不是空德。考察一个干部的才和德，主要应看其在完成任务中的表现。"也就是说要注重在实践中，在重大任务和重大斗争的考验中，通过政绩、实绩来考察干部。既要防止重才轻德的倾向，也不能只看德，不看才。有才无德，固然会危害我们的事业；有德无才，也会贻误我们的事业。还应该看到，德才兼备作为我们党选人用人的一条基本原则是一以贯之的，但时代在发展，我们党的事业在发展，德与才的具体内涵也应该与时俱进。例如，在改革开放的今天，我们就应该特别注重考察干部的开拓创新精神和能力，考察其是否具有战略意识、科技意识，是否具有作为领导者所必需的世界眼光、历史眼光，考察其是否具有社会主义现代化建设所需的经济、政治、文化、科技等各方面的知识。要善于从本质上考察干部，树立"识人要重大节""用人要看主流、看本质、看发展"的观念。要防止按图索骥，树立不拘一格，量才录用的观念。有了这样的观念，就可以"等闲识得东风面，万紫千红总是春"。

最后，归根到底，慧眼来自民主的、科学的选人用人机制。要选准人，用准人，领导干部自身的素质无疑是十分重要的。德行、胸襟、眼界、见识缺一不可。但是，即使再英明、睿智的领导，其个人的眼界、眼力总是有限的，也难免有识人不准、用人失察的时候。要减少失误，关键在于走群众路线，充分有效地发挥民主。要靠群众"借"我们一双慧眼。为此，必须深化干部制度改革，改进干部选拔方法，进一步实现选拔人才的民主化、科学化。选拔干部一定要注意群众公论。要采取更多的途径，让群众参与荐贤举能，广开进贤之路。要按照公开、平等、竞争、择优的原则，拓展群众对选拔任用干部工作的参与和监督渠道，防止个别人选人，靠少数人选人。要坚持党管干部，贯彻落实民主集中制，防止在选人用人上搞"暗箱操作"。要改变过去凭主观印象、"概略瞄准"的粗放型识别人才的做法，把党委领导与群众路线结合起来，并注重借鉴现代人才学、管理科学、行为科学、心理学的研究成果，努力使对人才的考核和测评定量化、具体化、制度化，建立科学的考核、考试和测评体系及方法。

### 要有用才的气魄

看准了的人才，就要敢于大胆使用。在这方面没有一点气魄不行，要进一步解放思想，更新观念。

要破除论资排辈的习惯势力，敢于大胆起用年轻优秀的人才。邓小平早在改革开放之初，就尖锐地指出："论资排辈是一种习惯势力，是一种落后的习惯势力。"江泽民也强调："选拔干部当然要讲台阶，论资历。必要的台阶和资历是干部积累领导经验所需要的。但是，千万不能搞形式主义、千篇一律，应该是讲台阶而不抠台阶，论资历而不唯资历。如果台阶过细过繁，太看重资历，优秀人才怎么脱颖而出？"这的确是洞悉用人规律的剀切之论。论资排辈的弊端，一是保护和照顾平庸，助长"排排坐，吃果果"、混官熬官的不良风气，二是压抑、埋没乃至扼杀优秀人才。在"论资排辈"的堂而皇之的理由下，多少优秀人才似水流年，蹉跎岁月，"把阑干拍遍"，早生华发！而人才的浪费是最大的浪费。常规不破，大才难得。在人才问题上，既要尊重人才成长的一般规律，又要把握优秀人才脱颖而出的特殊规律。对那些特别优秀的年轻人才，要采取超常措施，加强对他们的历练砥砺，把他们及时起用、大胆提拔到重要的岗位上来。一些同志总认为"嫩竹扁担挑不了千斤"，这种顾虑其实是没有必要的。青年人虽然经验还少一些，但他们富有朝气，富有创新精神，善于接受新事物，是我们事业充满生机和活力的主要标志和基本保证。"遥想公瑾当年，小乔初嫁了，雄姿英发。"历史上无数杰出人物的功业大都建立于青年和中年时期。毛泽东就曾经列举了许多青年政治家、军事家、科学家的故事来说明后生可畏的规律和选拔年轻干部的重要性。我党我军许多功勋卓著的领导人都是青年时代就担当大任的。如邓小平25岁就参与领导了百色起义并担任军政委、前敌委书记，担任淮海战役总前委书记时也只有44岁。为什么我们现在对比较年轻的同志就总是不放心呢？

要破除求全责备的狭隘偏见，敢于力排众议使用某些有争议的人才。使用众人都看好的各方面素质比较全面的年轻优秀的人才固然需要魄力，使用一些长处突出、缺点也比较突出、有争议的人才尤其需要勇气。江泽民指出："年轻人肯定有缺点和不足。看人要看大节、看主流、看发展，不能求全责备。有缺点和不足，关键是要帮助他们改正和弥补。改正和弥补了，就好。用人用其所长，就是要扬长避短，善用他的特长，把他放到最适于发挥他的优势的岗位上。"这是深谙用人之道的至理名言。一是要正确看待某些人才的缺点和弱点。我们当然希望人才越全面、越成熟越好，但是"随陆无武，灌绛无文"。黄金无足色，白璧有微瑕。人才之所以为人才，不是因为其没有缺点弱点，而是因为其在某些方面具有卓越的才具。在很多情况下，人的优点和缺点往往是互见互生的。优秀人才在其超越群伦的优点的另一面，往往就是缺点。古人讲："有大略者不问其短，有厚德者不非小疵。"只要大节、主流是好的，就要敢于大胆使用，并在具体的工作实践中帮助他们改正和弥补缺点。如果因为某些缺点和不足，就不敢放手使用，或者以他们还不够成熟、不够老练为由，一味地"等一等""放一放"，就会埋没人才，贻误事业。二是要扬长避短，用其所长。我们的事业所需要的人才是多方面的、全方位的，既需要战略型的通才、复合型人才，也需要各个领域、各条战线的专门家。良工无弃材。"圣人之官人，犹匠之用木也，取其所长，弃其所短。"关键是要量才施用，因才施用。实际生活中常常可以看到：有的人用非所长，往往如牛负重，劳而无功；而一旦用其所长，则如鱼得水，胜任愉快。可见即使是有缺点和弱点的人才只要能够把他们放在最能发挥其优势的地方，同样可以大有作为。

要破除担心新上来的同志超越自己的私心杂念，乐于为年轻优秀的人才当"人梯"。选贤任能也是革命。这不仅表现在勇于冲破种种陈旧观念和陋习上，还表现在自我否定、自我革命的精神上。有的同志对一些年轻优秀人才的才华和发展潜力不是看不见，而是他们的潜意识中觉得这样的人才一旦用起来，对自己的领导能力是一种挑战，对自己的地位是一种威胁，因而不敢用也不愿用，而宁愿用一些相形见绌的、只有中等才具的人，以为这样的人一是好驾驭，二是不会超越和取代自己。这是一种"白衣秀士王伦"式的思维方式，是一种"武大郎开店"式的用人之道，久而久之，只会使我们的事业萎缩。长江后浪推前浪，芳林新叶催旧叶。新陈代谢，后来居上，是自然界和社会的普遍规律。"雏凤清于老凤声"，这是我们事业兴旺发达、后继有人的标志。我们应该以无比喜悦、无比欣慰的心情，欢迎新上来的同志超越我们自己。应该放手把优秀的苗子提拔到重要的岗位上及早锻炼培养，搞好传帮带。一旦他们堪当大任，我们自己则不妨主动让贤，"落红不是无情物，化作春泥更护花"。这有什么不好呢？

**要有爱才的感情**

共产党人爱才的感情，建立在对党的事业高度负责的基础上，建立在对"人的自由而全面发展"的高度重视的基础上。要树立"爱人才就是爱事业""爱人才就是成人美""爱人才就是为人民"的观念，把是否爱人才作为检验领导干部事业心强不强的一个主要标志，作为检验其是否自觉践行为人民服务宗旨的一个主要标志。

爱才，就必须努力为人才实现自身的价值、施展自己的才华提供舞台，创造条件。枥上骏马嘶秋风，匣中宝剑夜有声。古今中外，但凡真正的人才对物质待遇的要求往往并不高，他们最关心、最看重的是自己的才华能否施展，抱负能否实现。最怕的是空怀壮志，报国无门。一句"却将万卷平戎策，换得东床种树书"道出了古今多少人才内心的悲怆！因此，发挥人才的作用是最大的爱才。像汉文帝对贾谊那样，"可怜夜半虚前席，不问苍生问鬼神"，表面上看来礼贤下士，实际上只是"作秀"，只是"表面文章"，不是真正爱才。除对优秀人才要敢于大胆使用、用其所长外，还要致力于为他们建功立业创造最佳的软环境和硬环境。要放手让他们去工作，不要干预太多，掣肘太多。在他们工作遇到困难时要多鼓励，多帮助；对他们工作中出现的一些问题和失误，要勇于为他们承担责任，不要过多指责。"木秀于林，风必摧之。"在社会生活中，优秀人才往往会受到一些人的嫉妒，有的人出于某种阴暗心理往往抓住人才的一些缺点肆意夸大，或无中生有地对人才散布种种流言。众口铄金，人言可畏。对此领导干部一定要保持头脑清醒，明辨是非，不要被一些宵小之徒所蒙蔽。要疑人不用，用人不疑。旗帜鲜明地主持公道，主持正义，打击歪风邪气。要敢于站出来为人才撑腰，充当人才的"守护神"。

爱才，就必须重视对人才的培养和锻炼。"十年树木，百年树人。"人才要靠发现，更要靠培养。对人才只是使用，不重培养，不是真正地爱才，也是缺少战略眼光的体现。新上来的年轻干部身上有许多宝贵的优点，他们大多学历比较高，眼界比较开阔，思想比较活跃，观念比较新，富有开拓进取精神，但往往缺少马克思主义理论的系统学习，缺少严格的党内生活和实际工作的锻炼。因此，要下大力提高他们的马克思主义理论素养，提高他们运用马克思主义的立场、观点和方法观察和分析问题的能力。除此之外，还要引导他们学习社会主义市场经济知识，高科技知识，国际政治、经济、外交、文化等各方面的知识，不断丰富自己。要注重把他们放在关键岗位和艰苦的环境中培养锻炼，通过实际工作和艰苦的环境来增长他们的才干，磨砺他们的作风。还要加强对他们的管理教育。"严是爱，松是害。"这是培养人才的一条重要经验。越是好的苗子，越是要严格要求。对他们可能出现的问题要经常下点"毛毛雨"，发现不良苗头要及时"拉拉袖"，只有这样，才能让他们少走弯路，终成大器。

爱才，就必须千方百计地解决人才的实际困难。一般地讲，领导就是服务，关心和解决群众的困难是每一个领导干部的责任，是自觉践行"三个代表"重要思想的具体体现。特殊地讲，对于人才的实际困难，领导干部更应该关心。许多优秀人才往往一门心思扑在事业上，没有过多的时间和精力去处理个人的私事，他们有什么实际困难一般也不愿向领导和组织上张口。越是这样，领导越是要关心他们，要及时了解并千方百计地解决他们的实际困难，例如两地分居问题、住房问题、生活困难问题、孩子入托上学问题、医疗保健问题、用车问题，等等，解除他们的后顾之忧。领导越是关心人才，人才越是专注事业。改革开放前夕，邓小平曾主动提出要当科研人员的"后勤部长"。困难时期聂荣臻元帅为科研人员"化缘""募捐"的事也被人传为美谈。我们要以他们的嘉言懿行为榜样，进一步树立"尊重知识，尊重人才"的观念，多为优秀人才办实事、办好事。

### 要有聚才的方法

把人才会聚到自己的帐下，使远者来、来者安、安者用命，勠力同心，共铸伟业，是一门马克思主义的领导艺术。

要靠事业来激励人才。俗话说："栽下梧桐树，引得凤凰来。"这棵"梧桐树"不是别的，就是事业。事业是一面旗帜，事业是一支火炬。事业是理想信念的载体，事业是人生价值的体现。过眼滔滔云共雾，惟有事业重如山。战争年代，中国共产党之所以能够荟萃起一大批民族精英，之所以能够群贤毕至、俊彩星驰、不断壮大，不是因为有优越的条件、显赫的地位、诱人的利益和"实惠"，而是恰恰相反，革命就要准备吃苦受难、经磨历劫，甚至要准备掉脑袋。革命之所以对人才有着那样的吸引力，是因为革命所高举的旗帜是马克思主义真理的伟大旗帜，革命所为之奋斗的事业是中华民族的解放和复兴的崇高事业。毛泽东诗云："江山如此多娇，引无数英雄竞折腰。"套用这句话，我们也可以说，事业如此壮美，引无数俊彦竞折腰。回想军事科学院建院之初，老院长叶剑英元帅也是靠事业,靠发展中国军事科学、为我军现代化建设提供理论指导的强烈责任感和使命感,把一大批刚刚拂去征尘的我军文武兼备的干部聚集到北京的红山脚下,筚路蓝缕,艰苦创业。我军老一代军事科研人员不忘老院长的教诲,立下"埋骨红山"的宏愿,在寂静的战场上默默耕耘,无私奉献,也正是因为他们心中装着祖国的军事科研事业,装着国家和民族的安危。今天,我们吸引人才,凝聚人才,同样要叫响"事业第一"的口号,要继承我党和军队的优良传统,深入进行理想信念教育,引导科研人员自觉抵制诱惑,远离浮躁,志存高远,建功立业。

要靠求贤若渴、视才如宝的一片真情来打动人才。聚才既要讲事业,又要讲感情。事业是感情的基础,感情是事业的纽带。中国的社会主义现代化建设事业还处于创业的时期,我们的国家还不够发达富裕,这就决定了我们为人才提供的物质条件和生活待遇必然是有限的,必然没有办法与发达国家相比。就军事科研工作来说也是如此,如果论收入,科研人员的收入无论如何也没有办法与社会上的高收入群体相比,"反差"是一个客观存在。那么,我们靠什么拴心留人?一靠事业,二靠真情。事业长青,真情无价。要礼贤下士地延揽人才,大胆信任地使用人才,满腔热情地关心人才,真心实意地爱护人才。这里关键是一个"真"字。不能"作秀",不能虚情假意,不能叶公好龙,不能表面文章。三国时,刘备三顾茅庐,终于请诸葛亮出山,成就了三分天下的大业,凭的就是一个"真"字。只要有了一片真情,即使条件一时差些,某些困难一时无法解决,人才也会体谅的。

要靠良好的风气来凝聚人才。"良禽择木而栖"。人才选择单位,往往不单单看重它的硬环境,更看重它的软环境。而风气就是软环境的最重要的内容。抗战时期,为什么许多优秀青年和知识分子纷纷冲破重重阻挠,投奔延安?一个重要原因就是人们从"延安"与"西安"的比较中看到了两种截然不同的风气。"解放区的天是明朗的天",延安的风气代表了民族的希望。实践证明,一个单位风气正就富有凝聚力,人们就干得心情舒畅、爱岗敬业，人才也心向往之，趋之若鹜。相反，风气不正，就必然人心涣散，不仅难以聚才，还有人才流失之虞。因此，领导干部必须率先垂范营造一种良好的风气。在用人上和处理各种问题上要公道正派，要亲君子而远小人。要理直气壮地扶正祛邪，激浊扬清，使埋头苦干、工作实绩卓著的人才真正得到重用并获得应有的利益，使一些滥竽充数者、做表面文章者、投机取巧者、自己不干事还不让别人干事者没有市场。这样，"只为馨香重，求者遍山隅"，何愁留不住人才呢？

要靠领导者的个人魅力来吸引人才。领导者的个人魅力也是吸引人才的重要因素。毛泽东、周恩来、邓小平等我们党老一辈的无产阶级革命家之所以特别善于聚才，与他们迷人的、磁石般的、不可抗拒的个人魅力也分不开，堪称高山仰止，景行行止。领导者的个人魅力除了学识、胆略、胸襟、气质等外，一是领导艺术，二是人格魅力。所谓领导艺术，就是要善于把人才团结在自己的周围，善于把每一个同志的积极性、创造性和聪明才智都调动和发挥出来，卓有成效地做好我们正在做的事情。所谓人格魅力，就是要胸怀理想、品德高尚、光明磊落、待人以诚、清正廉洁、克己奉公、言行一致、表里如一。这些都是我们要努力学习和不断修养的。

要靠一定的利益和条件来留住人才。马克思有一句名言："人们奋斗所争取的一切，都同他们的利益有关。"我们之所以实行改革开放，之所以干社会主义、奔共产主义，都是为了实现人民对美好生活的向往，都是为了人民的利益，其中也自然而然地包括了我们自己的利益。共产党人的理想信念就是在现实利益的基础上产生的。利益是事业的终极目的，利益是人才价值的重要体现。只讲无私奉献，不讲利益补偿，不是唯物主义者。在改革开放和社会主义市场经济的今天，要吸引和留住人才，尤其不能不讲物质利益。杰出人才的劳动一般都具有高科技性、复杂性、创新性的特点，创造的价值也较别人多，因此，要进一步打破平均主义和"大锅饭"，建立和完善体现按劳分配的有利于吸引和凝聚人才的政策、制度，尽可能地使优秀人才的付出得到与之相应的回报，使他们"不应弹铗为无鱼",一门心思干事业。对有特殊贡献的人才,要给以重奖。要伴随着经济和其他各项事业的发展,不断改善人才的工作、学习和生活条件。

识才、用才、爱才、聚才是一个有机整体。其中识才是前提,用才是关键,爱才是根本,聚才是归宿。四者紧密联系,缺一不可。只要我们真正把人才看作第一资源,我们的事业就一定可以造成千帆竞发、百舸争流、人文蔚起、英才辈出的局面,中华民族伟大复兴的宏伟目标就一定能够实现!

# 建设自己的人民军队

# 坚持党指挥枪　建设自己的人民军队[*]

100年锤镰起沉沦，100年日月换新天，100年春风新故国，100年艳姿惊世界。中国共产党的诞生历史地成为近代以来中华民族命运的转折点。

"中国共产党为什么能"？在党的百年华诞之际，这一世纪之问又一次成为人们热议的话题。这是一个很大的题目。我以为，除开由党的阶级性质所决定的、与生俱来、与世偕新的先进性之外；除开党坚持用马克思主义的真理之光烛照中国实际，不断将之中国化、时代化，形成了科学的、正确的、与时俱进的理论及其路线方针政策之外，还有一点是极为重要和显而易见的，那就是在暗夜如磐、风雨如晦的半殖民地半封建社会的旧中国，在"匹夫无罪、怀璧其罪"的新生的社会主义中国，在"丛林法则"依然被一些人奉为圭臬的世界上，我们党确立了一种伟大的军事自觉——建设自己的军队，并且将之始终置于党的绝对领导之下。

一

有必要在近代中国的宏阔背景下追寻一下我军的"前世今生"。

近代以来，曾经在人类文明史上绽放出绝代风华的中华民族珠沉玉埋、黯然失色了。末世封建王朝的抱残守缺，帝国主义列强的瓜分豆剖，地主阶级、官僚买办资产阶级的横征暴敛，使中国人民陷入了水深火热之中。中华民族的历史悲剧，既是积贫的结果，也是积弱的代价。贫与弱如

---

[*] 本文发表于2021年8月。

同一对孪生兄弟，互为因果，相互叠加，恶性循环，抑且万劫不复矣！因此，中国梦，从其萌发的那一天起就内在地包括了富国与强军两个紧密关联、不可分割的要义。饱受奴役、压迫、欺凌的中华儿女是多么希望国家能够有一支为他们赢得安全和尊严的军队呀！但是，现实不断地使这一愿景幻灭。无论是清王朝"八旗子弟"的军队，还是洋务运动建立的所谓的"新军"，还是辛亥革命后"城头变幻大王旗"的大大小小的旧军阀、新军阀，他们一概地"内战内行，外战外行"，对外丧权辱国，对内鱼肉百姓，或者成为维护腐朽社会制度的统治阶级的鹰犬、成为帝国主义奴役中国人民的帮凶，或者成为逐鹿窃国的野心家和政治集团谋取一己一群一党私利的工具。"百年魔怪舞翩跹""洒向人间都是怨"，就是这种现实的真实写照。历史证明，建设人民自己军队的梦想，建立使中华民族骄傲地自立于世界民族之林的军队的梦想，只能寄托于无产阶级及其政党的身上。

中国共产党在其幼年时期，对建设和领导军队并没有清醒的、透彻的认识。为了达到革命的目的，党曾经希望与国民党合作建设军队，黄埔军校和北伐战争时期的实践就是这种尝试。尽管共产党人大声疾呼、大力倡导的进步的、革命的政治工作使军队有了新气象，但后来的实践证明，在资产阶级掌握着军队领导权的框架内，仅仅是军队中有一点共产党人，仅仅是有一点进步的政治工作的因子，不可能从根本上改变军队的性质。血的教训使共产党人认识到，"寄人篱下"难成事，"借锅做饭"靠不住。要拯生民于水火，挽民族于危亡，党就必须独立地拥有并掌握军队。"以后要非常注意军事，须知政权是由枪杆子中取得的。"毛泽东在八七会议上的剀切陈词就是这种觉醒的标志。"秋收时节暮云愁，霹雳一声暴动。"以南昌起义、秋收起义和广州起义等为标志，党毅然开始了创建人民军队、独立领导武装斗争的伟大实践。

可是，在我军创建之初，情势是多么的险恶啊！正如贺龙元帅后来回忆的，那时候的队伍就像抓在手里的一把豆子，手一松就会散掉。如何把以农民为主要成分的、从旧军队的母体中脱胎而出的革命军队建设成为真正自己的、具有坚强凝聚力和战斗力的、完全新型的人民军队，这一重大而紧迫的课题历史地，同时现实地摆在了中国共产党的面前。三湾改编之所以成为我军的新生，就是因为它确立了"支部建在连上"的制度。千万不可小觑这一制度安排，正是因为有了这一条，党对军队领导的神经末梢才延伸到了基层，党的组织才与军队的肌体有机地、自上而下地、严丝合缝地、心手相应地嵌合在了一起，党对军队的领导才有了第一线的战斗堡垒，部队"艰难奋战而不溃散"才有了可靠的基石。古田会议之所以成为我军"定型"的地方，就是因为它确立了政治建军的原则，即党对军队绝对领导的原则，旗帜鲜明地反对和摒弃了单纯军事观点等错误思想，从而使我军得以克服了旧军队的种种痼疾，从根本上与剥削阶级的军队划清了界限，并由此在军事史上破天荒地孕育出和创造出了一种崭新的军事文化。经过三湾改编、古田会议，以毛泽东同志为主要代表的中国共产党人锲而不舍地把马克思主义的伟大创新和变革精神贯彻于军事领域，不断完善了党领导军队的制度安排，在我军建立并不断发展了进步的、革命的政治工作。于是，在中国的大地上，一支完全新型的人民军队应运而生了；在世界军旅之林中，一支生机勃勃、雄风猎猎、令世人刮目相看的中国军队横空出世，倚天亮剑了！

——这支军队之所以是完全新型的，新就新在它坚持党指挥枪，而绝不允许枪指挥党，自觉置于近现代中国最先进的阶级力量的代表——中国共产党的绝对领导之下。正是因为有了党的领导，这支军队有了崇高的理想、执着的初心，自觉的使命、勇敢的担当，胜敌的胆略、爱民的情怀。同时也使军队真正成为民之重宝、国之利器。旧中国那种军队沦为少数野心家阴谋家争权逐利工具的"轮回"由此终结了。

——这支军队之所以是完全新型的，新就新在它有一条蓬勃而充实、深沉而亮丽的"生命线"，这就是进步的、革命的政治工作。因为有了这种政治工作，这支队伍有了严密的组织和自觉的党性，这支队伍的每一个人，都能够懂得"为谁扛枪、为谁打仗"的道理，能够自觉地把寻求自身翻身解放、向往个人美好未来与实现人民的利益、国家的利益、民族的利益有机地联系起来，统一起来。

——这支军队之所以是完全新型的，新就新在它确立了全心全意为人民服务的宗旨，来自人民，为了人民，服务人民，依靠人民。由此，军队真正植根于人民群众之中，真正与老百姓打成了一片，真正成为父老乡亲心目中的"子弟兵"。千百年来军队和老百姓的猫鼠关系变成了鱼水关系，军政军民之间同呼吸、共命运、心连心。

——这支军队之所以是完全新型的，新就新在它建立了旧军队所不曾有过的内部的民主制度，坚持官兵一致，实行三大民主，厉行尊干爱兵。官兵为了共同的革命目标走到了一起，互相关心、互相爱护、互相帮助，形成并不断巩固发展了团结、友爱、和谐、纯洁的内部关系。

——这支军队之所以是完全新型的，新就新在它建立了严格的、自觉的纪律，形成了艰苦奋斗的政治本色和英勇顽强的战斗作风，实行了灵活机动的战略战术，因而有着坚强的战斗力、蓬勃的生命力、旺盛的创造力。

——这支军队之所以是完全新型的，还新在它不仅是一支"压倒一切敌人、而绝不被敌人所压倒"的威武之师，同时还是一支世所罕匹、堪称模范的文明之师。它历史地成为我们党所倡导的马克思主义世界观人生观、社会主义核心价值观的自觉实践者和率先垂范者，成为我们党所创造的伟大革命精神、孕育的崭新革命文化的培养基和发祥地。它用史诗般的征程、灿若星辰的英雄模范，为神州大地注入了一股文明新风，为中华民族矗起了一个道德高地，影响和带动了全民族。

正是因为有了这支军队，中国人民扭转近代以来悲惨命运才有了"批判的武器"，中华民族谋求民族复兴才有了自强的依托。在新民主主义革命时期，它是我们党领导人民推翻三座大山的倚天长剑，是党赖以征腐恶、缚苍龙、驱虎豹、追穷寇的万丈长缨；在新中国成立后，它是保卫红色江山、维护民族尊严的坚强柱石，是社会主义中国的钢铁长城。它用自己艰苦卓绝、威武雄壮、辉煌灿烂的实践证明，它是一支不可战胜的力量。因为有了这支军队，中华民族任人宰割、中国人民饱受欺凌的时代一去不复返了，帝国主义在中国的海岸上支起几尊大炮就迫使中国签订一系列丧权辱国的条约的时代一去不复返了，世界上一些国家摆出一副教师爷的架势，以旧秩序的卫道士自居，企图通过颐指气使就使中国就范的时代一去不复返了！

历史一次又一次、生动而雄辩地证明了毛泽东的名言："没有一个人民的军队，便没有人民的一切。"

## 二

一支军队的性质，它的政治方向和锋芒所向，归根结底是由它归谁领导、听谁指挥所决定的，是由它的领导力量以及由此所决定的阶级性质所决定的。

中国共产党是全心全意为人民服务的党，它的阶级性质决定了它除最广大人民群众的利益之外，没有任何私利，从来不代表任何利益集团、任何权势团体、任何特权阶层的利益。如果一定要说有所谓"党的利益"的话，那么人民的利益就是它的利益。所以，毛泽东用"全心全意""完全""彻底"来阐发党的宗旨；邓小平用"为人民服务"来揭示共产党人的全部含义。在庆祝中国共产党成立100周年大会上的讲话中，习近平总书记深刻指出："江山就是人民、人民就是江山，打江山、守江山，守的是人民的心。"这就是共产党人的认知、共产党人的眼界、共产党人的抱负、共产党人的情怀，也是对共产党人党性最浅显、最直白、最彻底、最精彩的诠释！

概言之，共产党人的党性就是人民性，党性与人民性是统一的、完全一致的。在当代中国，离开"人民"这个主题词，谈论共产党人的党性没有意义；同样，离开"党的领导"这个关键词，侈谈军队所谓的"人民性""国家性"，也只能是缘木求鱼、痴人说梦。"党的军队，人民的军队，社会主义国家的军队"——这是邓小平对我军性质所作出的严整而科学的、一字不可移易的概括。党的领导之所以放在第一条，就是因为它是决定我军性质的核心因素、关键因素。历史表明，正因为我军是党的军队，我军才能够成为真正"脚踏着祖国的大地，背负着民族的希望"的人民的军队；才能够在革命胜利后，水到渠成、顺理成章地成为伟大社会主义中国的军队。如此而已，岂有他哉！

强调党指挥枪、党对军队的绝对领导，不是党为指挥而指挥、为领导而领导，或者说其本身并不是目的。归根结底坚持这一根本原则和制度，是为了更有条件、更有保障地实现、维护和发展人民的利益，更有能力、更有手段地捍卫国家的主权、安全和领土完整，更有底气、更有把握地创造人民的幸福生活和美好未来。因为历史已经证明，在当代中国，只有中国共产党才能从本质上代表中国最广大人民的根本利益，才能引导中国走向光明，走向富强，走向复兴。同时历史也已经证明，只有中国共产党，才能把自己的理想和宗旨、初心和使命，像基因和血脉一样贯注于军队之中，用自己的精魂和品格塑造军队的"样子"，使军队真正成为人民自己的军队，"所向无空阔，真堪托死生"，既能够始终如一地为着人民的利益去作最英勇、最坚决的斗争，又能够走出一些革命的、进步的军队往往在胜利后蜕化异化、变质变色的怪圈。

我们党百年的奋进路和我军在党的旗帜下百年的战斗历程，使我们铸成了一个铁的信念——军旗跟着党旗走，党旗所指就是军旗所向！

## 三

一世纪潮起华夏，九万里风鹏正举。胸怀千秋伟业，恰是百年风华。

当今世界正经历百年未有之大变局，中国的扶摇直上、遗世独立、欣欣向荣，已经并必将日益深刻地改变世界发展的趋势和格局。今日之中华民族比历史上任何时期都更接近梦想成真的时刻，也面临着前所未有的复杂而严峻的挑战。"乱石穿空，惊涛拍岸，卷起千堆雪。"为了实现第二个百年奋斗目标，为了让我们民族的伟大梦想更绚丽地照进现实，必须准备付出更为艰巨、更为艰苦的努力，必须进行具有许多新的历史特点的伟大斗争。

在新征途上，建设一支自己的、强大的、能够忠实履行使命的人民军队，依然是我们确保国家长治久安、江山千秋永固的必不可少的条件，是我们在乱云飞渡、浊浪排空的国际环境中维护国家主权、安全和发展利益的不可或缺的条件，是坚持和发展中国特色社会主义、实现中华民族伟大复兴的至关重要的战略支撑。更不待言，建设一支与我们国家地位相称的、能够有效维护国家安全和世界和平的、世界一流的军队，就历史地、有机地包含在中华民族伟大复兴的命题之中。

"以史为鉴、开创未来，必须加快国防和军队现代化。"在庆祝中国共产党成立100周年大会上的讲话中习近平总书记深刻总结我们党的历史经验，强调"强国必须强军，军强才能国安"，发出了强军兴军的新的动员令。这是历史的昭示，更是现实的需求、未来的召唤。我们一定要坚持以毛泽东军事思想和改革开放以来党的创新军事理论为指导，全面贯彻习近平强军思想，坚持走中国特色强军之路。更加自觉地坚持党指挥枪的原则，更加自觉地贯彻党对军队绝对领导这一根本制度，进一步用党性与人民性的统一来熔铸人民军队的政治品格，厚植人民军队的文化底蕴，涵养人民军队的优良作风，激扬人民军队的战斗精神，不断提升军队履行使命任务的能力、拓展军队克敌制胜的手段，确保我军一如既往地、卓有成效地护航中华民族伟大复兴的壮阔航程！

# 毛泽东军事思想过去、现在和将来都是我们建军胜战的强大思想武器[*]

武装斗争是中国革命最重要的特点之一。新中国成立以后，我国长期处于复杂的国际环境中，处于帝国主义的军事压力之下。因而，关于军事理论的创新在中国共产党人的理论创造中占有特殊重要的位置。毛泽东军事思想是毛泽东思想的军事篇，是其极为重要的组成部分，也是其最精彩、最生动、最具特色的内容之一。毛泽东军事思想是马克思主义中国化理论的瑰宝，也是人类军事文化宝库中的一颗最璀璨夺目的明珠。

毛泽东军事思想科学回答了把我军这样一支以农民为主要成分的革命军队建设成为无产阶级性质的新型人民军队的问题，为我军奠定了基本的建军原则、方针和制度；坚持这些基本原则、方针和制度，是我军在新形势下保持自己的性质、宗旨、本色的根本保证。毛泽东军事思想科学回答了在半殖民地半封建的中国开展党领导人民革命战争的根据、条件及其战略战术问题，形成了以人民战争为核心的军事战略思想和战争指导思想，坚持和发展这些思想依然是我军在新征途上、在未来战争中的基本胜敌之道。毛泽东军事思想科学回答了社会主义中国巩固和建设国防的一系列基本问题，为新中国建设巩固国防，维护国家的独立、主权、安全，维护和实现祖国统一制定了根本方略，坚持这些根本方略依然是我们在现代化进程中实现富国与强军相统一的必由之路。

---

[*] 本文为作者撰写的一篇毛泽东军事思想学习材料的节录，发表于 2002 年 4 月。

毛泽东军事思想渗透和充满了马克思主义的军事辩证法，在中国革命战争的舞台上、在维护新中国国家安全的军事斗争和战略博弈中把辩证法应用到了极致，把军事战略思维艺术和军事指挥艺术发挥到了极致，堪称最生动、最实际、最经典的马克思主义军事辩证法和方法论的教科书。所有这些，都使毛泽东军事思想不仅具有了特殊的品格，同时也具有了普遍的品格。毛泽东军事思想既是中国的，也是世界的；它的一般原理既适用于昨天，也适用于今天和明天。毛泽东军事思想过去、现在和将来都是我们建军作战的强大思想武器。

# 人民军队"样子"的基础性设计[*]

## ——论古田会议在我军建设发展史上的重大意义

1975年1月,第一次复出后的邓小平在题为《军队要整顿》的重要讲话中,说了这样一句话:"军队要像军队的样子。"

2012年11月,当习近平总书记走上党、国家和军队的最高领导岗位,肩负起总戎三军、继往开来的重任时,他最关注和深入思考的,也是邓小平说的这句意味深长的话:"军队要像军队的样子。"

那么,我们的军队应该是个什么样子?我们的军队今天这个样子最初是怎样设计出来的?我们的军队为什么只能是这个样子,而不能是别的什么样子?是什么确立和构成了我们军队"样子"的基因?

振叶以寻根,观澜以溯源。我以为,要正确回答和深刻认识这些问题,就不能绕开古田会议。不了解古田会议,就不能透彻地了解我军的"前世今生",就不能了解人民军队脱胎换骨、耀世而出的历史,就不能深刻体悟人民军队赖以安身立命、发展壮大、克敌制胜的政治优势和优良传统,就不能了解人民军队"样子"的基本内涵。

1927年,南昌起义以后,我们党义无反顾地开始了创建人民军队、独立领导武装斗争的伟大实践。但是,在中国的土地上,自盘古开天辟地以来,真正属于人民的军队、堪称人民的军队从来没有过,人民军队应该是个什么样子?谁也没见过,我们党可资借鉴的也只有北伐时期与国民党

---

[*] 本文发表于2014年6月。

一起建设新军队、在军队建立并开展政治工作的非常有限的经验。这就决定了创建人民军队必然是一个艰辛探索的过程。在我军初创时期，由朱、毛会师开辟井冈山根据地所组建的红四军虽然也注重加强党的领导和政治工作，但由于其主要成分是农民以及从旧军队起义过来的，旧军队的积习，农村小生产者、流氓无产者的思想，小资产阶级的思想等各种非无产阶级的思想经常地、大量地反映到部队中来。单纯军事观点、流寇思想、军阀主义的残余严重存在。这些错误思想不仅反映在建军治军上，而且也反映在红军的作战和执行任务上。如何把这样一支新生的、以农民为主要成分、从旧军队的营垒里杀出来的革命军队建设成为一支完全新型的、无产阶级性质的、真正的人民军队，是党所面临的一个重大而严峻的现实课题，也是党肩负起领导中国革命重任的首要课题。

古田会议及其决议正是在这样的历史条件下应运而生的。1929年12月，依据中央九月来信精神，毛泽东主持起草的古田会议决议，系统总结了南昌起义后两年多来的建军治军实践经验，澄清了在军队建设上一些带倾向性的、错误的、模糊的观点，创造性地提出了人民军队建设的一系列方针、原则和带根本性的制度安排。这个决议虽然是基于红四军的实际作出来的，但是对于红军建设具有普遍的指导意义。正如《毛泽东选集》中《关于纠正党内的错误思想》一文的题注中所写的："这个决议使红军肃清旧式军队的影响，完全建立在马克思列宁主义的基础上。这个决议不但在红军第四军实行了，后来各部分红军都先后不等地照此做了，这样就使整个中国红军完全成为真正的人民军队。中国人民军队中党的工作和政治工作，以后有了广大的发展和创造，现在的面貌和过去大不相同了，但是基本的路线还是继承了这个决议的路线。"质言之，正是有了古田会议及其决议，我军才脱胎换骨，破茧为蝶，才从"面子"到"里子"都真正成为一支人民军队。正如罗荣桓元帅所说，古田会议以后，"我军要建立一支什么样的军队，就定型了"。从一定意义上可以说，古田会议就是人民军队的"零公里"处。古田会议及其决议将以对人民军队"样子"的基础性设计、以为我军铸魂立格的奠基性功勋而永铭史册、永放光辉。

古田会议着重在哪些方面对人民军队的"样子"进行了基础性的设计呢？

其一，古田会议事实上确立了党对军队绝对领导的原则和制度。军队听谁指挥，枪杆子掌握在什么人手里，这是建军治军的首要问题、关键问题。正是因为有了党对军队的绝对领导，有了因为这种领导而熔铸的、党性与人民性相统一的、永远不变的军魂，我军才真正做到了以党的旗帜为旗帜，以党的方向为方向，确立并始终不渝地践行了全心全意为人民服务的宗旨，才与一切旧军队划清了界限。据考证，党对军队"绝对领导"一词的出处，最早见于1932年红军总政治部《关于红军中支部工作的一封信》。但我以为，古田会议决议事实上已经从军事与政治的关系、从党组织在军队中的地位、从军队中党组织的设置及其决策机制、从党在军队中的思想政治建设等各个方面，确立了党对军队绝对领导的原则和制度。决议旗帜鲜明地批判了单纯军事观点，批判了脱离党的领导、轻视政治工作的倾向，指出那种把军事与政治对立起来、割裂开来，甚至以军事领导代替政治领导的观点，是极端错误的。"这种思想如果发展下去，便有走到脱离群众、以军队控制政权、离开无产阶级领导的危险，如像国民党军队所走的军阀主义道路一样。"决议阐明了党与军队的关系，指出"军事只是完成政治任务的工具之一"，军事必须服从政治，军队必须服从党的领导，为党的纲领、路线和政策而斗争。决议确定了一系列党对军队实施领导的制度和措施，这种制度安排对于人民军队建设具有根本性和基础性。如在三湾改编的基础上，进一步强调："每连建设一个支部，每班建设一个小组，这是红军中党的组织的重要原则之一"；要求红军必须加强党组织建设，使党的组织成为"领导的中枢"，"确实能担负党的政治任务"；要求"党对于军事工作要有积极的注意和讨论，一切工作，在党的讨论和决议之后，再经过群众去执行"；要求提高党的生活的质量，"会议要政治化实际化"；强调"有计划地进行党内教育，纠正过去之无计划的听其自然的状态，是党的重要任务之一"；等等。可以说，后来我军不断丰富发展完善的党对军队绝对领导的方针原则、制度安排在决议中都可以找到源头、找到依据。明确党和军队的关系、政治与军事的关系，这是古田会议对我军"样子"的最根本的"原设计"。

其二，古田会议构建了我军政治工作的雏形。政治工作是党在军队中的思想工作和组织工作，是实现党对军队绝对领导的根本保证，是我军的生命线。中国人民解放军的政治工作堪称中国共产党领导当代中国军事的伟大创造，也是我军最鲜明的特色和最根本的优势。这种政治工作的源头可以追溯到北伐时期与国民党一起建立新军队的实践。毛泽东后来说："那时军队有一种新气象，……那时军队设立了党代表和政治部，这种制度是中国历史上没有的，靠了这种制度使军队一新其面目。"但是，那时候毕竟不是我们党独立建设和领导军队，只是"借锅做饭"是不行的。南昌起义后，经过两年多的摸索，我们党对军队政治工作有了更深的认识，积累了新的经验。古田会议决议可以说就是这些新鲜经验的凝结。如前所述，决议对军队中党组织的地位，党的组织建设、思想建设等都作了科学的规范和部署。除此之外，决议还科学界定了军事工作与政治工作、军事系统与政治系统的关系，特别是系统阐发了红军的宣传工作问题、士兵的政治训练问题。提出了一些非常著名的论断，如"红军党内最迫切的问题，要算是教育的问题""红军的宣传工作是红军第一个重大工作"。决议对如何做好宣传工作、开展政治训练从内容到形式、方法等都作了具体而微的规定，提出了明确的要求。如分层次上好政治课、倡导启发式、讨论式的教授法，把集合讲话和个别谈话结合起来，"谈话前须调查谈话对象的心理及环境"，"谈话时须站在同志的地位，用诚恳的态度和他说话"，等等。85年过去了，日月轮替，斗转星移，但今天重温决议，仍然可以感到其穿越时空、历久弥新的马克思主义真理光辉，这些基本的方法论原则对于我们做好新形势下的思想政治工作依然具有重要的指导意义。正如叶剑英元帅1978年在全军政工会议上指出的："从古田会议到现在，我军的政治工作有很大的发展，但是它的根本原则，它的基础，还是古田会议奠定的。"

其三，古田会议明确了我军必须坚持的政治观点和必须担负的政治任务。军队是干什么的？是打仗的，军队必须能打仗、打胜仗，对这一点丝毫不应该有任何疑义。革命的成败、中国的存亡，系于战争的胜负。我军首先是、永远是一个战斗队，这是毛泽东从战争年代到新中国成立以后反复强调的一个思想。但是，我军不是单纯地打仗、不是为打仗而打仗，是为实现党的政治目标、为人民的利益而工作、而战斗的。在我军初创时期，鉴于雇佣军队思想的影响，鉴于部队中一度存在的比较浓重的单纯军事观点，鉴于我军所处的严峻的外部环境，古田会议突出地强调了红军打仗之外的全方位的政治任务，指出："中国的红军是一个执行革命的政治任务的武装集团。特别是现在，红军决不是单纯地打仗的，它除了打仗消灭敌人军事力量之外，还要负担宣传群众、组织群众、武装群众、帮助群众建立革命政权以至于建立共产党的组织等项重大的任务。"并且强调："红军的打仗，不是单纯地为了打仗而打仗，……离了对群众的宣传、组织、武装和建立革命政权等项目标，就是失去了打仗的意义，也就是失去了红军存在的意义。"决议批评了"过分相信军事力量，而不相信人民群众的力量""不愿意艰苦地做细小严密的群众工作"的倾向。这就明确无误地告诉我们，群众观点是我军所必须坚持的基本政治观点。我军来自人民、为了人民、服务人民，也必须紧紧地和人民站在一起，诚心实意地依靠人民。我军除打仗之外，还应该成为党开展群众工作的骨干力量，成为党联系群众的重要纽带和桥梁。仔细研读决议，可以感到后来毛泽东提出的我军的"三大任务"在决议中已经呼之欲出了。85年来，正是因为始终坚持了决议为我军所规范的职能任务原则，我军才不仅成为一支在战场上一往无前、所向披靡的军队，而且成为一支军政兼优、文武兼备的军队，成为党的群众路线和政治优势的最集中、最直接的体现者，成为党所倡导的先进文化的首善之区，影响和带动了全民族。

其四，古田会议确立了我军处理内外部关系的基本原则。军队是一种特殊的社会组织。一支军队的内外部关系，往往鲜明地体现着这支军队的性质宗旨、政治方向。一切剥削阶级的军队、中国的旧式军队，无一例外地，对外侵凌掳掠，祸害百姓；对内官兵严重对立，官长欺压士兵。这种旧军队的不良习气在我军初创时期也有一定表现。古田会议决议的一个重要功绩，就是在这些方面为我军澄清了基本是非、定出了基本规矩。关于外部关系，主要是军政军民关系问题，上一点实际上已经回答了。关于内部关系，决议在纠正极端民主化、绝对平均主义的同时，强调在红军中"官兵生活平等（官兵之间只有职务的分别，没有阶级的分别；官长不是剥削阶级，士兵不是被剥削阶级）"；实行"经济公开主义"。决议并且特别强调了废止肉刑的问题，指出官长打士兵的问题，是封建制度和封建军阀恶习的残余，"实在值得我们严重的注意"，"如不赶快纠正，危险不可胜言"。决议的这些论述，今天仍然是我们建军治军的圭臬。内外部关系的另一个重要方面是对待敌军。决议强调，"对白军士兵及下级官长的宣传非常之重要"。决议特别指出："优待敌方俘虏兵，是对敌军宣传的极有效方法。"这些处理内外部关系的基本原则，后来毛泽东进一步提炼概括为我军政治工作的三大原则，即"官兵一致，军民一致，瓦解敌军"。今天，我们强调军政军民之间同呼吸、共命运、心连心，强调建立团结、友爱、纯洁、和谐的内部关系，强调对敌开展舆论斗争和法理斗争，都是这些基本原则在新形势下的延伸和发展。

其五，古田会议为我军形成独具特色的优良作风和革命纪律奠定了基础。人民群众和外界认识一支军队，感受一支军队的"样子"，往往最先看到的是它的作风。作风者，修于内而形于外，源于里而见于表也。在党的领导和培育下，我军所形成的、独具特色的优良作风是我军最显著的标志，是我军性质宗旨的集中体现，也是我军战斗力的生动因素和旧军队所无可比拟的软实力。这种优良作风，正是由古田会议所确立的建军方针、建军原则、思想路线、组织路线等为滥觞的。古田会议坚持马克思主义的战斗性和原则性，在分析批判和纠正各种错误思想中，实质上已经系统阐明了我军所应该倡导和形成的优良作风。例如，反对主观主义，坚持一切从实际出发，理论联系实际；反对非组织观点，坚持贯彻民主集中制，开展批评与自我批评；反对享乐主义，坚持艰苦奋斗、密切联系群众；等等。形成优良作风，离不开严格的、自觉的铁的纪律。决议鲜明地批判了党内和军内纪律松懈的情况，强调"严格地执行三条纪律"，"上门板、捆禾草等项从行动中扩大红军影响、增加群众对红军信仰的良好方法，应当好好地去执行"，等等，这实质上是我军后来颁布的、至今仍作为我军纪律条令基本内容的"三大纪律八项注意"的雏形。正是因为有了严格的、自觉的纪律，坚持依法治军、从严治军，我军才以胜利之师的雄风威震天下，以文明之师的形象誉满天下。

不忘本来，才能更清醒、更坚定地走向未来、开辟未来。在古田会议召开85周年之际，习主席亲自决策，在古田召开全军政治工作会议，我以为其深长的意味，就是要带领新一代建军治军的骨干回到人民军队的"零公里"处，从中感悟毛泽东人民军队建设思想的真谛，使我军不致因为走得太远而忘记出发时的初衷、偏离出发时的方位，确保时代变了、形势变了，毛泽东为我军定下来的基本"样子"永不变样、永不走样，并且在强军兴军新的伟大征程中不断挥洒新的风流、续写新的荣光！

# 党对军队绝对领导是我军永远不变的军魂*

7月，一个如火如荼的花季；7月，一页可歌可泣的诗行。三军将士和全国人民一道迎来了党90岁的生日。

自从南湖红船载来那一团理想之火、牵来那一缕希望之光后，近代中国的历史就掀开了新的一页。遥想90年前的故国山河，夜色如磐、风雨如晦。而今，960多万平方公里的土地上春深似海、花繁似锦。中华民族以前所未有的尊严自信、昂扬奋发的姿态屹立于世界的东方，中国特色社会主义的伟大事业展现了令人惊艳的锦绣前程。90年天地翻覆，90年沧桑巨变，90年昭示了一个真理，90年熔铸了一条信念——没有共产党就没有新中国；没有共产党，就没有今日之中国。在近现代，只有中国共产党，而没有别的什么党能够领导中国走向光明，能够解决中国的独立和解放问题、解决中国的建设和发展问题。

中国共产党历史地肩负起了民族复兴的领导责任，其中很重要的一个方面就是对于军事的领导。中国革命走的是武装夺取政权的道路；革命胜利后，在很长的一个时期内我国又处于敌对势力强大的军事压力之下。我们是在一个极为复杂的国际国内环境中建设自己的国家。所以，重视军事是中国共产党的优良传统，是中国化马克思主义的一个显著特色。

回望90年的迢迢长路、漫漫征程，我们党为什么能够在短短28年转

---

* 本文发表于2011年7月。

变敌我力量的对比，以摧枯拉朽、排山倒海的气势推翻三座大山在中国的统治？为什么能够一改旧中国积贫积弱、"有国无防"的状况，有效地维护国家的独立、主权和安全？为什么能够在风云变幻的国际环境下"任凭风浪起，稳坐钓鱼船"，巩固自己的执政地位，保持国家的长治久安，守护人民的和平安宁？一条很重要的经验，就是党掌握和领导军队，确立了党对军队绝对领导的根本原则，建立了我们军队特有的、中国特色军事领导制度。这种军事领导制度为旧中国所没有，在世界上也是独一无二的，可以说是中国共产党在近现代中国军制上的伟大创新，是马克思主义关于政党国家军队关系原理在中国军事实践中的创造性运用，是确保社会主义江山永固、中国人民幸福安康的一种有效的制度安排。

党对军队绝对领导，这一真理性的认识和不可移易的原则，在中国不是凭空产生的，不是哪个政治家或军事家头脑中固有的，而是由近代以来中国的国情和军事情况所决定的，是我们党在艰辛的探索中得来的，是以鲜血为代价换来的，是在与党内错误思想的斗争中、在与敌对势力的抗争和交锋中不断巩固并确立起来的。它在中国的确立乃是历史的必然。

最早尝试建立党领导的军队的，其实并不是共产党，而是国民党。鸦片战争以后，中国沦为半殖民地半封建社会，四方多难，中原板荡，兵连祸结，民不聊生。辛亥革命打开了中国社会进步的闸门，但胜利果实很快被拥兵自重的野心家窃取了，中国依然是一个四分五裂、军阀混战的局面。鉴于依靠旧军队革命而屡遭失败和夭折的教训，孙中山开始意识到建设一支用"党义"武装、为"党义"奋斗的军队的重要性。于是在苏俄的帮助下，吸收共产党人参加，开始创办黄埔军校，组建国民革命军，并尝试在军队中建立党代表和开展政治工作。这一实践也极大地提高了我们党早期对军事问题的认识。遗憾的是，孙中山的革命主张很快被国民党反动派背叛了。他们发动反革命政变，把共产党人和革命人民抛入了血雨腥风之中。

1927年8月1日，南昌城头划过沉沉夜空的枪声，标志着我们党从血泊中站起来、武装反抗国民党反动派的开始,标志着我们党独立建设自己的军队的开始。然而,如何把一支从旧军队的营垒中杀出来、以农民为主要成分的革命武装建设成为一支无产阶级性质的、完全新型的人民军队,依然是一个全新的课题。从三湾改编到古田会议,我们党逐步确立了党对军队绝对领导的原则与制度,在军队中建立了强有力的、革命的、进步的政治工作。由此,党就把自身先进性的基因植入了军队的血脉之中。此后,我们党不断战胜了党内的分裂主义和投降主义,不为敌人的威逼所动,不被敌人的利诱所惑,始终坚持并不断完善党绝对领导军队的原则和制度,从而保证了中国革命的胜利。

新中国成立后,我们党由武装夺取政权的党成为在一个几亿、十几亿人口的大国长期执政党,我军由闹革命、打天下的军队上升为社会主义国家的军队。我们党及时而富有远见地把党对军队绝对领导的根本原则和制度上升为国家意志,使之成为与我国国体政体相契合的、中国特色社会主义政治制度的有机组成部分,实现了党对军队的领导和国家对军队的领导的统一。

一支旧中国从来没有过的、举世无双的、完全新型的人民军队就这样出现在了中国的大地上。

因为有了党的绝对领导,这支军队有了科学理论的指引和武装,有了崇高的革命理想和远大的政治目标,有了坚强的领导核心和牢固的战斗堡垒,因而也就有了摧不垮、打不烂的凝聚力。回首我军初创时期,旧军队的积习很深且弥漫着失败情绪。很多老帅描述当时的情景:部队就像攥在手里的一把豆子,手一松就撒掉了。然而,自从确立并坚持了党对军队绝对领导的原则和制度以后,这支军队就完全不一样了。战争年代,艰难奋战而不溃散;和平时期,迭经考验而不变色。陈云曾经说过:"在别的军队里头,一个连长、团长、师长反水,就可以把队伍带走,可是我们的军队不是这样。某个什么长反水,下面的战士可以把他杀了,不跟他去。……这是什么力量呢?这是党的力量。"

因为有了党的绝对领导，这支军队的每一个人都懂得了"为谁当兵、为谁打仗"的道理，始终秉持了全心全意为人民服务的宗旨，真正做到了军民一致，与人民群众建立了血肉相连、鱼水相依的关系。旧社会兵匪一家，人民群众避兵如避洪水猛兽。而我军是真正的人民子弟兵，每到一地秋毫无犯，人民群众箪食壶浆以迎亲人。上海解放时，当黄浦江畔的枪声渐归沉寂，清晨市民打开门窗，只见一队队疲惫至极的我军官兵齐刷刷地露宿街头，无不为之动容。有识之士由此得出结论：国民党反动派在中国的运数尽了，今日之域中必是共产党之天下。

因为有了党的绝对领导，这支军队建立并实行了军队内部的民主制度，真正做到了官兵一致，形成了同志式的、亲如兄弟般的、团结友爱的、和谐纯洁的内部关系。旧军队上凌下、官欺兵，甚至肉刑体罚，而我军官兵在政治上完全平等，战友间亲密无间。早在井冈山时期，毛泽东就说过："同样一个兵，昨天在敌军不勇敢，今天在红军很勇敢……红军像一个火炉，俘虏兵过来马上就熔化了。"为什么呢？因为在这里他们所感受到的，是一个完全不同于旧军队的新天地。

因为有了党的绝对领导，这支军队形成了先进的、科学的军事思想，形成了灵活机动的战略战术，具有了一往无前的战斗精神，成为一支不可战胜的力量。毛泽东曾称赞北伐时期的军队是"有了新精神的军队，其作战方法也自然与其政治精神相配合"。我们党在指引军队政治方向的同时，也把其远见卓识和无产阶级生气勃勃的创新精神贯彻于军事领域，使我军成为一支举世闻名的英勇善战的军队。静如处子，动如脱兔；攻如猛虎，守如泰山。既有强大的不用则已、用则必达的硬实力，又有令人望而生畏、即之倾倒的软实力，树立了正义之师、威武之师、文明之师的形象，保持了虎虎生气和猎猎雄风。

因为有了党的绝对领导，这支军队形成了一切行动听指挥的优良传统，建立了严格、自觉的铁的纪律，始终保持了高度稳定和集中统一。千百年来，历代统治者都把骄兵悍将视为治国的隐患，由于兵权失控导致内乱，造成国家板荡、生民涂炭，不乏其例。旧中国时期的国民党军队也是派系林立、各存异心，中国实际上是一个四分五裂的局面。而我军在战争年代高度分散的情况下就保持了政令军令的畅通。新中国成立以后，无论是就地转业、屯垦戍边还是百万大裁军，我军都是闻令而动，不打折扣。党指向哪里，就奔向哪里，就战斗在哪里，是我军官兵自觉的行动准则。

历史有力地说明，党对军队的绝对领导乃三军之大幸，邦国之大幸，民族之大幸！

一个人要有灵魂，一支军队要有军魂。党对军队的绝对领导就是我军一脉相传的军魂、永远不变的军魂。我们要理直气壮地批驳"军队非党化、非政治化"和"军队国家化"的谰言，让军魂永远凝结在我军的血脉中，金星永远闪耀在我军的军旗上！

# 人民战争永远是我们克敌制胜的法宝 *

当今世界科技迅猛发展，高技术战争已经成为战争的主要形态。敏锐把握和正确认识这种变化，在与时俱进中坚持人民战争的战略思想，不断创新人民战争的理论与实践，走出一条符合中国国情并反映时代特征的国防现代化之路，为中华民族的伟大复兴提供可靠的安全保证，是必须着重解决的历史性课题。

人民战争作为人民群众在自觉的基础上所进行的革命的、正义的战争，是很早就有的。马克思主义的诞生把历史唯物主义的真理之光投射到战争领域，并且把人民战争与工人阶级的解放和被压迫民族、被压迫人民的革命斗争联系了起来，开辟了人民战争的新纪元。在过去的一个多世纪里，人民战争特别是中国共产党领导的波澜壮阔的人民战争，曾经极大地改变了世界历史进程，谱写了战争史上极为辉煌的一页。人民战争的无穷威力曾经使帝国主义者、霸权主义者以及一切站在人民对立面的旧秩序的维护者谈虎色变、心惊肉跳，惶惶然不可终日。

20世纪末叶以来，时代的主题发生了重大变化，战争的形态也发生了重大变化。这就提出了一个问题：在高技术条件下，人民战争还灵不灵？还能不能再创新的辉煌？

回答是肯定的。战争的高技术化没有也不可能改变人民战争的基本原理。恰恰相反，在高技术条件下，人民战争的科学原理愈益闪烁出真

---

* 本文发表于2000年8月，因写作时间较早，文中使用了"高技术战争"的概念，21世纪战争的实践证明，高技术战争的实质是信息化、数字化、智能化。

理的光芒。

战争的技术手段是随着科学技术以及生产力的发展而发展的，高技术战争登上军事舞台是人类文明从工业时代向信息时代转换在军事领域内的必然反映。而人民战争的强大威力从根本上说是由战争的正义性所决定的，是由人民群众作为历史创造者在战争中的主体地位和历史主动性所决定的，它与社会生产力的发展水平以及与此相应的战争技术手段并没有必然的联系，它并不是一个断代的概念，它可以与各种武器装备结合起来并找到自己的实现形态。战争的形态总是与一定的生产力形态相联系，而一定的生产力形态总是与一定的科学技术发展水平相联系。如果说高技术战争是当今世界先进的生产力在军事领域里的体现，反映了以科技进步主导的先进生产力与军事领域结合的最新趋势的话，那么，这种先进的生产力归根结底是人民群众创造的，也是完全可以为人民群众所掌握和利用的，人民群众过去是，今天也理所当然的是高技术战争的主体。高技术可以改变战争的形态，但不能改变战争的性质，不能改变战争是政治的继续这一本质，不能抹杀和消弭正义战争与非正义战争的分野，不能改变正义战争终将胜利的规律。高技术可以改变战争的手段，但不能改变人民群众在战争中的决定作用，不能改变战争中决定的因素是人而不是物，也不是一两件新式武器的规律。人民群众创造历史的活动像大江大河一样奔腾不息，人民战争理论和实践之树也历久弥新。

如果我们本质地而不是现象地、深层地而不是表象地考察，就会发现，在高技术条件下，人民战争的一般原理非但没有过时，人民战争的战略思想非但没有失去存在价值，反而更加重要、更加富有生机了。例如，在高技术条件下，战争的政治性进一步凸显，军事受政治的制约进一步加大，更加需要高扬正义战争的旗帜，以赢得人民群众的广泛支持和国际舆论的普遍同情。在高技术条件下，战争日益表现为以经济、科技为基础的综合国力的较量，是对一个民族全部物质力量和精神力量的考验，更加需要依靠人民战争把国家的战争潜力最大限度地发挥出来。在高技术条件下,两军对垒日益表现为全方位的体系对抗,战争不仅要求诸军兵种之间的密切协同和配合,而且要求各种武装力量之间的密切协同和配合,军队与地方密切配合,各个战场、各个战略方向密切协同和配合,正规战与各种灵活多样、不拘一格的作战形式、作战方法密切配合,军事斗争与经济、政治、文化、外交、科技等各种领域里的斗争密切配合,因而更加需要发挥人民战争的整体威力。在高技术条件下,战争的直接交战空间缩小而相关空间扩大,前方后方的界限日益模糊,更需要把人民群众普遍而广泛地动员起来防抗并举,以各种形式参加和支援战争。在高技术条件下,武器装备的精度和威力提高了,战争的强度和烈度加大了,战争造成的破坏和毁伤加大了,更加需要发动和依靠人民群众自救互救,同时提高国家重要战略目标和军事资源的防护能力、抗毁能力和再生能力。在高技术条件下,军事科技与民用科技、国防经济与国民经济日益融为一体,进行战争更加需要依托军民融合式发展,更加需要动员和依托民用科技资源、经济资源和人才资源。总之,无论从哪个方面看,高技术战争并没有让人民走开,并没有变为少数"精英"在键盘上的"游戏",人民群众过去是、现在也仍然是主宰高技术战场的决定性力量。高技术并没有宣告人民战争的终结,而是为它的发展创造了前所未有的手段、开辟了更广阔的途径、提供了历史性的契机。

更应该看到,人民战争通常具有以劣势装备战胜优势装备之敌的特点。由于当今世界的矛盾和各国经济、政治、文化、军事发展的不平衡,战争的非对称性更加明显。对于武器装备处于劣势的国家,人民战争过去是、现在是今后也依然是反对霸权主义和强权政治的有力武器,是弥补自己的不足并最终战胜敌人的必由之路。只有坚持人民战争,才能扬己之长、击敌所短,努力实现战略态势上、作战方法上由被动向主动的转化。实践证明,高技术武器看起来吓人,但也不是万能的、无懈可击的。尺有所短,寸有所长。高技术武器装备和整个高技术作战系统亦有其十分脆弱的一面,一个重要的节点出了问题,就可能危及整个系统,导致整个系统的失能和瘫痪。只要真正实行人民战争，充分发挥人民群众的创造性，就可以找到出奇制胜、以低制高的胜敌之法，人民战争有着广阔的用武之地。

接下来的问题是：在新形势下中国还要不要坚持人民战争的战略思想？

回答同样是肯定的，无论从历史还是现实的角度看，人民战争都是我们在21世纪推进国防现代化建设所必须坚持的基本战略思想。

在中华民族走向全面复兴的历史进程中，如何建立强大的国防，是一个带根本性的战略问题。党的三代领导核心从我们党的军事传统及其根本优势出发，从我国社会主义国家性质和积极防御的战略方针出发，从中国国防建设的实际需要出发，始终强调坚持和发展人民战争。新中国成立不久，毛泽东就在总结抗美援朝的经验时深刻指出："我们的经验是：依靠人民，再加上一个比较正确的领导，就可以用我们的劣势装备战胜优势装备的敌人。"进入改革开放和社会主义现代化建设新时期，邓小平重申在新的条件下，我们的"战略思想仍然是人民战争"，并且号召我们研究现代条件下的人民战争。20世纪90年代以来，江泽民敏锐把握世界军事领域的重大变化，把解决人民战争如何与高技术条件的结合作为他始终关注的一个重大问题，他强调："无论武器装备如何发展，战争形态如何变化，人民战争都是我们克敌制胜的法宝。这个法宝，任何时候都不能丢掉。"这些论述，蕴含了我军历代统帅深远的战略考虑。

人民战争是中国共产党领导当代中国军事的优良传统。我们的天下是靠武装斗争、靠人民战争打下来的。中国共产党作为中国工人阶级和中华民族、中国人民的先锋队，在不同的历史时期始终代表最广大人民的根本利益，代表中国先进生产力发展的要求和先进文化的前进方向，并把这种代表合乎逻辑地、理所当然地贯注于军事领域，形成了以人民战争为核心和灵魂的毛泽东军事思想，极大地丰富和发展了马克思主义的军事理论。人民战争对于中国共产党来说，不单是一个具体的作战原则或一项具体的军事政策，不是一时的权宜之计，而是贯穿于整个军事活动的自觉、根本的军事观和方法论，是战争的根本指导路线，是彻底、完备而系统的立场、观点和方法。中国共产党人开辟了人民战争的理论与实践的新境界，淋漓尽致地发挥了人民战争的艺术，极大地创新了人民战争的战略战术，使之臻于化境，令人叹为观止。我们党所领导的人民战争，时间之长、规模之大、形式和内容之丰富、战果之辉煌，在世界人民战争史上是独一无二的。中国人民依靠人民战争，创造了人类战争史上的奇迹，实现了民族独立和人民解放，在帝国主义和霸权主义的政治、经济封锁和军事压力下，成功地维护了国家的独立和主权。人民战争是中国共产党在军事领域内卓越的理论创造，是中国革命对于世界军事文化的伟大贡献，是我们的一笔宝贵财产。中国人民战争的基本经验集中反映了我们党和国家的政治优势以及在军事领域实现和发挥这种优势的有效途径，是我们的看家本领和拿手好戏，这个传家宝任何时候都不能丢。

人民战争是我国社会主义国家性质和积极防御的战略方针的本质要求。人民战争具有两个相关联的特点：一个是它的正义性，另一个是它的人民性。中国是社会主义国家，实行的是积极防御的战略方针，中国人民爱好和平，中国坚定执行和平外交政策，永远不称霸。中国人民又把维护国家的主权、统一和领土完整看得比生命还重要。不管是反侵略战争还是维护祖国统一的军事行动，正义都在我们一边。而我们的敌人无论是霸权主义者还是极少数民族分裂分子，尽管他们也会千方百计地制造舆论、混淆视听、笼络人心，但由于其倒行逆施，从根本上必然是失道寡助的。中国共产党作为执政党，作为全中国人民的领导核心，以为人民求解放、为民族谋复兴为己任，基于一切为了人民、一切依靠人民的历史唯物主义原理和全心全意为人民服务的宗旨，形成了在一切工作中的群众路线，人民战争就是群众路线在军事工作中的集中体现。人民战争对于中国来说，不仅是必然的、必要的，而且是完全可行的。我们有党的坚强领导，有优越的社会主义制度，有广袤的国土和雄厚的人力资源，有新中国成立以来特别是改革开放以来形成的日渐强大的综合国力，有源远流长的爱国主义传统和伟大的民族凝聚力，有人民战争的优良传统和丰富经验。如果说过去中国人民在敌我力量对比非常悬殊、各方面的条件极为困难的条件下，能够创造人民战争奇观的话，今天一定可以谱写人民战争的新篇章，任何强大的敌人在中国人民的人民战争面前都无法摆脱头破血流、折戟沉沙的厄运。

人民战争是我们在新形势下兼顾发展与安全的必然选择。中国正处在一个重要的发展时期，从国际环境来看，天下并不太平，国际敌对势力不会放弃西化和分化中国的图谋，他们必然千方百计地遏制中国，为中国的发展制造种种麻烦；从国内情况来看，改革进入深水区，社会生活中的各种矛盾进一步凸显，影响国家安全的因素复杂且不确定，存在着种种可以预料以及难以完全预料的风险。我国统一的问题还没有完成。在这种情况下，如何兼顾发展与安全，兼顾主要的战略方向和其他的战略方向，加强国家的战略能力建设，使我们既能紧紧扭住经济建设这个中心，集中注意力，抓紧时机，发展自己，又能减少风险，确保一旦有事，能够尽快实现平战转换、把国家的战争潜力转化为战争能力，人民战争就是一种明智而必然的选择。

人民战争是激扬民气、培塑国魂的重要抓手。坚持人民战争的战略思想，有利于振奋民族精神、激发爱国主义热情、增强民族凝聚力，有利于提高全民族的素质，在战时可以转化为现实战斗力，在平时则可以熔铸成巨大的软实力。人民战争所必须的军民一致、军民团结，既是战时夺取胜利的保证，也是平时保证国家安定团结、推进现代化事业发展的政治基础。坚持人民战争的战略思想，形成有效的动员体制和机制，建设强大的国防后备力量，既有利于增强我国国防的威慑和实战能力，又有利于提高国家抵御风险的能力；既可以保安全，又可以促发展；既可以应战，又可以应急。特别是广大的民兵、预备役部队处在我国社会主义现代化建设的第一线，战时是重要的作战力量，平时是现代化建设的生力军和突击队，是开展反恐怖斗争、维护边防和社会稳定、执行抢险救灾等重大任务的基本力量。

# 在深化国防和军队改革中筑牢我军生命线[*]

## 一

在世界军队之林中，有这样一支军队——

它是一个伟大社会主义国家的军队，但是它的军战史却要比共和国的国史还要长。甚至可以说，正是因为有了它的卓绝奋战、喋血再造，这个曾经苦难深重的国度才浴火重生。它从诞生的那一天起，就集结于一个先进政党的旗帜之下，为了民族的独立、人民的解放进行了前赴后继、可歌可泣的斗争。

它曾经那样弱小，那样土气，衣衫褴褛、武器简陋。然而实践证明，它摧不垮、打不烂，攻必克、守必固，胜不骄、败不馁，是一支真正不可战胜的力量。曾几何时，魔怪风流云散，樯橹灰飞烟灭，而它却矗立成这个伟大国家的钢铁长城。

它一往无前的精神令一切号称强大的敌人闻风丧胆，令所有与它交过手的对手甘拜下风。在它的作战日志中，有过失利的记录，有过战斗到最后一人的悲壮，但还没有任何一支，哪怕是最小的成建制的部队集体叛变反水、屈膝投降。

对敌人它勇于亮剑，对老百姓它一往情深。在天崩地裂之时、在沧海横流之际，在风里浪里、水里火里，人民群众在哪里遇到了危难，它就出

---

[*] 本文发表于 2009 年 3 月。

现在了哪里，它的旗帜就是祥云，它的星徽就是救星……

在血与火的战场上，它无愧威武之师的称号；在和平的年代里，它同样堪称模范，酒绿灯红不能淫，温柔富贵不能诱，始终保持了自己的政治本色。

这就是中国共产党领导的人民军队，这就是中国人民解放军。

人们不禁要问，是什么铸就了这支军队的军魂？是什么托起了这支军队的传奇？

其中很重要的一条就是它的政治工作。

我军的政治工作可以追溯到大革命的黄埔时期，那时中国共产党和国民党合作组织了新制度的军队，在军队中设立了党代表和政治部，赖有这种制度，军队得以一新其面貌。中国共产党义无反顾地走上独立领导武装斗争道路之后，从红军到八路军、新四军，都自觉地继承了这种制度而加以发展。从三湾改编到古田会议，再到谭政的《关于军队政治工作问题》的报告，再到新中国成立后历代军队政治工作条例，中国人民解放军不断筑牢了自己的军魂，形成了一整套、完备而科学、完全是中国军队自身特色的军队政治工作方针原则和制度安排。

历史和现实都充分证明，政治工作是我军的生命线。它凸显了人民军队的性质宗旨和政治方向，也标示着这支军队在世界军旅之林的高标独步、与众不同。如同红楼梦中贾宝玉与生俱来的"通灵宝玉"一样，对人民军队来说，政治工作这一"生命线"也须臾不可缺失。

## 二

目前，我军正处在一个深化国防和军队改革的重要窗口期和黄金时期。

世界军事变革的深入发展既对我军构成了严峻的挑战，又提供了难得的机遇。世界军事史表明，军事形态发生革命性变革的时期，往往是一个力量格局的分化重组、"重新洗牌"的时期。一些原先的军事强国的军队,固然可以得风气之先、率先转型、巩固其领先地位,而一些原先相对落后国家的军队如果见事早、锐意革新、举措得当,也有可能直抵前沿,甚至后来居上,这就是所谓的后发优势。中国古代曾留下魏武灵王胡服骑射、变革图强的佳话。今天,我军尤其要发扬生气勃勃的创新精神,抓住机遇而千万不能丧失机遇。

我国改革开放的深入发展和综合国力的大幅度提升为军队的改革提供了适宜的外部环境,提供了不断改善、日益丰厚的物质基础,提供了过去所不曾有的经济、科技和体制机制条件。例如,依托国民教育培养和生长军事人才、利用市场机制优化军事资源的配置、建立现代职业军官制度、实现军队的社会化保障等。在建设中国式现代化的历史进程中,实现富国与强军的统一不仅是必须的,而且是可能的。

近年来,我军武器装备建设取得了显著成就,武器装备系统的信息化水平大幅提高,这既对军队的指挥方式、编组形式、组织结构等提出了新的要求,也为军队的改革创造了前所未有的硬件条件。如果我们充分利用信息技术的主导性、连通性、融合性等特征,适时对各种力量单元和要素进行整合,就有可能实现我军战斗力的整体跃升。

综上所述,适应世界军事变革的潮流,不失时机地深化国防和军队改革势在必行。

## 三

把国防和军队改革引向深入,必须进一步解放思想。

如果说在一切领域都需要思想解放的话,那么在军事领域解放思想更是须臾不可或缓、旦夕不可稍怠的。军事领域是一个事关国家和民族"死生之地、存亡之道"的领域,是一个以人与人之间的生动对抗和博弈争锋为主要特征的领域。"春江水暖鸭先知。"军事领域是科技进步、社会发展最敏感的晴雨表和风向标。兵无常势,水无常形。因时而变,因形而变,因势而变,因敌而变。变则通,变则利,变则无穷,变则不竭。变方可制人而不利于人。军事上没有一成不变的法则,没有一成不变的组织形式和运行方式。文无第一,武无第二。在军事上故步自封、抱残守缺、不思变革、不思进取必然导致落后,而落后就意味着挨打,意味着失败。

我军是一支用马克思主义武装起来的、具有伟大创新精神的、生气勃勃的人民军队。战争年代,我军适应形势任务的转换和自身的发展,不断创新军事理论和战略战术,不断革新军制。我军灵活多变的编组方式、不拘一格的作战方法、奥妙无穷的军事指挥令号称强大的对手徒唤奈何、甘拜下风。然而,正因为我军是一支有着光荣历史和优良传统的军队,是一支胜利之师,往往容易使一些同志自觉不自觉地沉湎于往日的辉煌,陶醉于曾有的殊荣,失去锐意改革创新的动力。"河山虚骏足,俎豆损雄心"。长期和平的环境,由于缺少实战的检验和砥砺,容易造成盲目乐观的情绪,形成故步自封的惰性,使人缺少改革的紧迫感。因此,要把国防和军队改革引向深入,必须大声疾呼地倡导解放思想。要努力摒弃在半机械化机械化条件下形成的、以打大规模地面战争为主要背景的、与传统计划经济体制相联系的不合时宜的军事观念和军事思维方式,树立与建设信息化军队、打赢信息化战争相适应的,与社会主义市场经济体制相吻合的军事观念与军事思维方式。

在军事领域继续解放思想,必须鲜明地确立战斗力标准。战斗力是军队履行使命的核心能力。一支军队的建设水平、军事系统功能的优化归根结底要体现在战斗力上。军队就是要讲战斗力。要改变那种用先验的、抽象的标准评价和裁判军事决策、军事制度的思维定势,把有利于生成、提高、巩固和发挥战斗力作为谋划改革的出发点和落脚点,作为检验改革得失成败的唯一标准,应兴则兴,应革则革。应该看到,战斗力是军队建设最活跃的因素。信息化条件下战斗力要素内涵和战斗力基本形态正在发生深刻变化。因此,谋划军队改革必须瞄准信息化,使之有利于转变战斗力生成模式,有利于形成与信息化相适应的新的军事组织形态,有利于发挥信息力在战斗力中的主导作用,有利于提高我军基于信息系统的体系作战能力。

在军事领域继续解放思想，很重要的是处理好坚持我军特色与借鉴外军有益经验的关系。我军是党的军队、人民的军队、社会主义国家的军队。在80多年的胜利征程中，我军形成了党对军队绝对领导的根本原则和制度，形成了全心全意为人民服务的唯一宗旨，形成了听党指挥、服务人民、英勇善战的优良传统，形成了坚持以人为本、实行三大民主等一系列具有鲜明特色的治军理念和治军方法，这些都是我军建设的根本性要求，是我们的宝贵优势和看家本钱。"天不变，道亦不变"。坚持并有利于保持和发展我军特色，是军队改革的题中应有之义。绝不能妄自菲薄，数典忘祖，买椟还珠，舍本逐末。那种言必称外军，唯某些外军马首是瞻的观点是错误的。另外，也应该看到，军队作为一种高度社会化、与先进生产力和现代科学技术密切联系、严密的军事组织，其建设和战斗力的生成有着某些固有的规律可循。一些发达国家的军队在信息化建设与军事变革上起步较早，它们的一些做法在一定程度上反映了信息化军队建设的共同规律和发展趋势，代表了世界军事发展的潮流，值得我们认真研究和借鉴。我军只有以现代化水平较高的发达国家军队的建设和发展为参照系，才能瞄准世界军事发展前沿，努力实现弯道超车，走在世界军事发展的前列，瞄准一流、抵近一流。封闭自恋只能导致落后。当然，借鉴不等于照抄照搬，不应该邯郸学步，要学人之长，为我所用。

## 四

把国防和军队改革引向深入，离不开生动有力、富有创造性的政治工作。

马克思主义指引下的、革命的、进步的政治工作是我军勇于变革、勇于创新的力量源泉，是我军永不僵化、永不停滞的奥秘所在。要坚持用中国特色社会主义理论——马克思主义中国化的最新成果及其军事篇武装官兵头脑，提高广大官兵特别是各级领导对改革的必要性、重要性和紧迫性的认识，增强推进改革的责任感和紧迫感。要把党的建设作为军队政治工作的核心内容，紧紧抓住能力建设和先进性建设这条主线，提高各级党组织领导改革的能力，强化党员的开拓创新意识。军队的改革是一个复杂的军事巨系统工程。要引导广大官兵运用党的创新理论所蕴含的马克思主义的立场、观点和方法来分析和认识改革中遇到的各种矛盾和问题，正确认识改革，热情支持改革，积极推进改革。要通过深入细致的思想政治工作，引导官兵正确对待改革中的利益调整，牢固树立大局意识，自觉以局部利益服从全局利益，个人利益服从集体利益，当前利益服从长远利益，做到一切听从党安排，一切行动听指挥。

深化军队的改革，也包括军队政治工作自身的变革和改进。很多改革本身就属于政治工作的范畴或者与政治工作有关，例如扩大党内民主和军队内部的民主、改革军事人力资源的配置方式、提高选人用人公信度等。因此，政治工作不仅要在改革中发挥好正确的导向和服务保证作用，还要用改革精神积极推进自身的改进和创新。在政治工作领域同样要坚持"变"与"不变"的统一，变的是与现代化、信息化军队建设不相适应的具体体制机制和运行方式，不变的是党对军队绝对领导的根本原则和制度，是我军一脉相传、不断延伸、始终保持勃勃生机和澎湃活力的"生命线"。应兴则兴，应革则革，通过改革建立起与信息化战争相适应的更为集约、灵便、高效的政治工作编制体制和运行机制，建立起有利于凝聚和吸引人才、有利于战斗力提升的政策制度。

# 建设强军文化断想 *

## 一

文化是什么?"横看成岭侧成峰",聚讼纷纭,莫衷一是。我认为,从最一般、最普遍的意义上说,文化是"人猿相揖别"的标志,是人之所以成为人的本质,是衡量人类社会进步以及人自身完善发展的标尺。文化的质地和境界决定国家的前途、民族的命运、军队的生死存亡。文化的优势是一个国家、一个民族、一支军队最本原、最深层、最重要的优势。

## 二

中国古代兵家很早就有"文种武植""令之以武,齐之以文"的说法,揭示了军队与文化的关系。在这一问题上认识最深刻的是毛泽东。毛泽东是我们党最先认识到建立军队重要性的人,他提出了"枪杆子里面出政权"的著名论断。从领导秋收起义开始,他就非常注重军队的文化建设,非常注重塑造人民军队的文化品格,非常注重通过进步的、革命的政治工作孕育、催生和建构出一种新的军事文化。古田会议之所以成为我军建设史上的一座光辉里程碑,就是因为它廓清了我军初创时期文化上的幼稚性和盲目性,从根本上确立了"建设一支什么样的军队,怎样建设军队"的文化自觉。这种文化自觉对于我军的建设与发展,对中国革命的胜利以及新中国成立以后的强军兴军具有决定性的意义。正是有了这种文化自觉,

---

* 本文发表于 2015 年 8 月。

我军才能够凤凰涅槃，浴火重生，"开天辟地第一回"，成为一支完全新型的人民军队。

毛泽东的军事文化自觉还体现在非常注重提高军队的文化素养上。他有一句名言："没有文化的军队是愚蠢的军队，而愚蠢的军队是不能战胜敌人的。"我军初创时期官兵的文化水平普遍比较低，被敌人讥为"土包子""泥腿子"。然而即便在战斗频仍的战争年代，我军即利用战斗间隙组织官兵学文化，开展各种文化活动，创办随营学校培育人才，延安时期的"抗大"更成为军事人才的摇篮。同时，我军所展示出来的崭新的文化风貌，也像启明星一样给中国带来了希望，像磁石一样把一批又一批的知识青年吸引到自己的队伍中来。这些都使得我军不断甩掉了"没有文化"的帽子，弥补了"少文"的缺陷。至于党和军队的领导集体——毛泽东及其如众星拱月般地聚集在他身边的将帅，他们中的相当一部分人都是受过良好教育的，既有深厚的国学渊源，又得新文化的风气之先，还有的受过正规的军事教育。他们是中华民族的一代精英，是文韬武略的一代风流。

基于这样一种文化自觉，基于对这种文化自觉的历史唯物主义的理解，毛泽东始终洋溢着高度的文化自信。我印象最深刻的是毛泽东的词《沁园春·雪》。这首词发表于抗战胜利之后毛泽东赴重庆谈判之时，当时中国向何处去的问题又一次提到了人们的面前，这篇恢弘词作的发表可谓有深意存焉。在词中，毛泽东纵论千古，睥睨当代，写道"惜秦皇汉武，略输文采，唐宗宋祖，稍逊风骚，一代天骄，成吉思汗，只识弯弓射大雕"。虽然这是填词，不能太过穿凿，但我们可以看到毛泽东对中国历史上众多的政治家、军事家的评骘，无一例外地把他们的主要弱点和缺陷界定在"文"的方面。最后他笔锋一转，力挽千钧，以一句"俱往矣，数风流人物还看今朝"作结，这是何等的文化自信！"风流"者，"郁郁乎文哉"之谓也，文质彬彬、文采焕然之谓也。他的自信正是建立在牢牢占领和把握了先进文化发展的制高点，在文化上高人一格、胜敌一等上。

## 三

对于一支军队来说，做到剽悍易，做到"风流"难；做到武功赫赫易，做到"文质彬彬"难。所谓"风流"，所谓"文质彬彬"，就是要有文化上的自觉与自信，有深厚的文化底蕴，有文化上的大境界、大气象、大格局，有基于文化自觉、文化自信所创造出来的厚重的、灿烂的军事文化。回顾战争史，我们可以看到，一些军队往往初起时堪称剽悍，攻掠如火、席卷如风，气吞万里如虎，但很快雄风不再，最终灰飞烟灭、折戟沉沙。磨洗体认，其原因大抵是有武而无文，或者重武而轻文，缺少一支胜利之师应有的文化底蕴。在战争舞台，在军事领域激烈的竞争和博弈中，在胜负天平随时都可能逆转的较量中，一支军队要获得完胜全胜、不断从胜利走向胜利，要能够"不战而屈人之兵"，要保持长盛不衰、雄风长在，说到底要靠文化。

## 四

文化何以对一支军队存亡攸关、胜负攸关、生死攸关？首先，文化铸就一支军队的灵魂。一个人要有灵魂，一支军队要有军魂，而三军之魂，文以化之。如果我们不是狭义地理解文化，政治工作本质上就是一种"大文化"工作，是"以文化人"的工作，是党按照自己的世界观、价值观及其文化品格建设军队，对军队实施思想上政治上组织上领导的工作。我军的军魂正是在这种"大文化"工作中铸就并牢固确立起来的。其次，文化淬炼一支军队的战力。军队是要打仗的，战争是人与人之间生动的、全方位的对抗和较量。文化渗透和融汇在战斗力建设的方方面面，是战斗力的倍增器。再次，文化塑造一支军队的形象。军队要像军队的样子。样子既有"面子"，又有"里子"，而这个"里子"，就是文化，文化修于内而形于外，文化涵养一支军队的气质、风度。有什么样的文化就有什么样的军队"样子"。我军之所以是这个"样子"而不是别的什么"样子"，就是因为我军形成了与别的军队完全不同的文化。军队的形象既直接体现一支军队的性质、宗旨、作风，也直接关系到军队的战斗力。同时，还是一种重要的软实力，有了好的形象，可以令敌人折服、同行钦佩、舆论点赞、人民拥戴。最后，文化培塑一支军队的素养。现代职业军队需要良好的素养，新一代革命军人一定要有本事。这种素养和本事，离不开严格的训练，更离不开文化的浸染和熏陶。

## 五

一支军队积淀形成的文化，直接决定其战斗力的强弱高低。以我军为例，基于马克思主义科学理论所形成的"革命理想高于天"的坚定信念；在军事领域勇于变革、勇于创新的理论品格；在战争舞台上"你打你的，我打我的"灵活机动的战略战术；"两军相逢勇者胜"，一不怕苦、二不怕死的革命精神和战斗精神；艰苦奋斗的政治本色和优良作风；军队内部的民主制度以及在此基础上形成的团结友爱、纯洁和谐的官兵关系；军爱民、民拥军，同呼吸、共命运、心连心的军政军民关系；严格、自觉的铁的纪律等，这些宝贵的文化品格、鲜明的文化特色，都成为我军战斗力重要的源泉和因素。我军之所以能够在不同时期以劣势装备战胜优势装备之敌，不断发展壮大，其源盖出于此。

## 六

强军文化是与党在新形势下的强军目标紧紧联系在一起的，是在强军兴军新的伟大征程中所建立的文化，同时也是与强军兴军的伟大目标相适应、直接服务于强军兴军的文化。这种文化应该对实现强军目标起到凝魂聚气、固本培元，革弊鼎新、激浊扬清的作用，起到厚植文化底蕴、熔铸文化品格的作用，起到促进官兵全面发展、培育新一代革命军人的作用。

毫无疑义，繁荣和发展军事文学艺术、开展丰富多彩的军营文化活动、创作更多的为官兵喜闻乐见的优秀的精神文化产品，是建设强军文化的重要内容。但仅此还不够，应该赋予建设强军文化以更广泛、更深刻的理解。除我们通常所讲的文化工作之外，建设强军文化还应该包括为实现强军目标所进行的一切具有文化意义的实践活动，例如理论研究、政治教育、思想引导、观念更新、风气养成、管理教育、人才培养等，要把打造强军文化的目标有机地融入部队建设的一切实践活动之中。

## 七

建设强军文化应该以铸魂育人为首要任务。强军必先铸魂，强军必先育人。文化第一位的功能就是育人，文化的内核是核心价值观。要紧紧围绕听党指挥、能打胜仗、作风优良的强军目标，围绕有灵魂、有本事、有血性、有品德的"四有"要求，持续培育当代革命军人核心价值观，充分发挥强军文化在铸魂育人中的作用。

应该以改革创新为时代特色。改革是强军兴军的必由之路，僵化是军队的天敌。在军事领域，故步自封必然导致落后，而落后就要挨打。"齐一变，至于鲁；鲁一变，至于道"。当今世界，发端于20世纪90年代的以信息化为本质和核心的军事变革正深入推进，军队的战斗力形态正在得到重塑。我军新一轮的调整改革也已拉开序幕。为此，建设强军文化必须大力倡导改革创新的精神，努力形成与强军兴军相适应的新思想、新观念、新风尚，为改革提供思想保证、精神动力、舆论环境和文化条件。

应该以强军胜战为根本旨归。强军最集中的体现、最重要的标志就是能打仗、打胜仗。强军文化必须牢固确立战斗力标准，向巩固、提高和发挥战斗力聚焦。孟子曰："我善养吾浩然之气。"强军文化就应该对强军起到"养气"的作用，涵养我军压倒一切敌人的雄风浩气。必须看到长期的和平环境，对军队来说，容易消磨军人的战斗精神；对社会来说，容易淡薄人们的国防观念以及对军人牺牲奉献的认同。从这一意义上说，强军文化应该把培育和激发军人的战斗精神、强化全民族的国防观念和尚武精神作为重要任务。

## 八

如前所述，建设强军文化必须着眼于培育新一代革命军人，培育新一代革命军人也必须建设强军文化。有灵魂、有本事、有血性、有品德，哪一个方面都离不开"文以化之，以文化之"。文化的特性是潜移默化。文化如同阳光，普照大地、化育众生，而又自然而然；文化如同空气，无处不在，人们赖以生存、浸淫其中，却又浑然不觉。在当前的多元文化环境中，在意识形态斗争尖锐复杂的形势下，我们既要强化阵地意识，坚持"守土有责"，保持军事文化的战斗锋芒；又要努力通过生动有力的政治工作营造一种有吸引力、辐射力、感召力的"文化"，做到"好雨知时节，当春乃发生。随风潜入夜，润物细无声"。

## 九

文化的一个重要特征是具有延续性和传承性。一支军队的文化必然会带有鲜明的民族特色以及源于自身历史和传统的本军特色。中华民族具有源远流长、博大精深的军事文化传统。特别是我军在近90年的征程中，在中华优秀传统军事文化的基础上，创造出了一种崭新的、优秀的、堪称先进的军事文化，这种文化集中体现和凝结在我军的优良传统里，这种优良传统就是我军的"文化基因"。一些敌对势力所实施的政治"转基因"工程，其要害就是企图使我军丢掉自身的传统。一支军队走得再远，走向再辉煌的未来，也不应忘记、丢掉自身的传统。习主席把率领全军政治工作高级干部重回古田，作为新形势下政治工作的破题之笔，正是基于这样一种深远的战略考量。所以，继承和发扬我军的优良传统，是固本强基之策，是建设强军文化的应有之义。当然，继承和发扬优良传统，必须与创新发展统一起来。纪念抗日战争胜利70周年阅兵给我印象最深的是，每一个方队的前面，都用一个排面高擎着抗战中英雄部队的旗帜，使我感到这既是一支已经初步现代化并正在阔步走向更高水平现代化的军队，也是一支保持了老红军和八路军、新四军血脉，有着优良传统和深厚文化积淀的军队，这样的军队将无敌于天下。

## 十

继承和发扬优良传统，就必须崇尚英雄。我军是一支洋溢着革命英雄主义的军队，在我军历史上英模辈出、灿若星辰。他们就是传统的形象化载体，是中华民族优秀传统、我党我军优良传统的人格化。从这一意义上说，捍卫我们的英雄，就是捍卫优良传统，就是捍卫先进文化。

## 十一

建设强军文化理所当然地应首先着眼于军队，激励全军将士为强军兴军拼搏奉献、开拓进取、建功立业。同时应看到，强军绝不单单是军队的任务，而是国家和民族的任务，是全党和全国人民共同的事业。因而建设强军文化也必须强化全民族和全体人民的国防观念，在全社会形成居安思危的国防意识，形成尚武拥军的社会风尚。中华民族是一个热爱和平的民族。中国文化鲜有穷兵黩武、侵凌杀伤的文化元素，但也不乏修我戈矛、保家卫国的文化因子。"男儿何不带吴钩，收取关山五十州。"从古至今，军旅文化、军事文化就一直是中国文化发展的一个重要支派，是中国历史文化长廊的一条亮丽的风景线。它涵养了我们民族的阳刚之气和英雄情怀，为中华民族精神的形成和发育注入了宝贵的基因，发挥了重要作用，提供了不可或缺的钙质和养分。毫无疑义，今天的强军文化也应该成为社会主义先进文化建设中一个重要、有机的组成部分，从一个重要方面为实现中国梦、强军梦提供文化支持和精神力量。

## 十二

文化是强军之魂、兴国之光。文化的繁荣昌明是一个民族兴旺发达的首要标志，因而也是中华民族伟大复兴必不可少的条件和任务。我军历来是体现党的政治优势、文化优势的重要载体，是党所倡导的先进文化的首善之区。从战争年代到和平时期，我军培育了许多独具特色、光照千秋、堪称瑰宝的革命精神，涌现了数以千百计的英雄模范人物，我军的文艺工作者也创作了大量堪称经典的军事文艺作品。这些都用崇高的道德风尚和崭新的文化品格影响和带动了全民族。这或许可以称为军事文化的"溢出效应"。在新形势下，建设强军文化要继续发挥好这种"溢出效应"，为培育和弘扬社会主义核心价值观，为实现社会主义先进文化的大繁荣大发展作出人民军队应有的贡献。

# 赓续与超越　坚守与重塑*

## ——论打造新时代强军文化

随着国防和军队改革大幕的徐徐开启，军队改革正受到军内外的普遍关注和热议，而人们的兴奋点往往更多地集中在编制体制的调整变化上。其实，深化国防和军队改革，绝不仅仅是编制体制的调整变化，就其实质而言，是我军组织形态乃至整个战斗力形态再造和重塑的过程，是打造新的强军文化的过程。从一定意义上说，较之编制体制的变化、组织形态的变化更深刻、更有根本意义的，是军事文化的再造和转型。只有在保持我军军事文化优良传统一脉相传、发扬光大的基础上，孕育和催生出与实现强军目标、履行使命任务相适应的军事文化，孕育和催生出与建设信息化军队、打赢信息化战争要求相适应的军事文化，才能确有把握地、扎实有效地实现改革的目标。而这种军事文化，即新形势下强军文化的成功打造、蔚成大观，也是改革落地生根的最根本、最主要的标志。

## 一

一部人类军事史就是一部与社会生产力形态相联系的军队战斗力形态演进和变革的历史，而一定的战斗力形态总是表现为一定的军事文化、生长出一定的军事文化。纵览军事史可以看到一种现象：战争制胜的天平往往向那些得风气之先、率先实现军事文化转型的国家和军队一方倾斜。

---

* 本文发表于 2016 年 3 月。

"长夜难明赤县天""中原王气久消磨"。还是一段时间来以大家反复言说的甲午殇思为例。

甲午战争时，如果只就武器装备的数量和质量相比，中国军队并不处于劣势。结果为什么中国北洋水师几近全军覆没，上演了中国近代史上悲壮的一页呢？究其最深层的原因，还在军事文化上。

甲午战争前夕，清廷已意识到了军事变革的重要，一些有识之士也痛心疾首。然而其改革主张仅限于"师夷长技以制夷"的层面，只变"器"，不变法，军事思想、军事体制依然沉迷在"天朝上国"的幻梦中。中国北洋水师徒有从欧洲引进的先进战舰，而头上依然拖着长长的辫子，大脑仍停留在陈旧的陆战思维里。而日本在明治维新后，则迅速"脱亚入欧"，从观念、理论、制度等各个方面比较彻底地重塑了军事文化，建立了一支真正意义的近代海军。这样的两支军队迎面相遇，其利钝胜负可想而知。

## 二

"周虽旧邦，其命维新。"近代史表明，无论是腐朽没落的封建王朝，还是中国先天不足的资产阶级，都不可能承担起实现军事文化更生再造的任务。这种打造与实现强国梦、强军梦相适应的军事文化的使命历史地落到中国共产党领导的人民军队的身上。

我军正是在旧中国如晦的风雨中、如磐的夜空下横空出世的。我军一诞生就在党的领导下，把无产阶级的革命品格和马克思主义创新精神贯彻和投射于军事领域，一改旧军队政治上的腐败、军事上的保守、士气上的低迷，为陈腐、停滞的中国军事界吹入了一股清新的风，孕育和催生出了一种千百年来所不曾有过的生气勃勃的军事文化。

在党的领导下，我军形成了坚定正确的政治方向。我军紧紧地凝聚和集结在党的旗帜下，以党的方向为方向，以党的目标为目标，把爱国主义和新民主主义、社会主义有机地统一了起来，树立了崇高而科学的理想信念。我军紧紧地与人民站在一起，来自人民，为了人民，服务人民，依靠人民，确立了全心全意为人民服务的宗旨。我军脚踏着祖国的大地，背负着民族的希望，站在为中华民族解放和复兴斗争的最前列。党性与人民性的一致性熔铸了我军特有的政治本色。

在党的领导下，我军形成了崭新的军事制度和完全新型的内外部关系。我军确立了党对军队绝对领导的根本原则和制度，并随着形势任务的变化不断改进了其实现形式，革新了军队的编制体制和各项制度安排。我军建立并不断发展了进步的、革命的政治工作，制定了军队内部的民主制度，确立了官兵一致、军民一致、瓦解敌军的政治工作三大原则，不断巩固了官兵之间平等、友爱、纯洁、和谐的内部团结和军政军民之间同呼吸、共命运、心连心的外部团结。

在党的领导下，我军形成了先进的军事思想和以变革创新为主要特征的军事思维方式。我军注重军事理论的先导作用，形成并与时俱进地发展了科学的军事指导理论，特别是毛泽东军事思想，作为人民军队建设、中国革命战争和新中国强军固防伟大实践的理论结晶，更在人类军事思想史上矗起一座令人仰视的山峰，放射出照亮夜空、耀彻寰宇的光辉。毛泽东军事思想所蕴含的科学军事指导原则及其培育的崭新的军事思维方式，指引我军在不断演进变化的战争舞台上纵横驰骋，在复杂的斗争中纵横捭阖，坚持你打你的，我打我的，各打各的，形成了灵活机动的战略战术和出神入化的军事指挥艺术，无穷如天地，不竭如江河。

在党的领导下，我军形成了弥足珍贵的革命精神和优良的战斗作风。在长期的艰苦卓绝的斗争中，在完成党和人民所赋予的各项使命任务中，在不同的历史时期、不同的军事实践中，我军都淬炼和涵养了集无产阶级先进性与中华民族优秀品格于一身的革命精神，如井冈山精神、长征精神、延安精神、老西藏精神、"两弹一星"精神等，这些精神不仅融入了我军的血液中，丰富了中国共产党的精神谱系，而且影响和带动了全民族。我军形成了优良的战斗作风和建立在高度自觉基础上的铁的纪律，艰苦奋斗、勇于牺牲、一不怕苦、二不怕死、步调一致、令行禁止。

所有这些，化育出和熔铸为一种新的军事文化。这种军事文化既历史地、自觉地继承和弘扬了中国优秀的军事文化遗产，凝结了中华民族传统兵学、武德思想的精华，又是除旧布新、推陈出新的创造；既不乏对外国军事文化借鉴和吸纳的元素，又植根于人民军队建设、中国革命战争和强军固防的生动实践。概言之，它是马克思主义军事思想和共产党人革命品格在中国所开出的灿烂的军事文化之花。

这种文化构成了中国军队的灵魂、风骨、血性和情怀，构成了人民军队渊源有自、代代相传的基因，是我军最本质的特征和优势。正是因为有了这种文化，我军才能够艰难奋战而不溃散，迭历险厄而不踬仆；才能压倒一切敌人而决不被敌人所屈服，不断从胜利走向新的胜利；才能够等闲看云飞浪卷，傲然屹立、卓然独步于世界军队之林。西方一些军事观察家曾经无可奈何地慨叹："不怕中国军队现代化，就怕中国军队毛泽东化。""毛泽东化"者何？此之谓也。

应该看到，当前我们所进行的军队改革，正是这种文化传统的具体体现和本质要求，其目的也是更好地传承这些基因、赓续这种特色。如果我们在改革中不是很好地保持这些基因和特色，而是把它们丢掉了，使之变异或者黯然失色了，那就南其辕而北其辙了。

因此，在改革中坚持和坚守我军的文化底蕴、文化品格，确保我军红色文化基因永不变异、优良传统发扬光大，是我们必须着重考虑和把握的一个问题。在这一点上，我们必须确立文化的自觉和自信。离开了这一点，我们就会犯历史性的错误。

## 三

还有问题的另一个方面，就是我们所讲的坚持不是消极的坚持，我们所讲的坚守不是盲目的坚守。

尽管我们这支军队是一支有着伟大创新精神的军队，但毕竟我军是在旧中国的暗夜中揭竿而起的，武器装备长期处于落后和劣势的状态，新中国成立后特别是改革开放以来,我军的武器装备有了长足的发展,但总体上仍比较落后,某些方面与世界先进水平甚至存在代差。我军机械化的任务还没有完成,信息化建设更是刚刚起步,因此,我军的军事文化特别是官兵的军事思维方式不能不受到这种状况的制约。

尽管我们这支军队是一支胜利之师,有着"敢与恶鬼争高下,不向霸王让寸分"的雄风,有着丰富的战争经验,但毕竟我们的战争经验大都是在半殖民地半封建的旧中国取得的,是在小米加步枪、加一点初级阶段的机械化的条件下取得的。特别是我军已30多年没有战事。"在长久的和平时期兵器由于工业的发展改进了多少,作战方法就落后了多少。"长期相对和平的环境,缺少实战的砥砺和检验,使得军事文化特别是某些军事思维方式难以跳出"昨天的战争"窠臼。

从这一意义上看,当前我们所进行的改革,不仅旨在推进军队组织形态的现代化,也是旨在实现军事文化的现代化。从某种程度上说后者更深刻、更重要。因为没有军事文化的现代化,军队组织形态的现代化就不可能实现,即使实现了也是不彻底、不完全的,而且有可能"穿新鞋,走老路"。这既是一个在新形势下继承和发扬我军优良文化传统的过程,也是一个对既有文化形态进行再造,使之浴火重生、破茧化蝶的过程。在改革中不仅军事力量体系将获得重塑,军事文化形态也将获得重塑。

因此,在改革中着力孕育和催生出新的军事文化内涵,努力实现军事文化从传统向现代、从机械化形态向信息化形态的转型,也是我们必须着重考虑和把握的问题,在当前,可能是更重要的问题。在这一点上,我们同样要确立文化的自觉与自信。离开了这一点,就不可能达成我们的改革目标,就可能在盲目乐观中错失军队建设跨越式发展之机,我们同样要犯历史性的错误。

## 四

伴随着改革的历史进程,基于波澜壮阔的改革实践,必须把打造强军文化，构建具有崭新时代特色的、符合建设信息化军队、打赢信息化战争要求的军事文化，作为重要而紧迫的任务。用文化的转型为改革助推加力，以改革的实践催生新的军事文化。

这种军事文化应该进一步彰显我军的本色和特色。在改革中要坚持变与不变的统一——变化的是编制体制、运行机制，不变的是军魂、血脉；变化的是指挥、管理部队的具体的体制设计和制度安排，不变的是政治建军的原则和要求。要在新体制下创新党对军队绝对领导的实现形式，在军委管总、战区主战、军种主建的格局下创新政治工作新的运行机制和工作方式，实现我军优良传统与新的体制机制的"无缝链接"。

这种军事文化应该以创新作为主旋律。军事领域是最需要创新、最离不开创新的领域，在信息化时代尤其如此。只有创新才能解决制约国防和军队建设的体制性障碍、结构性矛盾、政策性问题，进一步解放和发展战斗力，进一步解放和增强军队活力；只有创新才能把握信息化战争的特有制胜机制，为打赢我军可能面对的战争提供科学的理论指导、管用的胜敌方略、有效的手段支持。要在创新中坚持毛泽东军事思想的本质内涵，确立体现信息化的军事思维方式。要着眼于抢占未来军事竞争战略制高点，充分发挥创新驱动发展作用，培育战斗力新的增长点，努力形成新质战斗力。

这种军事文化应该以联合、融合为重要理念。基于信息系统的体系作战、军民之间的深度融合式发展是信息时代作战建军的客观要求和显著特征。要改变我军历史形成的大陆军理念，单一军种作战或低级层次的联合作战下所形成的思维惯性，条块分割、各自为战的建设模式，确立体系集成、系统思维方式，确立以联合铸战力、求效能、夺胜利的观念。要赋予我军军民一致的原则以崭新的时代内涵，着力贯彻军民融合式发展战略，努力形成全要素、多领域、高效益的军民融合深度发展格局，推动经济建设和国防建设协调发展、同步发展、融合发展，创新发展新时代人民战争思想，使我军的战斗力深深地熔铸于国家的综合国力之中，植根于人民的伟大创造力量之中。

这种军事文化应该展示出更加开放的风度。由于特定的地理环境和复杂的历史文化因素，中华民族的军事文化传统呈现出内敛的特点，侧重于安土固边，海洋文明的元素相对稀薄。新中国成立后，面对敌对势力的包围和挤压，我军战略思维的重点也主要放在维护国家领土主权和完整上，甚至以在海外没有一兵一卒相尚。在我国由大向强的历史进程中，在新一轮军事改革的陶冶下，中国军队应以更成熟、更自觉、更开放的姿态面向世界、放眼世界、走向世界，背负青天、凭海临风，全领域维护国家主权安全和发展利益，展示出有能力、有担当、有作为的，负责任的大国军队形象，把防卫性的国防政策与更主动、更积极的战略营造有机统一起来，把维护国家安全与保卫世界和平有机统一起来。要进一步加强与世界各国的军事合作与交流，以海纳百川的气度大胆借鉴和吸收世界各国建军治军的有益经验。

这种军事文化应该体现出革命精神与科学精神的统一。如前所述，在80多年奋斗历程中所培育的革命精神是我军的宝贵财富。在新一轮军队改革中，在军事文化的再造中，我们应该把这种革命精神与信息化所要求的科学精神更有机地统一起来。在军队建设上，在强调艰苦奋斗的同时，要进一步强化科学、效能、集约、精细的理念。在作战和军事斗争准备中，要把敢打必胜、一往无前与体系制胜、科技赋能统一起来，赋予我军传统的战斗精神以新的时代内涵。我军的军事文艺作品也要努力塑造有灵魂、有本事、有血性、有品德的新一代革命军人的形象，展示我军革命化加现代化的时代风采。

这种军事文化应该体现网络与新媒体时代的思维和传播方式。军事文化既熔铸于战斗力建设与生成的方方面面，同时也是一种国家和军队不可或缺、不容小觑的软实力。而软实力要发挥其效能，就必须借助于先进的传播媒介和途径。军事文化要努力改变陈旧的生产和传播方式，实现与网络与新媒体的充分联姻，在变革中获得新的表现手法和形式，更加为官兵和人民群众所喜闻乐见。同时，努力向世界讲好中国军人故事，向世界展示中国军队的风采。

总之，这是一个赓续与超越、坚守与重塑相统一的过程。而随着这种新的强军文化的打造，我军将会以新的形象、新的风姿出现在世人面前，在中华民族伟大复兴的新的历史进程中，更加卓有成效地担当起党和人民赋予的使命。

# 高扬革命英雄主义的旗帜 *

一个不崇尚英雄的民族是没有希望的民族，一支不崇尚英雄的军队是难以履行使命的军队。如果说战斗精神是由理想、信念、意志、作风、气节等精神因素凝结升华而成的一种内在精神力量，那么，革命英雄主义就是战斗精神的本质特征和集中表现，也是我军的优良传统和宝贵精神财富。培育和强化部队官兵的战斗精神，更好地肩负起我军历史使命，应该从弘扬革命英雄主义入手。

## 英雄主义是人类文明发展不可或缺的基因，革命英雄主义是军人价值的最高体现

何谓英雄？我国古代学者刘劭曾阐发道："聪明秀出谓之英，胆力过人谓之雄"。德国古典哲学家黑格尔说："一代英雄，必然是公认的那个时代目光敏锐的人。他们的业绩、他们的言论，就是那个时代的精华。"从军事的角度，人们更习惯把那些英勇作战、不怕牺牲的人称为英雄。古希腊哲学家柏拉图说："一个人在战斗中光荣牺牲，难道我们不应该首先说他是人中豪杰？"

崇拜英雄是人类的天性，英雄情结是人类社会从幼年时期就萌生的情结。在生产力极度低下的情况下、在与严酷的自然环境的斗争中、在战争决定民族存亡的情况下，自然产生了人类对英雄的崇拜和对英雄主义的讴歌。中国古代有羿射九日的神话，有鲧禹治水的传说，有黄帝大战蚩尤的

---

\* 本文发表于 2006 年 5 月。

描写。古希腊神话和荷马史诗中更充满了对于英雄的崇拜。要言之，英雄主义是人类文明发展不可或缺的基因，在筚路蓝缕的蛮荒时代如此，在数字化生存的信息时代也是如此。英雄的产生和英雄主义的形成，极大地提升了人类的精神境界，有力地推动着人类从远古到现今的历史进程。

英雄主义更与军人职业、军旅生活结下了不解之缘。可以说，英雄主义是军人的职业精神，是军人美德的集中反映，是军人价值的最高体现。军人的职业是伴随着战争而出现、为战争而存在的，而战争是流血的政治，是敌我双方的生死搏斗。在刀兵相加的战场上，在锋镝交并的厮杀中，"两军相逢勇者胜"是一条铁律。古往今来，一切有远见、能征惯战的军事家无不提倡不怕牺牲、勇敢战斗的英雄主义精神。中国古代兵家早就指出"夫战，勇气也"。拿破仑也把勇敢视为"军人的第一美德"。从古至今，讴歌军人英雄主义的诗歌不绝如缕。"修我戈矛，与子同仇""但使龙城飞将在，不教胡马度阴山""男儿何不带吴钩，收取关山五十州""马革裹尸当自誓，娥眉伐性休重说"……在中国民间，花木兰、赵子龙、杨家将、岳飞等军旅英雄形象更是家喻户晓。

我军是完全新型的人民军队，是一支从旧世界杀出血路、打出来的军队，是一支创造了辉煌战绩的军队。在党的领导和哺育下，在科学理论的指引下，我军充分继承了人类军事文化的英雄主义传统，形成了崭新的革命英雄主义。正如毛泽东所指出的，这支军队"具有一往无前的精神，它要压倒一切敌人，而决不被敌人所屈服。不论在任何艰难困苦的场合，只要还有一个人，这个人就要继续战斗下去"。我军的革命英雄主义可谓惊天地、泣鬼神，前无古人、后无来者，气壮山河、威震敌胆。在举世闻名的二万五千里长征中，我军强渡大渡河、飞夺泸定桥，爬雪山、过草地，冲破层层封锁线、置之死地而后生，用事实证明，红军是不可战胜的。抗美援朝战争更是一场国力和武器装备极为悬殊的战争，但正如毛泽东所讲的，美军"钢多气少"，我军"钢少气多"。面对武装到牙齿的敌人，我志愿军官兵发扬一往无前的英雄气概，凭着"一把炒面一把雪"的精神，打出了国威军威。我军近 80 年的战斗历程可以说就是一部革命英雄主义的壮丽史诗。在我军历史上英雄辈出，狼牙山五壮士、董存瑞、黄继光、麦贤得、杨业功、丁晓兵……灿若星辰；在我军的序列里，涌现了大量的英雄群体，临汾旅、硬骨头六连、钢八连……不胜枚举。在不同历史时期，在不同领域，我军都孕育和形成了以革命英雄主义为主要内涵的精神，例如井冈山精神、长征精神、上甘岭精神、老西藏精神、"两弹一星"精神、载人航天精神……不仅熔铸了人民军队的铁血军魂，而且影响了全民族的精神面貌。可以无愧地说，革命英雄主义是我军从小到大、由弱变强、战胜一切敌人和艰难险阻的力量源泉，是我军以劣势装备战胜优势装备之敌的一大法宝，是我军特有的政治优势。有了它，我军就能拖不垮、打不烂，愈挫愈奋、越战越强；就敢于与任何强敌亮剑交锋，而不被敌人的气势汹汹所吓倒；就敢打硬仗、恶仗、大仗；就能攻必克、守必固，所向披靡，无往而不胜。

**革命英雄主义具有穿越时空、历久弥新的魅力，履行历史使命呼唤革命英雄主义精神**

时代呼唤英雄，时势造就英雄。革命英雄主义具有穿越时空、历久弥新的魅力。在新的历史条件下，我军要有效履行党和人民赋予的使命，推进国防和军队建设现代化加速发展，更加需要大力弘扬革命英雄主义精神。

——和平年代虽然没有战火硝烟，但革命英雄主义没有也不应"褪色"。在金戈铁马、激情燃烧的岁月，我军无愧于英雄的称号。但长期的和平年代却容易销蚀军人的英雄主义精神，造成理想信念和职能意识的淡薄。在改革开放和市场经济的条件下，有的同志甚至沉湎于酒绿灯红，寄情于风花雪月，英雄气短、儿女情长，虎气减少、娇气增多。在这种情况下，倡导革命英雄主义无疑是一服政治上的清醒剂和精神上的"补钙剂"，是抵制种种政治微生物以及腐朽思想文化侵蚀的重要保证。和平是对军人的最大褒奖，是军队所产出的最大价值，而和平的维护与和平的实现，却是基于军队铸造出了足以遏制战争、赢得战争的利剑。能战方能止战，勇于战才能不须战。军人就是为战争而存在的，对于军队来说，只有两种状态：一种是砺剑，另一种是亮剑。"醉里挑灯看剑，梦回吹角连营。"和平岁月，革命英雄主义精神不是表现在枪林弹雨中出生入死，而是在安逸生活中永不懈怠、酒绿灯红面前永不堕落、糖衣炮弹面前永不沉沦。如果没有一点英雄气概，没有一点奉献精神，如何能耐得住"十年磨一剑"的艰辛和寂寞？如何能做到"匣中宝剑夜有声"，党和人民一旦有令，扬眉出鞘，一剑制敌？只有具备杨业功、丁晓兵等时代英雄身上所蕴含的革命英雄主义精神，才能确保我们这支人民军队在经历了长久的和平时期，依然能够保持政治本色，保持常备不懈的战备状态和克敌制胜的浩气雄风，有能力为党巩固执政地位提供重要的力量保证，为维护国家发展的重要战略机遇期提供坚强的安全保障，为维护国家利益提供有力的战略支撑，为维护世界和平与促进共同发展发挥重要作用。

——社会转型价值取向多元，但革命英雄主义没有也不应"贬值"。当前，我国正处在社会转型时期，社会生活由一元向多元发展，尤其是各种文化相互激荡，对传统价值观产生了一定的冲击。曾有人感叹，歌星、"鲜肉"吃香了，英雄贬值、"掉价"了。社会变革的实践深刻地昭示，价值观呈现多元化，但不等于不要高扬时代的主旋律，革命英雄主义仍然是我们应当奉行的主流价值观。"崇敬英雄是阶级社会的历史必然。"一个社会要发展，不能没有一点雄风浩气；一支军队要打胜仗，不能没有一点铁胆侠骨。特别是处在转型中的社会，只有以革命英雄主义精神作向导，才不会失去目标、分散力量；处在变革发展中的军队，只有以革命英雄主义精神作向导，才能凝聚军心，不辱使命。革命英雄主义，永远是民族的精神支柱；革命英雄主义，永远是人民军队的本色。在新形势下，我们要适应官兵文化水平、审美情趣、心理特征的变化，积极采用官兵喜闻乐见的现代文化形式和文化手段，努力满足官兵日益丰富多样的精神文化需求，但军队姓"军"，革命英雄主义始终应该成为军营文化建设的主旋律。

——信息化战争作战形态发生变化，但革命英雄主义没有也不会"过时"。战争，说到底是双方物质力量和精神力量的综合较量。如果说物质因素是战斗力的基础，那么精神因素则是战斗力的核心和灵魂。拿破仑曾说过这样一句被广为传诵的名言："世界上只有两种力量——剑和精神。从长远说，精神总能征服利剑。"人类战争史反复证明，赢得战争的决定性因素是人而不是物，而革命英雄主义精神又是人的因素中最重要的因素之一。有人认为，在信息化条件下，战争具有非接触的特点，变得"文明"了，因而革命英雄主义不那么重要了。这种认识显然是片面的。信息化没有也不可能改变战争的暴力性质，没有也不可能改变战争是流血的政治这一本质属性。未来的信息化战争，战争形态更加多样，战场空间不断扩大，前方后方的界限趋于模糊，任何一个领域都可能变成战场，每一个人都可能面临血与火的环境、生与死的考验。革命英雄主义不但没有"过时"，反而愈益凸显出其巨大的时代价值。近期世界局部战争实践表明，在信息化条件下，战争并不像某些战争预言家所想象、所描绘的那样，在实验室或虚拟的空间，敲敲键盘、摁摁按钮就万事大吉了。相反，一定规模的直接交战，乃至一定范围内的短兵相接不可避免。战争的非线性、多维性以及高技术武器打击的精确性，在某种程度上使得战争更加残酷，战场环境更加凶险，官兵在战场上承受的心理压力更大，独立面对的风险和挑战更多。与更强大的对手相比，我军武器装备现代化水平处于劣势的状况，在短时期内不可能有根本的改变。在这种情况下，尤其需要弘扬一不怕苦、二不怕死，敢于斗争、敢于胜利的革命英雄主义精神，把现有武器装备的效能最大限度地发挥出来。

### 结合新的军事实践，赋予革命英雄主义时代内涵

革命英雄主义是一个历史范畴，弘扬革命英雄主义是一个与时俱进的过程。我们应当结合新的军事实践，深入进行革命英雄主义教育，刻苦砥砺革命英雄主义精神，并不断赋予其新的时代内涵。

把提倡勇敢和崇尚科学统一起来。革命英雄主义是科学的英雄主义。现代科学技术特别是信息技术在军事领域的广泛应用，深刻改变着战斗力的形态及其生成模式、发挥机制，科技日益成为第一位的战斗力，知识和智能越来越成为影响战争进程的主导性因素。这就要求官兵不断提高科技素养，努力掌握信息化的武器装备，把压倒一切敌人的气概同严谨求实的科学态度结合起来，这样，我军在未来战争就能如虎添翼，把战争主动权牢牢掌握在自己手里。

把奋勇争先与团结协作统一起来。革命英雄主义是集体英雄主义。我军历来有争先锋、打头阵、夺第一的传统，但我军也历来注重协同意识和大局意识。信息化条件下的战争是体系对抗，任何单一兵种、单一武器系统都不可能主宰战场，任何层次的梗塞、任何环节的疏漏，都有可能导致整个战局的失利。因此，着眼信息化战争特点和规律，弘扬革命英雄主义，必须更加重视培养官兵的战略意识、大局意识和团结意识，必须进一步强化集成、联合、协同的观念，最大限度地发挥体系的效能、整体的战力，为夺取胜利创造条件。

把珍惜荣誉与淡泊名利统一起来。荣誉是社会对军人价值的认可和对军人所作出的牺牲奉献的褒奖。革命军人应该把荣誉看得比生命还重要，但同时又要甘当无名英雄。在相对和平的年代，注定了绝大多数军人只能当无名英雄。"名"和"利"并不是衡量军人价值的唯一尺度。革命军人应该具备宽阔的视野和胸怀，志存高远，脚踏实地，既奋发进取又勇于奉献，像一个优质的齿轮和螺丝钉一样，紧紧地铆在自己的岗位上，嵌入现代化军队这一复杂的人机系统之中，真正把自己的人生价值和国家与民族的利益统一起来，为履行我军使命任务作出应有的贡献。

我们的时代需要英雄主义，我们的事业需要英雄主义，我们的军队需要英雄主义，我们的使命需要英雄主义。让革命英雄主义的热血在我军的脉管里永远奔流不息，让革命英雄主义的号角永远激荡在我军的千座营帐，让革命英雄主义的旗帜永远高扬在我军的万里征程！

# 流淌在音符里的铁血雄风[*]

## ——强军战歌演唱会观后

在全军和武警部队深入学习贯彻习近平强军思想、踏上新的伟大征程之际,总政治部在开展聚焦强军目标军旅歌曲创作征集活动的基础上,精心策划举办了强军战歌演唱会。这场演唱会以匠心独运的构思、新颖别致的编排、天风海雨的气势、绚丽多彩的风格,尽情抒发了走在强军路上的三军将士的豪情壮志,充分展示了我军新一代官兵的崭新风貌,给人以强烈的精神震撼和美的艺术享受。

兵心似歌抒壮志,猛士如云唱大风。军歌之与军旅如酒之与诗人,不可或缺。中国第一部诗歌总集《诗经》中的不少篇章,实际上就是采录的当时的军歌,生动地展示了军人同仇敌忾、为国家效命疆场的勇气与决心,今天读来依然为之感奋。军旅诗歌,录之是诗,发而为歌,成为中华民族深厚爱国主义传统以及不畏强暴、勇惩腐恶的尚武精神的一个重要源头。我军历来重视革命文艺,特别是军旅歌曲对于凝聚军心、激励士气的重要作用。早在古田会议决议中就明确规定:"各政治部负责征集并编制表现各种群众情绪的革命歌谣,军政治部编制委员会负督促及调查之责。"我军第一代政工条例——1930年颁发的《中国工农红军政治工作暂行条例(草案)》规范了红军俱乐部、连队列宁室的组织和职责,要求俱乐部设音乐唱歌组,列宁室设唱歌班。在我军86年的征程中,各个不同

---

[*] 本文发表于2013年10月。

的历史时期，都涌现了不少脍炙人口的军旅歌曲，这些歌曲不仅当时风靡一时，对于振奋军心士气、激扬杀敌斗志发挥了重要作用，而且许多歌曲至今传唱不衰，已经成为流淌在旋律里的军史，成为跃动在音符上的军魂，成为插上歌声翅膀的优良传统，成为凝结党和人民文化记忆的红色经典。这些歌曲不仅回荡在军营里，吼唱在队列中，而且为广大人民群众所家喻户晓、喜闻乐见。从这些歌曲中，人们看到了人民军队的形象，领略了革命军人的情怀，铭记了热血沸腾、激情燃烧的岁月，有力地影响了社会风气，极大地振奋了民族精神。像红军时期的《大刀向鬼子们的头上砍去》、抗日战争时期的《到敌人后方去》、解放战争时期的《说打就打，说干就干》和《战斗进行曲》、抗美援朝时期的《中国人民志愿军进行曲》、社会主义建设时期的《毛主席的战士最听党的话》和《打靶归来》、改革开放以来的《咱当兵的人》和《一二三四歌》等，就是其中的代表作。我军许多优秀军旅歌曲大都是专业文艺工作者和业余文艺骨干相结合的产物。我军不乏能诗爱歌的儒将，著名的新四军军歌就是陈毅元帅和其他同志一起创作的。许多文艺战士深入火热的战斗生活激发灵感、汲取诗情，提炼语言、寻找旋律，写下了不朽的名篇金曲，作为我军音乐形象的《解放军军歌》就出自国际主义战士郑律成（原朝鲜人，后加入中国国籍）之手。还有更多的优秀军歌则是官兵集体创作、自写自唱，在传唱中获得了恒久的生命力，以至于今天我们都无从考证它的确切作者。军歌之于我军，可谓渊源有自，蔚为壮观，其声不可谓不远，其功不可谓不伟。

2013年度总政组织的《强军战歌演唱会》就是从奔涌于军营中的强军激流中撷取的一束音乐浪花。词曲几乎出自近年来活跃在我军歌坛创作舞台的一流专业作者，他们以强烈的使命感，深入部队、体验生活，精雕细刻、千锤百炼，为强军之梦献上了自己的力作；也有的出自战斗在强军第一线的基层官兵之手，他们踊跃应征，在帐篷里、在甲板上、在战鹰旁，凝神结想，逸兴遄飞，把誓言和心声化作了质朴的歌词，跃动的音符。因而，这些歌曲都十分接地气，十分有兵味，可谓来自强军实践，服务于强军实践，无矫揉造作之气，却有清新活泼之风。

置身演唱会现场，首先是被扑面而来的雄风浩气所感染、所震撼。整场演出以精心创作、已经在部队推广的《强军战歌》为主题歌，以合唱揭开序幕，以领唱与合唱作为尾声，首尾呼应，气贯长虹，如惊涛裂岸、山鸣谷应。《战之必胜》《钢铁舰队进行曲》《强大机群向前飞》《点火》《就为打胜仗》等众多歌曲，都以排山倒海的气势、荡气回肠的咏叹，配以各种不同形式的演唱和表现手法，辅以大屏幕上三军将士在陆海空天电各个领域演练鏖战的纪实画面，生动地表达了三军将士坚决听党指挥，召之即来、来之能战、战之必胜的坚定信念。"杀敌立功英雄梦，壮丽人生能几回""就为打胜仗兵要天天练，就为打胜仗刀要时刻磨""寻常的岁月总在沉默，守候着风云变幻那一刻"……许多歌词都精彩而准确地传递了三军将士秣马厉兵、枕戈待旦的战斗豪情，塑造了"旗帜下我们是自豪的士兵""队伍中我们是永远的先锋"的新一代军人群像。天下虽安，忘战必危。军队姓"军"，军队是要打仗的。能打仗、打胜仗，始终是军事生活的主题。军人价值的核心，是一支军队建军治军的终极追求。因而，军旅歌曲一定要洋溢着雄风浩气，体现军人的铁血情怀，如催征的战鼓，似冲锋的号角，能够点燃军人的血性，沸腾军人的热血，激励军人为祖国、为人民一往无前的战斗精神。这场演唱会的众多歌曲都充分体现了这一特点，歌词晓畅明快，音调铿锵有力，非常适宜在队列中和部队集会中演唱。相信随着这些军歌在军营里的不胫而走、广泛传唱，必将对激励全军官兵投身强军实践、履行崇高使命产生巨大的推动作用。同时，诗有别裁，歌有别调。在相对和平的时期，在奢靡之风有所滋长、绮艳之音充斥歌坛的当下，这样的旋律和曲风也必将令观众精神为之一振，眼睛为之一亮，为音乐园地注入一股难得的刚健之气。

军人血性，非为无情；军歌嘹亮，不废婉约。我们也高兴地看到，这台演唱会在总体上体现军人战斗精神、保持大气磅礴风格的同时，也有一些从不同侧面展示军营生活、体现军人情怀的轻灵之作。例如，《连队笑脸墙》以表演唱的形式妙趣横生地体现了官兵在连队的温暖和成长；《当兵前的晚上》以娓娓道来、如话家常的风格表达了新兵即将走进军营、从戎报国的激动与喜悦，以及父辈的嘱托和期望；《新时代的女兵》以领唱与小合唱交相映衬，展示了今日女兵靓丽中的英武、柔美中的阳刚，体现了她们"当年万绿丛中我只一点红，未来战争我们能撑起一片天"的自信。即使是一些以直抒胸臆为主的曲目，也大都避免了单纯标语口号的写法，找到了独特的切入点，语言鲜活，富有情彩，像《看我的》《弹无虚发》《军旅我们来了》等构思都非常巧妙。"天上的目标飞呀飞，咱们的炮火追，空中碰撞出一朵绚丽花蕾，那花的模样很酷很美，像士兵的勋章空中闪回""我把正义装满弹夹，扣动扳机点射连发，爱在身后仇在枪口，瞄准邪恶弹无虚发"等歌词都可圈可点。同时，整场演唱创作上力求贴近现代军营生活，适应新一代官兵特点，融入了清新、活泼的时尚元素。看完演唱会，让人强烈地感到，这支军队依然是老红军、老八路的传人，但已然展示了现代化的崭新风姿，正所谓军魂常驻，雄姿日新。

军队向前进，战歌壮征程。在实现强军目标的新征途上，必须继承和发扬我军政治工作的优良传统，注重发挥文艺工作特别是军旅歌曲对于军心士气的鼓舞和激励作用。我们也期待着军队的文艺工作者能够不断创作出更多更好的军歌，为我军壮行色、长志气，助肝胆、扬军威！

# 军事软实力及中国军队软实力建设刍论[*]

## 一

1990年3月，曾任美国国家情报委员会主席和助理国防部部长的小约瑟夫·奈在《世界箴言》月刊上撰文首次提出了一个著名的概念——软实力。其后，他又在专著《软实力：世界政治中的取胜之道》中，系统阐发了"软实力"的思想。他认为，随着国际政治权力的变革和权力性质的变化，实力的概念正在从早些时期强调军事力量和进行征服转向别的方面，软实力的地位和作用日益凸显、日趋重要。

姑且不论小约瑟夫·奈对软实力内涵的界定是否科学，但这一概念的提出无疑对我们把握当今国际竞争与战略博弈的特征具有重要的借鉴和启示意义。从总体上看，小约瑟夫·奈是把军事看作一种硬实力的，他并没有提出军事软实力概念。然而，如果我们将光圈缩小到军事层面内部，就会发现，军事实力本身也有硬、软之分。我们认为，所谓军事硬实力，是指军队武器装备发展水平、兵力的规模和质量，以及依托这些基本的物质条件所可能产生的、可用于直接作战和打击的能力；所谓军事软实力，是指军事文化传统、军事理论、军事运行机制、战略战术、战斗精神、军队形象等无形的东西，即将人与武器装备粘合为有效战斗力的政治因素、文化因素、精神因素、机制因素等。它附丽于硬实力之上，然而又具有间接

---

[*] 本文发表于2007年6月。

的、硬实力所不能替代的功能,对履行军队使命、维护国家利益发挥着重要作用。军事软实力主要体现为军事文化的影响力、军事理论的创新力、军队内部和军民之间的凝聚力、战斗精神和气势的威慑力、军队形象的感召力等。军事软实力源于军队的性质、宗旨,国家的军事文化传统,军队的历史与传统,又离不开现实的营造与建设。

军事软实力与军事硬实力如影随形、水乳交融、密不可分。硬实力是软实力的物质基础,离开了强大的、真实可信的硬实力,软实力就失去了依托,失去了附丽,就会成为虚无缥缈的海市蜃楼、水月镜花;软实力则是硬实力的粘合剂和倍增剂,是硬实力的"场效应",是硬实力的展示、放大和延伸,离开强大的软实力,硬实力就会失去精魂、失去神采,就会黯然失色、大打折扣,也就不能发挥其应有的效能。如果把军事硬实力比作一颗坚硬的钻石,军事软实力就是它折射出的夺目的光彩;如果把军事硬实力比作一把龙泉宝剑,军事软实力就是它的凛凛寒光、铮铮夜鸣。一支军队的战斗力及以战斗力为核心的履行使命的能力,不是硬实力与软实力的简单相加,而是它们的乘积。如果说军事硬实力主要体现为一种对抗型的能力、交锋性的能力,军事软实力则更多地体现为一种合作型的能力、博弈性的能力;军事硬实力主要体现为一种实战能力,军事软实力则更多地体现为一种和平运用军事力量的能力,一种折冲樽俎的能力,一种"不战而屈人之兵"的能力。

军事硬实力与军事软实力是互相渗透、互相转化的。军事硬实力的充分展示和成功运用,可以转化和积淀为软实力;军事软实力对人与武器等战斗力要素的优化配置和"淬火加钢",也可以转化、聚合为硬实力。

军事硬实力是国家的重要战略依托,军事软实力同样也是国家须臾不可缺少、必须倚为重宝的战略资源。军事硬实力的建设与应用,离不开高超的谋略;军事软实力的建设与应用,往往需要更高妙、更深远的谋略。

《尉缭子》曰:"兵者,以武为植,以文为种。"何以为"武"?何以为"文"?"武"者,硬实力的建设与应用之谓也;"文"者,软实力的建设与应用之谓也。历史经验证明，能够有效履行使命、创造辉煌战绩的军队，往往是文武兼备的军队；卓越而富有远见的统帅，大都是善于"软""硬"兼施的统帅。随着人类战争形态由机械化向信息化转变，一种新的战争——"软战争"正浮出水面，军事软实力在世界军事领域竞争中的地位越来越突出，在维护国家利益中的作用越来越重要。我军使命任务的拓展，要求我军必须提高应对多样化安全威胁、完成多样化军事任务的能力。我们要更加注重军事力量的不用之"用"、和平运用，注重军事软实力的建设与运用。统筹硬实力的建设与软实力的建设是运用科学发展观指导军队建设的重大课题。

我军是中国共产党创建和领导的人民军队。我军从诞生的那一天起，就展示了历史上一切剥削阶级军队所不曾有的风貌，显示了无产阶级在军事上生气勃勃的创造精神。综文武，兼"软""硬"，既是中国军事文化的优良传统，更是毛泽东军事思想的显著特色，也是中国共产党领导当代中国军队的显著特色。我军从小到大、由弱变强，以劣势装备迭克优势装备之敌，从某种意义上讲，靠的是政治优势、文化优势、精神优势、机制优势，靠的是软实力胜敌一筹。当前，我军已发展成为一支初步现代化的、加速迈向信息化的雄师劲旅，但与可能面对的更强大的对手相比，我军在硬实力上总体处于劣势的状况在一个短时间内不可能有根本性的改变。因此，我军在加速硬实力建设的同时，须把软实力的建设与应用摆在更加突出的位置。

## 二

凝聚力是军队战斗力的基础，也是军事软实力的基础。我国古代兵家很早就认识到了"道者，令民与上同欲也"和"师克在和，不在众"的道理。早在革命战争年代，毛泽东就把官兵一致、军民一致作为我军政治工作的重大原则提了出来。在新的历史条件下，我们要把增强凝聚力作为我军软实力建设的关键环节，把军队内部和外部的团结作为构建社会主义和谐社会的重要内容，不断增进官兵之间、军政军民之间的团结与和谐，巩固和发展亲如兄弟的官兵关系、鱼水情深的军民关系。

强大的凝聚力来自共同的理想信念、一致的奋斗目标。长征中，我军为什么能够冲破层层包围圈，战胜种种难以想象的困难，跨激流、越天堑，走雪山、过草地，纵横大半个中国，长驱二万五千里，把一次不得已的战略退却转变为开创中国革命新局面的伟大进军？肖华上将的《长征组歌》道出了其中奥秘："官兵一致同甘苦，革命理想高于天。"邓小平指出，"对我们军队来说，有坚定的信念现在仍然是一个建军的原则"。旨哉斯言。对于我军来说，这种理想信念源于党对军队的绝对领导。离开了党对军队的思想领导，广大官兵就没有了崇高的革命理想，也就不可能有共同的信念和追求；离开了党对军队的政治领导，广大官兵就找不到利益交汇点，也就不可能有一致的奋斗目标；离开了党对军队的组织领导，军队就失去了团结凝聚的核心。正是在这一意义上说，党对军队的绝对领导是我军的军魂，是我军特有的软实力优势。当前，在经济形式、利益主体、社会组织和社会生活方式日益多样化，人们的思想观念、价值取向、人生追求趋于多样化的形势下，在西方敌对势力极力兜售"军队非党化、非政治化"和"军队国家化"的错误观点妄图乱我军心、坏我长城的情况下，必须强化全军官兵的军魂意识。紧紧抓住理论武装这个根本，坚持用党的创新理论统一思想、凝聚军心，确保部队在任何时候任何情况下坚决听从党中央、中央军委指挥，确保部队建设与发展的正确政治方向。

实现官兵一致，是增强我军凝聚力的根本因素。中华民族传统军事文化历来强调爱兵如子。孙子说："视卒如婴儿，故可与之赴深溪；视卒如爱子，故可与之俱死。"我国古代良将，大多能够关心爱护士兵，体恤士兵疾苦。吴起为生病的战士吮疽，千百年来传为美谈。我军把马克思主义军事原理与中华民族优秀传统军事文化结合起来，建立了新型的内部关系，官兵之间、上下之间在政治上一律平等，干部爱护士兵，士兵尊重干部，官兵一致，同甘共苦。我军创造性地把民主机制引入军队这一最需要权威、最需要集中统一的社会组织,实行三大民主。这些都是我军重要的软实力优势。新形势下,要把以人为本作为重要的建军治军理念,充分尊重官兵在军队建设中的主体地位。要研究解决新形势下官兵关系出现的新情况新问题,进一步深化尊干爱兵教育,特别是爱兵教育,端正军官对士兵的态度,纯洁部队内部关系,依法带兵、以情带兵、文明带兵、科学带兵。努力探索新的历史条件下实现政治民主、经济民主和军事民主的新形式新方法,维护官兵正当的民主权益,充分调动官兵在军队建设和军事斗争准备中的积极性与创造性。

实现军民一致,是增强我军凝聚力的又一个重要因素。战争伟力之最深厚的根源在民众之中,军事软实力的根源也在民众之中。我军是人民的子弟兵,来自人民,服务人民,与人民有着天然的、不可分割的联系。在人民群众中,我军如同希腊神话中的安泰俄斯脚踏大地,可以汲取到无尽的力量;在人民群众中,我军如鸟在林、如鱼在渊,获得了最大的行动自由。战争年代留下了许多人民群众舍生忘死掩护我军、参战支前的感人故事,陈毅元帅曾动情地说,淮海战役的胜利是人民群众用小车推出来的。新世纪新阶段,我军要忠实履行历史使命,遏制战争、赢得战争,同样不能离开人民群众的拥护、支持和参与。在社会主义市场经济条件下,军政军民关系面临着不少新情况新问题,我们要努力学会运用法律手段、经济手段等协调军政军民之间的利益关系,但是无论何时何地军民一致的原则不能变,人民子弟兵的本色不能变,拥军爱民、拥政爱民的传统不能丢。军民团结如一人,试看天下谁能敌!

## 三

毛泽东在总结抗美援朝战争胜利经验时,说过一句非常著名的话,他说,美国人是"钢多气少",我们是"钢少气多"。钢者,武器装备的现代化程度之谓也;气者,浩然正气、英雄豪气、昂扬士气之谓也,压倒一切敌人、压倒一切困难的气势、气概之谓也。古人云:"民之所以战者,气也。气实则斗，气夺则走。""胜在得威，败在失气"。因此，"治军必先治气""练兵必先练气"。"激人之心，励士之气"历来被视为治军之要言妙道，胜敌之不二法门。综观古今中外，在军事史上写下了风流、创造了辉煌的军队，例如，中国历史上雄汉盛唐的军队、成吉思汗的军队，西方亚历山大统帅的马其顿军队、斯巴达克率领的起义军、克伦威尔的"新模范军"、拿破仑统率的法国军队等，无不具有王气、霸气、虎气，无不具有胜利之师的雄风。实践证明，"气"是军事软实力不可或缺的内容。

一支军队的雄风浩气以战争正义性为基础。《左传》中说道，"师直为壮，曲为老"。只有从事进步的、正义的战争，军队才会保持长久而旺盛的气势，才能一往无前、所向披靡。所谓"卒寡而兵强者，有义也""兵贪者亡，兵应者强，兵义者王"。正因为如此，即使不可一世的美军也极力打出"世界新秩序""人权""反恐""人道主义""和平自由"等旗号，力图从政治上、道义上做到"师出有名"。无论过去、现在和将来，我军所进行的战争都是名副其实的正义战争，用不着挖空心思、寻找借口，炮制理由、掩人耳目、自欺欺人。这是我军对敌产生强大精神威慑力的客观基础，也是我军特有的优势。可以预见，未来我军可能面对的主要敌人，或则是倒行逆施的分裂势力，或则是侵犯我主权、干涉我内政、觊觎我权益的侵略者，这就决定了他们必然色厉内荏。我军是兴王师而讨逆军，卫主权而反霸权，道义的优势在我一方。我们要一如既往地高举正义战争的旗帜，大力伸张我作战行动的正义性、合法性，揭露敌人的倒行逆施、叛国嘴脸和强盗行径，在道义上、气势上首先压倒敌人。

一支军队的雄风浩气是与战斗精神紧紧联系在一起的。战斗精神是军人的职业精神，是军队软实力的重要指标。"但使龙城飞将在，不教胡马度阴山。"一支骁勇善战的军队常常可以先声夺人、不战自威，令对手闻风丧胆、望而却步。我军是一支打出来的军队，是一支从旧世界杀出一条血路的军队，是一支创造了辉煌战绩的军队。毛泽东说："这个军队具有一往无前的精神，它要压倒一切敌人，而决不被敌人所屈服。不论在任何艰难困苦的场合，只要还有一个人，这个人就要继续战斗下去。"我军的战斗精神堪称惊天地、泣鬼神，睥睨千载、独步当代。这种精神威慑力至今仍是遏制战争、赢得战争的宝贵资源。抗美援朝一战，共和国百废待兴，我军征尘未洗，而党和毛泽东主席采取果断决策，扬眉剑出鞘，所凭借、所张扬的正是中国军队骄人的软实力。此战为新生共和国的安全举行了奠基礼。西方垄断资产阶级的一些谋士智囊无可奈何地慨叹：不怕中国军队现代化，就怕中国军队毛泽东化。"毛泽东化"者，不怕鬼、不信邪、不怕死，敢于斗争、敢于胜利之谓也。在新的历史条件下，我们必须继续保持我军的威势，发扬革命英雄主义的传统。79年的战斗历程，我军孕育了井冈山精神、长征精神、上甘岭精神、老西藏精神、西沙精神、抗洪精神、载人航天精神等，涌现出许多战功卓著、被授予荣誉称号的英雄群体和个人，这些都是战斗精神的具体化、人格化，是我军重要的软实力资源，是一笔不可小视的"无形资产"，我们不能身在宝山不识宝，要善于运用这些资源养气励气，通过报刊影视宣传、部队史教育、环境熏陶、宣誓、授旗、授枪、阅兵等多种方法和形式，使我军战斗精神不断"增值"，日益光大。要加强军营文化建设，使革命英雄主义成为军事文化的主旋律。"教兵之法，练胆为先"。要把战斗精神的培育列入军事训练的重要内容，既练战法战术技术，又练胆量意志作风；既强化体能，又健全心理，使我军在未来信息化战场上，依然咄咄逼人、虎虎生威。

## 四

1949年2月，上海市外围的激战渐渐归于沉寂。清晨，市民们打开房门一看，一种场面把他们惊呆了：整连整排的解放军战士抱着枪露宿于街头，这与耀武扬威、在百姓头上作威作福的国民党军队形成了多么鲜明的对照！一位外国观察家评论：这样的军队赢得中国在所必然。

人过留名，雁过留声。人不可没有好的形象，一支军队也不可没有好的形象。形象是内在气质的外化，是一支军队性质、宗旨、纪律、战斗力等的外在体现,是外界对于一支军队的观感。军事实践反复证明,军队的形象是构成军事软实力的核心要素。军队形象好,亲民爱民、举止文明、令行禁止、秋毫无犯,就能够产生巨大的亲和力、感召力、影响力、辐射力,往往能够收到"民箪食壶浆以迎王师""兵不接刃而敌降服"之效。军队形象差,纪律废弛、鱼肉百姓、奸淫掳掠、杀戮成性,就会失道寡助。一是极大地增加"作战成本",二是即使军事上胜利了,其政治目标的实现也会大打折扣。仁者无敌。古往今来,一切有远见、有政治头脑的军事家都十分注重军队的形象。正义之师、文明之师、和平之师的形象,历来是军队赢得人心、凝聚军心,争取友军、瓦解敌军,进而克敌制胜的法宝,也是实施"上战无与战"战略的重要着眼点。在当今这个战场趋于透明、大众传媒极度发达的时代,军队形象更是直接关系到国家的形象,关系到人们对军事行动是否具备正义性、合法性、有理性的判断,对军事任务的完成、政治目标的实现影响至巨。军队形象问题,已成为任何一个国家军队谋划军事行动不可不未雨绸缪并全程关注的问题。伊拉克战争中,美军采用记者"嵌入"方法,主导了军队形象塑造权,极大地提升了美军吸引力和亲和力,应该说是颇为成功的。然而,美军"虐俘"事件、奸杀伊拉克少女及其家人的事件曝光,也极大地损坏了美军的形象,使美国政要大伤脑筋。

我军不仅以英勇善战、所向无敌著称于世,而且素以正义之师、文明之师誉满天下。"纪律好,如坚壁。军事好,如霹雳。政治好,称第一。"我军的形象是有口皆碑、举世无双的。但是要看到,今天的青年官兵对我军的优良传统及其重要性感受不甚真切,在新形势下,在社会主义市场经济条件下,在日益开放的社会环境下,面对形形色色的诱惑,难免会为之所动,甚至做出一些有悖我军宗旨的事。特别是西方敌对势力出于其战略需要,处心积虑贬损、诋毁中国,也包括丑化、矮化、妖魔化中国军队,更要求我军在形象问题上慎之又慎,以止谤祛诬、防微杜渐。同时,随着我军历史使命和职能的拓展,我军也即将更多地走向世界,参与国际军事合作，在世界人民面前展示中国军队的风采。所有这些，都要求我军把塑造和维护形象作为一个重大的战略性课题来研究，作为一个新的伟大工程来推进。必须强化全军官兵的形象意识，教育和引导官兵像爱护眼睛一样爱护军队的形象，像珍惜生命一样珍惜军人的荣誉。

塑造和维护我军形象，就必须全面加强思想政治建设。形象是一支军队宗旨的外化，不是靠作秀做出来的，也不是靠包装包出来的。为少数人谋利益的军队必然鱼肉百姓，不可能有好的形象，更谈不到感召力。人民军队的性质和宗旨为我军形象感召力提供了坚实基础。从战争年代到和平时期，在我军的行列中，不仅涌现出数以千百计的战斗英雄，而且还出现了张思德、雷锋、徐洪刚、李国安、丁晓兵、华益慰等灿若星辰的爱民模范、精神文明标兵，成为党的道德化身，成为全民族的道德楷模，用崭新的道德风尚影响和带动了全民族，他们像一个个辉煌的星座亮丽和装点了我军形象的星空。有人把"扶贫司令""找水团长"讥为不务正业，其实这是一种短视的实用主义，扶贫、找水看似与军队战斗力没有直接联系，然而它塑造了我军形象，转化为一种重要的软实力，谁又能够说其与"打得赢"不相关呢？在新形势下，我军必须深入进行理想信念、我军使命、战斗精神和社会主义荣辱观的教育，在精神文明建设上继续走在全民族的前列。

塑造和维护我军形象，必须依法从严治军。没有纪律的军队是乌合之众，不可能有形象感召力。井冈山时期，"三大纪律六项注意"中的"上门板、捆铺草"，最先规定是"还门板、还铺草"，但还门板时，往往搞乱；还铺草呢，则是一股脑儿往堂屋里堆上就走人。毛泽东发现这一问题后，就把"还门板"改为"上门板"，把"还铺草"改为"捆铺草"。于是，部队要走，门板各就各位；铺草也捆好放在原地。一字之改，足见我军纪律的严明与细致！解放战争时期，锦州那个地方出苹果，我数十万大军路过果园，饥渴的战士竟没有一个人伸手去摘。他们自觉地认为不吃是光荣的，吃了是可耻的。毛泽东评论说，我军严格而自觉的纪律就建立在这个上面。新形势下我军要继续保持和发扬这种军纪严明的优势，把从严治军真正落到实处。

塑造和维护我军形象，必须教育和引导官兵在军事行动中把维护国家利益与主持国际正义、维护世界和平统一起来，把战略战术的灵活性与作战行动的合法性、节制性统一起来，把革命英雄主义和革命人道主义统一起来。战争是不文明的，但战争行为本身也是人类文明的一个尺度。中华民族的战争文明意识是发祥最早的。《太白阴经》指出："兵非道德仁义者，虽伯有天下，君子不取。"《司马法》更明确阐述了"仁义之师"的行为规范："入罪人之地，无暴神祇，无行田猎，无毁土功，无燔墙屋，无伐林木，无取六畜、禾黍、器械，见其老幼，奉归勿伤，虽遇壮者，不校勿敌，敌若伤之，医药归之。"我军既是威武之师，又是仁义之师。在抗战的艰苦岁月里，我军官兵经常吃的是黑豆，把精米白面省出来给日本战俘吃。这就是仁者之师的风范。随着我军历史使命的拓展，应进一步强化全军官兵的战争文明意识，在作战及其他军事行动中，自觉遵守关于人道主义的国际公约和战争法的有关规定，模范执行党的民族宗教政策，严格战区群众纪律，在更广阔的舞台上展示我军正义之师、文明之师、和平之师的形象。

塑造和维护我军良好形象，必须加强和改进军事宣传。军队的形象既是客观的，又离不开积极和精心的塑造。"桃李不言，下自成蹊""酒好不怕巷子深"是农业文明时期的观念。由于种种原因，西方媒体关于中国军队的报道、分析往往是不公正、带有偏见，甚至是别有用心的。在这种情势下，我们更要强化国际舆论斗争意识，努力打破西方媒体的话语霸权，澄清敌方和某些不怀好意的媒体对我军形象的歪曲和中伤，主动塑造我军形象。要拓宽军事宣传渠道，在发挥军队媒体主阵地作用的同时，探索运用地方媒体、借助国际媒体树立我军形象的途径和策略；要提高军队新闻工作者的理论素质、军事素质、业务素质，建立一支特别能战斗的军事新闻队伍。

## 五

"现在未必能再找到另一个像军事这样革命的领域。"这是恩格斯在150年前说的一句话,如果他有幸看到当今世界科技进步给军事领域带来的日新月异的变化,一定会更加兴奋和关注。军事领域是以竞争和对抗为主要特征的领域,也是最需要创造精神的领域。军事创造力是军事软实力的重要内容,也是其最具活力的因子。进入信息时代后,战争形态发生了革命性变化,呈现军事人员知识化、武器装备智能化、作战编成一体化、战场要素数字化、作战方式精确化、作战空间全维化等趋势。战争节奏大大加快,战争的不确定性更强。在这种情况下,谁想占领军事发展制高点,立于不败之地,谁就要经常保持头脑清醒,不断开拓进取,追求军事理论、技术、制度、战法训法突破与创新。20世纪80年代之后,美军加大了军事创新力度,加快了以信息化为核心的变革步伐,提出了"21世纪战争""21世纪战场""21世纪陆军""21世纪海军""21世纪空军""数字化部队"等一系列新观念新思想新理论。美军军事创新所获得的效益在近几场战争中得到充分验证。无数事实表明,创新,是军事进步的灵魂,是军事发展的不竭动力;军事创造力,是不可估量的潜在战斗力,是重要的软实力。一支充满创造力的军队,必然是朝气蓬勃、虎虎生风的军队,是令同行钦佩、令对手生畏的军队。

我军是极富创造力和创新力的。从战争年代到和平时期,我军始终坚持了一条在创新中寻求胜敌之道、探索强军之路的路线,可以说,创新是我军军事理论、军事战略指导的灵魂和精髓,是中国共产党领导当代中国军事的宝贵特质。至法无法,法无定法。正是因为坚持"你打你的,我打我的",实行完全自由的作战,我军才能够在战争舞台上纵横捭阖、挥洒自如,把战争艺术的运用推向极致,"无穷如天地,不竭如江河",创造战争史上的奇观,让一个个熟谙兵书战策、经过正规训练的对手成为手下败将。中国共产党在军事上所实行的伟大创新可以说是空前绝后的。

"乱石穿空，惊涛拍岸，卷起千堆雪。"新世纪新阶段，军事领域的竞争日趋激烈。机遇偏爱有准备的国家、机遇偏爱有准备的军队。自我满足、自我陶醉、安于现状、不思进取，想用"旧船票"去登"新客船"，只能被时代浪潮所淘汰。因此，我们要有一种强烈的忧患意识、危机意识、"恐慌"意识，要把创新作为军队发展的首要条件，作为军队建设的不懈追求。着眼于我军使命任务的拓展延伸，着眼于军事发展的战略主动，着眼于建设信息化军队、打赢信息化战争，着力培育和激活军事创造力，着力推动军事理论创新、军事技术创新、军事组织体制创新。广大官兵是军事认知与实践的主体，是军事创造力的源泉。要把推动部队建设与促进官兵全面发展统一起来，激发官兵创新欲望，提高官兵创新能力，在军营形成鼓励创新、支持创新、尊重创新、接受创新的浓厚氛围，努力营造一个创新活力竞相迸发、创新才华争相展示、创新源泉充分涌流、创新欲望充分满足的局面。

综上所述，我们认为，在党的领导下，在马克思主义科学理论的指引下，基于共同的理想信念所产生的坚强凝聚力，压倒一切敌人、压倒一切困难的雄风浩气的巨大威慑力，正义之师、文明之师、和平之师形象的强大感召力，永不自满、永不懈怠、永不枯涸的旺盛创造力，构成了我军软实力建设的基本内容。"软""硬"并重，文武兼备，全面建设，综合应用，我军就一定可以在新世纪的征途上再创新的辉煌！

# 星汉灿烂　若出其里

# 当代中国马克思主义发展和中华民族文化复兴的必由之路[*]

## ——马克思主义基本原理同中华民族优秀传统文化相结合的双重意义

在坚持把马克思主义基本原理同中国实际相结合的基础上，习近平总书记进一步提出把马克思主义基本原理同中华优秀传统文化相结合，这是对马克思主义中国化本质内涵更深刻、更系统全面的揭示。它指明了在当代中国坚持和发展马克思主义、开辟马克思主义中国化时代化新境界的必由之路，以及在现时代推进中华民族文化自信自强、实现中华民族文化复兴的必由之路。

**首先，只有坚持把马克思主义基本原理同中华优秀传统文化相结合，才能使马克思主义在中华大地上生根开花结果，焕发出蓬勃的生命力，产生强大的感召力、凝聚力和引领力**

"理论是灰色的，而生活之树是长青的。"这是歌德《浮士德》中的一句话，马克思主义经典作家恩格斯、列宁都曾引用这句话来说明理论与实际结合的重要性。近代中国为挽救民族危亡上下求索，终于找到了马克思主义。但马克思主义是产生于欧洲的、主要是观察在欧洲已经取得长足发

---

[*] 本文发表于2023年9月。

展的资本主义社会矛盾运动所产生的科学理论，要运用于尚处于半殖民地半封建社会的中国，就必须将之进行创造性转化，使之契合于中国的实际。1938年10月，在党的六届六中全会上，毛泽东首次提出了"马克思主义中国化"的重大命题，强调要"使马克思主义在中国具体化，使之在其每一表现中带着必须有的中国的特性"。

何谓"必须有的中国的特性"？过去我们对此的理解往往囿于中国的基本国情，中国革命、建设和改革的具体情况和具体实践等方面，其实这是不充分、不完全的。应该看到，中国不单单是地理意义上的存在，不单单是即时即在的存在，而且是一个从远古走来、有着悠久历史的文化有机体。这是一片曾孕育过仰韶文化、良渚文化、三星堆文化的土地；是一片曾游走过孔子、老子、墨子、韩非子、孟子、庄子、孙子等诸子百家的土地；是一片沾溉过楚辞汉赋唐诗宋词元曲的土地；是一片回响过张骞使团驼铃、升起过郑和船队风帆的土地。正如毛泽东所说，"今天的中国是历史的中国的一个发展"。中华民族有着5000多年未曾中断的、以国家形态存在的文明史以及在这一进程中所形成的灿烂文化。在长期的共同的开拓奋斗、交流融合中，中华民族形成了独特的精神禀赋、人文精神、价值观念、思维方式、行为习惯，这种文化特质深深地嵌合于民族的血脉之中，无论社会如何变迁，生生不息而不废，人民群众日用而不觉。中华民族优秀传统文化就是这种文化特质的集中体现。所以，要使马克思主义"在其每一表现中带着必须有的中国的特性"，就不仅要使之与中国革命、建设和改革的具体实际相结合，而且要使之与中华民族优秀传统文化相结合。要用马克思主义的真理之光去烛照中华优秀传统文化，并使马克思主义在与之优秀传统文化的结合之中，获得新的时代内涵和表现形式，成为中华文化有机构成中的水乳交融的组成部分。只有这样才是真正中国化的马克思主义，才是植根和生长在中华大地上的真正鲜活的马克思主义。也惟其如此，马克思主义才能在中华大地上赢得群众、掌握群众，走进亿万人民群众的心田，成为改天换地、革故鼎新的伟大力量。

要言之，马克思主义与中华优秀传统文化相结合，也是中国化马克思主义"必须有的中国的特性"之一，是马克思主义中国化的题中应有之义。否则，马克思主义与中国实际就必然是绝缘的，与广大中国群众就必然是隔膜的。试想一下，如果不是从毛泽东开始，我们党一以贯之地坚持"两个结合"，使马克思主义的基本原理不断与中国实际结合起来，并从中华优秀传统文化中汲取营养，使之获得了为中国人民所喜闻乐见、心领神会的中国表达、中国气派，马克思主义能在中国大地上生根开花结果吗？举一个例子，毛泽东的"老三篇"就堪称"两个结合"的光辉范例。中国的很多普通老百姓未必读过马克思主义的经典著作，但是在很长的一个时期内"老三篇"却为人们所熟知，甚至可以背诵。马克思主义的世界观人生观价值观，社会主义核心价值观，正是通过这种方式在中国潜移默化，深入人心。

**其次，只有坚持把马克思主义基本原理同中华优秀传统文化相结合，才能激活中华优秀传统文化中的宝贵因子，赋予其新的时代内涵，使中华优秀传统文化在这种结合中凤凰涅槃、浴火重生，在世界性的文化激荡中散发出夺目之光采，永葆其美妙之青春**

文化是一个民族赖以生存发展、兴旺发达的根脉。中华民族的伟大复兴，最深层的内涵、最显著的标志是文化的复兴。没有文化的自信自强，没有文化在世界范围内的繁荣兴盛，就谈不上中华民族的伟大复兴。

如前所述，中华民族具有源远流长的灿烂的文化。唐代学者孔颖达在《春秋左传正义》中解道："中国有礼仪之大，故称夏；有服章之美，谓之华。"历史上中华文化对亚洲，乃至全世界都发挥了巨大的辐射作用。在很长的时间里，中华民族对自身的文化都具有很强的自豪感乃至于优越感。但迨于近代，在发祥于欧洲的工业革命所引发的现代化潮流冲击下，中国却落伍了。国难日亟引发了人们对中华文化的重新审视和思考。洋务派曾提出"中学为体，西学为用"的主张，但实践证明，不对中华传统文化进行脱胎换骨的改造，只是在器物层面引进西方先进文化是不能挽救江河日下的国运的。五四运动是一次伟大的思想解放运动，对包括马克思主义在内的西方先进思想文化在中国的传播发挥了巨大的推动作用。但也有一些人走向了"文化虚无主义""历史虚无主义"的极端，全盘否定中华传统文化，成为"全盘西化"论的滥觞。作为对这一思潮的反拨，还有一个重要的思想文化流派兴起，这就是新儒学。新儒学批判西方式现代化，强调必须挺立民族文化的主体性、维护传统文化之精神价值，试图吸收外来文化对儒学进行现代性改造，这种努力是可贵的，其许多认识也是有价值的。但由于特定的阶级立场、偏狭的文化心态、唯心论的思维方法，新儒学没有也不可能找到确立民族文化自信、实现民族文化复兴的正确道路。

只是在中国共产党人把马克思主义作为观察国家命运的工具之后，中国人才在精神上由被动转化为主动，"复兴了并正在复兴着伟大的中国人民的文化"。中华传统文化蕴含着许多具有鲜明特色的思想精华，例如讲仁爱、重民本、守诚信、崇正义、尚和合、求大同的价值追求，天人合一、天下为公、自强不息、厚德载物的人文理念，民为邦本、为政以德、革故鼎新、肃贪倡廉、讲信修睦、亲仁善邻的治国之道，祸福相依、允执其中、得大兼小、居安思危的思维方法，等等。这些宝贵的思想文化资源，不仅具有历史价值，而且具有当代价值；不仅具有民族性，而且具有人类共通性，同科学社会主义价值观主张也具有高度契合性。这就为马克思主义与中国优秀传统文化相结合提供了现实可能。但是应该看到，传统文化毕竟是产生于中国传统社会的文化，是服务于传统经济基础的文化，只是简单地将之剪裁拼接运用于当下是不行的，必须努力将之融入马克思主义话语体系，扬弃旧意，融汇新知，使之别开生面，实现创造性转化和创新性发展。

马克思主义基本原理与中华优秀传统文化相结合的历史进程，正是这样一个生动的创造性转化和创新性发展的进程。从毛泽东思想，到中国特色社会主义理论体系，再到习近平新时代中国特色社会主义思想，我们党正是一方面不断地用马克思主义基本原理重新阐发中国优秀传统文化中的宝贵因子；另一方面用中国优秀传统文化所蕴含的精髓要义来宣扬和传播、坚持和发展马克思主义，使马克思主义在中国大地上大放异彩，也使中华优秀传统文化焕发出了新的时代光彩。例如，用星星之火可以燎原来说明在革命力量还弱小的时候要看到光明；用实事求是来概括和凝练党的思想路线；用愚公移山来发出动员和依靠人民群众改造旧中国、建设新中国的号召；用小康概念来界定中国式现代化"三步走"发展战略中的第二步目标；汲取"厚德载物""诚实守信"等理念提出坚持依法治国和以德治国相结合；汲取"与时偕行""苟日新又日新"等理念提出与时俱进的理论命题；汲取中华传统文化中"以和为贵""和而不同"等理念提出构建社会主义和谐社会；汲取"民为邦本""水可载舟亦可覆舟"等理念提出"江山就是人民，人民就是江山"；汲取"天人合一""民胞物与"等理念强调人与自然和谐共生；汲取"道并行而不相悖""各美其美，美美与共"等理念来倡导各种不同文明互鉴共存；汲取"求大同""天下一家""亲仁善邻"等理念提出"构建人类命运共同体"等。而今，这些带有鲜明中华优秀传统文化印记的马克思主义中国化的成果，不仅在中国家喻户晓，深入人心，而且在世界范围内也产生了广泛而深远的影响，中华文化的独特魅力正在为世界上越来越多的人们所认知和认同。

综上所述，马克思主义基本原理同中华优秀传统文化相结合，是一个双向互动、双向交融、双向赋能、双向成就的过程。一方面，中华优秀传统文化为马克思主义在中国的发展，在中国武装群众、掌握群众提供了必不可少的思想文化资源和民族话语范式，使马克思主义在中国获得了真气内充的生命、显示出日益鲜明的中国风格和中国气派；另一方面，马克思主义也为中华优秀传统文化的现代化提供了根本的世界观和方法论，为其实现创造性转化和创新性发展提供了强大的思想武器，推进了中华优秀传统文化从传统向现代的历史性跨越。坚持这种"结合"必将在相互融合、相互贯通中孕育一个崭新的、有机统一的新的文化生命体。在这个生命体内，马克思主义成为中国的，中华优秀传统文化成为现代的——一个既源远流长、博大精深，又青春焕发、活力四射的中国式现代化的文化形态将呱呱坠地。而这种文化形态的充分发育之日，就是中华民族复兴之时。

星汉灿烂　若出其里

# 中国古代军事思想纵览及其精华*

中华民族以灿烂的文化著称于世，中国古代军事思想就是其中的一个极为重要、光彩夺目的重要组成部分。从先秦至清末，中国涌现出孙武、吴起、孙膑等数以百计的著名军事理论家，流传至今或见诸记载的兵书达2000余部，散见于诸子百家中的论兵文字更如鳞爪时现、珠玑纷呈，不可胜数。中国古代军事思想不仅深刻地影响了中华民族的军事伦理观和军事思维传统，而且流溉所及远超国界，即使在人类社会飞速发展、科学技术日新月异、战争形态发生巨变的今天，仍然具有它独特的思想理论价值和知兵谋胜的意义。

一

作为人类社会发展到一定历史阶段的必然产物，战争伴随着中华文明发展的进程始终没有间断。丰富多彩的战争实践，千姿百态的鏖兵博弈，为中国古代军事思想的产生和发展提供了丰厚的土壤。

相传约公元前30世纪，中国就出现过黄帝、炎帝、蚩尤部落间的战争，以后又有尧、舜、禹攻三苗之战。在这些战争中，华夏先民就开始了对战争问题的思考。约公元前21世纪，夏朝已经出现了专门的军事组织——军队。到商朝时，青铜兵器取代石兵器成为主要武器，车战成为主要的作战方式。在夏初的少康复国之战、商灭夏的鸣条之战、周灭商的牧野之战中，已重视自觉的谋略运用。近代出土的殷商甲骨卜辞中，就有有

---

* 本文发表于2002年4月。

关商朝军队追击、袭扰、用间战法的记载。最迟在春秋中期以前，出现了《军政》《军志》《令典》等"舍事而言理"的专门军事著作。尽管这几部书均已失传，但从后人引录其中的片段佚文可以看出，当时人们对战争的认识已经开始摆脱直感、经验和零散的状态，朝着较为理性和系统的方向发展。

春秋战国时期是中国古代军事理论兴盛发展和逐渐走向成熟的时期。在这场"纷总总其离合兮"的剧烈社会变革中，一顶顶王冠落地，一个个诸侯国灭亡，一大批原来社会地位较低的文士们登上政治舞台。他们或聚徒讲学，或著书立说，或周游列国，或游说诸侯，形成百家争鸣的局面。同时，由于争霸和兼并，战争日趋频繁，铁兵器逐步装备军队，步兵、骑兵和舟师等新兵种开始出现，郡县征兵制和募兵制取代世袭兵制。作战规模的扩大、作战样式的发展，不断创新的谋略和战法，使人们对战争的认识更加全面、深刻，战争也成为诸子百家关注的焦点，出现"境内皆言兵"的繁盛局面。他们或倡导义战，反对杀人"盈城""盈野"的兼并战争；或诅咒"兵者为不祥之器"，强调"柔弱胜刚强"；或主张"兼爱非攻"……其中，一些兵家学派的代表人物，如孙武、吴起、孙膑等，他们不仅直接活跃在战争舞台上，还留下了一批著名的兵学典籍，如《孙子兵法》《吴子》《孙膑兵法》《六韬》《尉缭子》《司马法》等，这些著作成为中国古代兵学的奠基之作。

《孙子兵法》被公认为标志中国古代军事理论成熟的"世界第一兵书"。作者孙武诞生于春秋末年齐国。他游历吴国，以军事上惊世骇俗的议论、卓荦独到的见解，受到吴王的盛赞和重用，在吴破楚等战争中发挥了重要作用。《孙子兵法》计13篇、5000余字，高屋建瓴，言简意赅，把战争和军事问题提到"国之大事，死生之地，存亡之道"的高度认识。站在国家战略的高度，围绕着战争准备和战争实施，提出"兵者诡道""上兵伐谋""避实击虚""兵闻拙速""以迂为直""因敌制胜""致人而不致于人""示形动敌""造势任势"等一系列军事原则和相应的战略战术思想。贯穿了朴素辩证思维、整体思维、逻辑推演的方法，并最先把定量分析运用于军事运筹和战争谋划，构建起中国古代军事理论的基本体系。英国著名军事理论家利德尔·哈特说："《孙子兵法》是世界上最早的兵法著作，但其内容之全面与理解之深刻，迄今还无人超过。"

汉代出现的军事理论著作不多，但在搜集古兵书、总结古代军事理论方面着意较多，著述颇丰。著名军事家张良、韩信及军事官员杨仆、任宏等人先后奉命搜集古代兵书，剔除其中的重复内容，分各家著述为兵权谋、兵形势、兵阴阳、兵技巧4类，在《孙子兵法》《吴子》等众多兵书的篇目分合、文字校订上也做了大量工作。

三国至隋唐数百年间，军事活动的空间不断扩展，战略骑兵和大规模舟师等新的兵种在战争中广泛应用。在更加广阔的战争舞台上，军事家们的战略思维更趋深邃缜密，历代将帅的军事艺术表现得更加淋漓尽致。三国时期诸葛亮的战略分析名作《隆中对》、晋初司马彪集纳以往战争事例及用兵方略的《战略》，都是上述军事实践的重要理论成果。这一时期值得一提的还有唐代兵书《唐太宗李卫公问对》和《卫公兵法》。前者勾画了中国军事理论承传发展的历史轨迹，深刻总结了《孙子兵法》的思想精髓，指出，军事艺术千章万句，不出乎"致人而不致于人"的夺取主动权思想；后者阐释了前人较少涉及的战略防御和战略持久理论，对《孙子兵法》所提倡的"兵贵神速""先机制敌"思想堪称极为有益的拓展和补充。

宋代兵冗国弱，实行保守消极的战略方针，军事上几乎乏善可陈。但其经济和文化科技水平却较为发达。火器的发明及其在战争领域里的广泛应用，开启了战争史上一个崭新时代。面临着"庙堂无谋臣，边鄙无勇将；将愚不识干戈，兵骄不知战阵"的严重危机，宋代的忧国之士在搜集、整理和刊印军事著作上倾注了更多的精力。《宋史·艺文志》中著录的兵书多达347部，超过《隋书·经籍志》著录兵书数量的一倍多。大型军事类书《武经总要》，谋略战法类兵书《百战奇法》《何博士备论》，兵制类著作《历代兵制》，集注类兵书《十一家注孙子》，城守专著《守城录》，教材讲章类著作《施氏七书讲义》等即是这期间编著刊行的。特别是宋神宗命朱服等人校定《孙子兵法》《吴子》《六韬》《司马法》《三略》《尉缭子》《唐太宗李卫公问对》7部兵书，统称"武经七书"，由朝廷颁行供武学教育使用，客观上奠定了古代军事理论的正统地位。

明清时期，军事上高度中央集权的统兵制度日趋巩固，中国火器技术的缓慢发展和西方军事技术的传入，使火器大量装备部队并用于实战。这一时期军事理论的发展态势有了新变化。一是出现了将儒家政治伦理思想与兵家权谋之术相结合的倾向，强调将精神感化的理学、心学学说渗透到治军领域。明代抗倭将领戚继光将儒家伦理思想与治兵理论糅合在一起，编撰《纪效新书》《练兵实纪》等兵书，强调练心、练胆、练气，提倡亲上事长、视敌如仇、视死如归即是其中的要义。二是海防理论研究的开始受到重视。倭寇从海上频频入侵，令中国第一次真切地感受到了海防危机，戚继光、俞大猷、郑若曾等人在抗倭斗争中根据当时中国海上力量衰微的实际情况，编写了《筹海图编》等海防著作，提出应大力发展海军，建设海岛、海岸和内陆城邑多层次防御体系的主张。三是开始注重火器的应用及相应的战法创新。明代中后期西方火器的传入和中国火器的发展，在一定程度上冲击了中国传统的"重道轻器"思想倾向。记载西方传教士所传军事技术的著作《火攻挈要》，论述火器部队编成、战法内容的著作《车营叩答合编》等著作的出现，反映了冷兵器向热兵器递嬗过程中所带来的战术进步。

清军在鸦片战争中的惨败，使一些睁眼看世界的有识之士开始重新认识中国古代军事理论某些局限，并开始关注西方军事理论。魏源所著《海国图志》一书率先提出了"师夷长技以制夷"的口号，客观上提出了改造中国古代军事理论的要求。中国陆续翻译了相当一批西方军事著作，引起军事理论在国防政策和战略战术各个层次上的明显变化，中国军事理论也开始了从古代向近现代的转化。

## 二

中国古代军事理论体现了中华民族在军事上卓尔独到的思维方式和令人惊叹的创造精神，其中所蕴含对军事活动规律的科学认识至今仍然是我们研究战争、研究国防和军队建设问题的不二法门，闪烁着超越时空的真理光芒。以下撷其大要，略举数端。

**（一）兵者，国之大事**

远古时期，我们的祖先就提出："国之大事，在祀与戎。"《孙子兵法》开宗明义，第一句话就是："兵者，国之大事，死生之地，存亡之道，不可不察也。"这种把战争和军事问题看作一个国家治国安邦的根本大事，提到关系人民生死和国家存亡的高度的思想，在世界军事理论发展史上具有开辟鸿蒙的意义。即使在今天，仍不失为我们认识战争和军事问题的基本视点。从这一认识出发，中国古代军事思想家在如何对待战争的问题上，提出了许多很有价值的观点，其核心是主张"战"与"不战"或"慎战"的统一。首先，他们并不一味地反对战争，而是主张正义战争，反对非正义的战争，认为如果为着正义的目的，那么"杀人安人，杀之可也；攻其国，爱其民，攻之可也；以战止战，虽战可也"。其次，他们反对穷兵黩武、轻启战端，认为兵凶战危，王者不得已而用之。《老子》认为，以杀人为乐事的好战者，是"不可得志于天下"的；孙膑还尖锐地指出"乐兵者亡"。他们直观地看到，"兵甲者，国之凶器也"，因此，绝不可"怒而兴师""愠而致战"。由此可以看出，中国古代兵家往往更倾向于"慎战"，以"不尚战"为武德，内含了中华民族崇尚和平的文化基因。

**（二）安不忘战，富国强兵**

国防是与国家的出现和战争的产生相伴而生的。中国古代军事思想强调国防在治理国家中的重要地位和作用，主张"安不忘战""富国强兵"。《周易》提出"安而不忘危，存而不忘亡，治而不忘乱"，反映出我国很早就有了重视国防的思想。以后，古人们进一步从王朝的兴衰更替中认识到国防的重要性，认为"安国家之道，先戒为宝""天下虽安，忘战必危"。先戒，就是思想上要重视，要居安思危、未雨绸缪，真正懂得"兵者百岁不一用，然不可一日忘也"的道理。安不忘战，关键是要"有备"。古人认为，有备才能无患，无备则临战必危。因此，任何时候都要"防乱于未乱，备急于未急"。可贵的是，中国古代军事思想家已经认识到，做到有备，就必须加强国防；而加强国防，就离不开国家经济的发展。孙膑在与齐威王讨论"强兵"问题时，认为"政教""散粮""静"等儒、墨、道家的主张"皆非强兵之急"，只有"富国"才是"强兵"之本。这说明，在中国古代，已经朴素而辩证地看到了富国与强兵的关系。一方面，国不富，不可以养兵，更谈不上强兵；另一方面，兵不强，不可以御敌，更不能立国。诚如《管子》所云："民事农则田垦，田垦则粟多，粟多则国富。国富者兵强，兵强者战胜，战胜者地广。"

**（三）得道多助，失道寡助**

中国古代军事思想很早就注意考察和区分战争的政治性质和伦理性质。春秋时期，人们对战争的价值判断就开始使用"有道"与"无道"、"曲"与"直"等范畴。战国时期，"义兵""义战"等概念更在兵家和诸子的兵论中广泛使用。中国古代兵家在对待战争问题的态度虽不尽相同，但总体上是倡义战，反暴兵。《吕氏春秋》说："兵苟义，攻伐亦可，救守亦可；兵不义，攻伐不可，救守不可。"在如何区分"义战"与"非义战"的问题上，中国古代兵家指出，正义战争是"诛暴乱，禁不义"，目的是"除暴救弱""禁暴除害"，以战争制止战争，"非争夺也"。相反，非正义战争是为了"杀人之父兄，利人之货财，臣妾人之子女"，"利土壤之广而贪金玉之略"。这种把战争的目的作为界定正义战争与非正义战争分野的观点，在很大程度上已经触及了战争问题的本质。中国古代军事思想还较早地发现并揭示了战争性质与人心向背、战争结局之间的必然联系。《周易》中就有"师贞，丈人，吉无咎"的卦辞，意思是兴兵征伐合乎正义，又有德高威重的人来指挥，就能顺利取胜而无祸咎。《左传》强调"师直为壮，曲为老"。《淮南子》指出："得道之兵，……因民之欲，乘民之力，而为之去残除贼也。故同利相死，同情相成，同欲相助。顺道而动，天下为向；因民而虑，天下为斗。"

### （四）知彼知己，百战不殆

"知彼知己，百战不殆"是孙子兵法中所揭示的一条最重要的军事法则。它强调要想认识战争这一敌我双方生动对抗的矛盾运动，寻求制胜之方，就要深刻认识敌对双方的一切方面。这种"知"不能是部分的而必须是全面的，不能是肤浅的而必须是深层的，不能是表象的而必须是本质的。"知彼"重在把握敌之整体态势，"知己"务求详尽无遗。正如《投笔肤谈》所述："料敌者疏，料己者密。料敌者知敌之势，料己者知己之情。"做到了"知彼知己"，庙算定谋就有了坚实的基础，临阵御敌就有了正确的决心，就能够做到"动而不迷，举而不穷"。

### （五）未战先计，政出庙算

远古时期，凡国家遇有战事都要告于祖庙，计于庙堂，由此衍生了中国古代兵法中用以表述战略谋划的特定概念——庙算。中国历代兵家都把未战先计、未战而庙算胜，视为实现"全胜"战略的关键。《孙子兵法》指出："夫未战而庙算胜者，得算多也，未战而庙算不胜者，得算少也，多算胜，少算不胜，而况于无算乎！"《管子》把"先定谋虑，便地形，利权称，亲与国，视而后动"这些对战争全局的谋划活动称为"王者之术"，强调"凡攻伐之为道也，计必先定于内，然后兵出于境"。《尉缭子》也认为"兵未接而夺敌"首要的是"庙算之论"。在如何进行庙算的问题上，古代兵家强调庙算要立足全局、多方考察、系统筹划。《孙子兵法》更对庙算的内容进行了详细的界说，强调庙算中要"经之以五事，校之以计，而索其情"，即从政治、天时、地利、将才、法制5个方面全面考察敌我双方的主客观条件，从而预测战争胜负的情势，制定正确的战略策略。中国古代兵家不仅意识到战争本身是一个复杂的社会系统，而且注重把战争作为整个社会大系统中的一个子系统来考察。在《孙子兵法》等兵书战策中，我们可以看到许多对战争因素进行系统分析、综合评估、量化分析、决策优化的内容。尽管由于历史条件的局限，这些天才论述在许多方面还是粗略的、朴素的，甚至还带有揣测、直觉和思辨的性质，但谁也无法否认，这里已透射出现代系统论和运筹学的科学之光。

### （六）不战而屈人之兵

中国古代军事战略思维上的一个重要特色，就是把"全胜"作为暴力使用的最佳模式，把"不战而屈人之兵"看作战争指导的最高境界和战略运用的极致。中国古代军事家很早就认识到杀人"盈城""盈野"并不是战争的目的本身，"安国全军"才是战争应追求的最理想目标。"全胜"比"破胜"更能反映战争的目的，体现战争的效益原则。《孙子兵法》以精辟的语言写道："凡用兵之法，全国为上，破国次之；全军为上，破军次之；……是故百战百胜，非善之善也；不战而屈人之兵，善之善也。"又说："故善用兵者，屈人之兵而非战也，拔人之城而非攻也，毁人之国而非久也。必以全争天下，故兵不顿而利可全，此谋攻之法也。"孙子以后的兵家大都继承了这一思想，《六韬》指出，"善战者，不待军张，善除患者，理于未生，善胜敌者，胜于无形"。并且认为"上战无与战"。这些论述所表达的充满辩证法而又极富想象力的战略思想，为中国战略文化的大厦奠定了基石。《孙子兵法》被人称为"可以夸耀于世界的教益无比的战略论"。

### （七）文武并用，伐谋伐交

中国古代兵家很早就意识到战争是综合国力的较量，意识到战争与经济、政治、文化、外交等的关系，指出"有文事者，必有武备；有武事者，必有文备""文武并用，久长之术"。在对战争的战略谋划上，他们认为战争胜负是各种因素综合作用的结果，战略目标的实现不单单在兵刃相加、车毂交接的战场，还需要各种斗争手段的有机配合。《孙子兵法》说："故上兵伐谋，其次伐交，其次伐兵，其下攻城。"在他看来，"伐谋""伐交"是比"伐兵""攻城"更高、更明智、更有效、更能够实现"全胜"战略的斗争手段。所谓伐谋，就是随时掌握敌之战略动向，见招破招，打乱敌之战略部署，使其师出无名，"众不得聚"。所谓伐交，就是通过精心筹划的外交斗争，瓦解敌之同盟，"绝敌之援，使不能合也"，同时扩大自己的同盟，广结与国，争取"天下之众"，或形成联盟的力量。中国古代战争史上，有许多把军事斗争手段和非军事斗争手段结合起来，运用高人一筹的谋略和纵横捭阖的外交斗争艺术"不战而屈人之兵"的成功范例。例如，春秋时期的齐桓公，在位43年，大战23次，大都以武力作后盾，以"尊王攘夷"相号召，以盟国力量为倚借，或大兵压境，直接威慑；或游说利害，断其外交；或据其城郭，绝其内外，被人称为"九合诸侯，一匡天下""不以兵车"。在春秋时代的多极斗争格局中，《管子》提出："善用国者，因大国之重，以其势小之；因强国之权，以其势弱之；因重国之形，以其势轻之。强国众，合强以攻弱，以图霸。强国少，合小以攻大"，这些伐谋伐交的原则和策略，在今天的外交、军事斗争中仍然有着重要的启迪意义。

**（八）致人而不致于人**

中国古代军事家很早就认识到主动权的争夺贯穿于战争活动的始终。主动权就是军队行动的自由权，是军队的命脉所在。"制人者，握权也；见制于人者，制命也。"要确保在战争中立于不败之地，就必须创造条件，牢牢掌握战争的主动权。而掌握主动权的核心是"致人而不致于人"，即调动敌人而不被敌人所调动。《尉缭子》说："善用兵者，能夺人而不夺于人。"《淮南子》说："凌人者胜，待人者败，为人勾者死。"《唐李问对》说，古代兵法"千章万句，不出乎'致人而不致于人'而已"，可谓一语道破了军事艺术的全部奥妙。中国古代兵家把战争中一切有关主动权的问题，诸如致敌劳、致敌乱、致敌害、致敌虚、致敌误、致敌无备等都列入"致人而不致于人"的范畴，主张在一定客观物质基础上充分发挥主观能动性，造势任势，赢得主动，把握主动，并提出了"先为不可胜""以迂为直，以患为利""夺其所爱""攻敌之短""变客为主""以逸待劳""避其锐气，击其惰归"等一系列"致人而不致于人"的谋略思路，构成了中国古代军事理论极为精彩的内容。

### （九）以正合，以奇胜

"三军之众，可使必受敌而无败者，奇正是也"。"奇正"是中国古代兵家提出的一对重要范畴。一般来说，"正"指常规的用兵之法，"奇"指不拘一格的、违反常规的用兵之法。古代兵家认为，"战势不过奇正""奇正者，用兵之铃键，制胜之枢机""奇正之变，不可胜穷也""运用之妙，存乎一心"。高明的将帅要根据瞬息万变的战场情势灵活变换"奇正"战法，掌握战争中的主动。中国兵法特别强调用"奇"的重要性，认为战争既是力量的争锋，也是智慧的博弈。"兵者，诡道也""兵无常势，水无常形""战胜不复"，战争没有一成不变的法则。一味坚持堂堂之鼓、正正之旗，墨守固定、呆板的战法是颠顶、愚蠢的做法，聪明的统帅必须善于用"奇"，出奇制胜。正如孙子所说："善出奇者，无穷如天地，不竭如江海。"注重反常思维，讲究反常用兵，出奇制胜，构成中国军事理论的一个重大特色。中国军事理论同样深刻地认识到，所谓"奇正"是相辅相成的，无"正"即无所谓"奇"，无"奇"即无所谓"正"，孙子提出了"以正合，以奇胜"的原则。中国古代兵家还正确地认识到"奇正相生"、奇与正互相转化的道理。《唐李问对》说："善用兵者，无不正，无不奇，使敌莫测，故正亦胜，奇亦胜。"

### （十）兵贵神速

兵贵神速是中国古代兵家的一个重要主张，也是军事上带有普遍性的一条重要原则。战争对物资的消耗是惊人的，正如《孙子兵法》所说的那样，"带甲十万"的大军出征，需要"日费千金"，直接影响到 70 万农户不能正常从事农业生产；同时久战不胜也会造成"国用不足"，给国家财政带来极大的压力，甚至会导致敌国趁机袭占后方本土，陷我于两面乃至多面作战的不利境地。因此，古代兵家认为，凡是实施进攻的一方，在战略上都应当速战速决，"一决取胜，不可久而用之"。兵贵神速同样适合战役战斗，"速则乘机，迟则生变"。速才能达成行动的突然性，才能出其不意，攻其不备，才能先机制敌，"致人而不致于人"。为了突出兵贵神速原则在战争中的地位，古人甚至主张毋宁部分放弃战争中奇巧的一面，与其"巧迟"，毋如"拙速"。

### （十一）以治为胜

鉴于军队这一以战争为职志的社会组织的特殊性，古代军事家提出"国容不入军，军容不入国"。军人不能等同于普通民众，必须严格治理。著名军事家吴起把军队管理的好坏与战争的胜负紧密联系在一起，提出了"以治为胜"的思想，认为治军是制胜的前提，制胜则是治军的结果。只有做到令行禁止、进退有节、赏罚严明、内部团结，才会成为一支有战斗力的部队，才能取得战争的胜利。古人认为，治军的基本手段有三，即施恩、劝善和惩恶。施恩的实质是以情带兵，《孙子·地形》篇说"视卒如婴儿，故可以与之赴深溪；视卒如爱子，故可与之俱死"，劝善的实质是以义带兵。《吴子·图国第一》说："凡建国制军，必教之以礼，励之以义，使有耻也。"惩恶也是治军的关键。"严刑为作气之基，作气为摧陷之本，摧陷为决胜之权"。要贯彻"罚贵必"的原则，言出法随，不能朝令夕改；要贯彻"罚贵大"的原则，"杀一人而三军震者，杀之"；要贯彻"罚不迁列"的原则，"有功者，即于阵前赏之；退却者，即于阵前诛之"；要贯彻"罚贵慎"的原则，罚不滥施、罚不妄加。恩威并举、赏罚并行，方可以建立起一支"居则有礼，动则有威，进不可当，退不可追，前却有节，左右应麾，虽绝成阵，虽散成行"的胜利之师。

### （十二）教戒为先

中国古代军事家很早就认识到未经训练的乌合之众即使人数再多也毫无战斗力，打不了胜仗，提出了"用兵之法，教戒为先"的思想。"教戒"内含了教育和训练两个方面。其中尤为重要的是思想教育。"苟不得其心，彼虽精于技艺，而不为吾用。"对将士作战技能的训练，要贯彻练为战、教必严、练必精的原则，要根据战争的实际发展进行灵活训练，"教无常，行无常，两者备施，动乃有功。"在训练方法上，强调"教得其法",循序渐进;"因便而教",灵活实施。这些思想对今天的军队建设和管理也是有参考价值的。

### (十三)兵有大论,先论其器

"工欲善其事,必先利其器。"《管子》指出:"凡兵有大论,必先论其器,论其士,论其将,论其主",把武器装备建设放在军队建设之第一的地位。对如何保障武器装备,古人提出发挥国家的技术和资源优势进行兵器生产,"取材必以时,择材必以良,而司工者又必依傍古法,顺天之时,随物之性,用人之能"。对武器装备平时就要加强建设和储备,否则"临难铸兵,岂及马腹?"需要指出的是,从总体上说,中国"重道轻器"的文化传统对古代兵学理论产生了很大影响,一些古代军事著述对武器装备或鲜有提及,或语焉不详。不过正因为如此,上述精辟的言论才显得弥足珍视。

### (十四)总文武者,军之将

中国古代军事理论高度重视将帅在战争中的地位和作用,认为将帅乃"生民之司命,国家安危之主也""存亡之道,命在于将",并对将帅的素质修养和知识结构有十分深刻而系统的论述。《孙子兵法》说:"将者,智、信、仁、勇、严也。"《孙膑兵法》中提出"义、仁、德、信、智"五条,《司马法》强调将帅应具备"礼、仁、信、义、勇、智"六种德行。这些要求虽然略有不同,但总起来说就是要德才兼备、智勇双全、能文能武,具有良好的综合素质。关于将智,中国古代兵法认为:"将不智,则三军大疑。"所谓将智,就是要有广博的知识、非凡的智慧、高明的谋略、深远的洞察力和清醒的判断力。"上知天之道,下知地之理,内得其民之心,外知敌之情,阵则知八阵之经,见胜而战,弗见而诤"。要有良好的心理素质,遇事"不惧""不怒",保持清醒头脑和冷静思考,不为敌人所制造的种种假象、诱饵、阴谋诡计所迷惑。关于将勇,中国古代兵法认为,"将不勇则三军不锐","勇则不可犯"。勇包括处事果断、有定力,"见利不失,遇事不疑"。"好谋而无决"是军之大忌。《六韬》说:

"用兵之害，犹豫最大；三军之灾，生于狐疑。"将勇不是蛮勇，要"临事而惧，好谋而成""静以幽，正而治"。"治众如治寡""出门如见敌""虽克如始战"。关于将仁，中国古代兵法认为，将帅要"进不求名，退不避罪，唯人是保"。"将受命之日忘其家，张军宿野忘其亲，援桴而鼓忘其身。"关于将信，中国古代兵法强调，将帅与士卒要生死与共。"视卒如婴儿""视卒如爱子""先之以身，后之以人"。"暑不张盖，寒不重衣，险必下步，军井成而后饮，军食熟而后饭，军垒成而后舍，劳佚必以身同之。"关于将严，中国古代兵法强调从严治军，信赏明罚，"赏不逾日，罚不还面"。这些关于将帅素质和德行的格言反映了将兵治军的普遍规律，千百年来成为每一个为将者的座右铭。

## 三

中国古代军事思想具有鲜明的民族特色，渗透和体现了中华民族思维的传统，从而也奠定了其在世界军事理论发展史上独特的地位。

一是源远流长，独领风骚。中国在 3000 多年前已出现了较为系统的专门论兵之作，甚至在出土的甲骨文材料中即可找到不少军事方面的论述。相比之下，西方军事理论的成熟要晚得多。古希腊早期军事著作只是在战争事件与神话传说中夹杂着对战争与军队问题的零星认识。如希罗多德的《历史》、修昔底德的《波罗奔尼撒战争史》。直到公元 4 世纪末，古罗马人韦格蒂乌斯的《论军事》一书问世，才结束了军事著述与史学著述不分的现象。在漫长的古代和中世纪，尽管西方战争相当激烈、频繁，但深刻总结战争经验，探索战争规律的有价值的军事理论著作却寥若晨星。正如美国国防大学战略研究所所长柯林斯所言，在 19 世纪以前的西方，"只有极少数的创新在理论上有所著述，大多数却把写作任务留给了事隔很久才动笔的历史学家，而这些历史学家关于编制、武器、战役、战斗和战术的冗长的著述中，只含着一鳞半爪的战略知识"。

二是长于思辨，宏观凝练。中国古代兵家将朴素的唯物论和辩证法运用于军事领域，认识到战争是利害并存的复杂社会现象，所以很注意把握战争中矛盾斗争的不同方面，如攻守、进退、虚实、奇正等，全面理解战争的矛盾普遍性、特殊性及其矛盾双方向对立面转化的可能性，解释战争运动的客观条件及其主观能动性，深刻地揭示战争的规律。他们既言兵又不只言兵，注重从政治、经济、外交、科技等与军事的广泛联系中来宏观地、整体地把握军事问题，长于战略谋划，长于超前性的系统思考。中国古代军事论著往往不是以长篇大论出之，而是用充满智慧与哲理的精辟语句阐述博大精深的见解，可谓"玄之又玄，众妙之门"，言近而旨远，警策而隽永。

三是崇尚道义，追求和平。中华民族很早就把"止戈为武"作为思考战争问题的逻辑起点，抱着"自古知兵非好战"的理智态度，反对扩张，反对暴力行为的滥用和绝对化。当国家与国家、民族与民族、政治集团与政治集团之间出现矛盾时，认为最佳选择是通过政治和外交手段来加以解决，轻启战端绝非明智之举。正如《太白阴经·贵和篇第十二》所概括的"先王之道，以和为贵，贵和重人，不尚战也"。古代军事理论家还深刻地领悟到，即使具有正义的性质，战争这柄"双刃剑"仍会给国家和民族带来正反两方面的巨大影响。有鉴于此，古代军事理论家们大都主张慎战，并且依据"安国全军"的宗旨，把"不战而屈人之兵"作为军事斗争的最高境界。

四是重视庙算，精于谋略。诚如前文所述，中国古代军事思想非常注重从国家安全的高度对战争进行战略谋划，即所谓的"庙算"，主张"未战而庙算胜"。同时，在具体的战略战术应用上，也更加注重谋略。讲谋略是中国古代兵书的普遍特点，谋略之学是中国古代军事理论发展的主流和核心。《孙子兵法》的"诡道十二法"、《六韬》的"文伐"之法、张预的《百战奇法》以及流传甚广的《三十六计》等都是熔炼中国传统谋略思想的智慧结晶。就连《三国演义》《水浒传》等古典战争文学作品也精心塑造出诸葛亮、吴用等羽扇纶巾、风流儒雅的谋士形象，讲述他们"运筹帷幄之中，决胜千里之外"的传奇故事。中国古代精妙的谋略思想不仅在历史上得到帝王将相的崇尚、妇孺百姓的乐道，在今天仍以其特有的魅力倾倒了世界几乎所有企图寻求战争秘诀的人们。近年来，有关运用《孙子兵法》《三十六计》等古代兵书原理进行企业管理、商业经营、体育竞技等论著纷纷问世，中国古代军事谋略思想和关于博弈的原理被运用到越来越广泛的领域。

# 中华民族的战略文化传统及其特色[*]

中华民族是一个战略思维非常发达和成熟的民族。在源远流长、博大精深的中国传统文化中,蕴含着丰富的战略思想宝藏。战略文化作为一种亚文化,构成了中国传统文化的一条重要支脉、一个重要源头,是其中极具华彩、最富魅力的一个组成部分,是中华文化之苑的一枝奇葩、一道绚丽的风景。中国传统文化的特色决定了中华民族战略文化的特色,中国早熟而发达的战略文化又对中国思想文化的发展,乃至整个中国历史的发展产生了深刻的影响。

在人类即将跨入又一个世纪、又一个千年的时候,在世界各国的战略家们都在关注着和平与发展的时候,在人们企盼把一个光明祥和的世界带入新世纪的时候,了解一下中华民族的战略文化不无裨益。而作为中国的战略家们,继承这笔丰厚的遗产,从中汲取营养并使之不断更新升华,更是义不容辞的责任。

## 一

人类关于战略的思想,关于战略的理性认识,产生于战争与军事实践,而自从人类文明产生以来,战争就成为一种普遍而频繁的社会现象。"上疆场彼此弯弓月。流遍了,郊原血。"回顾世界历史,可以看到战争比和平成熟得更早。物换星移,许许多多的古文明在历史长河中衰落了、湮灭了,折戟沉沙,风流云散。而唯独发祥于世界东方黄河流域的中华文明

---

[*] 本文发表于 1998 年 3 月。

却保持一脉相承，克绍箕裘，薪尽火传，灼灼其华。

早在远古时期，中国的先民们就认识到："国之大事，在祀与戎。"在5000年的沧桑岁月中，中华大地上战和交替，朝代更迭，历史的天幕不断掩过铁马金戈。据统计，有文字记载的达到一定规模的战争或武力冲突就有6000多次，这些无疑为战略文化的形成和发育提供了客观条件和土壤。

"战略"一词最早见于晋代司马彪的《战略》一书，但中华民族的战略思维与战略意识则可以追溯到更久远的古代。

上古时期，王者兴师征伐，就有所谓的"庙算"。《尚书》《诗经》《易经》等中华元典中都包含了不少西周及其以前的军事史料和战略文化的因素。夏末商初的鸣条之战，汤采取了翦夏羽翼、迂回侧后、追而歼之的方略；周武伐商纣注意隐蔽待机、分化瓦解、乘虚蹈隙，已经显示出自觉的战略意识和较高的谋略水平。据记载，中国最早的兵书是反映商后期和西周时期军事思想的《军政》和《军志》，原书虽已失传，但我们从后世古籍对这两部书所作的吉光片羽的引述中，仍然可以看出其所包含的丰富的战略文化内容。如"先人有夺人之心，后人有待其衰""允当则归""见可而进，知难而退""强而避之"等。

春秋战国时期，是中国古代战略文化大发展并取得光辉灿烂成就的时期，错综复杂的军事、政治斗争，百家争鸣的学术空气，为战略文化的孕育和发展提供了条件。春秋时期，一些战略家已提出了"尊王攘夷""威不轨而昭文德""尽其阳节，盈吾阴节而夺之"等有价值的战略思想。随着战争实践以及作战手段和方式的发展，战略运用更加丰富而精妙。晋楚城濮之战的退避三舍、后发制人；吴楚柏举之战的误敌疲敌、毁彼藩篱；齐魏桂陵之战的围魏救赵、批亢捣虚；马陵之战的"减灶"示弱、诱敌入伏等，均以缜密的战略谋划、高妙的谋略运用成为中国古代战事史上的著名战例。在大量战争实践的基础上，这一时期涌现了一批有奠基意义的兵书，如《孙子兵法》《吴子》《孙膑兵法》《司马法》《尉缭子》《六韬》等，标志着中国战略文化开始走向成熟。《孙子兵法》从战略高度，揭示了军事活动的一系列基本规律，达到了后人无法企及的境界，在世界军事思想史上矗起了一座辉煌的里程碑。美国著名军事学者柯林斯说："孙子是古代第一个形成战略思想的伟大人物。"

秦汉之际，秦统一六国采取"远交近攻""连横破众"方略，"举赵、亡韩、臣荆（楚）魏、亲齐燕，以成霸王之名"，注意战略攻击的先后顺序，一段时间集中打击一个目标，各个击破，显示了很高的战略筹划水平。在国防设施建设上，秦因地形"用制险恶"，以墙制骑，开始了堪称世界奇迹的大规模军事筑城工程——修长城，对后世中国国防影响深远。楚汉战争中，刘邦集团注意经营基地、分化对方、争取盟国，在战争指导上采取正面坚持、敌后袭扰、两翼牵制的战略也十分成功。汉兴之后，利用相对和平时期，以"文武并用"作为"长久之术"，内修文治，外用武功，针对西北的边患采取了千里迂回、越漠追歼、以攻为守的军事战略，这一作战样式的出现也标志着中国"骑战时代"的开始。这一时期的兵书《三略》《淮南子·兵训》等注重从政治与军事关系上论述战胜攻取之道，强调"政胜""众胜""谋胜"，反映了人们对战略认识的深化。

三国两晋南北朝是各种力量的混战时期。在多极并存、多角斗争中，联盟战略得到了生动的运用和长足的发展。三国时诸葛亮的联吴抗曹，孙权的联魏击蜀，曹操的离间吴蜀、坐山观斗等战略策略，在不同情况下各有精彩的演绎和骄人的成效。隋唐五代时，隋先采取北和南攻，后又采取击北防南，稳住一头、各个击破，表现了战略运用上的灵活性。此外，李渊集团为统一全国采取的因势借力、以屈求伸、乘虚入关、居险养威、先急后缓、各个击灭的战略，周世宗柴荣提出的"十年开拓天下，十年养百姓，十年致太平"的战略思想，亦值得称道。隋唐时期在国家安全上的战略更多地表现为军政兼行，以兵威慑，以德怀柔。军事布局上基本上采取"内重外轻"和控扼要地的方略。这一时期较为著名的兵书有《李卫公问对》《太白阴经》等，对战略问题多有研究。《贞观政要》虽非军事著作，但蕴含了丰富的大战略思想。

宋元明清时期中原政权与北方民族所建立的政权在较长时间里处于并立状态，既争斗又融合。宋鉴于唐末的教训，兵权高度集中，军事上较少作为。宋时已开办专门的"武学"，并出现了官方颁布的《武经七书》及其他一些军事类书和专著，如《虎钤经》《何博士备论》《守城录》等，丰富了战略理论。辽金元以骑兵纵横驰骋著称于世，多路奔袭实施战略大迂回，攻其腹背，构成其战略上的主要特点。朱元璋在夺取政权的过程中，采纳朱升提出的"高筑墙、广积粮、缓称王"的方针，后又采取先断羽翼、再攻腹心的方略，逐步剪灭群雄，建立明朝。后金努尔哈赤提出的"凭尔几路来，我只一路在"等方略，也为中华民族的战略文化宝库增添了新内容。明清以降，中国封建社会步入晚期，军事战略上趋于保守而较少创新建树。兵书数量甚夥，然率多汇辑之作。值得一提的是，这一时期出现了军事历史地理巨著《读史方舆纪要》，系统地阐述了地理形势在军事上的战略价值。此外，《筹海图编》集明代海防论之大成，亦弥足珍贵。这说明随着西方航海事业的发展及伴随着航海的殖民扩张，已经对中国安全构成了现实威胁，海防问题终于进入了中国战略家的视野。

从以上巡礼式的简要回顾中，我们可以看出中华民族战略文化发展的基本脉络。

中国战略文化的源远流长和蔚为大观，除战争实践的孕育外，也与中国文化的特质分不开。中国传统哲学思维的基本内核是"天人合一"，即把人与自然、人与社会看作一个统一和谐的整体。如果说古代西方的思维方式是偏于分析性的，中国人的思维方式则是偏于综合性的，即注重从整体上宏观上把握事物。这样一种文化特质和思维方式反映在对战争的观照和认识上，推而广之，反映在治国兴邦上，决定了中国人特别注重从战略层次观察和回答问题。所谓"不谋全局者不足谋一域，不谋万世者不足谋一时"。徜徉于中华民族的册府史林，令人不能不惊叹中华民族的先贤们战略思维的大脑是那样敏锐而发达，战略思想的果实是那样丰盈而厚重。

中国兵家学派分为兵权谋家、兵形势家、兵阴阳家和兵技巧家。实质上所谓权谋、形势，其核心都是战略问题。阴阳学派如果剔除其某些迷信神秘色彩，关注的也是战略问题。中国兵书大都以言简意赅、要言不烦为特点，有"大音希声，大道至简"之妙，蕴含着奥秘无穷的战略文化信息。一部《孙子》，凡十三篇，五千言，哲思睿语，要言妙道，如抛珠溅玉，天马行空，令人叹为观止，其中所论列的战略思维原则不仅超越时空，甚至远远超出军事之外。英国空军元帅约翰·史来瑟曾惊叹道："孙子引人入胜的地方，是他的思想多么惊人地时新，——把一切辞句稍加变换，他的话就像昨天刚写出来的一样。"这与西方军事文化特征颇为不同。西方的军事理论专著出现较晚，一些战略思想的萌芽大多散见于一些战争史著作。19世纪以后，随着《战争艺术概论》和《战争论》的出现，西方才有了严格意义上的军事理论专著。但是即使是近现代西方军事理论专著，也大多注重于军事技术的发展及与此相应的战术研究。西方军事家们似乎认为，战略思维更多的是政治家们的事情。如果说中国的兵书更注重与哲学的结合、与国家战略的结合，西方的军事理论则更注重于与自然科学和技术科学的联姻。二者在兴奋点和旨趣上是颇为不同的，笔者在这里并无意于评骘优劣，只是指出这种文化传统所造成的军事思维方式上的差异，事实上这两种文化传统各有千秋。中国固然形成了堪称先进的战略文化，但由于军事技术上的长期停滞、故步自封，结果，迄于近代，发明了火药、指南针的民族最终在西方列强的坚船利炮面前一败涂地，这不能不引起人们的历史沉思。

中国战略文化的发育，与以儒家为主流的经邦济世、修齐治平的思想有着密切的联系。中国文化在发展进程中虽然糅进了许多道家清静无为的思想成分，但积极用世始终是其主流，中国士人往往具有很强的社会责任感，主张"内圣"而"外王"，讲求"立德""立功""立言"，"位卑未敢忘忧国""穷则独善其身，达则兼济天下"是中国文人的立身准则；"致君尧舜上，更令海波平"是他们所追求的政治理想和人生价值。而要实现自己的政治理想,"兵者"作为"国之大事"就不可不关注、不可不研究。这就是中国贤哲历来认为兵凶战危,又都以熟读兵书、胸藏韬略相尚的原因。中国士子文人历来有研究军事的传统。五车书,三尺剑。在中国士子心目中,"剑"与"书"具有同等重要的地位。春秋战国时期,诸子百家,虽然兵家只是其中的一家,但实质上各家对于军事问题特别是战略问题都十分关注,都有堪称精彩的、各具特色的军事论述,只不过在其整个学说体系中不占主流罢了。人称战国时代"境内皆言兵",洵非妄语。列国分疆,纵横捭阖,朝秦暮楚,四处游说,活跃在军事、政治、外交斗争舞台上的也主要是读书人。汉末诸葛亮躬耕南亩,好为梁甫吟,看起来好像是闲云野鹤,"草堂春睡足,窗外日迟迟",实际上却身在江湖,心系天下,静观时变。待到刘备请他出山,一番隆中对,综论天下势,一篇三分天下、以兴汉室的战略谋划即耀世而出。中国许多著名的文学家、诗人对于军事问题特别是战略问题都有很深的造诣、精辟的见解。汉朝的辞赋家贾谊少年才俊,韬略过人。一篇《过秦论》雄视百代、传颂千古,作者所表达的战略卓见令人折服。唐代李白、杜甫等都写下了不少咏史言兵的诗篇,仅举杜甫的"射人先射马,擒贼先擒王。杀人亦有限,列国自有疆。苟能制侵陵,岂在多杀伤"一诗为例,除开其文学价值之外,谁能否认其战略文化价值?被人称为"小杜"的晚唐才子杜牧曾重新注释《孙子兵法》,并写了《战论》《守论》《原十六卫》等著名的军事论文,他的一些战略谋划被当局采纳进了军事决策,唐史记载"泽潞平,略如牧策"。很难想象他本人同时也是一位风格绮丽的诗人,"十年一觉扬州梦,赢得青楼薄幸名"等许多冶艳的诗句都出自其手。宋代的"三苏"对战略问题都深有研究。苏轼在著名的词《赤壁怀古》中写道:"遥想公瑾当年,小乔初嫁了,雄姿英发。羽扇纶巾,谈笑间,樯橹灰飞烟灭。"诗人淋漓尽致、不无神往地描绘东吴名将周瑜破敌的风采,岂独发思古之幽情?从中我们不难窥见他满腹经纶,怀才不遇又挥之不去的军事情结。更不待言辛弃疾、陆游、陈亮等慨当以慷、壮怀激烈的爱国诗人了。这样一种传统绵延不绝，一直传承到现代。中国共产党的一大批卓越的军事家都是投笔从戎、兼资文武的。党的第一代、第二代领导核心毛泽东、邓小平都是炉火纯青的战略大师，但最初都不是行伍出身。毛泽东有着浓厚的文人气质，他以军事家、战略家著称，但他甚至很少摸枪、很少穿军装，他把孙子以来中国的战略文化提高到一个崭新的境界。邓小平是负笈法国，勤工俭学中最年轻的一个，在党内亦以文韬武略著称。目光犀利，思维深邃，决策果断，举重若轻。25 岁领导百色起义，44 岁担任"淮海战役"总前委书记。

中国历史悠久，疆域辽阔，这样一种广阔的军事斗争和政治斗争的时空条件使中国的战略文化呈现出无可比拟的丰富性。中国很早就形成了"大一统"的理念，在中国历史上统一是占主导地位的。凡是统一的时期都是中华民族大繁荣、大发展的时期。雄汉盛唐奠定了中华文明在世界上领先的地位。研究中华民族统一和繁盛时期的历史可以看出，中华民族善于吸纳外来文化，同时也具有很强的文化辐射力。中国战略文化呈现出抚其左右、御其四旁、亲仁善邻、柔远徕众的泱泱大国特色。中国战略文化中不乏太平盛世、协和万邦的治世方略。历史上也不断出现分裂的局面，在中国广阔的疆域上呈现过各种各样的政治、军事斗争格局，有南北对峙，有三国鼎立，更有多极并存、此消彼长，或者类似于今天所谓的"一超多强"，这就使得中华民族内部各种格局的战略博弈都有表现，各种类型的战略思维都很发达。以汉末三国时期为例，从汉室倾颓、群雄并起，到袁曹争夺北方，到吴蜀魏三国鼎立，一直到晋灭蜀灭吴复归统一，其间还包括各个政治集团内部的斗争，几乎包括了各种可能的战略格局和战略态势，这就是《三国演义》被认为是一部准兵书，具有永恒魅力的原因。这里还要特别提出的是，中国的多极战略思维非常发达，从春秋战国的合纵连横到三国时期的联盟战略，都蕴藏着多极战略思维的富矿。

中国的地理、气候等自然环境也具有极大的丰富性和多样性。西及流沙，东临沧海，北接大漠，南逾岭表。幅员辽阔而又各种地貌俱全，既有堪称天堑的长江大河，又有可据险而固的雄关要塞；既有居高临下、势若"转圆石于千仞之山"的崇山峻岭，又有历来成为争锋逐鹿之场的广阔的中原腹地；既有水网交织、港汊纵横的江南，又有"大漠孤烟直，长河落日圆"的塞外。这些都使中华民族很早就认识到了地理条件在军事上乃至国家安全上的重要意义，形成了丰富的注重地形地利的战略思想和地缘战略思想。《诗经》中就有"伏戎于莽，升其高陵"诗句。《孙子兵法》中对军事战略思维中的地利问题有精辟的论述，并指出："地形者，兵之助也。"春秋战国时期一些战略家提出的唇亡齿寒、远交近攻等，都蕴含着丰富的地缘战略思想。值得注意的是，此时一些有见识的战略家已经认识到据上游而俯中原，以及控制核心地区对进取天下的重要意义。范雎就曾向秦王献策道："大王之国四塞以为固，北有甘泉、谷口，南带泾、渭，右陇、蜀，左关、阪，奋击百万，战车千乘，利则出攻，不利则入守，此王者之地也。"楚汉战争时，刘邦的重要谋士张良对关中地理形势也有精辟论述："关中左崤函，右陇蜀，沃野千里，南有巴蜀之饶，北有胡苑之利，阻三面而守，独以一面东制诸侯。诸侯安定，河渭漕挽天下，西给京师；诸侯有变，顺流而下，足以委输。此之谓金城千里，天府之国也。"从中可以看出，这时的战略家们已经自觉地把地理形势纳入总体战略思维之中。三国时诸葛亮著名的《隆中对》也有令人惊叹的地缘战略思想。他指出："荆州北据汉、沔，利尽南海，东连吴会，西通巴、蜀，此用武之国……将军岂有意乎？益州险塞，沃野千里，天府之土，高祖因之以成帝业。……若跨有荆、益，保其岩阻，西和诸戎，南抚夷越，外结好孙权，内修政理；天下有变，则命一上将将荆州之军以向宛、洛，将军身率益州之众出于秦川，百姓孰敢不箪食壶浆以迎将军者乎？诚如是，则霸业可成，汉室可兴矣。"地缘战略的概念是20世纪初才由西方学者提出来的，但通过以上引述可以看到，古代中国的地缘战略思想已经十分深邃且精湛了。

中国的战略文化的主要载体是以《孙子兵法》为代表的大量的兵书战

策，但远不仅于此。《尚书》《易经》《诗经》《周礼》等中华元典，孔、孟、墨、荀、老、管、淮南等先秦两汉诸子的论著，《二十四史》《资治通鉴》等各种史书、类书，历代文人学者的文集史论、诗词歌赋，甚至诸多的野史稗乘、文学名著，如《三国演义》《水浒传》等，都包含了丰富的战略文化宝藏，值得我们去挖掘。

## 二

中华民族的战略文化传统在价值取向上有如下一些特点。

### （一）尚仁德，倡义战

中国自周秦至明清以来所建构的文化系统实质上是一种在小农经济和宗法关系基础上的以伦理道德为核心的文化系统。这种文化结构的基点是人与人之间的伦理道德规范。中国文化也可以称为德性文化。中国文化的崇德向善与西方文化的重知求真形成鲜明对照。中国殷代文献中已经出现了"德""礼""孝"字样，远在西周时期，"敬德""保民"即成为统治者的施政大纲。春秋战国，百家争鸣，各标异帜，各家所提出的政治主张和人生哲学不尽相同，但"天下之大道曰德"却大体为各家所共识。从汉代董仲舒提出"罢黜百家，独尊儒术"以后，以仁义道德为主旨的儒家思想（在其发展进程中也有机地吸收了道、法等诸家以及佛教的思想因素）更成为中国的主流文化。这样一种文化传统反映在战略思维上就是治国言兵以德为本，中国的战略文化始终具有浓厚的伦理色彩和德性色彩。

首先，在经邦治国的大政方略上，主张德治仁政。中国先贤早就指出"民惟邦本，本固邦宁""为政以德，譬如北辰，居其所而众星拱之"。认为国家的安危成败兴衰"在德不在险""在德不在强""在德不在鼎"。

其次，在兴师征伐的战略抉择上，主张兵以昭德，以"义"诛"不义"。在中国文字中"征"与"政"都从"正"，即正义的意思。尽管中国古代的战略家们对战争大都持十分审慎的态度，但仔细考察就会发现，他们并不一味地、无区别地反对战争，而是严格地把握"义"与"不义"

战争的分野。例如，管子就认为："兵者外以诛暴，内以禁邪，故兵者尊王安国之经也，不可废也。"有人问荀子："先生议兵常以仁义为本，仁者爱人，义者循理，然则又何以兵为？凡所为有兵者，为争夺也。"面对这一悖论，荀子的回答是："彼仁者爱人，爱人，故恶人之害也；义者循理，循理故恶人之乱也。彼兵者，所以禁暴除害也，非争夺也。故仁人之兵，所存者神，所过者化，若时雨之降，莫不说喜。"这简直就是一种对正义战争的热烈讴歌。以非攻思想而著名的墨子也认为"义战曰诛，不义曰攻"，可见他的"非攻"也不是一概而论的。

再次，在战争实施的策略运用上，把伸张和宣扬自身战争的正义性作为一种重要的战略手段和制胜因素来看待。早在远古时期，统治者进行征伐时，往往首先发布誓词（即动员令）如《甘誓》《汤誓》《泰誓》等，历数敌之无道不义及我之正义性，以"恭行天之罚"相号召。在中国古文中，檄文成为一种独特的文体受到人们的重视。三国时陈琳起草的《为袁绍檄豫州》、唐朝骆宾王为徐敬业起草的《讨武曌檄》，都成为传颂千古的名篇，相传前者令曹操的头风病"豁然而愈"，后者令武则天击节兴叹，以至于这两位作者后来被捕后，曹、武这两位雄才大略的政治家都因爱才而没有杀他们，中国战略文化对于"吊民伐罪"的重视于此可见一斑。

此外，在战争进程中，强调实行以"仁"为核心的军事人道主义，遵守必要的军事伦理规范。"提正名而伐，得所欲而止。""义兵入敌国之境，不虐五谷，不掘坟墓，不伐树木，不烧积蓄，不焚室屋，不取六畜。"

最后，在对战争结局的预测上，认为德不可敌，义战必胜。《周易》中就提出："师贞，丈人吉，无咎。"《三略》指出："夫以义诛不义，若决江河而溉爝火，临不测而挤欲堕，其克必矣。"

**（二）求统一，反分裂**

中华文明源远流长。"中国"一词，最早见于周成王时的《尚书》，当时指的是以洛阳为中心的中原地区，与东夷、西戎、南蛮、北狄对举。"华夏"又称"诸夏""诸华"，其语最早见于《左传》，孔颖达疏解说："中国有礼仪之大，故称夏；有服章之美，谓之华。"至战国时期，中国文化已形成了包括少数民族在内的大一统观念，《禹贡》将诸夏划分为九州、五服，"声教讫于四海"，一个华夷五方相配而又统一于"天子"的政治模式初具雏形。"秦王扫六合，虎视何雄哉！"秦始皇车同轨，书同文，统一货币和度量衡，对形成统一的多民族国家有重要的意义。秦以后2000多年，中国的土地虽然几经分裂、迭历战乱，但最终都归于统一；而且每次统一都进一步促进了民族的融合，促进了中华文明的发展。中国维持广土众民的大一统局面历数千年而不变，与中国文化传统中的尚同贵一的精神内核有密切联系。墨曰尚同，孔主大同，孟子言"定于一"，这种哲学思维反映在政治理想和战略文化上就是致力于建立和保持一个统一的局面，维护一个统一的向内凝聚的多民族国家。

以上说到，中国的战略文化具有鲜明的伦理道德色彩，而统一就是中华民族心理积淀中高于一切的道德观念和价值标准。千百年来，人们总是把求统一还是搞分裂看作判断义与不义、德与非德、道与无道的基本分野。"天下之大义，当混为一。"凡是有利于统一的战争都受到人民的拥护或积极评价，正所谓"箪食壶浆，以迎王师""民之望之，若大旱之望云霓也"。凡是倒行逆施搞分裂者，则最终"名与身俱裂"，被人民所唾弃，被钉上历史的耻辱柱。

综观中国几千年的历史，战略思维的类型不外乎两类：一类是在统一的时期，战略思维的侧重点在于防止分裂。"内重外轻，强干弱枝"其着眼点都在于此。当然，中国的统一历来是与维护"普天之下，莫非王土"的王权和中央集权联系在一起，这里不作专论。另一类是在分裂的时期，其战略思维的着重点在于实现统一。在中国历史上，凡是有作为、有才略的皇帝都把一匡天下、混同宇内、河山一统作为政治目标。苟且偷安、偏安一隅不仅当时为朝野所诟病，在后世更受到了人们的鄙夷。人们所熟悉的诗句"暖风熏得游人醉，直把杭州作汴州"就是对南宋君臣苟且偏安、不思恢复的嘲讽。中国军事发展史的主导趋势是谋求统一，仔细考察中国历史，可以发现一种有趣的现象，即所有的战争不论其初始如何，最后都发展成为统一战争，中华民族内部各民族组建的政权之间的战争是如此，中央失控、军阀割据所造成的混战是如此，改朝换代的战争是如此，农民起义战争亦是如此——或是农民起义被封建统治者所扑灭，或是推翻了旧王朝，发展成为新的统一战争。要言之，在中国军事、政治斗争的舞台上，凡是胜利者，无不以统一为使命、以统一为基本的政治目标和战争终点。中国历史上，不单汉民族，其他民族也出现过实现统一大业具有雄才大略的政治家，他们都为中华民族的发展作出了贡献。中国士子文人忧国忧民也以关注国家的统一为重要内容。无论是杜甫的"白日放歌须纵酒，青春作伴好还乡"的载欣载奔，还是陆游的"王师北定中原日，家祭无忘告乃翁"的赍志而殁，传达的都是一种念兹在兹的统一情结。

**（三）保安定，重防御**

远古时期，华夏民族主要栖息于由大河冲积并灌溉滋养的辽阔而肥沃的中原地带，温润的气候和适宜的自然条件使他们很早就结束了流动性的渔猎生活，从事定居农业。虽然中华民族的先民们掌握古代人类的两种机动手段——牲畜（马匹、骆驼）及船舶的能力并不亚于其他民族，中国很早就有"昔在黄帝作舟车以济不通，旁行天下"的记载，但定居农业的稳定性、优越性使他们对土地产生了一种特别执着的感情。中华元典中这样赞美大地："至哉坤元，万物资生……含弘光大，品物咸亨。"这种对大地深深的眷恋使华夏民族形成了安土重迁、静穆圆融的心理特征。中国历代的政治家都孜孜以求建立河清海晏、国泰民安的太平盛世。杜甫的诗句"淇上健儿归莫懒，城南思妇愁多梦。安得壮士挽天河，净洗甲兵长不用"就表达了这样一种民族情感。

然而，愿望归愿望，实际上中国数千年来战火频仍，兵燹不断。其中，既有激化的阶级斗争和统治阶级内部的斗争，也有中华民族内部多元的文明因素之间的冲突、碰撞。中华民族生存的环境相对封闭，北部是寒冷的极地，西部是浩瀚的广漠，向东、向南是古代人类难以逾越的海洋。

但就中华民族内部生产生活方式类型而言却有两种，除素称发达的农业文明外，中国的北方和西部地区以"逐水草而居"的游牧生活方式为主。因此，在很长时间里，中华民族内部这两种文明因素的碰撞和交融构成了国家安全问题上的一条主线。"秦家筑城备胡处，汉家还有烽火燃。"历史上北方的游牧民族不断南下牧马，对中原的生产力造成极大破坏；而中原的统治者为了消除来自北方的边患，也屡屡向北用兵，使北方少数民族离开他们世世代代的生息地，著名匈奴民歌"失我焉支山，令我妇女无颜色。失我祁连山，使我六畜不蕃息"即是对此发出的咏叹。中国历史上反复修筑的长城不妨看作中国境内农业文明和游牧文明拉锯争夺的产物，长城的走向大体与38厘米等雨量线重叠，绝不是偶然的巧合。长城与其说是中国以汉民族为主的中原政权修建的防线，毋宁说是中华民族内部农耕文明与游牧文明天然的也是人为的分界线。它的军事目的显然是用于防御的，但它客观上起到了促进民族和睦共处、促进民族交流和融合的作用，是具有积极意义的。

中国古代民族战争（实质上是一种更广泛意义上的国内战争）以及国内战争的多发性决定了历朝历代的战略思维都把保境安民作为主要目标。在战略策划的基点上，强调居安思危。"夫安国家之道，先戒为宝。""若乃居安而不思危，寇至而不知惧，此之谓燕巢于幕，鱼游于鼎。亡不俟夕矣。""备边御戎，国家之重事；理兵足食，备御之大经。"在策略运用上，强调文武并用，德威兼施；以武为植，以文为种，"有文事者，必有武备；有武事者，必有文备"。在防御纵深上，强调天子"守在四夷"，运用多种手段消弭边患，如对北方少数民族政权慑之以兵威，和之以婚姻，阻之以城塞，施之以禄位，通之于货利，怀之以教化等，并特别注重文化上的怀柔与教化政策，即儒家所谓"夷狄入中国，则中国之"。基于中国人根深蒂固的大一统观念，中国历代有作为的君王都以"四夷宾服，万邦来朝"为盛世目标。这种盛世目标质言之，就是维持一种按古老的"服事"观所建立起来的，从中央到地方，再到广大周边的"天朝"秩序。因此，对外用兵一般来讲并不以攻城略地、扩土拓疆为目的，主要是为了教训和惩戒一些桀骜不驯、犯上作乱的藩属，是羁縻政策的补充。一旦达到了战略目的即很快收兵，而继之以怀柔教化。中国战略文化中鲜有扩张性的元素，中国版图的形成，基本上是文化交融和同化的产物，而不是军事征服和武力扩张的结果。

**（四）慎干戈，贵全胜**

中国古代文明以农业文明为主体，而战争对于农业文明的破坏也至为深巨。"师之所处，荆棘生焉；大军过后，必有凶年"，因此，中国自古就有"兵凶战危"之说法。老子说："兵者不祥之器，非君子之器，不得已而用之，恬淡为上。"并指出"胜而不美"。《孙膑兵法》也说："乐兵者亡，而利胜者辱。"中国自古以来的战略家都不把以战争手段解决问题作为最佳选择，而是在更广阔的视野内追求战略目标的实现，以"全胜不斗，大兵无创""不战而屈人之兵"为最高境界、最上妙谛和最大利益。穷兵黩武、杀人盈野历来为圣明之君和有作为的战略家们所不取。也正因为如此，中国才形成了早熟的大战略观，形成了奥妙无穷、精彩纷呈的战略艺术。意大利学者卡尔利柯夫斯基说，《孙子兵法》"不仅是一种战争理论，而且也是一种和平理论，一种运用一切可行的手段（政治的和军事的）夺取政权或保持独立的一种方法体系"。这种评论在一定程度上触及了中国战略文化的内核和实质。

# 三

中华民族的战略文化传统在思维方式上有如下一些特点。

**（一）朴素的唯物主义**

在中国漫长的封建社会及前封建社会中，唯心主义的世界观一直占据统治地位。然而军事斗争激烈的对抗性以及这种对抗对物质条件的依赖、对人的主观能动性的呼唤使中国的战略文化率先冲破了天命论的唯心主义迷雾，形成了朴素却又难能可贵的唯物主义传统。上古时期，中国的先民们往往通过卜筮预测战争的胜负。古籍中也有大量观天象以决吉凶的记载。孙子即对这种做法持明确的否定态度。他在《用间篇》中说："先知者，不可取于鬼神，不可象于事，不可验于度，必取于人，知敌之情者也。"并强调"禁祥去疑"。尉缭子也说："举贤任能，不时日而事利；明法审令，不卜筮而吉；贵功养功，不祷祠而德福……圣人所贵，人事而已。"在中国古代兵家的论述中也常常出现"天"的概念。但这里的"天"一般指的是"天时"，是指"阴阳、寒暑、时制"，是自然的"天"，而不是天命的"天"、神化的"天"。表现在认识论上，中国战略家们自孙子始就把"知彼知己，百战不殆，知天知地，胜乃不穷"，即以全面了解敌我双方的情势及战争时空特点作为战争指导的不二法门。孙子还将交战双方的物质力量在空间上的即时布局和在时间上的动态变化提炼为"形"与"势"两个著名范畴，强调战争指导者要因利制权、造形任势，把握战略主动权，以驾驭战争全局，达到胜利彼岸。这是唯物主义认识论在战略思维领域的生动体现。在《形篇》中孙子还说："地生度，度生量，量生数，数生称，称生胜。"就是说，国土决定耕地的面积，耕地面积决定粮食的产量，粮食产量决定国家养兵的数量，军队数量决定力量的对比，力量的对比决定战争的胜负。这实质上表达了一种农业文明时代从分析国力入手，从而估量战争潜力的观点，颇足难能可贵。

（二）早熟的辩证思维

中国是一个有辩证思维传统的国度，而战略思维又是中国思想史园地里最先绽开的一束绚丽的辩证思维之花。《易经》中就蕴含着朴素的也是非常玄妙的辩证思想。生于春秋晚期的老子虽然不是一个军事家，但在他的著作中却有深厚的战略文化蕴含。《老子》一书中提炼和阐发了大量对立统一的概念，有人统计，他在仅5000字的文章中列举的成双成对的矛盾范畴就达70多个，这从当时的认识水平来说不能不令人惊叹，如有无、多少、大小、刚柔、强弱、静躁、损益、得失、主客、正奇、难易、张歙、与夺、轻重、曲全、阴阳等，都与战略思维密切相关。老子的辩证法思想突出地表现在对矛盾双方向自己的对立面转化的认识中，他提出："天下之至柔，驰骋天下之至坚。""将欲歙之，必固张之；将欲弱之，必固强之；将欲废之，必固兴之；将欲取之，必固与之。是谓微明，柔弱胜刚强。""知其雄，守其雌，为天下溪。"这种认识对中国战略文化传统产生了深刻的影响。中国历来主张后发制人。毛泽东提出"深挖洞，广积粮，不称霸"，邓小平提出"冷静观察稳住阵脚，沉着应付，韬光养晦，善于守拙，决不当头，有所作为"，这些都可以从老子的贵柔处弱思想中找到战略文化的渊源。与老子相比，《孙子兵法》更在军事领域中具体展开和运用了深刻的辩证法思想，对战略思维领域里的一系列基本矛盾范畴作了精彩的阐发，如敌与我、客与主、利与害、众与寡、迂与直、奇与正、虚与实、速与久、分与合、进与退、勇与怯、逸与劳、治与乱、险与易、远与近、有余与不足、致人与致于人等，较之老子，他的辩证法思想更具有积极性，更强调主体的能动性一面，他不仅认识到了矛盾双方向对立面的转化，而且初步认识到矛盾转化的条件与人的能动作用。《孙子兵法》所阐述的战略思维基本原则，如"立于不败之地""先为不可胜而待敌之可胜""不战而屈人之兵""治气、治心、治力、治变""始如处女，后如脱兔""形人而我无形""致人而不致于人"等，具有重要的军事方法论意义。与孙子大体同时代或稍晚的管仲、范蠡、孙膑等著名的战略家也都有深刻的辩证思维。可以说，军事辩证法是中国战略文化对人类文明的一大贡献。

**（三）原始的系统观念**

基于"天人合一"理念所形成的以综合性为主的思维方式，中华民族很早就形成了朴素的、原始的系统观点。这种观念反映在战略文化上就是注重从整体上以及从事物的有机联系上来考察国家的安危存亡，来考察战争的胜负得失。现在人们都在谈论大战略观，这恰恰是中国战略文化传统的特色。所谓"兵者，国之大事，死生之地，存亡之道，不可不察也"，这个"察"就是全面系统地去考察。中国古代战略家从来就不把战争看作交战双方单纯的某一个因素、某一个领域的对抗，而是合理地理解为系统与系统的对抗，即所谓"必以全争于天下"。《孙子兵法》研究战争的方法就堪称一种系统的方法，它论列的范围包括天时、地利、人和、将帅、法制、经济、政治、用间等各个方面。孙子认为战争胜负是各种因素交互作用的结果。因此，要"经之以五事"（道、天、地、将、法）"校之以七计"（主孰有道？将孰有能？天地孰得？法令孰行？兵众孰强？士卒孰练？赏罚孰明？）。任何一个环节的问题都可能导致全局的失败。在战略手段上，孙子主张通过伐谋、伐交，综合运用政治、经济、文化、外交等各种手段，以达到战略目的。中国战略文化中不乏某种定量研究的因素，如《孙子兵法》中就提出："用兵之法，十则围之，五则攻之，倍则分之，敌则能战，少则能选之，不若则能避之。"量化得十分精确。但一般而言，中国战略文化是侧重于定性研究的，所谓的系统观念是混沌的、模糊的、不精确的。这既与人类认识发展史的客观规律有关，也与中国传统思维方式的偏于直觉体悟、不注重分析和精密的运算有关。老子的一句话"道之为物，惟恍惟惚。惚兮恍兮，其中有象；恍兮惚兮，其中有物"最能说明中国人的思维方式。西方人传统的思维方式以分析为主，现代科学的系统方法实质上是古老的东方思维方式在新的更高层次上的复归。

### （四）瑰丽的谋略艺术

战争是从事战争的主体之间的生动的博弈和对抗。一方面，战争有着种种客观规律，可以被人们正确地认识和掌握，并用以指导战争，驾驭战争，在这一意义上，战略谋划和运用是一门科学；另一方面，战争是一种充满变数变量的博弈，是在交战双方尽可能保密并迷惑对方、给对方造成错觉假象的情况下进行的，不管科技发展使情报和侦察手段变得如何先进，战场变得如何"透明"，战争中任何一方获取对方的信息总是不完全的，存在着控制论所谓的"黑箱"效应，战场情况瞬息万变，充满了盖然性，存在着许多混沌现象，这些都使战争呈现出非线性的特点，在这一意义上，战略谋划和运用又是一门艺术。中国战略文化并不忽视武器装备的作用，早在先秦人们就认识到"凡兵有大论，必先论其器"，许多战略家们也注重武器装备的更新研究，如三国时就有诸葛亮造"木牛流马"的记载。但由于漫长的封建社会禁锢了自然科学和生产力的发展，中国军事科技的发展一直相对比较缓慢，中国的军事家们更多地把智慧之光投向了谋略领域。孔子讲："仁者乐山，智者乐水。"而兵家又说，"兵形象水"。中国人天性中那种智性气质使他们把战略思维真正发展成为一种艺术。未战先胜曰谋，战胜不复曰略。兵必谋而动，战无略不胜。中国战略文化向人们展示了一个奇谲瑰丽的谋略世界，现代人们一般认为"阴谋"是贬义词，其实这一词的最初意义并非贬义。阴者，"一阴一阳之谓道"的"阴"也，强调的是谋略的阴柔性、隐秘性。春秋末期，"战阵之间，不厌伪诈"的观念就逐步为人们所接受；肇始于西汉的兵儒合流更使"以正治国，以奇用兵"成为后世战略思维的基本原则。中国历史上留下了诸如"运筹策于帷幄之中，决胜于千里之外""成败在乎智""以计代战一当万"等大量的军事名言，从这些名言中不难看出中国战略文化贵谋崇智、珍策重计的特色。军事谋略是如此深刻地影响了中国的文化，影响了民族的思维方式，甚至衍化到语言文字。中国许许多多的成语熟语，来源于谋略，例如著名的三十六计就都是成语。林语堂指出，中国的文艺评论也多借用谋略性的成语来概括，如"欲擒故纵"，谓题意之跌宕翻腾；"神龙见首不见尾"，谓笔姿与文思之灵活；"声东击西"喻议论之奇袭；"旁敲侧击"谓幽默之讽诮；"隔岸观火"谓格调之疏落；等等。这样的认识可谓独辟蹊径、别具只眼，对了解中国战略文化的特点及对民族心理的渗透颇具启发意义。

# 中国古代文人关注军事问题的传统及特色[*]

徜徉于中国军事文化的长河，可以看到一种饶有趣味的历史文化现象，即从古至今，关注军事问题的绝不止帝王将帅，更有许许多多的士子文人。他们或者直接跻身于当时当世的军事斗争决策圈，佐君王操胜算于庙堂之上，助将帅运筹策于帷幄之中；或者身在"江海之上，心居乎魏阙之下"，有着念兹在兹、挥之不去的军事情结。许多文士致力于兵学著述，或有望进入决策者的视野，或藏之于名山，留之于后世。文士们除直接写下了许多兵书战策外，更撰写了大量的军事史著，创作了众多的军事文学名篇，在中国古代文学史上，如繁花照眼，构成了一道绚丽的风景线。中国古代文人对军事问题的关注给从古至今的中国军事注入了深厚的文化蕴涵，并且对军事文化的形成和发展产生了重要的影响。

一

中国古代文人即一般所说的"士"，大约在春秋之前，士阶层在中国社会就形成了。早期的士，社会地位在大夫之下，庶民之上，后来随着"礼崩乐坏"，士的社会地位发生了变化，但作为一支文化精英，他们仍然保留着为"道"献身的传统，他们社会责任感和忧患意识强，渴望为国家和民众建功立业。正如孔子所说："士志于道""士不可不弘毅，任重而

---

[*] 本文发表于 2002 年 6 月。

道远"。春秋战国时期，社会急剧变革和动荡，为一大批原先社会地位较低的文士投身政治军事舞台、施展才华抱负提供了机遇和条件。他们或聚众讲学、授业传道，或著书立说、游说诸侯，一时人文蔚起，形成了百家争鸣的局面。而由于争霸和兼并战争日趋频繁，战争在国家兴亡和社会生活中的地位更加重要。"兵者，国之大事，死生之地，存亡之道，不可不察也。"《孙子兵法》开宗明义的这句话正是正确反映了当时关注战争问题的重要性和紧迫性。因此，战争从一开始就成为诸子百家普遍关注和竞相探讨的课题。他们或者倡导义战，反对杀人"盈城""盈野"的兼并战争；或者诅咒"兵者不祥之器"，强调"柔弱胜刚强"；或者主张"兼爱非攻"，严密城守；等等，可谓"境内皆言兵"。而兵家学派更是异峰突起，引人注目。汉以后，儒学逐步成为中国社会的主流思想，中国文化生态的多元化有所削弱，但是中国文人关注军事问题的传统得到了保持和赓续。这是因为，儒学主张积极用事、"内圣外王""修身齐家治国平天下"，而治国平天下，军事问题又不容回避。中国历史上的科举制度的考试内容也主要是策论，是治国安邦之策，这就要求文人士子们的知识结构不能不包括军事。实际上，"致君尧舜上，再使风俗淳"始终是中国古代文人的政治理想和他们追求的最高价值目标，而诗词文赋在他们看来不过是"余事"，是闲情逸致，是附庸风雅，是"雕虫小技"。中国古代有许多著名的文学家同时又是杰出的政治家、军事家。还有众多的文人仅仅以诗文重于当代、垂于后世，一般地讲，这并不是因为他们没有政治抱负和军事韬略，只不过是由于种种原因堵塞了他们在政治上军事上进取的道路罢了。因而他们只能把横溢的才华挥洒于风月之中，倾注于山水之间。"却将万字平戎策，换得东家种树书。"辛弃疾的沉痛词章寄托了多少文士怀才不遇、报国无门的身世感叹。

中国古代文人对军事问题的关注主要通过以下几种方式体现出来。

一是直接投身当时的军事斗争。唐朝诗人李贺曾写下"男儿何不带吴钩，收取关山五十州"的著名诗句，王勃在《滕王阁序》中也写道："无路请缨，等终军之弱冠；有怀投笔，慕宗悫之长风。"这些都表达了他们对投身军旅、为国立功的向往和怀才不遇、有志难伸的惆怅。古往今来，中国的许多文士出于对国家和民族命运的关切，出于施展自己抱负和才华的强烈愿望，走出茅庐、投笔从戎，积极参加了当时的军事斗争和战争实践，其中不少得到了君王和统帅的器重，在中国的军事史和战争史上留下了浓重的一笔，他们是众多有着军事情结的中国文人中的佼佼者。他们大体可分为两类：一类是由一介文士而登坛拜将，成为著名的军事统帅、杰出的军事家，如战国的孙武、孙膑，三国时的诸葛亮、陆逊，晋代的杜预，唐代的李靖，宋代的岳飞，明代的于谦，清代的曾国藩等；另一类是充当谋臣或军事幕僚，参与军事运筹和辅助决策。这一类人数更多，如汉代的张良、萧何，三国的荀攸、郭嘉、鲁肃，宋代的赵普，元代的耶律楚材，明代的刘基，清代的范文程等，可谓世有所出，代不乏人。

二是撰写兵书战策或对兵书战策进行整理注疏。中国流传至今或见诸记载的兵书有2000余部，有相当一部分出自并无军事生涯的文士之手。晚唐的著名诗人杜牧与李商隐齐名，风格流丽蕴藉，曾一度寄情声色，写下"春风十里扬州路，卷上珠帘总不如""十年一觉扬州梦，赢得青楼薄幸名"的诗句，然而在他倚红偎翠、怜香惜玉的表象后面，却始终深藏着一颗忧时报国的壮心。他继承了祖父杜佑作《通典》经邦致用的传统，费了极大的精力，探讨"治乱兴亡之迹，财赋兵甲之事，地形之险易远近，古人之长短得失"，切言富国强兵之道，主张削平藩镇，加强统一，健全法制，巩固边防，发表了许多切中时弊的精湛见解。有感于晚唐国运衰微、藩镇割据的局面，他非常注重研究军事，在曹操注解《孙子兵法》的基础上，结合历代用兵的成败得失，重新注释了《孙子兵法》13篇。除此之外，他还写了《战论》《守论》《原十六卫》等军事论文。宋代词人辛弃疾一生主张坚决抗金，恢复统一祖国山河，《美芹十论》就是他力主抗金的军事论著。其中，《审势》《查情》《观衅》3论，具体分析了当时的政治军事形势，说明"敌之可胜"；《自治》《守淮》《屯田》《致勇》《防微》

《久任》《详战》7论，主要论述怎样加强战备、激励士气、积蓄力量、重振河山，即如何"求己之能胜"。10论有力地驳斥了"主和派"的主张，既指出了抗金统一的可能性，又提出了夺取军事斗争胜利的具体方略，是宋代有代表性的兵论之一。清初学者顾祖禹隐居不仕，但穷20年之精力撰写了《读史方舆纪要》，综记"山川险易，古今用兵战守之宜，兴亡成败得失之迹"，被称为军事地理学的"千古绝作""古今之龟鉴、治平之药石"。清末思想家、文学家魏源是中国近代"睁开眼睛看世界"的代表人物。他痛感鸦片战争后西方列强对中国的侵略，依据林则徐所辑西方史地资料《四洲志》和历代史志等，辑成《海国图志》100卷，主张自建船厂、炮舰，练兵经武，加强海防，"师夷之长技以制夷"。

三是在治史修史中总结军事上的成败得失。中国军事文化具有兵史合一的传统，军事思想不仅凝结在兵学的专著之中，更大量地蕴含于史书史论之中。"以史为镜，可以知兴替"。许多文士不能在战场上实现他们的军事理想，就把他们卓越的军事见解融汇于对于历史的叙述和评论中。先秦的著名史著《左传》的作者一般认为是鲁国的史官左丘明，也有人认为是其他人，但不管怎样，作者是春秋时期的著名文士无疑。《左传》相当系统地记录了200余年间春秋各国政治、军事、外交方面的事件，尤以善于记述战争过程和战斗场面为人们所称道，在对战争的记述和描述中表达了极为丰富的军事思想。司马迁的《史记》被称为"史家之绝唱，无韵之离骚"，其描写战争的手法之高妙，评析军事人物的见解之深刻，达到了后人难以企及的境界，许多篇章堪称优秀的军事纪实文学。其后历代正史几乎都出于著名的文士之手，并保持了司马迁所开辟的史学传统。《二十五史》中不仅对我国历史上的许多著名战役包括战前的伐谋伐交、交战双方乃至多方的态势和互动、战争过程中的跌宕起伏等有着精彩绝伦的描述，而且独具慧眼、精彩深刻的军事评论随处可见，与军事有关的格言警句如抛珠溅玉。宋代司马光主持编撰的《资治通鉴》以及后来的《续资治通鉴》更以编年体记载和描绘了中国历史上的战争长卷，许多著名战例如官渡之战、赤壁之战、淝水之战等，写得高屋建瓴、活灵活现，已远远超出了一般史著的范畴，成为不朽的军事文学名篇，是运筹和指导战争的生动形象的教科书。除编史修史之外，更有许多文人学士以读史批史评史的方式发表他们的军事见解，最著名的如王夫之的《读通鉴论》、李贽的《藏书》《续藏书》，涉及的军事内容就不少。

四是撰写反映战争和军事生活的诗文。中国古代文人撰写的史叙、奏稿、策论、谏议、书启、说帖、随笔、札记等，许多篇章是专论或涉及军事问题的。《文选》《古文观止》中的许多名篇都涉及军事内容。著名文学家贾谊、苏洵、苏轼、苏辙、王安石、杨万里、辛弃疾、陈亮、杨维桢、高启等都留下了卓有见地的军事策论。中国是一个诗的国度，文人学士鲜有不能诗者，而在诗的海洋里涉及军事问题的咏史诗、边塞诗、军旅诗占了相当的比例。在中国诗歌发展史上，不仅有一批卓越的诗人以边塞诗、军旅诗见长，形成了一个绵延不绝的流派和星河灿烂的诗人群，而且几乎所有的诗人，包括那些以风格绮丽、婉约著称的诗人都有军事诗，使我们得以窥见诗人内心世界和情志的另一面。这些诗作有着丰富的军事内涵和美学价值：有的可以看作是以诗歌的形式发表的军事评论，言简而意丰，词约而思深，如杜牧的不少咏史诗；有的可以看作是以诗歌形式描绘的战争画卷，雄浑而壮阔，大气而磅礴，如高适等的边塞诗；有的讴歌了边关将士的精神，有的记述了战争中人民的命运，有的表达了仗剑从军、以身许国的激越之志，有的抒发了对中原板荡、神州陆沉的忧患之情。

五是创作以战争为主要描写对象的小说。在中国文学的族谱中小说发育和形成较晚。但是这种文学形式一经形成，就被文士们主要用来描写战争。由文士在史料和民间传说基础上创作的军事历史小说，如《三国演义》《水浒传》《东周列国志》等，以一定的史实为依托，把军事、政治、经济、外交熔于一炉，描绘了波澜壮阔的战争画面，塑造了各具丰采、有血有肉的军事人物形象，展示了令人叹赏的战争谋略艺术，其中无疑渗透了作者的军事见解，寄寓了作者的军事理想，它们如同形象化的兵书、戏剧化的战争史，对军事文化的普及、民族军事文化心理的积淀发挥了重要的作用。

## 二

中国文人关注军事问题的现象，对中国军事文化风格的形成影响十分深远。

第一，强化了中国军事文化执着追求和矢志维护祖国统一的"大一统"观念。"大一统"即高度重视和推崇国家统一，是中华民族源远流长、根深蒂固的一个价值观念，是中国传统文化的一个显著特色。这一观念的形成，文人士子功不可没。大约春秋初期，一个华夷五方相配而又统一于"天子"的政治模式已初步形成并深入人心。《公羊传·隐公元年》谓："何言乎王正月？大一统也。"董仲舒《贤良策》写道："春秋大一统者，天地之常经，古今之通谊也。"《汉书》说："春秋所以大一统者，六合同风，九州共贯也。"汉以后，作为中国文人主流意识形态的儒家文化更以主张"大同"为主要特征。因此，中国古代文人关注并致力于军事问题的研究，在很大程度上是基于实现和恢复国家统一的政治理想。他们或者面折廷争，公车上书，痛称维护祖国统一的主张，指画实现江山一统的方略，或者把金瓯残缺的忧患之情和重振河山的报国之志发为诗文。"死去元知万事空，但悲不见九州同，王师北定中原日，公祭毋忘告乃翁。"陆游这首诗把期盼祖国统一的情结表达得如此真切感人，令异代不同时的人为之涕下。类似的篇章在中国文学中比比皆是，对中华民族视统一为民族最高利益的观念的形成起到了潜移默化的作用。

第二，赋予了中国军事文化以鲜明且壮怀激烈的爱国主义、英雄主义色彩。讴歌英雄主义、崇尚爱国精神构成了中国文人军事体裁文学创作的鲜明主题。战国时期的伟大诗人屈原在《国殇》中即通过对惊心动魄的战争场面的描写，表达了对以身许国将士的深情赞美："操吴戈兮被犀甲，车错毂兮短兵接。旌蔽日兮敌若云，矢交坠兮士争先。……带长剑兮挟秦弓，首身离兮心不惩。诚既勇兮又以武，终刚强兮不可陵。身既死兮神以灵，魂魄毅兮为鬼雄"。三国时才华横溢的诗人曹植也写下了"捐躯赴国难，视死忽如归"的名句，表达了他渴望为国效命疆场的情怀。后世诗人洋溢着英雄气概和爱国情愫的诗章名句更俯拾皆是，如陈子昂的"感时思报国，拔剑起蒿莱"，王昌龄的"但使龙城飞将在，不教胡马度阴山"，祖咏的"少小虽非投笔吏，论功还欲请长缨"，戴叔伦的"愿得此身常报国，何须生入玉门关"，陆游的"孤灯耿霜夕，穷山读兵书。平生万里心，执戈王前驱。战死士所有，耻复守妻孥。"……就连"人比黄花瘦"的女词人李清照也写下了"生当做人杰，死亦为鬼雄。至今思项羽，不肯过江东"的壮怀激烈的诗篇，这些诗文沾溉了一代又一代中国人的精神世界。由于史学家、文学家的精彩记述和生动描写，许许多多多谋善战、叱咤风云的将帅和以身许国、精忠报国的英雄，如诸葛亮、关羽、赵云，还有杨家将、呼家将、岳家军等家喻户晓、妇孺皆知，成为一代代青少年的偶像和军人的楷模。

第三，使中国军事文化浸透了更多悲天悯人、关心民瘼的和平主义、人道主义精神。中国文人从"贵民""爱人"的儒家观念出发，形成了关注社会现实、同情人民疾苦的传统，目睹战争给社会生产力带来的破坏和给人民带来的深重苦难，许多文人忧患元元，用诗文记录了战争的血腥和苦难，鞭挞了不义战争，表达了渴望国泰民安、河清海晏的心声。中国古诗文中有不少吊古战场的名篇，反映征夫怨夫的痛苦更成为众多边塞诗的主要内容。"遥闻陌头采桑曲，犹胜边地胡笳声"，表达了人们渴望铸剑为犁、重享太平的强烈愿望；"可怜无定河边骨，犹是春闺梦里人"，寄寓了对战争中失去丈夫的妇女的深切同情。唐朝伟大的诗人杜甫的"三吏""三别"堪称用诗歌写成的报告文学，对当时战乱给人民带来的苦难留下了真实写照，给以了血泪控诉。他写的诗"杀人亦有限，立国自有疆，苟能制侵陵，岂在多杀伤"更把对战争的直观认识上升到理性思考。他在《洗兵马》中还写道："安得壮士挽天河，净洗甲兵长不用。"中国军事文化中鲜有穷兵黩武、嗜血好战的元素。

第四，促进了中国军事文化长于谋略、善于用奇的军事思维方式的形成。战略是最高层次的谋略。文人投身和涉足军事领域，由于他们并不是行伍出身，因而决定了他们必然是更多地从战略层次考虑问题，而不可能去具体而微地设计作战细节，这可以说明为什么中华民族的战略意识要比其他民族发育得早。同时，中国文人从来是把军事作为实现经邦济世的政治理想的必要手段来研究的，他们很少就军事论军事，而是把军事和政治、经济、外交等联系起来考察，天然地把战争看作一定的政治的继续，中国的战略观从来就是一种大战略观。在"重道轻器"观念的影响下，中国文人的思维方式本质上是一种智性思维方式。而战争活动这一充满了变数、以人与人之间的生动对抗和博弈为主要特点的领域，正好为他们发挥奇妙的想象力和创造力提供了最好的舞台。他们固然也注重战争的物质条件，但更注重发挥人的主观能动性，以谋略取胜，特别是主张不拘一格、出奇制胜。正如孙子所说："以正合，以奇胜。""善出奇者，无穷如天地，不竭如江海。"历史上许多文人就是以谋士、智囊的身份侧身军旅，以神机妙算著称于世的。纵览中国史书，对于战争的具体作战经过记述往往十分简约、惜墨如金，而对双方的伐谋伐交斗智则浓墨重彩、精细刻画，这也可以反映出中国文人对战争的关注点和兴奋点。至于文人创作的许多小说、戏剧可以看作形象化、通俗化的谋略教科书。

第五，使中国军事文化具有了熔语言精辟、意蕴深厚、熔哲理和诗情于一炉的美学特色。由于大量文人的参与，中国军事文化从一开始就与文学天然联姻。"言之无文，行而不远。"中国的军事史论绝少散漫芜杂、枯燥乏味之篇，许多兵书战策，既是深湛的军事理论著作，又是精美的文学作品，蕴含着深刻的哲理，闪烁着诗意的光辉。中国的兵书一般都具有"舍事而言理"的特点，注重把对战争的认识上升到哲理的层次，因而更加具有普遍性、规律性、思辨性的品格。一部《孙子兵法》凡五千余言，以惊人的深刻性和系统性揭示了军事运动的规律，可谓字字珠玑，句句警策。它的好多格言警句不仅历来被视为认识和指导战争的不二法门,而且现在被广泛借鉴和运用到政治、经济、科技、外交乃至商界、体育等一切存在竞争和对抗的领域,成为人类宝贵的思想财富和智慧秘籍。

星汉灿烂　若出其里

# 历史的天空闪烁几颗星*

## ——三国时期的人才博弈及用人艺术

"湮没了黄尘古道，荒芜了烽火边城"，星移斗转，浪淘沙沉。当电视剧《三国演义》引导我们穿越时间隧道，又一次走进那一段早已远去的历史时，我们仍不能不惊叹那一片星空的璀璨。

一

东汉末年，汉室倾颓，天下分崩，群雄并起。轰轰烈烈的黄巾大起义虽然被镇压下去，但是汉王朝的统治也名存实亡，代之而起的是星罗棋布的豪强和割据势力。"大者连郡国，中者婴城邑，小者聚阡陌""跨州连郡者不可胜数"。这些势力各据一方，攻城略地，逐鹿中原，战火连绵，给生产力带来了极大的破坏，给人民带来了无尽的苦难。所谓"出门无所见，白骨蔽平原""生民百遗一，念之断人肠"（曹操诗句），就是当时社会景象的真实写照。从这个意义上讲，这段历史是不值得称道的。

然而，历史是一个多棱体。时光的流逝，更可能使人们以一种超然的心境来观照历史，从而多侧面地揭示历史的底蕴。"折戟沉沙铁未销，自将磨洗认前朝。"当人们以这样的心境来观照历史时，就会发现三国时期有着独特的人文魅力。乱世是苍生的不幸，但某种程度上却是人才之幸。沧海横流，方显出英雄本色；三足鼎立，演绎出一个旷世奇局。特定的历

---

* 本文发表于1997年，是作者为与人合著的一本小书《说三国论用人》所写的序言。

史环境，为众多的风流人物提供了一显身手、一展抱负的机遇，提供了纵横驰骋、叱咤风云的舞台，唯其历史进程比较短促，其所上演的活剧更显得异彩纷呈，令人如行山阴道上，应接不暇。按照历史唯物主义的观点，应该怎样评价这些历史人物姑且不论，单是从人才学角度看，这些历史人物身上所展示的各有千秋的才具，各具魅力的气质，各擅胜场的韬略，以及他们之间所呈现出的纵横捭阖、错综复杂的博弈互动的关系，就足以令我们流连忘返，遐想联翩了。

《三国演义》以及据此而拍摄的电视剧，尽管不应直接作历史观，但却为我们用清明上河图式的笔法和画面，浮雕式的、相当完整而又迤逦多姿地描绘和再现了这一历史画卷，使我们得以重新目睹了1900多年前活跃在那片历史舞台上的风云人物的风采，使我们又一次感受到了"星汉灿烂，若出其里"的瑰丽。"天下英雄谁敌手？曹刘。生子当如孙仲谋。"曹操、刘备、孙权固一世之雄也，凝聚并往来折冲于这三大政治集团之间的各式各样的人物亦何等风流俊逸，雄姿英发！诸葛亮文韬武略，经天纬地，堪称"万古云霄一羽毛"，除此之外，我们还可以列出一个长长的名单：有文武兼备的统帅周瑜、陆逊、司马懿、吕蒙、姜维、邓艾；有满腹经纶的谋臣庞统、徐庶、郭嘉、程昱、荀彧、贾诩、步骘、虞翻；有勇冠三军的武将吕布、马超、关羽、张飞、赵云、黄忠、典韦、许褚、张辽、徐晃、太史慈、丁奉；有语惊四座的文士曹植、杨修、陈琳、阮瑀、秦宓、张松等，真可谓"群贤毕至，少长咸集"。尤其值得指出的是，三国中众多的英雄才俊不是独立存在的，而是在互相映照、交流碰撞中存在的，他们或为对手，或为朋友，或为君臣，或为将帅，或为主幕，或为同僚，在互相激发和砥砺中放射出了夺目的人格和智慧的火花，在两军对垒或多极格局的斗智斗勇中，展示了各具特色的才华和能力。这样自然就妙局迭出，好戏连台了。难怪乎清人毛宗岗赞曰："炳炳麟磷，照耀史册。殆举前之丰沛三杰、商山四皓、云台诸将、富春客星，后之瀛洲学士、麟阁功臣、杯酒节度、砦市宰相，分见于各朝之千百年者，奔合辐凑于三国之一时,岂非人才一大都会哉!入邓林而选名材,游玄圃而见积玉,收不胜收,接不暇接,吾于三国有观止之叹矣。"

## 二

三国时期的人才风景线之所以蔚为壮观,不只因为人才如百斛泉水不择地而出,擅一时之盛,还因为人才的流动和聚合。动乱的社会环境和东汉王朝已趋式微的控制力,客观上为人才的流动提供了条件,为"良禽择木而栖"、各择明主、各展抱负创造了难得的契机。这是一个人才的流动与聚合的过程。"夫争天下者,必先争人"。群雄逐鹿,众强争鼎,透过金戈铁马的纷争、刀光剑影的拼杀,我们看到的是一场人才的竞争和角逐。实践证明,谁能够吸引和凝聚人才,谁善于用好人才,谁就能在错综复杂的斗争中获得优势,赢得主动;谁就能够站得住,走得远。曾几何时,一些强大的割据势力如袁绍、袁术、吕布、刘表、刘璋等都如昙花一现,最终灰飞烟灭了。尘埃落定,形成了曹、刘、孙三分天下的格局。

曹操,在三极中是较强的一极。曹操之所以能取天下于群雄之手,固然得益于他的雄才大略,得益于他"挟天子以令诸侯"的政治优势,也与他善于延揽人才为己所用分不开。他深知"得人才者得天下"的道理。早在与袁绍共同起兵之初,在与绍论及"何所可据"时,袁绍不无得意说:"吾南据河,北阻燕代,兼戎狄之众,南向以争天下,庶可以济乎?"曹操则回之曰:"吾任天下之智力,以道御之,无所不可。"曹操曾3次发出《求贤令》,建安十五年(210年)春的《求贤令》说:"自古受命及中兴之君,曷尝不得贤人君子与之共治天下者乎?及其得贤者,曾不出闾巷,岂幸相遇哉?上之人求之耳。今天下尚未定,此特求贤之急时也。……二三子其佐我明扬仄陋,唯才是举,吾得而用之。"正是基于这样的认识,他不遗余力,大力网罗天下英才,对夤夜来奔的许攸他"跣足出迎";对草檄骂了他"三代"的陈琳,他"仍爱其才而不咎"。由此,在曹操帐下很快聚集起一大批文韬武略的人才,形成了一个"文武并用、英雄毕力"的局面。

蜀汉的兴起更与人才有着直接的关系。刘备未遇诸葛亮之前,依陶谦,奔曹操,归袁绍,附刘表,可以说屡受挫折,一直寄人篱下。直到他得到诸葛亮的辅佐之后,才如鱼得水,整个事业出现了崭新的局面。"三顾频烦天下计""一番晤对古今情"。千百年来,三顾茅庐的故事一直被传为佳话,是因为这个故事生动地体现了英主明君的求贤若渴、礼贤下士,寄寓了中国士人"致君尧舜"的政治理想。如果说曹操广揽人才、吸引人才是凭借自己的雄才大略,凭着得天独厚的政治优势,而刘备则主要是借助自己人格的力量、道德的力量。

在曹操身上,我们看到的是一种政治化的人格——为了达到既定的政治目的可以不择手段;在刘备身上,我们看到的是一种人格化的政治——靠厚德载物来实现自己的政治目标。诸葛亮与刘备初次相见,在著名的《隆中对》中即称刘备"信念著于四海,总揽英雄,思贤如渴",可见他对刘备的德名是钦慕已久的,凡三往乃始见只不过是进一步检验刘备的诚心而已。赵云是刘备帐下的一员猛将,冲锋陷阵、勇冠千军,为蜀汉立下了汗马功劳。但赵云却原来属于公孙瓒帐下,他是为刘备的德名所吸引才投奔刘备的。刘备摔阿斗,被人讥为虚情假意,但事实恐怕未必如此。虚情假意可以得人于一时,但绝不能得人于一世。《傅子》曰:"刘备宽仁有度,能得人死力。"洵非妄评。

孙权之延揽人才亦有其突出特点。一是善于识才。他对鲁肃的重用就说明了这一点。《三国志》记述:"权即见肃……与语甚悦之……因密议曰:'……孤承父兄余业,思有桓文之功。君既惠顾,何以佐之?'肃对曰,'……曹操不可卒除。为将军计,惟有鼎足江东,以观天下之衅。……剿除黄祖,进伐刘表,竟长江所极,据而有之,然后建号帝王以图天下,此高帝之业也。'"这一番策论因是与孙权抵足榻上而谈的,史称"榻上策"。它虽不若诸葛亮《隆中对》之系统缜密,但其慧眼所运实与诸葛亮难分轩轾,可谓异曲同工。孙权对鲁肃的战略谋划一拍即合,非常钦服，从此倚为股肱。二是不拘卑贱。所谓"拔吕蒙于戎行，识潘璋于系虏"即是显例。其他吴臣如丁奉、丁览、阚泽、步骘等大都出身微贱，或干略卓著，或学问精深，均受到孙权赏识和提拔。三是不计前嫌。大将甘宁原属黄祖，黄祖与孙权家有世仇，且甘宁曾射杀吴将凌操，可谓仇上加仇，但甘宁降权后，孙权爱其才而颇加优待，甘宁感其恩而效命建功。纵览三国史，孙吴以江南之地与曹、刘相抗衡，三分天下有其一，并时有高明的谋略、漂亮的战役。其雄姿英发的将帅、韬略高妙的谋士，与魏蜀相较，实不逊色。

## 三

延揽人才固属不易，如何驾驭人才、使用人才，充分发挥人才的作用，更是一门大学问，是事业兴衰成败的关键。

曹操的人才以数量胜。曹操本身就是一个文韬武略的杰出人才，因而如同众星捧月一般，在曹操身边自然形成了一个包括各方面人才在内的精英集团。这就使得曹操用人呈现出因材施用、择善而从，善集众智、善纳群言的特色。虽然曹操对荀彧、郭嘉、程昱等更看重一些，但总起来说，他并不单纯倚重某一个人，每有大事，他总是集中群臣共议，充分听取大家的意见，经过一番七嘴八舌之后，形成决断。这种决策方法现在看起来也是科学的，有利于发挥人才的互补效应，有利于避免因个人知识、才能、情绪等方面的局限而陷入误区。当然，他也有刚愎自用的时候，例如赤壁之战，庞统献"连环计"，帐下谋士程昱等不是没有看出此举的致命处——"若用火攻，难以回避"，但他得意忘形，反而讥程昱"有见不到处"，最终导致惨败。但在大部分情况下他还是能够听取和吸收幕僚正确的意见的。

刘备的人才以质量长。水镜先生曾预言："伏龙、凤雏，两人得一，可安天下。"而刘备竟把二人都囊括于自己帐中，可谓"伏龙起大泽，凤雏落梧桐"。天之于刘何独厚也！庞统才华初露而英年早逝，殊为可惜，但诸葛亮则追随刘备创业始终,并于刘备崩殂之后承担起辅佐幼主、进取中原的重任。如果说曹操周围人才如众星捧月,刘备身边的人才则是遗世独立,——诸葛亮太优秀了,以至于其他的人才都相形见绌,黯然失色。这样一种状况就使刘备的用人显示出与曹操不同的特点。用一个形象化的说法,曹操靠的是人才的集团效应,而刘备则是用人不疑、独任奇才,即他主要通过信任、倚重诸葛亮一个人,然后再通过诸葛亮去发挥其他文臣武将的智慧和才干。这固然使刘备用人有一定的局限性,但也有其成功的一面,即有利于充分发挥个别特别优秀的人才的作用。人们往往称道诸葛亮非凡的军事、政治才能,称道诸葛亮治蜀的出色政绩,而对诸葛亮何以能够得以施展自己的才能则较少注意和研究。其实,诸葛亮虽有奇才,但如果不遇明主,不为所用,也只能徒有管乐之志,悲守穷庐,终老山隈而已。质言之,是诸葛亮成就了刘备的事业,反过来也可以说,是刘备成就了诸葛亮的事业。

孙权在用人上兼有曹、刘两人的优点,而又有所不同。在三国中,孙权也是比较自觉地意识到"集众智"重要性的领袖人物之一,他说:"天下无粹白之狐,而有粹白之裘,众之所积也。夫能以驳致纯,不惟积乎?故能用众力,则无敌于天下矣,能用众智,则无畏于圣人。"这在赤壁之战的决策过程中表现得淋漓尽致:面对来势汹汹的百万曹军,他不动声色,先是认真听取文臣武将们意见,包括主战派、主降派的意见,以及来自盟国诸葛亮的意见,斟酌权衡,袖手于前;斩钉截铁,决策于后,何其英明果断!

但同样是善纳群言、善集众智,细比较孙权与曹操不大一样:曹操虽然每临大事、每经战阵总是问计于大家,也比较能够集中大家的智慧,但具体执行起来,南征北伐,他总是亲为统帅。他权欲重而疑心大,尤其看重兵权,不肯轻与他人。这在一定程度上束缚了人才的手脚,影响了人才作用的发挥。孙权则比较洒脱,每遇重大关头,他所做的只是两件事:一是定方略,二是选主帅。一旦与部属议定战略决策之后,就委得力将帅以全权，自己则安坐建业，静候"小儿破贼"。试看赤壁、彝陵二战，一是抗魏，二是御蜀，二者都来者不善，都关乎东吴的安危存亡，但孙权下定决心、选好主帅后，就退到幕后了，把威武雄壮的战争活剧让给年轻有为的主帅去导演。我们在赞叹赤壁、彝陵之战精妙绝伦的战役指挥时，也不得不赞叹孙权善于用才、举重若轻的领导艺术。

疑人不用，用人不疑，也是孙权用人的一个突出特点。赤壁鏖兵，他授予周瑜尚方宝剑，以决狐疑；彝陵决战，他筑坛拜陆逊为将，以令三军，并说"阃以内，孤主之；阃以外，将军制之"。可见他对统兵御敌的主帅是多么信任。统兵一面，决胜千里，贵在临机独断，切忌互相掣肘。袭取南郡时，一开始孙权曾想让其堂弟、征虏将军孙皎与吕蒙为左右大都督。吕蒙直言道："若至尊以征虏能，宜用之；以蒙能，宜用蒙。昔周瑜、程普为左右都督，共攻江陵，虽事决于瑜，普自恃久将，且俱是督，遂共不睦，几败国事，此目前之戒也。"孙权马上意识到自己的不对，毅然以吕蒙为大都督，以孙皎为后继，由此定下了日后夺荆州、擒关羽的胜券。

同是用人不疑，孙权与刘备相比较亦各有特色。刘备遇诸葛亮而有鱼水之乐，两朝开济，倚为重宝，诚为慧眼识英才，但把整个事业寄托在某一个人身上也使蜀中的人才缺少后劲，较少活力，不利于新秀脱颖而出。而孙权选才任才的视野则较为开阔，他并不一般地倚重某一个人，如俗话所说的"一棵树上吊死"，而是"闻鼙鼓而思良将"，临战事而任英才，差不多每一役都推出一个新面孔。特别是不拘一格，不论资排辈，敢于大胆使用"儿童团"。综观东吴的历史，从周瑜、鲁肃到陆逊、吕蒙、陆抗，少年才俊的将帅不乏人，不禁令人赞叹：吴中新秀何其多也！

"滚滚长江东逝水，浪花淘尽英雄。"三国的风云人物已经随着历史的涛声远去了，但这些历史人物和历史故事所给予我们的启迪则是历久弥新的。今天在党的领导下，我国人民正在建设中国特色社会主义，奋勇开辟中华民族伟大复兴的光明前景。这是一个需要人才、呼唤人才的时代，也是一个要求更好地发挥人民群众的历史主动性,其中包括各种人才的重要作用的时代。"以史为镜,可以知兴替。"基于这样一种考虑,我们几个同好,在看完电视连续剧《三国演义》之后,进而溯源而上,重读古典小说《三国演义》并参阅《三国志》及其他典籍,将有关这方面的一些感想札记了下来,片羽吉光,集腋成裘,形成了这样一本小册子,不揣孤陋浅薄,奉献于读者面前。非独"发思古之幽情",良以寄厚望于当代也。

# 自铸雄奇瑰丽词　一洗万古凡马空 *

## ——毛泽东诗词创作综览及赏析

中国是诗的国度。在中华 5000 多年的文明史上，卓越的诗人如星河璀璨，瑰丽的词章似繁花照眼，屈辞马赋、杜圣李仙、苏豪晏婉，各领风骚。而在近现代诗坛，又矗起了一座秀杰群伦、气象万千的高峰，如横空出世，睥睨千古、横绝当代，这就是毛泽东的诗词。毛泽东首先是伟大的马克思主义者，是无产阶级的革命家、政治家、理论家、军事家，同时还是一位才华横溢的诗人。目前已正式发表以及从种种史料中钩沉的可以认定的毛泽东诗词虽数量不是太多，但可谓篇篇锦绣、字字珠玑，惊才绝艳。这些诗作既继承了中华民族优秀的诗词文化传统，又展示了旧诗词所不曾有的文化品格和风貌，为中华诗词园地增添了瑰宝。学习毛泽东诗词，不仅可以提高我们的诗词文化素养，还可以涵养共产党人、革命军人的精神世界。

## 一

综览毛泽东的诗词创作，我认为大体上可以分为 3 个阶段。

第一个阶段是青少年时期和中国共产党建党初期。

毛泽东从小即受到良好的国学教育，打下了扎实的诗词文化功底，并展现出了敏捷的诗才、卓荦的抱负。1910 年，毛泽东离开韶山冲，负

---

* 本文发表于 2023 年 12 月。

笈湘乡行，临行前给父亲留下一首诗："孩儿立志出乡关，学不成名誓不还。埋骨何须桑梓地，人生无处不青山。"此诗虽系改他人之作，但无论是文字还是意境都比原诗更胜一筹，抒发了少年毛泽东志在四方、心雄万里的不羁之志。作于1918年春的《七古·送纵宇一郎东行》，文笔已相当老辣而又通篇焕发着青春勃发的气息，汪洋恣肆，气宇不凡。虽是表达对友人的期许，但折射出的却是作者自身的远大抱负。此诗开篇即如江出三峡，排空而来："云开衡岳积阴止，天马凤凰春树里。年少峥嵘屈贾才，山川奇气曾钟此……"诗中"丈夫何事足萦怀，要将宇宙看稊米""管却自家身与心，胸中日月常新美""名世于今五百年，诸公碌碌皆余子"等句境界阔大，雄视万里，一个志在改造中国、改造世界的青年才俊形象跃然纸上。

"过眼滔滔云共雾，算人间知己吾与汝。"分别作于1921、1923年的《虞美人·枕上》和《贺新郎·别友》是毛泽东诗词中两首仅见的情词，表达了他对爱妻杨开慧的真挚爱情，情意缱绻，感人至深。毛泽东曾自况他于诗词"偏于豪放，不废婉约"。从这两首词中可见一斑。这两首词深婉的情致即使放诸历代婉约派名作中亦不遑多让，然其境界却与只是吟风弄月、伤春悲秋的花间派词作不可同日而语。如在《贺新郎·别友》中他并没有一味地沉湎于儿女情长，最后两韵："凭割断愁丝恨缕，要似昆仑崩绝壁，又恰像台风扫环宇。重比翼，和云翥。"一扫离情别绪，表述了与爱人比翼齐飞、迎接中国革命暴风雨的战斗豪情。

作于1925年的《沁园春·长沙》是这一阶段最为成熟的不朽名篇。词的上阕用大写意的笔法描绘了橘子洲头的烂漫秋色，发出了"问苍茫大地，谁主沉浮"的天问，实际上蕴含了作者"天下者我们的天下，国家者我们的国家"的历史担当。下阕笔锋一转，闪回到作者畴昔与一帮意气相投、道义相砥的学友在这里"指点江山，激扬文字"的"峥嵘岁月"里，一句"粪土当年万户侯"，把蔑视一切豪强权贵的革命造反精神表现得淋漓尽致。最后以对友人的隔空讯问——"曾记否，到中流击水，浪遏飞舟"收束全篇,戛然而止,余韵绕梁。恰似"曲终收拨当心画,四弦一声如裂帛"!这首词与其说是一首咏秋的绝唱,毋宁说是一首青春的放歌,一代又一代的青年都可以从吟诵这首词中得到激励和鼓舞。

第二个阶段是革命战争时期。

中国革命走的是武装夺取政权的道路。毛泽东是中国共产党内深刻认识到武装斗争重要性的第一人。"把酒酹滔滔,心潮逐浪高!"读他1927年春在烟雨迷蒙的黄鹤楼写下的沉郁之作《菩萨蛮·黄鹤楼》,已然依稀可见他对这一问题的思考。"秋收时节暮云愁,霹雳一声暴动。"从石破天惊、直抒胸臆的《西江月·秋收起义》开始,到中华人民共和国成立前夕,他的诗词创作则大量是直接吟诵革命战争。在艰苦卓绝的战争环境里,无论是身处逆境,还是司命三军,他鞍马劳顿,不废吟哦。正如他所自况的,他的诗是"在马背上哼成的"。把他在这一时期的诗词创作连缀起来,可以看作是一部高度凝练的中国共产党领导的革命战争史,是一幅波澜壮阔的中国革命战争画卷,是一部雄浑激越的中国革命战争史诗。

在他的笔下,既有"敌军围困万千重,我自岿然不动"的众志成城,又有"七百里驱十五日""横扫千军如卷席"的痛快淋漓;既有"国际悲歌歌一曲,狂飙为我从天落"的慷慨悲歌,又有"山下山下,风展红旗如画"的欢欣鼓舞;既有"岁岁重阳,今又重阳,战地黄花分外香"的壮心不已,又有"踏遍青山人未老,风景这边独好"的乐观自信;既有"雄关漫道真如铁,而今迈步从头越"的冲天豪情,又有"今日长缨在手,何时缚住苍龙"的凌云壮志。"谁敢横刀立马?唯我彭大将军!"——这是他在吴起镇战役后为战友彭德怀作的画像;"纤笔一支谁与似,三千毛瑟精兵。"——这是他给出狱后辗转来到陕北的女作家丁玲的写照。谚云画虎画骨,寥寥数笔,特点毕现,风神宛然。虽是赠友之作,亦是对人民军队和革命根据地的热情讴歌。

巡礼毛泽东革命战争题材的诗作,最经典的当推两首七律——《七律·长征》和《七律·中国人民解放军占领南京》。毛泽东曾自谦不擅律诗，在党内他推许叶帅、董老，但他的律作一旦出手，即如黄钟大吕，逸群绝伦。

长征是世界军事史上的奇迹，是中国革命从挫折走向胜利的转折点。其所孕育和锻造的长征精神，是中国共产党及其领导下的人民军队永远的精神标识。作为在长征中力挽狂澜的毛泽东，以如椽巨笔，仅仅用56个字就既是大写意地，又是浓墨重彩地描绘了长征、综括了长征。颔联"五岭逶迤腾细浪，乌蒙磅礴走泥丸"，以"航拍"的视角俯瞰了红军曾闪展腾挪穿越的两大山脉——"五岭"和"乌蒙"，"逶迤"与"腾细浪"、"磅礴"与"走泥丸"形成鲜明对比，凸显了红军"万水千山只等闲"的英雄气概。颈联"金沙水拍云崖暖，大渡桥横铁索寒"，则撷取了长征中红军斩关夺隘的两个险象环生的地标，诗人并没有正面描写红军的作战行动，然一"暖"一"寒"，征途之险、红军之勇，令人如在目前、惊心动魄。尾联"更喜岷山千里雪，三军过后尽开颜"言有尽而意无穷。正如毛泽东所说："长征一完结，新局面就开始。"

《七律·中国人民解放军占领南京》则是一首畅酣淋漓的中国人民解放战争的凯歌，为他革命战争题材的诗作画上了一个完满的句号。"钟山风雨起苍黄，百万雄师过大江。"起句即如天风海雨，描绘出我军在长达千余里的江面上强渡长江的壮丽画卷，颔联将"虎踞龙盘""天翻地覆"两个大气磅礴的成语相对，一个"今胜昔"，一个"慨而慷"，胜利者的豪情跃然纸上。南京解放标志着蒋家王朝的覆亡，也预示着中国的历史将在人民的手中掀开新的一页。然而作者并没有一味沉溺在胜利的喜悦之中，颈联"宜将剩勇追穷寇，不可沽名学霸王。"一个精妙的流水对，反"穷寇勿追"而用之，以史为鉴，用诗的语言发出了向全国进军的动员令。"天若有情天亦老"尾联原封不动、浑然天成地植入唐朝诗人李贺的这句诗加以嫁接，道出了全诗的最强音——"人间正道是沧桑"。借用他人而不着痕迹，随手拈来而境界全出，令人拍案叫绝。一首七律描绘了如此壮阔的战争画卷，而且又有这样深邃的思想容量，在中国诗史上可说是前无古人的。

第三个阶段是社会主义革命和建设时期。

"一唱雄鸡天下白,万方乐奏有于阗,诗人兴会更无前。"新中国成立后,毛泽东的诗词创作进入了一个新的丰硕期。

"故国几年空咒虎,东风遍地绿桑麻。"在共和国成立初期激情燃烧的岁月里,毛泽东的大量诗词以饱蘸激情、欢乐明快的笔调,讴歌掌握了自身命运的中国人民在社会主义建设中所焕发的巨大政治热情和取得的辉煌成就,如他在《七律二首·送瘟神》中写道:"春风杨柳万千条,六亿神州尽舜尧。红雨随心翻作浪,青山着意化为桥。"在《七律·答友人》中写道:"洞庭波涌连天雪,长岛人歌动地诗。我欲因之梦寥廓,芙蓉国里尽朝晖。"在《水调歌头·游泳》中写道:"风樯动,龟蛇静,起宏图。一桥飞架南北,天堑变通途。更立西江石壁,截断巫山云雨,高峡出平湖。神女应无恙,当惊世界殊。"……这些诗词及佳句词采华美,意象纷披,读来令人齿颊留香,心往神驰。

"喜看稻菽千重浪,遍地英雄下夕烟。"歌颂人民、心系人民,是毛泽东诗词创作的主调。读这一时期他的诗词作品,既可以看到他对人民群众改天换地、创造人间奇迹的热烈赞颂,也处处可以感受到他把人民群众福祉安康始终挂在心上的情怀,读来令人动容。如面对"白浪滔天"的大海,他油然而生牵挂:"秦皇岛外打鱼船。一片汪洋都不见,知向谁边?"看到报载"余江县消灭了血丝虫"后,他"浮想联翩,夜不能寐","遥望南天,欣然命笔",一气呵成《七律二首·送瘟神》,欢呼雀跃地咏出:"借问瘟君欲何往,纸船明烛照天烧!"

中国的社会主义革命和建设是在复杂而严峻的国际背景下进行的。中华人民共和国成立初期,在美帝国主义的支持下,逃到台湾岛上的蒋介石还不断发出"反攻大陆"的叫嚣。特别是从20世纪50年代后期开始,国际共产主义运动出现重大分歧,中苏关系日益恶化,国际敌对势力掀起反华声浪。"暮色苍茫看劲松,乱云飞渡仍从容。"这一阶段毛泽东还有相当一部分诗词之作可以列入政治讽喻诗的范畴。这些诗作往往具有深刻的政治蕴含，表达了他伟大马克思主义者的远见卓识，抒发了作者"冷眼向洋看世界""不管风吹浪打，胜似闲庭信步"的战斗豪情，寄寓了对国际敌对势力和那些背离马克思主义原理的人们的辛辣嘲讽和极大鄙夷，塑造了中国共产党和中国人民"已是悬崖百丈冰，犹有花枝俏"的形象。如作于1962年年底的《七律·冬云》，他豪迈地写道："雪压冬云白絮飞，万花纷谢一时稀。高天滚滚寒流急，大地微微暖气吹。独有英雄驱虎豹，更无豪杰怕熊罴。梅花欢喜漫天雪，冻死苍蝇未足奇。"作于1963年1月的《满江红·和郭沫若同志》辛辣地讽刺国际敌对势力："小小寰球，有几个苍蝇碰壁。嗡嗡叫，几声凄厉，几声抽泣。蚂蚁缘槐夸大国，蚍蜉撼树谈何易。"最后发出了马克思主义的战斗宣言："四海翻腾云水怒，五洲震荡风雷激。要扫除一切害人虫，全无敌。"

除此之外，在这一阶段毛泽东也偶有一些相对闲适的寄情山水之作和有感而发的咏史之作。这些篇什或清新雅致，兴会淋漓，或别出机杼，寄托遥深，虽属即兴小令，亦令人如饮醇醪，如品佳茗，神思飞越。总之，毛泽东这一时期的诗词作品成为中国共产党人情怀和风骨的写照，滋养了一代又一代共产党人的精神世界。读毛泽东的这些诗作，可以使我们回望来路，重温初心，同时汲取迎接风险挑战、直面惊涛骇浪的无穷力量。

## 二

诗言志。毛泽东的诗词之所以立意高远、境界博大，首先得益于他马克思主义的深邃的历史眼光、宽广的世界眼光，站的高方能望得远。"坐地日行八万里，巡天遥看一千河。"读他的诗词，你感受到的是一种旧诗词中从来没有过的"背负青天朝下看"的宇宙视角。

这里仅以他在革命战争年代两首较为罕见的不是正面吟咏革命战争的作品为例，稍作赏析。一是《沁园春·雪》，二是《念奴娇·昆仑》。

1945年重庆谈判期间，重庆《新民报·晚刊》发表了毛泽东作于

1936年2月的词《沁园春·雪》，一时洛阳纸贵、轰动山城。这首词思接千载、心游万仞，其所表现出的中国共产党人的格局和境界令人倾倒、慑服。柳亚子在为《沁园春·雪》所作的跋中兴奋地评道："毛润之沁园春一阕，余推为千古绝唱，虽东坡、幼安，犹瞠乎其后，更无论南唐小令、南宋慢词矣。"的确如此。苏东坡的名作《念奴娇·赤壁怀古》和《水调歌头·明月几时有》历来为人们所称颂，但细审其视角还是一种站在地面的平视和仰视的视角。再来看《沁园春·雪》——"北国风光，千里冰封，万里雪飘……"，这是一种真正站在云天之上的"航拍"。词的上阕以"山舞银蛇，原驰蜡象"这两个令人拍案叫绝的妙喻描绘出"长城内外""大河上下"的北国风光，"欲与天公试比高"既是对山的形象的礼赞，又可以看作是作者和中国共产党人的自况。词的上阕结以"须晴日，看红妆素裹，分外妖娆"，引发人们对美好明天的无限遐思。下阕以"江山如此多娇，引无数英雄竞折腰"承前启后，自然转入品评臧否千古风流人物，最后以"俱往矣"3个字如悬崖勒马、大江截流般兜住，爆出那一句"推翻历史三千载"的宣言——"数风流人物，还看今朝"，这是何等的文化自信！难怪乎此词一经传出，令蒋介石心惊肉跳，指使一班御用文人搜索枯肠以词的形式对毛泽东进行"文化围剿"，叵耐无论是格局和手笔，谁人能望毛泽东项背？到头来只能是鹊噪夕阳，徒唤奈何。"请看今日之域中，竟是谁家之天下"？此词一出，抗战胜利后的国共之争终将鹿死谁手，明眼人已然看出分晓。

再来看毛泽东作于1935年10月的《念奴娇·昆仑》。中国古代诗词中咏山的名篇不可胜数。如杜甫的《望岳》："岱宗夫何如？齐鲁青未了。""会当凌绝顶，一览纵山小。"其境界不可谓不大矣，但还是登山者的自况。而毛泽东的《念奴娇·昆仑》则是在云端之上、在全球视野下审视昆仑，品评其千秋功罪。"横空出世，莽昆仑，阅尽人间春色"，13个字即在广阔的时空下写尽了昆仑。"飞起玉龙三百万，搅得周天寒彻"是何等壮美的画面！"安得倚天抽宝剑，把汝裁为三截"是何等诡奇的想象！在长征刚刚到达陕北、征尘未洗的战争岁月，词作者即描绘了"太平世界，环球同此凉热"的愿景，展示了中国共产党人险夷不变、胸怀天下的襟抱。今天，习近平总书记提出构建人类命运共同体的重大思想，从这首词中即可以找到思想源头。

毛泽东的诗词往往观古今于须臾，挫万象于笔端，具有惊人的概括力。如前所述，两首七律——《七律·长征》和《七律·人民解放军占领南京》，以极俭省的文字和极精妙的意象高屋建瓴地为中国革命的两大战略行动留下不朽的诗史，在此不赘。这里还想列举一下作于1964年春的《贺新郎·读史》。中国有文字记载的历史大约5000多年，而考古更可以追溯到近百万年前的史前时代。用一首仅仅101字的词来涵盖这个星球上的人类文明史和中华5000多年的历史，谈何容易！但毛泽东写来却如大匠运斤，游刃有余，通篇运用形象思维，而独到见解闪烁其间。全词以"歌未竟，东方白"戛然而止，给人留下了指向未来的无尽想象。尤其不应忽视的是，此词贯穿了深刻的历史唯物主义观点，廓清了千百年来在历史问题上的重重迷雾。"五帝三皇神圣事，骗了无涯过客。"这首词所蕴含的思想容量，胜过无数专家学者的煌煌论著，值得我们反复玩味，深刻体会。

## 三

毛泽东的诗词中有不少与友人的酬唱赠答之作，这些作品充分体现了他对友情的看重以及与友人的平等切磋。而通过这些诗作人们也不难发现，无论是思想性还是艺术性，他都更胜一筹，别开生面。

1949年4月末，中国革命在全国的胜利已成定局。作为毛泽东多年的诗友，柳亚子寄呈毛泽东一首诗。诗中既表达了他对毛泽东及其战友们所创造的"开天辟地"伟业的激赏，也委婉地流露出怀才不遇的落寞情绪和想在革命胜利后归隐南方的想法。毛泽东的和诗撷取"饮茶粤海""索句渝州"两次文人韵事雅集深情地回忆了二人的交往。"三十一年还旧国，落花时节读华章。"一个平实而空灵的流水对很自然地拉回到柳亚子的赠诗上来。"牢骚太盛防肠断，风物长宜放眼量"，工丽而警策，堪称千古名句，亦是用诗词来做思想工作的光辉范例。尾联以调侃的方式表达了对老朋友留在北京工作的挽留，"莫道昆明池水浅，观鱼胜过富春江"，意象风雅而内蕴劝讽，真是随手拈来的神来之笔。

1957年春节，杨开慧的生前好友李淑一寄信给毛泽东，并附了她怀念牺牲丈夫柳直荀的一首旧作《菩萨蛮·惊梦》。5月11日，毛泽东回信给她并答词一首，这就是著名的《蝶恋花·答李淑一》。在这首词中，毛泽东拓展了古之游仙词的境界，用驰骋瑰丽的想象，巧妙地把自己的爱妻和李淑一亡夫的姓连缀在一起，以"杨柳"象征两位烈士的高洁品质并内在地蕴含了深切怀念。然后又想象两位烈士风袂轻飏，直上重霄，飞入月宫，受到吴刚、嫦娥的盛情款待。最后笔锋一转——"忽报人间曾伏虎，泪飞顿作倾盆雨。"写出烈士听闻自己为之献身的事业已经取得了伟大胜利，喜泪奔涌。全词天上人间，遥相呼应，用韵上虽有转换，而略无滞碍，不用一情字，而一往情深。如果说李淑一的词是一首笔致深婉的悼亡诗，而毛泽东的词则上升为对爱妻以及所有为中国革命献出生命的烈士们的热烈颂歌。

1961年岁尾，郭沫若在观看《孙悟空三打白骨精》后，咏诗一首，充分肯定了该剧的教育意义，但其立意是批判唐僧的人妖颠倒、敌我不分，甚至激愤地说出"千刀当剐唐僧肉，一拔何亏大圣毛"。毛泽东随即和诗一首，委婉地匡正了郭沫若的看法，指出"僧是愚氓犹可训，妖为鬼蜮必成灾"。与郭沫若不同的是，他的诗把批判的锋芒瞄准了伪装成美女的白骨精，提醒人们对于"精生白骨堆"保持高度警惕。他热烈地礼赞了孙悟空三打白骨精的英雄行为，"金猴奋起千钧棒，玉宇澄清万里埃"。一个精妙的流水对，既格律严整，又形象生动，何其大快人心！尾联结以"今日欢呼孙大圣，只缘妖雾又重来"。指向现实的国际国内政治风云，可谓发人深省。郭诗与毛诗二者之间高下轩轾显而易见。

## 四

在中国古代诗人中，毛泽东推崇"三李"（李白、李商隐、李贺）。他的诗继承了这些中国古代浪漫主义诗人的传统，而又戛然独造，其想象之奇谲、画面之瑰丽无人能出其右。如他在长征中写的《十六字令三首》，重重设喻，像一首回环繁复的交响曲从不同的侧面塑造了山的形象。在他的笔下静止的山奔腾起来、飞动起来、昂奋起来。"快马加鞭未下鞍""倒海翻江卷巨澜"。"刺破青天锷未残"，何其惊心动魄、壮美如画！"天欲堕，赖以拄其间。"与其说是状写了山的伟岸，毋宁说是表述了中国共产党和人民军队对中华民族的伟大担当。

毛泽东有着深厚的文学素养，他的诗雄奇豪放中不失典雅工丽，用典随手拈来而又每每自出机杼。如作于1956年6月的《水调歌头·游泳》，巧妙嵌入了"长沙水""武昌鱼""巫山云雨"等典故，而又晓畅如话，熨帖无比。特别是把论语《论语·子罕篇》中"子在川上曰：逝者如斯夫！"句直接入诗，而无任何违和之感，更令人叹为观止。在他的笔下，有许多令人拍案叫绝的神来之笔，如"赤橙黄绿青蓝紫"，直接以七色光谱入诗；"宁化清流归化"，直接把三个地名连缀起来入诗；"前头捉了张辉瓒""偏师借重黄公略"直接以人名入诗。他的诗句有的十分典丽华美，如"九嶷山上白云飞，帝子乘风下翠微。斑竹一枝千滴泪，红霞万朵百重衣"。有时又非常浅易平白，甚至不避俗言俚语。如同不同色调之间的反差，往往形成特殊的艺术效果。如"分田分地真忙""惊回首，离天三尺三""怎么得了，哎呀我要飞跃""土豆烧熟了，再加牛肉"等句。最典型的例子是《念奴娇·鸟儿问答》一词的结尾："不须放屁，试看天地翻覆！"直接以一般人看来的脏话入词，真是前所未有。但惟其如此，才显得那样振聋发聩，令人觉得非如此不足以表达对共产主义运动中的叛徒们的愤慨和鄙夷。

毛泽东的诗词往往蕴含了深刻的革命道理和人生哲理。今天，他的一些佳句甚至已成为了新的格言警语,融入了中华民族的优秀文化宝库,甚至传遍了全世界。如"自信人生二百年,会当水击三千里""雄关漫道真如铁,而今迈步从头越""独有英雄驱虎豹,更无豪杰怕熊罴""不到长城非好汉""风物长宜放眼量""无限风光在险峰""多少事,从来急,天地转,光阴迫,一万年太久,只争朝夕""世上无难事,只要肯登攀"等。毛泽东的诗词是常读常新的。在实现中华民族伟大复兴的漫漫征途上,在我们每一个人人生的各种际遇中,无论何时何地,重读毛泽东的壮丽诗篇,总是可以获得会心的感悟,汲取到无穷的力量。

# 彩云长在有新天

# 选择决定命运 *

1921年7月，在上海石库门望志路的一栋小楼上，在烟雨南湖的一艘游船里，十几个青年人庄严而神圣地托起了一面旗帜。

1921—2011年，短短90年间，我们伟大的祖国发生了翻天覆地的变化！从国家支离破碎，到初步强大统一；从人民水深火热，到共享幸福安康；从饱受屈辱歧视，到充满尊严自信……昨夜星辰昨夜风，今日霞光今日诗。这是中国几千年未有过之大变局，这是震古烁今的世纪传奇。事实证明，中国有了共产党，中国一旦选择了共产党，中华民族的历史命运就从根本上扭转了，中国历史的新一页就掀开了。

风生水起，潮卷云飞。选择，构成跌宕起伏的历史；选择，造就斑斓多彩的人生。机遇稍纵即逝，歧路每多亡羊。选择，特别是重大关头的选择，对于一个人，对于一个民族、一个国家、一个政党、一支军队，是一个命运攸关的问题。

90年来，中国所走过的历程就是一个党和人民双向选择的过程。中国就是在这样一种双向选择中获得改造、获得新生，日月换新天，旧貌变新颜。

是人民历史地选择了我们党。因为他们从历史和现实的比较中真切地感受到，中国共产党是真正为人民谋利益的党，是诚心实意地为老百姓做事的。因而，在他们心目中，选择了党就是选择了希望、选择了光明、选择了自己的好日子。党的旗帜，就是通向自身解放和美好未来的旗帜。

---

* 本文系作者为《中国军队政治之作》2011年第7期所撰写的卷首语。

因而，无论是血里火里、风里雨里，他们都跟定了党，矢志不渝、坚定不移。

我们党也历史地选择了人民。基于马克思主义的科学世界观，我们党从创建的那一天起，就把人民的利益高高举过头顶。正是因为心中始终装着人民，我们党才能前赴后继，甘愿付出那样多的流血牺牲；才能一次次地从挫折中奋起，既有坚持真理的定力，又有修正错误的勇气；才能在一个个重大关头，体察人民的呼声，作出正确的抉择。历史证明，选择了人民，就是选择了纯美心灵、高尚人格；选择人民，就是选择了人间正道、天下大势；选择了人民，就是选择了成功之本、胜利之源。人民，给了我们闯过血雨腥风、踏遍万水千山的勇气；人民，给了我们横眉对凶寇顽敌、等闲看惊涛骇浪的胆魄；人民，使我们获得了战胜一切敌人和困难的无穷无尽的智慧和力量。

从一定意义上说，我军就是在党和人民的这样一种双向选择中诞生、成长，创造荣光的。我军是人民的子弟兵。人民军队忠于党，一切行动听党指挥，就体现了人民对党的选择、对党的信赖。我军是党缔造和培育的军队，军队以党的宗旨为宗旨，全心全意为人民服务，就反映了党对人民的选择、对人民的担当。而我们每一个军人，都因为对党和人民的选择而获得了生命的品质和重量。

党啊，在历史的长河中，在人生的旅途中，你选择了我，我选择了你；你拥有了我，我拥有了你。我们是血和肉、鱼和水、叶和根融为一体的，一刻也不能分开的呀！走近你，是我的机缘；跟着你，是我的幸运。你的旗帜因我而添彩，我的生命因你而绚丽！

彩云长在有新天

# 决定当代中国命运的关键一招[*]

新时期最鲜明的特点是什么？中国特色社会主义道路最富时代性的特征是什么？是改革开放。

"洞中方七日，世上已千年。"1978年，当中国从十年内乱的噩梦中醒来以后，已经远远地落在了一些发达国家的后面，与新技术革命的历史机遇擦肩而过。中国向何处去？这一命运攸关的问题严峻地摆在了党和人民的面前。在党的十一届三中全会前召开的中央工作会议上，复出不久的邓小平用他特有的警辟犀利的语言说了一句话："如果现在再不实行改革，我们的现代化事业和社会主义事业就会被葬送。"

振聋发聩，石破天惊！邓小平的话道出了中华民族最深刻的历史感悟，标志着我们党一个了不起的伟大觉醒。正是这样的觉醒拉开了中国新时期的序幕，奏响了"春天的故事"第一组音符。于是汹涌澎湃的改革潮汛如约而至地在希望的田野上、在复苏的城市里涨起来了，清新湿润的大洋季风浩浩荡荡地从南中国海、从祖国的四面八方吹进来了，古老的华夏大地焕发出了迷人的青春风采。邓小平后来在与外国朋友的谈话中说，1957年以后"二十年的经验尤其是'文化大革命'的教训告诉我们，不改革不行，不制定新的政治的、经济的、社会的政策不行。十一届三中全会制定了这样的一系列方针政策，走上了新的道路"。

社会主义制度是一个好制度，它寄托了人类向往美满幸福生活、实现自身全面发展的理想，代表了人类文明的前进方向。但是，社会主义制度

---

[*] 本文系作者为《中国军队政治工作》2007年第9期所撰写的卷首语。

的优越性，还必须通过适宜的、富有生机和活力的体制机制才能发挥出来。由于长期"左"的思想和苏联模式的影响，改革开放以前，我国形成了高度集中的、僵化的计划经济体制以及相应的政治、社会体制，整个社会处于一种相对封闭的状态，束缚了社会生产力的发展，禁锢了人民群众积极性、创造性的发挥。因此，新道路的开辟是以改革为主要特征的。改革，是社会主义制度的自我完善和发展，是伟大的制度创新。就其变革的深刻性、广泛性来说，改革也是一场革命。今天的世界是开放的世界，中国的发展离不开世界。开放是改革的应有之义，是改革在目标机制上的重要取向，是改革在对外政策上的必然要求和延伸。29年来中国的发展历程雄辩地证明，改革开放是解放和发展社会生产力、完善社会主义制度的必然要求，是发展中国特色社会主义的强大动力，是实现中华民族伟大复兴的必由之路。可以说，没有改革开放，就没有今日之中国，就没有新道路的开辟和新理论的发源。邓小平曾说："坚持改革开放是决定中国命运的一招。"的确是"决定命运"啊！

"正入万山圈子里，一山放过一山拦。"中国的改革开放已经取得了历史性的成就，但是当前正处于向纵深发展的攻坚阶段，任重而道远。我们要从"命运"的高度深刻认识改革开放的伟大意义，义无反顾地、更加清醒而顽强、执着而坚定地推进改革开放，去迎接中华民族伟大复兴的灿烂曙光！

彩云长在有新天

# 喜看今日路[*]

改革开放以来，中国变化最大的莫过于路了：在城市，千姿百态的立交桥演绎出一曲曲气势恢宏的现代都市奏鸣曲；在农村，公路修进了昔日的"尔来四万八千岁，不与秦塞通人烟"的僻壤穷乡；四通八达的高速公路不断延伸；闪亮登场的动车组如凌虚御风；新开通的青藏铁路，更是被人称为"神奇的天路"，把吉祥和幸福带给了藏族人民……

然而，与铺展在山川大地上的路相比，更加令人欣喜、更加弥足珍贵的是，我们找到了一条适应中国国情的发展道路，这就是中国特色社会主义道路。

"路漫漫其修远兮，吾将上下而求索"，行吟泽畔的爱国诗人屈原曾发出这样的浩叹。"行路难，多歧路"，找到一条正确的道路是很不容易的。近代以来，为了挽救神州陆沉，为了实现民族复兴，中国人民进行了艰辛的探索。中国共产党诞生后，把马克思主义作为观察国家命运的工具，中华民族的历史才掀开了新的一页。但是把马克思主义中国化，同样是一个筚路蓝缕的历程。民主革命时期，我们党经过许多错误和曲折，才创立了毛泽东思想，找到了一条中国特色的、农村包围城市的、武装夺取政权的道路，使中国革命走上了胜利发展的坦途。新中国成立后，为了富强和发展中国，我们党又开始了新的探索。但是，社会主义如何搞，特别是如何与中国的实际结合起来，在一定程度上比革命更困难，这一探索同样走了不少弯路、付出了沉重的代价。党的十一届三中全会前夕，中国又

---

[*] 本文系作者为《中国军队政治工作》2007 年第 6 期所撰写的卷首语。

一次面临着向何处去的问题。僵化没有出路，丢掉社会主义是死路，依靠邓小平等一批真正马克思主义者的力挽狂澜、砥柱中流，中国人民义无反顾地选择了改革开放、走上了中国特色社会主义道路。正是有了这样的历史性选择和这条越走越宽广的道路，中华民族的命运才又一次从"山重水复"走向了"柳暗花明"。在国际社会主义运动"众芳摇落"的情况下，社会主义的中国依然"占尽风情"。在全球性的发展浪潮中，中国的经验和成就是那样地引人注目。抚今追昔，我们可以无愧地告诉历史、告诉世人：这条路我们走对了！

中国特色社会主义道路之所以正确，之所以能够引领当代中国社会发展进步，就是因为既坚持了科学社会主义的基本原则，又赋予了其鲜明的时代特色和中国特色。这是这条道路的精髓和真谛。改革开放之初，邓小平曾形象地提出我们的探路是"摸着石头过河"。令人欣慰的是，经过近30年的实践，我们已经形成了马克思主义中国化的最新成果——中国特色社会主义的理论体系，形成了一条党在社会主义初级阶段的基本路线，形成了建设中国特色社会主义的总体布局，形成了涵盖经济、政治、文化、社会、军事、外交、科技、祖国统一等各个领域的全方位的、初步成熟的制度。尽管在我们的前面还横亘着许多关隘，但"过了黄洋界，险处不须看"，只要我们坚定地沿着这条道路走下去，中华民族的伟大复兴就一定可以计日程功、胜利实现！

# 一个走向复兴民族的世纪之约[*]

## ——献给 2008 北京奥运会

2008，北京有约。这是一个期盼的时刻，这是一个追梦的时刻——再过 20 天，熊熊的奥运圣火就要在令世人惊艳的"鸟巢"正式点燃了！

基于人类热爱和平、向往和谐的美好天性和不断超越自我、追求卓越的崇高理念，现代奥林匹克运动通过不断发展，已经成为当今世界无与伦比的文化现象，成为这个星球上一道光彩夺目的风景，成为全人类的盛大节日。世界各国都十分看重奥运会这个舞台和平台，踊跃参与这一力的角逐、美的放飞、智的博弈，争相在这一全球性的赛事中展示风采、赢得荣誉、凸显国力，而且都希望能够作为东道主举办奥运会，并把成功举办奥运会看作一个有能力的民族、负责任的国家对全人类的一份义务，看作民族能力、国家实力的一个重要标志，看作拥抱世界、推进发展的一个重要机遇。

2008，机遇偏爱北京，好运眷顾北京。中国政府和人民向世界郑重承诺——把北京奥运会办成一届有特色、高水平的运动会。这是开放的、自信的、正在昂首迈进现代化的中国向全世界发出的邀请，这是走向伟大复兴的中华民族的世纪之约。然而，好事多磨。且不说艰辛曲折而又充满戏剧性的奥运申办之旅，历史好像在故意考验中国、磨炼中国，2008 年初夏，一场特大地震灾害猝不及防袭击四川，这一天距奥运会开幕仅仅 88 天。

---

[*] 本文系作者为《中国军队政治工作》2008 年第 7 期所撰写的卷首语。

许多对北京奥运会寄予热望的人们不免担忧：中国还能践行自己的承诺吗？

在突如其来的考验面前，中华民族显示了自身的深厚伟力，改革开放30年的中国展示了应对风险、战胜困难的前所未有的能力。今天，抗震救灾已经取得重大的阶段性胜利，北京奥运会的各项准备工作已经准备就绪，青春焕发、风姿绰约的北京已经张开双臂迎接五大洲的宾朋。人们有充分的理由相信：北京奥运，梦依然精彩、花依然绚丽。

如果说抗震救灾是中国"通过了一次意外的考试"，那么即将隆重上演的北京奥运会就是中华民族向往已久、中国人民倾情准备，呈献给世界的一个文明"盛宴"。在这次不同凡响的盛会上，人们将不仅看到追求"更高更快更强"的精彩纷呈的赛事，看到以友谊、卓越、尊重为核心的奥林匹克精神的闪光，还将看到中华民族悠久而灿烂的文化与世界多姿多彩的文化的交相辉映，看到改革开放30年神州大地和中国人民的崭新风貌。这不仅是硬实力的显现，还是软实力的展示。每一个中国人都是东道主，每一个你我他都是参与者。

紧紧地与中国人民站在一起、肩负新的历史使命的中国人民解放军是北京奥运会的热情期盼者和积极支持者。近年来，全军和武警部队广泛开展为奥运作贡献的活动，有力地推动了部队政治工作的开展。大幕将启，盛会在即。各部队要高标准地、出色地做好自身所肩负的支援奥运、服务奥运的工作，确保万无一失。要进一步加强作风纪律建设，展示我军文明之师、和平之师的良好形象。

Welcome to Beijing. We are ready!

让我们翘首那激动人心的时刻——2008.8.8。

# 美丽的约会　倾情的奉献[*]

## ——写在上海世博会开幕之际

一个民族的梦想、某些历史的机缘往往会像惊鸿照影、灵光乍现一样通过一些天才的头脑呈现出来。

1910年，一位并不怎么知名的中国小说家陆士谔，发表了一部幻想小说《新中国》。在这部小说中，他以超凡的想象力、身临其境地描绘了100年后万国博览会在上海浦东隆重举行的情景。

从那个时候到现在整整100年过去了。人们惊异地发现，这位小说家的美丽憧憬竟然真的变成了现实！2010年4月30日，神州迎宾客，天涯共此时。举世瞩目的中国2010年上海世界博览会拉开帷幕。在草长莺飞的暮春申城，在流光溢彩的浦江两岸，中国人民用热情和真诚、用才华与激情把一场视听盛宴呈现在世人面前。盛大而又简约、炫目而又隽永的开幕式堪称观止、令人难忘。

世界博览会与奥运会、世界杯足球赛并称为当今世界最重要的三大国际活动，有"人文奥林匹克"之誉。自1851年诞生以来，迄今已在全球28个国家举办130多次，成为全球科技、经济和文化领域的盛会，是世界各国人民相聚、相交、相知的雅集，追踪人类文明进程的驿站，展示人类文明成果的舞台。上海世博会是历史上第一次在发展中国家举办的注册类世博会，也是迄今为止参展国家和国际组织最多、规模最大的一次世博

---

[*] 本文系作者为《中国军队政治工作》2010年第5期所撰写的卷首语。

会。这是中国的机遇,也是世界的机遇;是中国与世界的相约,也是世界与中国的拥抱;是中国对世界的倾情奉献,也是世界给中国的展示平台。一个美好的开端是成功的一半。我们有理由相信,在接下来的6个月里,世界各国人民一定能够共享一届成功、精彩、难忘的盛会。上海世博会将书写中国人民同各国人民交流互鉴的新篇章,也将书写人类各种文明交流互鉴的新篇章。

世博会的成功召开也凝聚了全军和武警部队广大官兵的汗水、智慧和心血。世博到我家,三军尽开颜。各部队把以不同的方式,直接间接地参与、服务和奉献世博会作为履行我军历史使命、践行当代革命军人核心价值观的重要实践途径,科学谋划、精心组织,崇尚完美、追求卓越,向祖国和人民交上了合格答卷,也向世界展示了中国军队、中国军人的良好形象。而在这一非同寻常的军事实践活动中,我军政治工作的优势和作用也得到了充分体现。

世博会登陆上海、溢彩中国也为我军提供了生动的爱国主义教材和课堂。100年梦想成真,100年故国鼎新。上海世博会像一个地标,见证了中华民族伟大复兴砥砺前行的历程,见证了社会主义中国60多年特别是改革开放30多年所取得的历史性成就,凸显了中国的软实力。让我们以世博会的开幕为契机,深入进行爱国主义教育,进一步增强民族自豪感、自尊心和自信心,努力为祖国、为人民、为世界和平立下新的功勋!

# 期待与担当<sup>*</sup>

多年未有的大雪装点了这个冬天。然而，透过红装素裹、玉树琼花，人们已分明感受到了律转阳生的春的气息，收到了如约而至的春的请柬。2010年元旦已过，农历庚寅年新春将临，谨向读者致以最美好的春的祝福！

岁月无声，亘古如斯，不舍昼夜。今人曾见旧时月，旧月何曾照今人。但在历史的长河中，总有一些节点、一些年轮，一些大事小情，令人瞩目、令人感动，甚至刻骨铭心。刚刚逝去的2009年就是这样一个年份。

这一年，21世纪00年代以不同凡响的方式隆重谢幕，落英缤纷。一年来，我们这个星球上发生了许许多多的事情，有风生水起、有路转峰回，有势所必至、有匪夷所思。尽管国际金融危机余寒未尽，尽管地球变暖殷忧未已，尽管灾难、疫情、战乱、饥馑特别是恐怖主义仍不时袭击和困扰着人类，但人类文明与进步的进程毕竟是不可阻挡的，人类理性和智慧的光芒在岁月深处闪烁。我们有理由期待一个更加和谐的世界、更加美好的地球。

这一年，中华人民共和国60岁了。——60个春秋，一个甲子，对于人生来说或许已老之将至，然而对于浴火重生、鹏翼垂天的社会主义中国来说却恰是风华正茂。这是青春勃发的年龄，是臻于成熟的年龄，是值得期许的年龄，是堪当大任的年龄。这是共和国的盛典之年，也是大考之年。在国际金融危机"乱石穿空，惊涛拍岸"的情况下，"中国答卷"令

---

\* 本文系作者为《中国军队政治工作》2010年第1期所撰写的卷首语。

世人惊艳,"中国奇迹"引寰球瞩目。中国共产党显示了执政兴国的卓越能力,中国人民展现出攻坚克难的磅礴力量,中国特色社会主义焕发出勃勃生机。且看今日之世界政治经济文化版图,中国已经成为举足轻重的力量。我们有理由期待在虎年我们的国运更加兴隆,为人民带来福祉,为世界增添亮色。

这一年,中国人民解放军走过了 82 年的胜利征程。这支军队诞生于风雨如磐、鸡鸣不已的年代,在党的领导下,经过 22 年的浴血奋战,用枪杆子托起了一个新中国。新中国诞生后,60 年来人民军队与祖国一路同行,以忠诚和热血筑成了中华人民共和国的钢铁长城。2009 年也是这支军队盛装耀世的一年。盛大国庆阅兵式把人民军队日臻现代化的崭新风姿绽放在了祖国的 T 台上;在一系列多样化军事任务中的出色表现,展示了不辱使命的意志与风采。站在新的起点,我们有理由期待人民军队在强军兴军中不断迈出新的步伐,虎虎生风、虎年虎气、虎年虎威。

美好的期待源于历史的启迪,源于现实的观察,源于对包含我们自身创造历史的主体的自信。而为了美好的期待,我们必须勇于担当。担当,赋予了我们生活和生命的意义,使我们远离生命不能承受之轻,使我们的未来变得不是梦,使我们的梦照进现实。周恩来青年时代诗云:"险夷不变应尝胆,道义争担敢息肩。"愿与读者诸君共勉。

新年的太阳正在升起,人间又是一番春风。我们值得期待。

历史在审视,时代在呼唤,党和人民在瞩望。我们应当担当。

# 走向复兴的一个重要里程碑*

## ——党的十八大献词

在一个民族自强不息的编年史上,总有一些节点举足轻重,总有一些事件影响深远,总有一些瞬间令人铭记。

公元2012年硕果乍收、瑞雪初沃的11月注定要成为这样的节点、这样的时刻。全党和全国各族人民期盼已久的举世瞩目的党的十八大隆重开幕。让我们怀着对党的无限忠诚和信赖,对这次历史性盛会的胜利召开表示最热烈的祝贺!

道路关乎党的命脉,关乎国家前途、民族命运、人民幸福。"路漫漫其修远兮,吾将上下而求索。"近代以来中华民族的历史就是从苦难和屈辱中奋起、寻求民族复兴的历史,就是一部悲壮而伟大的探路史,就是一曲慷慨而辉煌的大路歌。我们党成立90多年、新中国成立60多年、改革开放30多年、党的十六大以来10年所走过的跌宕起伏、波澜壮阔、光辉灿烂的历程,使我们得出了一个根本结论,坚定了一条基本信念:中国特色社会主义伟大道路,是推动中国社会发展进步的必由之路,是实现中华民族伟大复兴的光明之路,是开创中国人民幸福生活和美好未来的福祉之路。这条道路的开辟,孕育和催生了科学的理论;科学理论的诞生,又引领和推动了伟大的事业。而实践的探索、理论的创新,又不断凝结和固化为科学的制度安排。实践创新、理论创新和制度创新的完美统一,是这

---

* 本文系作者为《中国军队政治工作》2012年第11期所撰写的卷首语。

条道路的本质特征和最鲜明的特色，也是今天令世人惊艳、令外界乐道的"中国道路""中国奇迹"的成功奥秘。在党的十八大召开的时刻，我们更加充满了胜利的豪情，充满了对道路、理论和制度的自信。

今天，中华民族伟大复兴和中国特色社会主义伟大事业正站在一个新的起点上。全面建设小康社会已经进入了一个决定性阶段。世情、国情、党情继续发生深刻变化，我们面临的发展机遇和风险挑战前所未有。党的十八大必将对科学发展观这一党的理论创新最新成果作出新的定位和阐发，对全面建成小康社会和全面推进改革开放作出新的战略部署，并把继往开来的接力棒交到新的中央领导集体手里，动员和组织全党全国人民，凝聚和团结全体中华儿女，为完成中华民族伟大复兴的新任务而努力奋斗。可以预期，大会必将以党的指导理论的与时俱进，描绘中国特色社会主义的新蓝图新方略，谱写走向复兴的崭新篇章而载入史册。

中华民族的伟大复兴内在地蕴含了富国与强军两方面的诉求。建设与我国国际地位相称、与国家安全和发展利益相适应的巩固国防和强大军队，是我国现代化建设的战略任务。全军将士对党的十八大对国防和军队建设的宏图大略同样充满期待。目标鼓舞人心，任务催人奋进。围绕贯彻落实党的十八大精神，围绕加快推进国防和军队现代化，进一步加强和改进我军思想政治建设，是军队政治工作研究不可或缓的重大课题。

旗帜如画，高路入云。让我们张开双臂迎接、万众一心开拓中华民族走向伟大复兴的更加辉煌美好的未来！

# 腊尽春生趁好风 *

这是一个寒冷的冬天，许多地方出现了多年来罕见的极寒天气；这是一个多雪的冬天，纷飞的瑞雪不仅装点了苍茫的北国，也妩媚了旖旎的江南。然而，在千里冰封、万里雪飘的隆冬，人们已分明听到了姗姗而来的春的脚步声。在又一番姹紫嫣红的春色即将铺展之际，谨向读者致以美好的春的祝福！

比大自然的律转阳生、腊尽春回更加令人倍感鼓舞的，是鼓荡于大地和军营里的扑面而来的新风。党的十八大以后，以习近平同志为核心的党中央、中央军委不负众望，体察人民的向往和官兵的期盼，身体力行正党风、匡政风、肃军风，党中央制定了中央八项规定，军委颁布了"十条禁令"。人们看到，领导同志外出轻车简从，不扰民、不给基层添乱，深入"原生态"的基层了解真实情况，倾听百姓和官兵心声；开会讲短话、讲实话、讲新话、讲自己的话；迎来送往中的繁文缛节、宴请应酬之风为之一扫。这股新风恰似冬日里的暖流给神州大地带来盈盈春意。

风气关乎党心民心、国祚国运、军心士气。风气也是一个政党、一支军队性质和宗旨的集中体现，是党和军队先进性和纯洁性的重要标志。近代中国国运衰微、民气低迷，与封建阶级和官僚资产阶级的腐败有关。人民群众发自内心地歌唱，"解放区的天是明朗的天"。首先是因为他们从党和党所领导的人民军队身上看到了一种全新的风气。这就是艰苦奋斗之风、清廉为民之风、求真务实之风、官兵一致之风。正因如此，我们党能

---

\* 本文系作者为《中国军队政治工作》2013 年第 1 期所撰写的卷首语。

够唤醒工农千百万，推翻三座大山，成立新中国。在新中国的创业年代和困难时期，也正是因为党和人民群众同甘共苦，才奠定共和国的千秋基业。改革开放以来，同样是因为党从总体上继续保持了优良作风并结合新的时代特征发扬光大，我们才带领人民一往无前地开辟了中国特色社会主义的伟大道路。然而毋庸讳言，在新形势下，党内和军内精神懈怠、奢靡腐化之风有所滋长，领导工作中的官僚主义、形式主义顽症久治不愈，一些腐败现象触目惊心。长此以往，党就有脱离群众的危险，军队就有不能打仗、难打胜仗的危险！"历览前贤国与家，成由勤俭破由奢。"殷鉴不远，可不慎哉！风成于上而行于下。有充分理由相信，党中央、中央军委率先垂范、克始慎终，全党全军令行禁止、防微杜渐，一个弊绝风清的喜人局面必将与春偕归。

"却笑东风从此，便薰梅染柳，更没些闲。"让我们追赶春的脚步启程。

# 风暖三月丽神州 *

沾衣欲湿杏花雨，吹面不寒杨柳风。又是一个清新宜人、欣欣向荣的三月。山青了，水碧了，花发鸟鸣，草长莺飞。三月，恰如一位风韵初成的少女款款走来，渐次亮出她娇媚的容颜，给人间带来了烂漫芳华。

三月，是一年一度的"两会"时节。人民代表大会制度以及中国共产党领导的多党合作和政治协商制度，是中国特色社会主义制度的重要组成部分，是中国人民民主实践的伟大创造。实践证明，这种制度符合中国国情，有利于人民当家作主，有利于集贤聚才、集思广益，有利于调动各个方面的积极性建设国家。2013年的"两会"因为是党的十八大之后召开的换届会议，更显得意义非同寻常。习近平总书记说，人民对美好生活的向往，就是我们的奋斗目标。有充分理由相信，这次"两会"一定能真切而充分地体察人民群众的向往和期待，成为贯彻落实党的十八大精神、开创中国特色社会主义事业崭新局面、为人民带来更多福祉的会议。

三月，与一位始终带着春天般笑容的年轻士兵的名字连在一起。50年前，毛泽东等老一辈革命家联袂为雷锋题词，从此，一个以雷锋的名字命名的社会主义道德创新和实践活动在神州大地历久不衰，为青春的中国、赶路的中国、追梦的中国带来了澎湃的、源源不断的、生生不息的正能量。半个世纪的风雨历程使我们愈益深切地认识到，恰如开花的原野不能没有拂煦的春风，实现强国梦、建设和谐美丽的中国也不能没有雷锋精神，不能没有雷锋所带给我们的那种净化人心、温暖人心、凝聚人心、激

---

* 本文系作者为《中国军队政治工作》2013年第3期所撰写的卷首语。

励人心的力量。雷锋产生在人民军队的行列里，人民军队的每一个人都应该争当雷锋，在学雷锋活动中走在前列。

三月，泽润如处子，明丽似佳人。三月也因承载了国际妇女节而属于女性。在此，我们谨向全军的女战友表达诚挚的敬意和问候。古云"男儿何不带吴钩"。而今在细柳营中、在演兵场上，在我军现代化建设的每一个岗位上，也处处活跃着女儿的身影。她们为军队"直线加方块"的韵律中平添了一份婉丽和妩媚，同时也将女性特有的坚韧、刚强、灵秀、才智融入了我军的战斗力。"谁说女子不如男"。在实现强军梦，建设一支听党指挥、能打胜仗、作风优良的人民军队的奋斗历程中，必须更好地发挥女军人的作用。

三月，也是植树造林、绿化祖国的大好时光。每年的3月12日是我国的植树节。在昭苏万物的春风里，植树造林活动正从南到北次第展开。党的十八大将生态文明建设提到了我国现代化建设总体布局的位置，充分体现我们党对中国社会主义建设规律认识的深化，也体现了人民群众对青山不老、碧水长流的期盼。如果说学雷锋是在"播撒"美好心灵，植树造林则是营造美好生态。我军历来每到一地，文明一方、秀美一片。在搞好营院绿化美化的同时，要积极参加驻地生态文明建设，为建设美丽中国作出应有的贡献。

三月，绽放丽景的三月，孕育希望的三月，催人奋进的三月！

彩云长在有新天

# 因为"七一"所以"八一"[*]

刚刚庆祝了党的生日，又迎来了中国人民解放军建军82周年。7月，因为连接了这两个伟大日子而成为一年中如歌的行板，成为绚烂缤纷的花的盛典，令人心驰神往，浮想联翩。

近代中国，夜色如磐。嘉兴南湖红船的离岸解缆预示了一个伟大民族的启航。然而，帝国主义、封建主义和官僚资本主义为了维护黑暗的统治，一次次把人民抛入腥风血雨之中。惨痛的教训和严酷的现实，使党和人民认识到，没有一个人民的军队就没有人民的一切。南昌城头的枪声宣告了中国共产党创建人民军队、独立领导武装斗争的开始。在党的领导下，中国人民开天辟地有了自己的军队，从此中国革命的历史便掀开了新的一页。长缨在手、利剑倚天，中国人民任人宰割的历史一去不复返了；新中国成立后，我军顺利实现了从武装夺取政权的军队向国防军的转变，中国"有国无防"的历史也一去不复返了。

"军叫工农革命，旗号镰刀斧头。"我军一诞生就置于党的绝对领导之下，从而与一切旧军队划清了界限。正因为有了党的坚强领导，我们这支以农民为主要成分的武装才成为一支无产阶级性质的、完全新型的人民军队，才成为一支脚踏着祖国大地、背负着民族希望的一往无前、所向披靡的革命军队。党的领导是铸成我军性质的决定性因素，是我军从无到有、从小到大、由弱变强的决定性因素，是我军压倒一切敌人、战胜一切困难、忠实履行使命的根本保证。人民军队党指引，人民军队忠于党，这就

---

[*] 本文系作者为《中国军队政治工作》2009年第7期所撰写的卷首语。

是牵手"七一"和"八一"的红七月所给予我们的启示。

时下,常常会听到一种论调——"军队非党化、非政治化"和"军队国家化"。一句西谚云,狐狸如果演说,公鸡就应沉思。军队果真可以"非党化""非政治化"吗?稍微有点马克思主义常识的人都知道,战争是政治通过另一种手段的继续,军队是执行政治任务的武装集团。军队不可能没有党性、没有政治性。西方国家军队表面上看来没有归之于某一个政党的直接领导,然而西方国家的政治架构决定了不管哪一个政党上台执政,其军队都是维护资产阶级利益、实现资产阶级政治目标的工具。且看近期以美国为首的西方国家发动的几场战争,其军队的党性和政治属性何其鲜明!至于"军队国家化",如果是说军队应成为国家的军队,本毋庸多言。我军历来以报效国家为己任,新中国成立后我军已历史性地成为国家的军队了,是社会主义中国的钢铁长城,是人民民主专政的坚强柱石。然而,为什么还是有人煞有介事地侈谈"军队国家化"呢?醉翁之意不在酒。说白了,祭起"军队国家化"之旗,意在把党和国家对立起来,使军队脱离党的领导。如此而已,岂有他哉!

一些不愿意看到社会主义中国强大的人们越是反对中国共产党对于军队的绝对领导,就越是说明党的领导是我军的"通灵宝玉",是命根子。全军将士要继承和发扬我军听党指挥、服务人民、英勇善战的优良传统,大力培育和忠实践行当代革命军人核心价值观,确保军魂永驻,让金星永远闪耀和飞扬在"八一"军旗上!

# 赓续一脉真传　更进百尺竿头[*]

年光似鸟翩翩过。当本期刊物即将付梓的时候，2014年的日子又如落英缤纷，芳菲殆尽。

2014年是吹响全面深化改革号角的进军之年，是全面推进依法治国的开篇之年，是顺应新常态、重塑新动力、酝酿新跨越的转型之年，是党的群众路线教育取得丰硕成果、党的作风建设深入推进的给力之年。透过南京青奥会、北京APCE会议的惊艳亮相，透过"一带一路"倡议的深入推进，透过以习近平同志为核心的党中央在治党治国、内政外交、富国强军上的一系列重大战略举措，全世界看到了一个古老而年轻的国家活力四射的身影，听到了中国追梦赶路的铿锵足音。

2014年对于军队建设，特别是军队政治工作来说也是一个不寻常的年头。这一年让我们梦回闽西、寻根古田。一支军队不变的基因、前行的动力，往往潜藏在岁月的深处。85年前，在党和红军发展的紧要关头，在南国雾瘴弥天、寒气料峭的冬夜里，毛泽东大笔如椽、目光如炬，起草了著名的古田会议决议，剖析和纠正了党内军内的种种错误思想，为人民军队的建设定下了仪轨，指明了方向。85年后的今天，当我们踏上强军兴军的新征程时，习主席又亲自决策，在古田召开了全军政治工作会议，强调要坚持政治工作的生命线地位，以整风精神解决当前存在的突出问题，以改革精神推进军队政治工作创新发展。两次会议，一条红线，承先启后，慎终追远。重回古田，给了我们固本培元、革弊鼎新的坚强决心；

---

[*] 本文系作者为《中国军队政治工作》2014年第12期所撰写的卷首语。

出发古田，我们充满了必胜的信念、无穷的力量。

本期刊物是《中国军队政治工作》创办以来的第 100 期，这也是值得庆贺的。如果说本刊创刊之时还是嫩箨出土，今天它已如玉树临风。100 期是 100 级台阶，记录了本刊朝着创办一流期刊的初心艰辛攀登的步履；100 期是 100 个犁痕，留下了本刊在军队政治工作园地执着耕耘的印记；100 期也是 100 枚果实，承载了本刊对广大读者的感恩之情，尽管这果实还略显青涩、不够饱满；100 期也是一个新的出发营地、一个酝酿新的远航的锚地。恰逢年终岁尾，恰逢又一次古田会议刚刚开过，我们要认真总结办刊经验，以习主席的重要讲话精神为指导，进一步端正办刊方针，坚持实践第一、问题导向，坚持求是求实、求精求新，更好地发挥刊物联系学界、聚力研究、源于实践、回馈实践的功能，努力使本刊成为名副其实的、能够代表和体现中国军队政治工作研究水平的园地，不断推出有真知灼见、质量上乘、文风清新的佳作。继续保持本刊庄重典雅、朴实大气的总体风格，从内容到栏目、版面等各个方面锐意创新。我们也热切地希望广大读者一如既往、更加入微地关心和支持我们，多对我们提出批评和建议。套用习主席一句言近旨远的话语格式——读者对政治工作精神食粮的期盼，就是我们的办刊目标。

彩云长在有新天

# 恪守老"样子" 实现新"蝶变"*

花繁酣盛夏,风凉入新秋。8月的月历中记载了人民军队横空出世、剑气冲天的光荣;8月的年轮里也曾诞育过一位伟人——三军将士拥戴的一代统帅、我们敬爱的邓小平同志诞辰110周年了。

南昌城头的枪声,宣告了一支新军队的呱呱坠地。然而,新生的人民军队应该是什么样子,应该怎样领导和建设这支军队,对于刚刚拿起枪杆子的中国共产党人来说还是一个全新的课题。经过三湾改编,经过古田会议,经过从红军到八路军、新四军再到人民解放军的一个个华丽转身,在以毛泽东同志为主要代表的党的第一代领导集体的艰辛探索和不懈追求下,我军确立、坚持并不断完善了党对军队绝对领导的制度,形成并恪守了全心全意为人民服务的宗旨,熔铸了一往无前的战斗精神和优良的作风。历史和新的实践都证明,在世界军队之林中,中国人民解放军既是一支最"像样"的军队——军事好,如霹雳;同时也是一支举世无双的军队——政治好,称第一。正是因为有了这支军队,民族的独立和解放,国家的主权和安全,人民的祥和与安宁,才有了可靠的依托与保证。

作为我军的重要创始人和卓越领导人之一,邓小平对我们这支军队有着特殊的感情,对党的建军治军之道有着超乎寻常的体验。1975年1月,他第一次复出后不久,就在总参团以上干部会上提出:"军队要像军队的样子。"

这句话言简而意赅,看似寻常却意味深长,值得我们深长思之。

---

* 本文系作者为《中国军队政治工作》2014年第8期所撰写的卷首语。

"样子"者何？一事物区别于他事物之标志也，修于内而形于外、源于里而见于表也。对于军队而言，"样子"就是一支军队的特质，以及基于这种特质所展示出来的形象、焕发出来的风貌。"样子"体现军队的性质宗旨，反映军队的职业素养，标识军队的发展方向。

"样子"具有质的规定性。邓小平的话，第一个深刻意蕴就是，无论形势发展如何，任务如何变化，毛泽东为我军确立的基本"样子"不能变。所以，军队要整顿，党对军队绝对领导的根本原则和制度要坚持，优良传统和优良作风要恢复。

"样子"具有与时俱进性。对于我军来说，"样子"总是"不变"中有"变"，"变"中有"不变"。变化的是"器"，不变的是"道"；变化的是战斗力的形态，不变的是精魂与雄风。胜战不复，战场不相信故步自封。邓小平的话另一个深刻的意蕴是，我军必须追赶时代，以世界军事发展的前沿为参照系，不能总是停留在"小米加步枪""刺刀手榴弹"的水平。所以，军队要改革，要在改革中实现人民军队的新"蝶变"——走中国特色的精兵之路、强军之路。

正是基于这种认知，改革开放 30 多年来，我军建设掀开了崭新的一页。站在新的历史起点上，延续着邓小平的思考，铭记着邓小平的嘱托，习主席把我军应有的"样子"纳入军队建设的顶层设计，提出了党在新形势下的强军目标——建设一支听党指挥、能打胜仗、作风优良的人民军队。这一目标内在地蕴含了坚持与发展、恪守与变革、继承与创新的统一。锲而不舍地加强思想政治建设，义无反顾地推进新一轮的改革，不容稍懈地加强军事斗争准备，可以预期，人民军队将"岁老根弥壮，阳骄叶更阴"，在永葆政治本色的同时不断焕发出新的时代风采！

# 弘扬长征精神　　当好红军传人[*]

如果有人问：中国人民解放军与世界各国军队有什么不同？这可以举出许多方面，但是有一点无论如何不应忽视，中国人民解放军是红军的传人，这支军队曾经进行过震惊中外、史无前例的长征。

长征——一支军队的传奇，一支军队的史诗，一支军队风骨的写照，一支军队形象的象征，一支军队光荣与梦想永不褪色的徽章，一支军队信念与力量永不枯涸的源泉！

长征在中国乃至世界军事史上都是独一无二的。从盘古开天辟地，三皇五帝至今，请问历史上有过这样的长征吗？没有。谁使长征胜利呢？是伟大的中国共产党，是党领导下的中国工农红军。长征无可辩驳地证明，中国共产党领导下的红军是一支英雄的军队，是世界军事史上无与伦比的不可战胜的军队，是一支勇于并善于创造军事奇迹的军队。而长征的历程、长征的胜利也进一步锤炼和锻造了我们这支军队，使我军像浴火的凤凰一样获得了新生。我军诞生伊始，以毛泽东同志为主要代表的中国共产党人即开始了建设一支党领导下的新型人民军队的艰辛探索，在军队建立了先进的政治工作制度，并初步形成了政治工作的基本原则和制度。经过长征，在艰苦卓绝地与凶残敌人和恶劣自然环境的斗争中，在与张国焘分裂党、分裂红军的错误路线的斗争中，党对军队绝对领导的原则在全军将士的头脑中进一步扎下了根，我军政治工作进一步走向成熟。长征所表现、所熔铸的党和红军的伟大革命精神，更像一种基因植入了我军的血液

---

[*] 本文系作者为《中国军队政治工作》2006年第4期所撰写的卷首语。

中，成为我军所特有的、足以傲视一切敌人的软实力。特别是在长征途中，在党和红军生死存亡的危急关头，确立了毛泽东在全党全军的领导地位，从此，中国革命的历史掀开了新的一页，我军的历史也掀开了新的一页。可以说，没有长征，就没有今日之中国人民解放军；不了解长征，就不了解中国军队。长征是我军优良传统教育取之不尽、用之不竭的"富矿"，是历久弥新、生动鲜活的政治工作教科书。对于人民军队来说，长征是一个风姿的定格；对于中华民族来说，长征是一种精神的图腾。

"红军不怕远征难，万水千山只等闲。"从一定意义上讲，我军从过去到现在，再到未来就是在党的领导下为着人民的利益而永不止步、永不停歇的"远征"。道路在延伸，使命在拓展，旗帜在指引，胜利在召唤。我们已经走过了万水千山，但我们的前面依然是山重水复、山高水长。为了推进中国特色军事变革、加速我军现代化建设，为了有效地担当起党和人民赋予我军的历史使命，我们还要突破新的"乌江""金沙江""大渡河"，还要翻越新的"岷山""乌蒙山""六盘山"。让我们在新形势下进一步弘扬伟大的长征精神，以"万水千山只等闲"的英雄气概和豪迈气势，迎接新征途上的各种挑战，谱写我军新的辉煌！

# 壬辰新春感赋*

龙从百丈渊中起，春自万树梅上归。在壬辰龙年新春踏雪而至的时刻，谨向广大读者致以最美好的春的祝福！

"遥远的东方有一条龙，它的名字叫中国。"中国是龙的故乡。我们的祖先驰骋丰富而瑰丽的想象，创造了"龙"这一图腾。风从虎，云从龙；生龙活虎，龙腾虎跃；龙飞凤舞，凤鸣龙吟；龙马精神，龙凤呈祥；翩若惊鸿，矫若游龙；"山不在高，有仙则名。水不在深，有龙则灵。"……龙，寄寓了中华民族多少腾飞的梦想，引发了中华民族多少美好的遐思。神龙见首不见尾，中华文明源远流长，震古烁今。然而，这条神龙也曾蛰伏过，沉睡过。近代以来，在众多恶犬猛兽的撕咬和肆虐下，一度遍体鳞伤。只是在中国共产党的领导下，它才重振往日的雄风，焕发出了青春的风采。"飞龙在天"，用易经中的这一卦辞来象征当代中华民族的形象是十分恰切的。从沉沦中艰难奋起，在曲折中走向辉煌。我们有理由相信，中国的明天会更加美好。

"所向无空阔，真堪托死生。"中国共产党历史地担承起振兴中华的重任，领导人民闹革命、兴建设、搞改革，之所以能够取得辉煌的成功，除开理论的科学、路线的正确、政策的英明等，还有很重要的一条，就是有一支自身绝对领导下的、完全新型的人民军队。这支军队之所以与众不同、风华绝代，之所以英勇善战，所向披靡，之所以能够成为党和人民完全可以信赖的革命力量，其源盖出于它的政治工作。

---

* 本文系作者为《中国军队政治工作》2012年第1期所撰写的卷首语。

中国军队的政治工作可以追溯到黄埔时期。当时，中国共产党人借鉴苏联红军的经验，帮助孙中山在国民革命军中建立了政治工作。缘此，军队得以一新其面貌。然而后来，国民党的军队背叛了革命。而中国共产党在独立创建人民军队、领导武装斗争的过程中，则把这种传统发扬光大，并将其发展为一种崭新的中国军制。正是因为有了这种政治工作，这支军队铸造了世所罕匹的军魂，形成了崇高而科学的当代革命军人核心价值观。可以毫不夸张地说，中国人民解放军的政治工作，是世界军事史上的伟大的制度创新。军队政治工作学是一门从中国革命的实践中生长和发育起来的、年轻而充满前景的科学，是中国军事科学的一颗耀眼的明珠，是世界军事苑中的一枝奇葩。

军队政治工作学也是近年来军事科学院着力培植、倾情打造的一个骨干学科。军队政治工作研究是军事科学院向党中央、中央军委发挥思想库和智囊团作用的一个重要领域。《中国军队政治工作》创刊以来受到广大读者的厚爱。新的一年，院党委把"有大刊"作为兴院强研的重要目标之一，此诚"春风着意来梳柳"也。我们将努力把本刊办得更好。

冰澌雪消知春暖，风生水起看龙飞。让我们与春天一起启程！

# 事业美如画　责任重于山＊

重新走近长征，常常为红军将士强烈的事业心和责任感所感动：红三军团一个连先后有9名炊事员饿死，而这个连队的其他战士却无一人因饥饿倒下；一位军需处长把能够找到的冬衣悉数发给了部队，而自己却冻死在爬雪山的途中……

事业，一个多么令人神往、催人奋进的名词！人生在世，不能只是饮食男女，只是索取占有，只是斤斤于自我可怜的私利，总是要干点什么，创造点什么，奉献点什么，为社会、为他人留下点什么，于是，就有了梦想、理想和事业心，就有了对事业的向往和追求。事业是梦想和理想的实现形式，是梦想照进现实的实践途径，是实践中、行动中的真切而不虚妄的理想。如果说理想是对大海的期盼，事业就是百折不回、滚滚东去的江河；如果说理想是对长空的渴望，事业就是大翼垂天、扶摇直上的鲲鹏；如果说理想是在心田播下的一粒种子，事业就是业已破土、不断生长着的大树。事业标示着人生的境界，事业凸显了人生的价值。没有事业的人生是庸庸碌碌的人生，不干事业的年华是浑浑噩噩的年华。事业是一面旗帜，事业是一个平台，事业是人生的风景线，事业是生命的营养剂。人生不可缺失之美，是事业之光的照耀；生命不能承受之轻，是没有事业心。生活因事业而精彩，生命因事业而亮丽，人格因事业而崇高，精神因事业而富有，激情因事业而燃烧。事业具有传承性。前赴后继，薪尽火传；如月之恒，如日之升；以不息为体，以日新为道。人生有涯，而事业常青。

---

＊ 本文系作者为《中国军队政治工作》2006年第5期所撰写的卷首语。

事业具有可分解性。天下难事，必作于易；天下大事，必作于细。不纳细流，无以汇江河；不积跬步，无以至千里。事业具有实践性。筚路蓝缕，以启山林；艰难困苦，玉汝于成。临渊羡鱼不如退而结网。不干，半点马克思主义都没有。一位将军说，长征精神是走出来的、打出来的、苦出来的。旨哉斯言！

与事业相联系的是责任。责任感源于事业心，源于对事业的忠诚以及对自身在事业中所处地位、所承担责任的体认，是事业心在本职岗位上的体现。璀璨的星空是由一个个闪闪发光的星座组成的，辉煌的乐章是由一个个音色美妙的音符组成的。只有每一个人在自身的岗位上恪尽职守，追求卓越，我们的事业才能不断壮大，胜利前进。反之，任何一个岗位、一个环节的懈怠疏漏，都可能影响整个系统的正常运行，给我们的事业造成不应有的损失。

我们共产党人是一群什么样的人？是一群干事业的人。在马克思主义的指引下，中国共产党人以中国人民的解放和幸福为己任，以中华民族的伟大复兴为己任，经过艰辛奋斗已经取得了巨大的成就，但未来的路还很长。"士不可以不弘毅，任重而道远。"以强烈的事业心和责任感履行好党和人民赋予我们的使命，以求真务实的精神干好自身承担的每一项工作，就是今天我们对长征的最好纪念，就是对先辈呼唤的最好回应。

彩云长在有新天

# 脚踏着祖国的大地*

"为什么我的眼里常含泪水,因为我对这土地爱得深沉……"著名诗人艾青这隽永深情的诗句用以表达战士对于祖国的爱是十分恰切的。

这是一片风光无限的土地。她像一条巨龙逶迤在世界的东方,她像一颗明珠闪烁在太平洋的西岸。江山如此多娇,景色气象万千。这里有江南的杏花春雨,这里有塞北的骏马秋风,这里有雪域高原的千仞冰峰,这里有南中国海的万顷碧波,还有那大漠的孤烟、长河的落日,傣家的竹楼、苗寨的笙歌……这里有黄土地的宽厚、红土地的热烈、黑土地的丰腴,有肩并肩的昆仑山、喜马拉雅山、太行山,有手牵手的雅鲁藏布江、澜沧江、长江,还有令人惊艳的西子湖,牵人梦魂的日月潭……

这是一片人文璀璨的土地,中华民族的祖先很早就生息繁衍在这片土地上,56个兄弟民族在争锋中融合、在激荡中一统,各呈风流、竞展英华,一起创造了博大充实、绚烂多姿的中华文明。这片土地曾矗起过雄汉盛唐的辉煌,演绎了清明上河图式的繁盛;这片土地上曾回荡过丝绸之路的驼铃,升起过承载天国风仪的郑和船队的风帆……这片土地孕育的往圣先哲,曾璀璨了人类良知和智慧的星空,出现了孔子、老子、孙子、孟子、王夫之……这片土地曾得到过楚辞汉赋唐诗宋词的泽润,产生过屈原、李白、杜甫、苏东坡、曹雪芹……

这是一片饱经忧患的土地。近代以来,腐朽的封建统治扼杀了她发展进步的生机,帝国主义的魔爪蹂躏了她高贵圣洁的躯体,金瓯残缺,中原

---

* 本文系作者为《中国军队政治工作》2009年第8期所撰写的卷首语。

板荡，万家墨面，百卉俱殚。一首《七子之歌》铭刻了炎黄子孙心中永远的痛；一曲《黄河大合唱》奏出了中华民族求解放、谋复兴的时代强音。"何处望神州？满眼风光北固楼。"无数仁人志士仰天长啸，壮怀激烈；多少英杰才俊闻鸡起舞，慷慨悲歌；救亡图存、复旦光华的涛声拍打着世纪堤岸，轰鸣不已、奔涌不息！

这是一片青春焕发的土地。自从南湖红船载来第一缕晨曦，中华民族的历史命运就发生了根本性的变化。88年天地翻覆，60年艰辛探索，31年春风化雨，这片土地又一次展示了其青春靓丽的容颜，凸显了其绝代风华！富裕和文明在希望的田野里生发茁长，光荣与梦想在奥运的礼花中挥洒绽放。天崩地裂，众志成城；沧海横流，从容以对。当世界众多国家在金融海啸中风雨飘摇时，社会主义中国风景独好、浪漫依然。

这是一片温暖多情的土地。960多万平方千米的土地春华秋实、朝晖夕阴，千岩竞秀、万木争荣。这片土地的山川田畴化育万物，这片土地的父老乡亲淳朴善良。怎能忘井冈竹、延河水、太行情、沂蒙恩……中国革命的胜利是老百姓用红薯、南瓜、小米喂出来的呀！怎能忘那首传遍晋察冀的拥军谣——"最后的一把米，送去当军粮；最后的一尺布，送去做军装；最后的老棉袄，送去盖伤员；最后的亲骨肉，送去上战场"！对共产党人来说，"江山就是人民，人民就是江山"。

脚踏着祖国的大地，我们所感受到的是庄严而神圣的使命感。"捐躯赴国难，视死忽如归！""匈奴未灭，何以家为！"中国军人的脉管里自古以来就澎湃着爱国主义的热血，中国人民解放军诞生以来更是以拯斯民于水火、复故国于芳华为初心、为己任，为了亲爱的祖国，万千将士血沃中原、埋骨边关。今天，中华民族伟大复兴的曙光已经绚烂地照临了地平线，我们要踏着先辈的足迹，秉承不辱使命的夙志，在新航程上为中华民族的伟大复兴护航站哨，不管是潮平岸阔，还是浪卷云飞！

脚踏着祖国的大地，我们有冲天的豪情、无敌的力量。是祖国用甘甜的乳汁养育了我们，给了我们丰富的营养和足够的钙质；是祖国用优秀的文化熏陶了我们，给了我们顶天立地的精气神。脚踏着祖国的大地，就如同希腊神话中的安泰俄斯足踵始终不离根本；脚踏着祖国的大地，就如同赤子依偎在母亲的怀抱。我在祖国怀中，祖国在我心中，看各种魑魅魍魉谁人能敌，问一切豺狼虎豹其奈我何！

　　脚踏着祖国的大地，背负着民族的希望，我们向前，向前，向前！

## 面朝大海　春暖花开<sup>*</sup>

——祝贺中国人民解放军海军成立60周年

1949年4月23日，人民海军第一支部队——华东军区海军，在江苏省泰州市白马庙成立。从此，在中国人民解放军的序列里有了一支面向大海、驰骋大海、建功大海的雄师。值此中国人民解放军海军成立60周年即将来临之际，谨向光荣的人民海军、向海军广大官兵致以热烈祝贺和亲切问候。

在我们这个蔚蓝色的星球上，70%的表面是海洋。海洋是生命的摇篮，蕴藏着无尽的宝藏和丰富的资源，为人类提供了"一苇航之"的舟楫之便，海洋是人类生存和发展不可或缺的一部分。海军是一个战略性综合性国际性军种，在维护国家主权、安全和领土完整，维护国家海洋权益中具有重要地位和作用。

中国作为一个海洋大国，曾拥有灿烂的海洋文明，早在春秋战国时期就已建造可用于水战的大型战船。15世纪，郑和率领当时令人叹为观止的浩大船队七下西洋，堪称世界航海史上的伟大壮举。然而，在漫长的封建社会中，中国逐步形成了"重陆轻海"的文化传统，经略海洋的意识日趋淡薄，逐渐失去了海上优势。近代中国海上门户洞开，帝国主义列强长驱直入，中华民族陷入丧权辱国、任人宰割、生灵涂炭的深渊。

中国人民解放军海军的成立，标志着中国"有海无防"痛史的结束。

---

\* 本文系作者为《中国军队政治工作》2009年第4期所撰写的卷首语。

60年来，人民海军在我军历代统帅的亲切关怀和指引下，肩负着党的重托和民族的希望，承载着先辈的光荣与梦想，劈波斩浪，扬帆远航，成长为一支包括水面舰艇部队、潜艇部队、海军航空兵、海军岸防部队和海军陆战队在内的初步现代化的海上劲旅，在保卫祖国海疆、维护国家海洋权益的斗争中迭建奇勋，在维护和平、传播友谊中展示了亮丽风采。2008年年底，中国海军护航编队首次远赴亚丁湾执行和平使命，赢得了国际社会的广泛赞誉。日前，第二期护航编队也已启碇。

政治工作是中国人民解放军的生命线，也是人民海军成长壮大、履行使命的生命线。60年来，人民海军把我军政治工作的优良传统与海军建设的实际结合起来，以"爱舰爱岛爱海洋"为重要元素锻造人民海军核心价值观，创造了扎实有效而又生动活泼的海军政治工作，形成具有浓郁海洋气息和鲜明海军特色的"蓝色文化"，涌现了麦贤得、柏耀平、方永刚等众多的英雄模范。人民海军的政治工作丰富了我军政治工作的理论宝库和实践沃土，为我军政治工作注入了清新而浩荡的"海风"，是我军政治工作研究必须高度关注和着力耕耘的重要领域。

一位天才而早逝的青年诗人曾写下这样的诗句："面朝大海，春暖花开。"大海是人类永恒的梦想和渴望。"面朝大海"就是以开放的姿态拥抱世界，"面朝大海"就是面朝国家、民族和军队的未来。我们有理由相信，"面朝大海"的人民海军将不断从蔚蓝走向深蓝，从光荣走向更大光荣，乘长风破万里浪，用自己的胜利航迹去守护伟大祖国与祥和世界的"春暖花开"！

# 同风而起　剑啸九天[*]

## ——贺人民空军诞生60周年

"1111"——像4把横空出世的利剑，直刺苍穹；像飞行编队亮丽的航迹，把风流挥洒于云天之上。

1949年11月11日，中国人民解放军空军挟开国受阅的威仪迎风起飞，开始了保卫祖国、守望和平的胜利航程。值此人民空军60周年华诞之际，谨向全体空军指战员及其亲属致以最热烈的祝贺和慰问！

"大鹏一日同风起"，是人类久远的渴望；"动于九天之上"，是亘古以来兵家所追求的战争艺术的自由境界。自从空军这一"天之骄子"出现在军队的序列里，千百年来战争在平面战场中演进的历史就结束了。空军作为最年轻的军种，不仅迅速与数千年的陆军、数百年的海军比肩而立、三分天下，而且日益成为战争舞台上不可或缺的具有决定意义的战略力量。

早在战争年代，我军的统帅就把深远的战略眼光投向了天空，为创建人民空军进行了人才等各个方面的准备。60年人民空军走过的历史，就是一部在祖国怀抱里成长、为中华腾飞护航的历史。60年来，人民空军傲然奋飞于广宇长空，以敢于亮剑的精神威震敌胆，以赤诚为民的情怀屡建殊勋，创造了一个又一个空战史、飞行史、空降史上的奇迹。今日的人民空军已经发展成为由航空兵、地面防空兵、空降兵、通信兵、雷达兵、

---

[*] 本文系作者为《中国军队政治工作》2009年第11期所撰写的卷首语。

电子对抗兵等多兵机种合成且具有信息化条件下攻防兼备作战能力的现代化空中劲旅。

人民空军把我军政治工作的优良传统与空军建设的实际结合起来，创造了第一等的政治工作。60年来，我军的生命线在百所场站、千里航线和万里空天得到了延伸，我军听党指挥、服务人民、英勇善战的优良传统在云之端、天之壤、空之域发扬光大。特别是改革开放以来，人民空军不断加强思想政治建设，为党对空军的绝对领导和人民空军建设的正确方向提供了坚强的政治保证，为空军军事斗争准备和完成多样化军事任务提供了强劲的精神动力，为空军建设的转型和跨越式发展提供了有力的人才支持。正是因为有了强有力的政治工作，人民空军才能够雏鹰振羽，后来居上；才能够扬威天宇，英模辈出；才能够志存高远，不断超越。空军政治工作和思想政治建设的生动经验极大地丰富和拓展了我军政治工作的理论与实践，值得我们认真总结和汲取；空军政治工作的研究是我军政治工作研究的重要内容，也是一方"无边光景一时新"的绿地。

21世纪是信息化世纪，也是空天世纪。空天领域已经成为军事战略竞争的新的制高点。比大地更辽阔的是海洋，比海洋更辽阔的是天空，比天空更辽阔的是我人民空军的雄心壮志。赓续着一个甲子的辉煌，站在新的起飞线上，我们衷心地祝愿人民空军更有效、更卓越地肩负起党和人民赋予的使命，翻动垂天之翼，向着更高远的天空、更高远的目标奋飞，奋飞！

# 倾听时代和祖国的召唤[*]

## ——纪念五四运动 90 周年

"心事浩茫连广宇，于无声处听惊雷。"90 年前，当那一道夺目的闪电撕裂旧中国沉沉的夜空，当那一声惊蛰的春雷滚过古老的神州大地，中华民族伟大觉醒和复兴的第一组音符就奏响了。今天，我们缅怀五四、纪念五四，依然可以听到那从历史深处发出的久远的回声，感受到那与青春相连的澎湃的激情和磅礴的力量。

五四运动拉开了中国新民主主义革命的序幕，促进了马克思主义在中国的传播，在近代中国史上矗起了一座辉煌的里程碑。站在五四运动潮头的是一代青年。面对神州陆沉、赤县蒙羞、国事日蹙的状况，反思为了挽救危亡的祖国无数仁人志士所作的一次次探索、一次次抗争，五四时期的青年以过去不曾有的姿态高举起爱国主义的旗帜。他们睁开眼睛看世界，敏锐地感受时代的潮汐，从异域"盗来"马克思主义的真理之火照亮故国；他们振臂疾呼，倡导民主与科学；他们致力于唤起民众，开始注重与工农民众的结合。可以说没有五四运动，就没有中国共产党的诞生，就没有中华民族从衰败向复兴的伟大转折，就没有中国 90 年来的沧桑巨变、旧貌新颜。事实有力地说明了青年强则国家强，青年兴则国家兴，青年就是国家和民族的未来。五四运动所熔铸的中国青年爱国主义传统将永垂青史，其所激起的爱国主义涛声将永远回荡在中华民族伟大复兴的历史进程中。

---

[*] 本文系作者为《中国军队政治工作》2009 年第 5 期所撰写的卷首语。

军队是一个青春的方阵、青年的部落。我军广大官兵历来是五四爱国主义传统最自觉、最热忱、最忠勇的继承者。马克思曾经说过，批判的武器不能代替武器的批判。为了变革中国、再造神州，我军自诞生以来，无数热血青年心系天下兴亡，胸怀报国之志，会聚在党的旗帜和"八一"军旗下，以武装的革命反对武装的反革命，前赴后继，英勇斗争，用鲜血和生命托起了共和国的灿烂晨曦。新中国成立后，我军又肩负起了保卫祖国、建设祖国的重任，用忠诚和汗水筑起了社会主义中国的钢铁长城。我军80多年的奋斗史就是一部倾听时代和祖国召唤的青春奏鸣曲。当代革命军人核心价值观——忠诚于党，热爱人民，报效国家，献身使命，崇尚荣誉，就是源远流长的五四爱国主义精神在军队的一脉相承、生动展示，就是其在当代中国军营的发扬光大。

在纪念五四运动90周年的时候，中华民族的伟大复兴正处于一个大有可为的关键时期，我军建设也站在了一个新的起点上。"三个提供、一个发挥"的新世纪新阶段我军历史使命，集中体现了党和人民对于军队的新要求，也是时代和祖国对广大军旅青年的呼唤。每一个有理想、有抱负、有志气的军旅青年都要自觉培育和躬身践行当代革命军人核心价值观，积极投身军队现代化的伟大实践，并在其中砥砺斗志、增长才华，不断提高自我献身使命、报效国家的素质和能力，在军旗下续写新的时代风流和青春篇章。

前进，光荣的中国青年！前进，光荣的军旅青年！

# 相约与真理同行[*]

阳光下最美好的事情是什么？是求索真理。阳光下最崇高的职业是什么？是播撒真理。阳光下最浪漫的行旅是什么？是与真理同行。

海军大连舰艇学院教授方永刚就是一个用心与真理相约、与真理同行的人。作为一名政治理论工作者，他为传播和践行党的创新理论倾注了满腔的热血、如火的激情。他虽然身罹重症，依然思念着他的三尺讲台。他说："看到我的辛勤劳动换来了听众雷鸣般的掌声和书信的微笑的时候，我的内心深处都会涌起一种难以言表的神圣感、幸福感和成就感，体味到与真理同行的快慰和满足……"

真理的魅力是无穷的。它像暗夜里的火炬照亮人类前行的道路，像戈壁里的清泉滋润人们干涸的心灵；它像遥远地平线上透出的曙光，给人鼓舞、给人力量；它像仪态万方、超尘脱俗的才子，令人心仪、令人神往。古人云："衣带渐宽终不悔，为伊消得人憔悴。"诚哉斯言。

真理的威力是巨大的。真理改变历史，真理决定命运，真理创造财富，真理开辟未来。近代中国夜漫漫，路茫茫。当北方吹来十月的风，当马克思主义真理之光照亮了这片古老的土地，中华民族的历史命运就发生了根本的变化。中国共产党领导人民奋斗的历史，就是高擎真理的火炬、不断把马克思主义中国化时代化的历史。从毛泽东思想，到邓小平理论、"三个代表"重要思想，再到科学发展观，正是有了与时俱进的科学理论，中华民族才找到了实现梦想的现实途径，中国人民才真正站了起来、

---

[*] 本文系作者为《中国军队政治工作》2007 年第 2 期所撰写的卷首语。

初步富了起来，正满怀信心地朝着富强民主文明和谐的社会主义现代化目标昂首迈进。要言之，与真理同行使神州大地迎来了"东方红"，唱响了中国《春天的故事》的主旋律。

与真理同行需要有执着的信念。笃信之才能深钻之，细研之，身体力行之，言传身教之。方永刚就是一个信念坚定的人。他说："20多年来，通过学习、研究党的创新理论，我从一名普通大学生成长为硕士、博士，我深深体会到：在当今中国，只有党的创新理论才能指引中国走向繁荣富强，指引人民过上富裕和谐的好日子。对此，我深信不疑！"他把对创新理论的信仰看作一种充满幸福的体验，钉子般地坚守自己的阵地，行星一样恪守在自己的轨道上。

与真理同行需要有飞扬的激情。真理可以点燃激情，追求真理、传播真理也必须倾注激情。真理拒绝冷漠，拒绝麻木不仁、玩世不恭者。方永刚就是一个激情飞扬的人。宣讲党的创新理论，他是那样的热情似火、激情如涌，全然不像一个身体羸弱的人。在他的讲席上，马克思主义的科学理论、党的创新理论散发出迷人的诗意的光辉。

与真理同行需要有献身的精神。郭沫若《炉中煤——眷念祖国的情绪》诗中写道："我为我心爱的人儿，燃到了这般模样……"这也正是方永刚与真理同行的真实写照。为了研究、传播党的创新理论，他很少陪妻子家人一起休息娱乐，透支了自己的健康和生命……

是的，选择了与真理同行，就是选择了与艰辛同行，与寂寞同行，与奉献同行。然而，与真理同行毕竟是幸福的。因为选择了真理，就是选择了博大，选择了充实，选择了高尚，选择了美丽。真理使我们远离蒙昧、远离浅薄、远离浮躁、远离庸俗、远离低级趣味。真理提升人生的境界，涵养人生的品位，赋予我们平凡的生活以不同寻常的意义。选择了与真理同行，就是选择了与人民同行，与时代同行，与光明同行，与春天同行。

又是一年芳草绿，正当神州逐梦时。让我们像方永刚那样，一心一意，无怨无悔，相约与真理同行！

# 倡导清新活泼的文风[*]

踏着越来越轻盈的脚步，农历辛卯年春节已经翩然而至，本刊谨向广大读者恭贺新春！

人们常常用"无边光景一时新"来形容春的喜悦。的确，每逢新春人们总是充满了那样多的向往和希冀——风和日丽，水秀山明，踏青陌上，泛舟花溪。而作为编稿人，本刊则祈愿在案头能看到越来越多的好稿佳作，恰如窗外次第展开的春的画卷。

中国共产党是一个生气勃勃的马克思主义政党。我们党致力于马克思主义中国化、时代化、大众化，不仅创造了骄人的理论成果，开辟了马克思主义的新境界，而且开创了一代清新活泼的文风。请看毛泽东等老一辈无产阶级革命家的文章，或深邃、或警辟、或犀利、或隽永，是何等的气韵生动、情采焕然！改革开放以来，伴随着思想解放，政治理论文章也一扫"文化大革命"中"假大空"的积弊，呈现了新的风度。然而，曾几何时，被毛泽东大加挞伐的党八股的沉渣又有重新泛起之虞。翻开今日报章，新八股所在多有：有的喜欢拼凑四六句；有的不用大"一二三"套小"一二三"就不会写文章；有的玩概念游戏，味同嚼蜡，令人生厌。

文以载道，文章是思想的外在形式。从一定意义上说，文风是思想作风的体现。如果说眼睛是心灵的窗口，文章就如同一个人的眼睛。心智昧则目无光，心不正则眸子斜。当下一些文章，只是跟风表态，堆砌流行术语，空话套话连篇，没有真知灼见，正与一些同志的思想作风不扎实、不

---

[*] 本文系作者为《中国军队政治工作》2011年第1期所撰写的卷首语。

端正有关。毛泽东把反对党八股以整顿文风作为延安整风的重要内容，这一做法在今天仍具有方法论的启示意义。应把匡正文风作为思想作风建设的重要抓手，通过改进文风以端正思想作风，通过端正思想作风而一新文风。

改进文风也有一个提高文化素养和写作水平的问题。李大钊曾撰联云："铁肩担道义，妙手著文章。"一些文章圣手之所以能够把文章写得摇曳生姿、清丽脱俗，与他们渊博的学识分不开。腹有诗书气自华，厚积方能薄发。只有潜沉旧学，广益新知，具有宽阔的视野和广博的知识面，才能文思如涌、运笔如神。要讲究文法修辞，提高运用恰当、精准、生动的语言表达思想的能力。言之无文，行之不远。理论未必就是灰色的、玄奥的、晦涩的、枯燥的，应该用一支彩笔使之像春水一样明媚起来、像春山一样秀美起来。

细心的读者可能已经注意到了本期卷首语署名的变化。从本刊创刊起，笔者作为主编即以"卞之音"的笔名撰写了每期的卷首语。卷首语，也是一本刊物的眼睛。虽以千字为度，但未敢轻率为之，迤逦写来，甘苦自知。嗟夫！昔人曾谓"李杜诗篇万口传，至今已觉不新鲜"，况复我辈乎？因此，在新的一年里，笔者决定将不再独立承担卷首语撰写任务，而是改由面向社会和全军征稿，署名也将采取实名制。谨抛砖石，以引珠玉。

"半亩方塘一鉴开，天光云影共徘徊。"愿伴着如约而至的春风，能为读者展现一方更亮丽的风景，亦雅望军内外贤达才俊踊跃赐稿。